汉语水平考试
模拟试题集（第2版）
HSK 六级

总策划：董　萃　王素梅

主　编：王素梅

副主编：钱　多　金顺基　关英明

北京语言大学出版社
BEIJING LANGUAGE AND CULTURE
UNIVERSITY PRESS

主　编：王素梅

副主编：钱　多　金顺基　关英明

参　编：（按姓氏笔画排列）

于　茜　王素梅　刘平源　关英明　刘　欣

汤晏颖　许晓倩　李　森　张秋洪　张　鸽

张俏然　金顺基　钱　多

修订说明

汉语水平考试（HSK）是一项国际汉语能力标准化考试，重点考查汉语非第一语言的考生在生活、学习和工作中运用汉语进行交际的能力。考试共分六个等级的笔试和三个等级的口试。

为了使考生们能够更快更好地适应新的考试模式，了解考试内容，明确考试重点，熟悉新题型，把握答题技巧，2010 年 9 月我们依据国家汉办 2009 年颁布的《新汉语水平考试大纲》（HSK 一级至 HSK 六级）编写了《新汉语水平考试模拟试题集》应试辅导丛书。该套丛书共六册，分别对应 HSK 一级至 HSK 六级。 每级分册均由 10 套笔试模拟试题组成，试题前对该级别考试做了考试介绍，对新模式的答题方法进行了指导，试题后附有听力文本及答案，随书附有听力模拟试题的录音 MP3。

该套丛书的主要编写者均为教学经验丰富的对外汉语教师，他们同时又是汉语水平测试方面的研究者。所有试题在出版前均经参加过新 HSK 考试的考生们试测。各级试题语料所涉及的词汇及测试点全面覆盖大纲词汇及语法点，语料选取精心，难易程度控制合理。编写者对试题数量和答题时间也进行了科学分配，使模拟试题更加接近新 HSK 真题。该套丛书出版后，深受广大考生的欢迎和好评，五年内，九次印刷，长销不衰。

此次修订，我们在保持原版特色和优点的基础上，根据国家汉办最新颁布的 2015 版《HSK 考试大纲》（一级至六级），认真听取有关专家的建议，充分研究真题及命题思路，参考新增补的话题大纲、任务大纲，剔除过时语料，增加了一些反映社会变化的实时语料，同时根据改进后的语言点大纲及词汇大纲，对试题内容进行了补充、修订和完善，旨在为广大考生提供更具针对性的应试材料。

修订后的《汉语水平考试模拟试题集》具有如下特点：

1. 试题仿真度更高：以 2015 版大纲为依据，对历年国家汉办公布的 HSK 真题进行了详细分析，在此基础上完成修订，进一步提升了试题的仿真度。

2. 试题更具权威性：在有关专家指导下对新大纲进行了全面、细致的解读，修订后试题从内容到形式都更加符合新大纲的要求。

3. 词汇、语言点对新大纲的覆盖更加全面：根据新词汇大纲中各级词汇微调后的变化及新增话题大纲、任务大纲、语言点大纲的内容对原有试题进行改进和完善，试题全面覆盖了新词汇大纲，语言点大纲及新增的话题大纲、任务大纲的内容。

4. 语料更具时代性：选取能够反映社会时代变化的语料，力争实现新大纲所要求的语言能力与社会认知协同发展的目标。

相信广大考生和从事汉语水平考试辅导的教师们会受益于本套丛书，这也是我们最大的心愿，同时希望使用本套丛书的同人们不吝赐教，提出宝贵意见。

本套丛书各分册配套录音听力试题前的中国民乐由"女子十二乐坊"演奏，在此深表谢意。

编　者

Introduction to the Revised Edition

The HSK, or Chinese Proficiency Test, is a standardized test of international Chinese proficiency, mainly testing non-native speakers' ability to communicate in Chinese in their life, study and work. The written test is available at six levels and the oral test at three levels.

In order to help test takers get familiar with the mode and questions of the new test, understand its contents and focuses, as well as master the test-taking strategies, we compiled the test guide series *Simulated Tests of the New HSK* in September 2010 based on the 2009 edition of *Chinese Proficiency Test Syllabus* of Hanban. There are six books in the series, corresponding to HSK Levels 1-6. Each book is made up of 10 written tests. Before the simulated tests is an introduction to the corresponding level and the directions for answering the questions of the new mode. The script of the listening section and answers can be found after the tests. The MP3 files of the listening section are provided in a disc attached to the book.

The authors of this series are mostly experienced CFL (Chinese as a foreign language) teachers as well as researchers of Chinese proficiency testing. Before publication, all the simulated tests have been pretested by past examinees of the new HSK. The test materials at all levels ensure a full coverage of the vocabulary and grammar points required by the new HSK syllabus. The language materials have been carefully selected with thoughtful deliberation, and the complexity of the questions has been controlled within a reasonable range. The amount of questions and test time have also been reasonably arranged to match the real test. Since its publication, the series has been well received and deeply favored by the test takers. It has been printed nine times within five years and is still selling well.

This revised edition is based on the 2015 *HSK Test Syllabus* (Levels 1-6) of Hanban. While keeping the features and merits of the original edition, we have solicited suggestions from experts, studied the real test and test design approaches, removed the outdated language materials and added some latest ones that reflect social changes. We have also made some additions, revisions and improvements to the content based on the revised syllabus of language points and vocabulary. The aim is to provide test takers with better-targeted test preparation materials.

The features of the revised *Simulated Tests of the HSK* are as follows:

1. Closer to the real test: The revision is based on the 2015 syllabus as well as a detailed analysis of the past HSK test papers given out by Hanban, which makes the simulated tests closer to the real test.

2. More authoritative: An all-round, detailed interpretation of the new syllabus has been made under the guidance of experts, making the simulated tests in the revised edition better meet

the requirements of the new syllabus in terms of content and form alike.

3. Full coverage of the vocabulary and language points in the new syllabus: The original simulated tests have been revised and improved based on the changes of the vocabulary as well as the newly added sections of topics, tasks and language points in the new syllabus. In this way, the simulated tests cover exhaustively the vocabulary, language points, topics, and tasks in the new syllabus.

4. More up-to-date language materials: Language materials that reflect the changing society and times have been selected so that one's language competences required by the new syllabus can be developed hand in hand with one's social cognition.

We believe that test takers and teachers of HSK will benefit from this series, which is also our biggest hope. Also, we sincerely hope users of the series will all feel free to share opinions and suggestions with us.

Sincere thanks go to the Twelve Girls Band, who has performed the Chinese folk music before each listening test in the audio files accompanying the series.

The authors

目　录

HSK（六级）答题卡
Answer sheet for the HSK（Level Ⅵ）

汉语水平考试 HSK（六级）
考试介绍

考试对象　　参加 HSK（六级）的考生应已掌握 5000 及 5000 以上常用词语，可以轻松地理解听到或读到的汉语信息，以口头或书面的形式用汉语流利地表达自己的见解。

考试内容及时间　　HSK（六级）笔试分为听力、阅读和书写三个部分，共 101 题，约 140 分钟，包括：

　　1. 听力（50 题，约 35 分钟）

　　2. 阅读（50 题，50 分钟）

　　3. 书写（1 题，45 分钟）

还包括考生填写个人信息 5 分钟，听力结束后填写答题卡 5 分钟。

　　HSK（六级）听力试题每题听一遍，包括三个部分：第一、二部分各 15 道题，第三部分 20 道题。内容和要求如下：

听力	第一部分　每题播放一小段话，试卷上每题提供 4 个选项，考生选出与听到的内容一致的一项。
	第二部分　播放三段采访，每段采访后带 5 个试题，试卷上每题提供 4 个选项，考生根据听到的内容选出答案。
	第三部分　播放若干段话，每段话后带几个问题，试卷上每题提供 4 个选项，考生根据听到的内容选出答案。

　　HSK（六级）阅读试题包括四部分：第一、二、三部分各 10 道题，第四部分 20 道题。内容和要求如下：

阅读	第一部分　每题提供 4 个句子，要求考生选出有语病的一句。
	第二部分　每题提供一小段文字，其中有 3 到 5 个空格，要求考生结合语境，从 4 个词语选项中选出最恰当的答案。
	第三部分　提供两篇文字，每篇文字有 5 个空格，要求考生结合上下文语境，从提供的 5 个句子选项中选出可以填到横线上的句子。
	第四部分　提供若干篇文字，每篇文字带有几个问题，要求考生从 4 个选项中选出问题的正确答案。

HSK（六级）书写试题只有一个部分。内容和要求如下：

书写	考生先要阅读一篇 1000 字左右的叙事文章，时间为 10 分钟，阅读时不能抄写和记录；监考将阅读材料收回后，考生将这篇文章缩写为一篇 400 字左右的短文，时间为 35 分钟。标题自拟。只需复述文章内容，不需加入自己的观点。

考试成绩　　HSK（六级）听力、阅读和书写部分满分各为 100 分，总分 300 分。HSK 成绩报告由国家汉办颁发，成绩自考试日起两年内有效。

汉语水平考试 HSK(六级)

答 题 指 南

HSK（六级）考试笔试分听力、阅读和书写三部分。

听 力

听力共分为三个部分，每题听一遍，第一、二、三部分答题时间均为 12 秒左右。

第一部分 共 15 道题，每题为 80—100 字的一段话，每题听一遍。这部分试题是从四个选项中选择与录音内容一致的一项。例如，你听到下面一段话：

一个妙龄姑娘嫁给了一位大富商。结婚当天的晚上，新娘对新郎说："你的年纪都快赶上我爷爷了，我真的觉得有点儿委屈了我自己！"新郎说："要说委屈嘛，我比你更委屈。你爷爷只比我大 5 岁，可我还得叫他爷爷。"

你看到试卷上有四个选项：

    A 姑娘觉得自己很幸运

    B 富商觉得自己很幸运

    C 姑娘的爷爷比富商大 5 岁

    D 富商比姑娘的爷爷大 5 岁

根据录音中"你爷爷只比我大 5 岁"，可以判断正确答案为 C。考生在回答这部分试题时应注意抓住一些具体的、比较小的但却重要的信息；概括所听内容的主要意思及主要观点；正确理解新词及流行语；理解中国人幽默的表达方式；注意特殊句式的表达意义。

第二部分 共 15 道题，每题听一遍。这部分试题是根据一段采访选择正确答案。共 3 段采访，每段采访 600 字左右，主持人或记者与嘉宾以问答形式进行对话。嘉宾多为不同领域的名人，如作家、成功的创业者、电影导演、教练、运动员等有影响力的人。每段采访后有 5 个问题，要求考生根据采访内容做出回答。问题多为以下几个方面：嘉宾的身份、经历、观点和态度、感受等；采访所涉及的故事揭示的道理和给我们的启示；采访中所涉及的事情出现的原因、结果；采访所涉及故事的时间、地点、意义。所以，考生在听这部分录音时，要一边听一边记录上述内容和可能问到的问题的相关信息。

第三部分　共20道题，每题听一遍。这部分试题是根据录音中的短文选择正确答案。每段短文300字左右，每段后有3—4个问题。短文题材主要是寓意深刻的小故事、科普知识、对事物的看法等。问题多为以下几个方面：发生了什么事情？出现了什么问题？问题是怎么解决的？应该注意些什么？这段话告诉我们什么道理？文中人物做事的目的是什么？关于某个问题，文章的观点是什么？所以，考生在听录音时应注意对文章观点的把握，概括文章信息，理清事情的发展脉络和前因后果，注意说话人对某一问题的观点、看法以及建议。

阅　读

阅读共分为四个部分。

第一部分　共10道题。要求考生选出 A、B、C、D 四项中有语病的一项。这部分主要测试考生对汉语语法的掌握情况，如搭配问题、语序问题、虚词问题、结构问题等。考生在找病句的时候应从上述几方面着眼。

第二部分　共10道题。选择合适的词语填空。每题80字左右，题干有3—5个空儿，考生应根据上下文把正确的词语填到空儿中。这部分试题主要考查考生对近义词的辨析能力。考生应注意词语的搭配、意义、感情色彩、语体色彩等。答题时考生可采用排除法。例如：

61. 世界上有些_____动物，尽管人们_____去保护，仍然处于濒临灭绝的境地，有的已_____毁灭。可是有些动物，比如老鼠，虽然人们在用各种方法消灭它们，但总是消灭_____。

A 珍稀	千方百计	遭到	不了
B 珍惜	千军万马	得到	不得
C 珍惜	千方百计	得到	得了
D 珍奇	小心翼翼	遭到	了得

珍稀，珍贵而稀有；千方百计，想尽办法做某事。对于"珍稀"动物，人们应该"千方百计"去保护。遭到，指遇到不好的对待。"动词＋不了"是结果补语的否定形式。所以 A 为正确答案。

IV

第三部分　共 10 道题，选择句子填空。这部分由两段短文组成，每段短文 500 字左右。每段短文有 5 个空儿，考生应从所给句子里选出可以填到短文中画线位置的句子。短文中空的句子都是与上下文有密切关系的句子。所以，考生在作答这部分内容时，应该注意事情发展的顺序、事理的逻辑性以及前后句式的搭配。

第四部分　共 20 道题。阅读短文，回答问题。这部分试题提供 4—5 段短文，每段短文有 700 字左右，短文后带 4—5 个问题。短文题材多为科普知识、社会生活、求职创业、记叙事件等。作答这类试题时，考生应注意以下几个问题：准确理解文章每段的意思及全文的中心思想，全面概括文章的主要内容，注意文章涉及的统计数字，留意文章的细节，注意事件发生的时间、地点、人物、原因和结果等。这类试题的问题一般按照文章的行文顺序提问，所以考生可根据试题的顺序来推断答案在文章中的大概位置。对全文概括和理解的题一般出现在最后边。

书　写

要求考生在 10 分钟内阅读 1000 字左右的文章，阅读后缩写成一篇 400 字左右的短文（算标题和标点）。常见的体裁是记叙文和议论文。考生作答这部分试题时应注意：

如果是记叙文，应注意时间、地点、人物、起因、经过、结果以及事件说明的道理等。在叙述的时候，考生要注意时间和空间的顺序；

如果是议论文，应注意论点、论据和结论等。要注意文章段落的首句，因为段落首句往往是表达观点的句子。

在缩写短文时，考生不要加入自己的观点，只要陈述文章的原意即可。除此之外，还要注意拟写标题简洁切意（题目一般 7 个字以内更能使人印象深刻），段落清晰，结构完整，逻辑严谨，字迹清楚，卷面整洁。

需要注意的是，听力部分结束后，有 5 分钟时间填写听力部分答题卡。阅读和书写部分结束后，没有专门的答题卡填写时间，要直接在答题卡上作答（把正确答案所对应的字母涂黑）。例如：

1. [A]　[B]　[C]　[D]

作文纸的书写规范请参照模拟试卷 1 答案中的"缩写参考"。

汉语水平考试
模拟试卷 》》》》

汉 语 水 平 考 试

HSK（六级）模拟试卷 *1*

注　　意

一、HSK（六级）分三部分：

    1. 听力（50 题，约 35 分钟）

    2. 阅读（50 题，50 分钟）

    3. 书写（1 题，45 分钟）

二、**听力结束后，有 5 分钟填写答题卡。**

三、**全部考试约 140 分钟（含考生填写个人信息时间 5 分钟）。**

一、听 力

第一部分

第1—15题：请选出与所听内容一致的一项。

1. A 他 31 岁了
   B 他有 400 种《红楼梦》
   C 他是《红楼梦》迷
   D 他出租了一套房子

2. A 这座楼是用卡片做的
   B 这座楼是用斧头做的
   C 这座楼地下有 19 层
   D 楼体的造型薄厚不同

3. A 有人被蛇咬了
   B 人的记忆可以去掉
   C 清除记忆会缩短生命
   D 恐惧症无法治疗

4. A 他是一名火车司机
   B 他很善于机械加工
   C 他制作火车用了 13 年
   D 他制作火车的材料很贵重

5. A 小伙子唱歌像哭
   B 小伙子是唱歌能手
   C 老大爷喜欢听他唱
   D 小伙子非常伤心

6. A 三个人同时获奖
   B 瑞典两人获奖
   C 逝者不受此奖
   D 获奖者贡献更大

7. A 猴子也想打麻将
   B 猴子很讨人喜爱
   C 消防员把猴子放生了
   D 猴子是个"惯犯"

8. A 姚女士的宝宝不长牙
   B 钙能促进牙齿生长
   C 宝宝长出两排牙齿
   D 孕期多补钙有好处

9. A 钱不够了
   B 三个人打车
   C 离家还有段距离
   D 老公不想下车

10. A 老师近视 80 多度
    B 小明看不清黑板
    C 墙上不准挂大衣
    D 老师看错了

11. A 小王想摆脱领导
    B 小王不喜欢原公司
    C 领导很体贴小王
    D 小王被领导感动了

12. A 他是中国现代作家
    B 他是香港大学博士
    C 他内心很矛盾
    D 他崛起于乡土作品

13. **A** 植物上长着茄子
    B 实验预计要 15 年
    C 土豆过于沉重
    D 新生植物很有益

14. **A** 婚纱裙长 2755 米
    B 婚纱裙长是世界之最
    C 制作婚纱布料用了 4770 米
    D 制作婚纱缝衣针用了 1851 枚

15. **A** 浙江潮又称海涛潮
    B 亚马逊河涌潮最大
    C 恒河涌潮最壮观
    D 钱江潮最大

第二部分

第16—30题：请选出正确答案。

16. **A** 师长
    B 副师长
    C 歌手，享受副师级待遇
    D 副师长，享受师长待遇

17. **A** 当兵早，立过功
    B 当兵早，唱歌好
    C 16 岁入伍
    D 两岁学越剧

18. **A** 她嗓音高，声音好
    B 她唱歌真诚自然
    C 她演唱技巧高超
    D 她唱歌不紧张

19. **A** 允许，但要接广告
    B 严格禁止
    C 允许，但要打报告
    D 不知道

20. **A** 太多了，忘记了
    B 为部队演出
    C 近期没有演出
    D 神仙岛演出

21. **A** 工作之后
    B 1994 年
    C 小学时
    D 初中时

22. **A** 出国购买设备
    B 出国学习英语
    C 给别人当过翻译
    D 教过英语

23. **A** 18 岁时
    B 1994 年
    C 小学时
    D 初中时

24. **A** 7 个
    B 8 个
    C 9 个
    D 11 个

25. **A** 记不清了
    B 1000 多人
    C 180 多人
    D 2000 多人

26. **A** 游泳
    B 跑步
    C 开车
    D 跳水

27. **A** 5 项
    B 6 项
    C 7 项
    D 8 项

28. **A** 四川青年政治学院
　　B 中国青年政治学院
　　C 乐山师范学院
　　D 四川师范学院

29. **A** 书籍
　　B 梦想
　　C 假肢
　　D 保姆

30. **A** 不能自理的人
　　B 悲观失望的人
　　C 身残志不残的人
　　D 电影演员

第三部分

第31—50题：请选出正确答案。

31. **A** 不容易浇花
    B 不容易装水
    C 浪费太多时间
    D 浪费太多水

32. **A** 小溪
    B 鲜花
    C 裂缝
    D 弊端

33. **A** 不要浪费水
    B 及时修理坏的东西
    C 善于利用弊端
    D 寻找生活中的风景

34. **A** 孩子们声音很小
    B 孩子们不蹦了
    C 越管孩子们蹦得越厉害
    D 孩子们要奖品

35. **A** 两粒奶糖
    B 两粒化生米
    C 一支玩具手枪
    D 一部汽车

36. **A** 害怕大人
    B 奖品太差
    C 想看电视
    D 太累了

37. **A** 与别人竞争
    B 充实自己
    C 达成自我实现的要求
    D 把不喜欢的工作做好

38. **A** 不明白取舍
    B 没有具体目标
    C 没有对手
    D 运气太差

39. **A** 如何与人竞争
    B 选择工作的重要性
    C 关注自己的进度
    D 如何努力工作

40. **A** 气候寒冷，空气湿润
    B 天气变化，心情不好
    C 咽喉疾病发病率高
    D 冬季流感病毒增多

41. **A** 喝酒、少抽烟
    B 注意保暖
    C 增强锻炼
    D 了解天气情况

42. **A** 找准病因
    B 语言治疗
    C 做喉内手术
    D 噤声休息

43. A 有很多腐败问题
   B 很多人衣服都很脏
   C 每个人都有不良嗜好
   D 丞相的命令不能执行

44. A 丞相也不洁身自好
   B 他沾的只是一些小毛病
   C 他不愿随波逐流
   D 丞相不器重他

45. A 官场腐败混乱
   B 路面泥泞、积水
   C 他的鞋已经脏了
   D 丞相不喜欢他了

46. A 要才貌双全
   B 要注意小毛病
   C 要痛改前非
   D 要注意跟领导的关系

47. A 平和的表情
   B 善意的目光
   C 面部的微笑
   D 专注的神情

48. A 宽慰
   B 判断曲直
   C 解决困难
   D 幽默

49. A 微笑
   B 大笑
   C 眉开眼笑
   D 点头而笑

50. A 有的人从来不笑
   B 鼓励是一缕阳光
   C 微笑是一道风景
   D 笑是最深的情感

二、阅 读

第一部分

第51—60题：请选出有语病的一项。

51. **A** 人类就像一根芦苇，在风暴面前非常脆弱。
    B 文化需要"载体"，犹如打水，水总要一个木桶来盛载。
    C 天下没有一个真正的"音乐盲"，每一个人都可以唱响自己的歌。
    D 这个家伙高我一截，接球也很轻，你可以放心球传给他。

52. **A** 孩子幸福快乐，是父母最大的愿望。
    B 带宠物回家前，请静下心来好好考虑考虑，做出一个负责任的决定。
    C 这是我来北京以后经历的第一个春天，对我来说是极纪念意义的。
    D 唐代《必效方》中记载，将红枣、银耳和冰糖一起煮汤，可止咳润肺。

53. **A** 婚姻生活本来就是平淡的，它由一个个平淡的爱情细节组成。
    B 当他瘦了一圈、胡子拉碴地出现在妻女面前时，着实让她们吃惊了一下。
    C 人们常见的金属矿物，都是固体的，唯一例外的是汞，它在常温下呈液体状态。
    D 一幅好的书画作品，它的真正的艺术价值应该体现在其艺术内涵上。

54. **A** 手机实名制主要涉及三方：监管者、运营商和手机用户。
    B 艺术固然需要一定的数量，但艺术绝不是以数量取胜，就是以质量取胜的。
    C "8、6、3"用香港话来讲，就像"发、顺、升"，所以平时用得很普遍。
    D 除了通过观看喜剧获得快乐，人们也需要以喜剧的精神来面对生活。

55. **A** 每个人都可以有所作为，但前提条件是认定了就要去做，而不是半途而废。
    B 经过艰苦的跋涉，终于到达南天门，然后我又一鼓作气，登上了玉皇顶。
    C 社会稳定，人民生活水平显著升高，这一切都给人留下了深刻的印象。

D 他坚信母亲的教诲，相信自己一定是一朵花，只是还没等到开花的时节。

56. **A** 搞收藏下手要趁早，年轻艺术家作品升值空间大，艺术投资需要前瞻性。

    B 活着的人写身边的历史，很大程度上，既是个体自传，也是个人思想历程。

    C 封面右上角是一张大猩猩的照片，警觉的目光流露一种濒临灭绝的忧虑。

    D 一位富翁在非洲狩猎，经过三个昼夜的周旋，一匹狼成了他的猎物。

57. **A** 箭在弦上，不得不发，必须推行改革，这一点不能再有丝毫的不动摇了。

    B 2013年全国人工建筑最大的旅游景点，莫过于锦州世界园林博览会的园区。

    C 这一令人啼笑皆非的细节，犹如一杯苦酒，的确让人难以接受。

    D 在竞争的社会里，真正的陷阱会伪装成机会，真正的机会也会伪装成陷阱。

58. **A** 老板说开办这样一家餐馆的目的是想强调人的嗅觉和味觉的作用，防止因为视觉而影响人们对盘中美食的评价。

    B 上世纪90年代，这位商家的老宅动迁，人们在拆除房屋的时候，镶嵌在墙壁里的佛像另一半也露了出来。

    C 在这些所谓的娱乐节目中，各地方台的主持人在越来越低龄的同时，中性化倾向也变得越发无孔不入。

    D 20多年前，一位在纽约留学的中国大学生来到一家小旅店里打工，那家小旅店的生意不是太好，工作氛围比较沉闷。

59. **A** 陶渊明步入官场也想做点儿事，但他发现自己改变不了什么，失望之余，只好隐遁自然，归隐田园。

    B 在一餐中过量进食的人，应在下一次有氧训练中稍稍增加点儿强度，或者减少下一餐的热量摄入。

    C 在今年的能源业扩张狂潮中，三大国有石油公司由于实力雄厚、背景强大，成了当仁不让的操盘主角。

    D 曾几何时，作为中国人主要的出行工具，浩浩荡荡的自行车大军成为中国城市的一条亮丽的风景线。

60. **A** 每个人都可能有难以避免的缺陷或弱点，事实上，这种缺陷或弱点本身也许并没有什么，但它带给我们心理上的影响却是最可怕的。

B 一种语言消亡就等于失去了一种历史和文化。所以，一种语言的消亡不亚于一个物种灭绝的影响更严重。

C 效果显著的运动减肥通常有以下特点：强度小、时间长，运动过后仍然可以呼吸自如、谈笑风生，疲劳很快就能恢复。

D 在未来中国的发展历程中，继续走高投入、高能耗、高排放、低效率这样一条老路，对中国来说，既不可取，更不可能。

第二部分

第61—70题：选词填空。

61. 今年5月下旬，太湖多处湖面大规模蓝藻_____，被蓝藻污染最为____
____的太湖区内的梅梁湖，湖水就像绿色油漆一样浓稠。如此重度的蓝藻
污染，致使主要用水源自太湖的无锡市_____了饮用水危机。

    A 发作　厉害　坠入　　　　　**B** 暴发　严重　陷入
    C 发生　恶劣　沉浸　　　　　**D** 产生　严峻　进入

62. 据了解，为打造出世界顶级的豪华车全新DS5，DS在质量和做工方面____
____大量顶级技术，每一处细节都_____，并大量应用高档材料，按照
全世界最严格的欧洲标准在各流程中严格控制产品的质量、安全性、环保
性，_____品质与进口车型保持一致。

    A 操纵　尽心竭力　确定　　　**B** 运用　精益求精　确保
    C 使用　诚心诚意　保证　　　**D** 应用　一丝不苟　保障

63. 近期互联网金融热点迭出，"余额宝"规模_____600亿之后，又有百度
携手华夏基金拟推出号称年收益8%的理财产品。据_____，距此产品
正式_____还有一段时间，但是已有不少投资者开始_____百度的
"百付宝"准备抢购此产品。

    A 跨越　分析　推荐　挂号　　**B** 打破　理解　发行　登录
    C 冲破　调查　生产　登记　　**D** 突破　了解　推出　注册

64. 世界自然基金会发布的一份题为《丛林的呼唤》的报告指出，大湄公河区
域美丽而神秘的有蹄类动物_____灭绝，其中包括许多当地_____的
物种。除非政府_____有力的保护措施恢复野生种群的数量和栖息地，
不然，它们将有可能_____。

    A 濒临　特有　采取　消失　　**B** 面临　特别　采用　消灭
    C 面对　专有　选取　灭绝　　**D** 接近　独特　采纳　消亡

65. 如何看待武汉理工入围世界大学500强？武汉理工在排行榜中的_____
表现，主要得益于其论文引用数据。而国内的大学排行榜，_____重视

论文的数量而不是引用量，所以其引用_____也就不存在了，排名自然也就不理想。随着高等教育的发展，中国的高等教育办学_____应该从单一走向多元。

A 卓越　普及　长处　规模　　　　**B** 优异　普遍　优势　模式
C 杰出　多数　优点　样式　　　　**D** 优秀　广泛　擅长　形式

66. 各位妈妈是否还在为儿童房里凌乱不堪的状况而烦恼呢？如何保持儿童房干净_____，将孩子物品_____地收纳？答案就是从_____杂乱开始做起，寻找最_____的收纳方法。

A 卫生　整整齐齐　管制　快速　　**B** 清洁　井然有序　操控　简便
C 整齐　井井有条　统治　方便　　**D** 整洁　有条不紊　控制　便捷

67. 拥有健康肠道的人通常都拥有充沛的精神，给人头脑灵活、_____的印象，仿佛总是心情很好的样子。其实_____肠道环境很简单，只需要依照_____身体所需_____相应的酶素，就可以_____身体器官的负担，无须用药。

A 勤快　改善　提供　减轻　　　　**B** 勤劳　改良　供给　减掉
C 勤勉　改变　供应　减弱　　　　**D** 勤奋　改进　贡献　减少

68. 经历了这场灾难，受灾群众非但没有气馁，_____磨砺出更加坚韧的毅力和坚定的信心。再加上社会各界、四面八方的_____支持和大力援助，我们一定能_____，乘胜前进，恢复生产，重建家园，努力夺取抗灾救灾和灾后重建的_____胜利。

A 而且　热心　知难而进　所有　　**B** 相反　热烈　勇往直前　全部
C 反而　热情　再接再厉　全面　　**D** 竟然　热诚　不折不挠　具体

69. 从当前中国经济社会发展的需求看，专科层次的高等职业教育_____是社会最为需要的，应成为高等教育大众化的主力。政府和社会要为高等职业教育发展_____良好的外部环境，营造良好的社会舆论_____；并改革人事制度，以_____技能型岗位的社会地位，引导企业_____聘用职业技能人才。

A 肯定　制造　气氛　抬高　标准　　**B** 一定　建立　空气　提升　规定
C 必定　创建　环境　增强　模范　　**D** 无疑　创造　氛围　提高　规范

70. 作为一个政治人物，工作自然是十分_____，经常是夜以继日、_____。所以，家庭的充分理解和全力支持十分重要，同时也要在百忙之中挤出时间_____家人。这也是每一个从政人员从一开始就必须面对和解决的问题。不能_____好工作与家庭之间的关系，就不是一个好干部。

A 劳累　发愤图强　护理　处理　　B 繁忙　废寝忘食　陪伴　平衡
C 劳碌　孜孜不倦　伴随　权衡　　D 忙碌　兢兢业业　陪护　衡量

第三部分

第71—80题：选句填空。

71—75.

家里厨房改造，联系了装修公司后，他们派来了一位砌灶台的师傅。

这是一个年纪不大的青年，二十七八岁的样子，见了我，他笑着说："你好，我今天来测量一下厨房内的相关数据，三天后来为你砌好。"接着，他走进厨房，拿着钢卷尺，嘴里哼着周杰伦的《双截棍》，上上下下、左左右右地测量起来。（71）_____。

记录好，他从带来的包里，拿出一本书给我，是《厨房装修效果图》。我翻看了一下，全是富丽堂皇的那种，我只想弄个简易的厨房，似乎用不着这本书，便还给了他。他呵呵地笑着："不满意吗？没事，获取更多效果图，请关注我的微博。"

他唱着歌离去，走出好远，（72）_____，随风飘进我的耳里。

他来砌灶台的时候，我羡慕地说："你是我见过的最快乐的人，你的生活里，（73）_____。"

他依旧笑着："（74）_____，只是有了就要面对，只顾着哭有什么用？假如今天我是哭着来的，你还会要我给你砌灶台吗？你会因为我哭就额外给我加工钱吗？我坐在旁边哭，灶台会自动砌好吗？这些答案肯定是'不会'，既然哭改变不了事实，我当然选择笑着工作了。"

他真是最快乐的人，（75）_____，而是因为他选择快乐地对待忧虑。

A 似乎没有任何忧愁

B 不是没有忧虑

C 他像只快乐的小鸟在屋内飞来飞去

D 欢快的歌声还从他的身后飘来

E 远忧近虑谁都有

76—80.

雪莲果的培植过程是艰难的。它的植株生长在海拔 1000 ～ 2300 米之间的沙质土壤中，喜光照，生长期长达 200 多天，（76）_____，一旦温度降到 15℃以下，生长就会停滞。耐不住寒冷的果树，一遇霜冻天气，根茎很容易枯死。

雪莲果虽然价值不菲，但食用后，对调理身体和平衡健康大有裨益，（77）_____。而且，雪莲果的碳水化合物很少为人体吸收，因此也很适合糖尿病病人及减肥者食用。

可食用的部分主要为雪莲果的根块，根块中完全不含淀粉成分，（78）_____，口感有点儿像鸭梨或者甜度较高的白萝卜。除了直接削皮生吃外，还可以把雪莲果的根块和叶子榨成果汁或和鸡、鸭、排骨一起炖成具有高营养价值的浓汤。

雪莲果还有丰富的药用价值：它的果实中富含水溶性膳食纤维和果寡糖，能消除便秘，防止腹泻，（79）_____；它能调理血液，降低血糖、血脂和胆固醇，对高血压、糖尿病、心脑血管疾病和肥胖症等有一定疗效；（80）_____，能有效地防治面痘、暗疮，是养颜美容的天然保健品；其抗氧化、消除自由基的作用也是一绝，可预防结石症的发生。

A 是肠道疾病的克星
B 它在温暖的环境下较易存活
C 它还具有清肝解毒、降火降血压的功效
D 嚼起来香脆清甜
E 很适合生活节奏紧张的都市人食用

第四部分

第81—100题：请选出正确答案。

81—84.

宣纸的原产地——安徽泾县，唐代隶属宣州府，宣纸因而得名。

宣纸的制作方法与一般纸有很大的不同。一般纸的制法是利用造纸机把纸浆平铺在网上而形成薄薄的纸页，再经过烘干而卷成纸卷。宣纸却是用传统方法手工滤成一张张湿纸，贴在墙上干燥而成。由于这点不同，宣纸的性能也与一般纸不一样。那么，宣纸有哪些特性呢？

宣纸有润墨性。落墨于宣纸时，纸面会产生"发洇"的效果。普通纸发洇会使字或线条模糊不清，也不会出现晕状化开现象。而宣纸发洇会使墨色随水分逐渐向周围扩散，呈近似圆形的波浪式的变化，如果水墨掌握得当，就能获得层次分明、色彩丰富的艺术妙味。

宣纸有耐久性。宣纸的寿命至少是 1050 年，而普通纸大约在两三百年后就会因自然老化而破损。新闻纸的"寿命"更短，五六十年后就会变黄、发脆。所以，宣纸算是纸中的"老寿星"了。

宣纸的耐久性与它的 PH 值有着密切的关系。经测定，绝大多数宣纸 PH 值都在 8.3 左右，呈碱性状态。因为宣纸呈碱性，这使其能够抵抗空气中"酸性气体"的侵蚀，其纸内纤维才不易发生化学变化，纸也不易出现颜色变黄、强度下降等情况，所以宣纸的耐久性远超普通纸。

宣纸有变形性。宣纸能够随自然环境的变化适当伸长或收缩。它不怕折揉，可以重新装裱，即使折揉很多次，一经装裱便能整洁如新。

81. 宣纸得名的原因是：
   A 纸质不同于一般的纸　　　　　　　　B 因为原产地而得名
   C 宣纸的寿命长　　　　　　　　　　　D 制作方法与一般的纸不同

82. 宣纸的特性不包括：
   A 手工制作性　　　　B 耐久性　　　　C 润墨性　　　　D 变形性

83. 根据文章内容，哪一项不正确：
   A 普通纸"寿命"是最短的　　　　　　B 普通纸不会出现晕状化开现象
   C 宣纸 PH 值呈碱性状态　　　　　　　D 宣纸能够随环境伸长

84. 宣纸具有耐久性的原因是：
   A 纸面有"发洇"效果　　　　　　　　B 纸内含有纤维
   C 手工制成　　　　　　　　　　　　　D PH 值呈碱性

85—88.

好几年前，我和朋友到一家小餐馆吃饭。餐馆很简陋，但卫生工作做得特别好，到处都擦得干干净净，餐具也干净得让人放心。更重要的是，他们端出来的菜分量特别足，味道也不错。我笑着跟老板说："难怪总有人说在你这里吃饭，不会花冤枉钱呢。"老板笑了笑，一脸实诚地说："你看我们这儿，巴掌大块地方，就开了十多家餐馆，我要是让人花钱花得冤枉，那我不是把客人往别人店里赶吗？"

后来我们又去了几次，发现他的生意更好了，而他附近的那些餐馆，门前的小车也好，自行车也好，总是少得可怜。"这里最大的特色，就是分量足。""有的餐馆，刚开业的时候，分量也是很足的，但生意稍稍好一点，他们端上来的东西，就不是那么回事了。"朋友们说。

五年之后，这家餐馆扩大了规模，办成了一个有着三层楼房的很像个样子的中型酒店。去过的人，都说味道还是那么好，分量还是那么足。最近，我和朋友们在那里相聚。"你附近那么多餐馆都垮了，你的规模却越来越大，不简单啊。"我笑着跟老板说。又问："你怎么就能做到让菜的分量一直这么足呢？"

老板想了想，笑着说："刚开始，我们家里的意见也不是很统一的，说收同样的钱，别人的分量少，我们的分量多，时间长了我们就要吃亏，而我总是跟他们说，不要怕别人分量少了占便宜，他们那样做，实际上是在衬托我们，衬托我们做生意实在，衬托我们为人老实，时间长了，受益的肯定还是我们。有人从反面衬托你，那就等于是人家在拆自己的台，补你的台啊……"

一番话说得我和朋友们连声叫好："高见！高见！"

在语文老师那里，衬托是一种修辞手法；在戏剧导演那里，衬托是一种表演手法；而到了这位老板这里，衬托却成了一种做人和经商的法宝。

85. 这家小餐馆最大的特点是：
   A 分量足   B 热情   C 卫生   D 未谈及

86. 很多餐馆在生意好了以后常常：
   A 扩大规模   B 提高价格   C 分量缩水   D 服务态度变差

87. 餐馆老板认为，分量吃亏：
   A 是占便宜   B 让饭店垮掉   C 使饭店受益   D 是傻事

88. 下列哪一项是不正确的？
   A 衬托是这个老板的生意经   B 餐馆曾扩建过一次
   C 餐馆老板为人实在   D 减少分量是补自己的台

89—92.

夜晚的天空为什么是黑的？同学们一定会说，因为夜空没有太阳照耀。但是，无限的宇宙，充满了无数个恒星构成的星系，虽说夜晚没有太阳照耀，可是那满天的星星，都是会发光发热的"太阳"呀。一颗恒星的光芒的确很微弱，但是，无数颗恒星的光芒合起来应该是无限的亮，夜空也应该处处是一片光明。可为什么事实上是黑的呢？

美国天文学家哈勃等人观察发现，几乎所有的河外星系都在远离我们而去，即宇宙像正在充气的气球似的膨胀着，越来越大；距离我们越远的星系，远离我们而去的速度越快，星系退行使星系辐射到我们这里来的光变弱。因此，虽然宇宙是无限的，但可以照到我们这里的天体的数量是有限的。只要那些有限的天体射到地球上的光比太阳光少，地球上的日夜就取决于太阳。要是宇宙没有膨胀，也就没有夜黑问题。由此可见，夜黑是宇宙膨胀的结果。

大爆炸宇宙学认为："我们的宇宙"起源于一个温度极高、体积极小的原始火球，在距今大约 200 亿年前，不知什么缘故，这个火球发生了大爆炸，在大爆炸中诞生了"我们的宇宙"。随着空间膨胀，温度降低，物质的密度也逐渐减小，原先的质子、中子等结合成氟、氦、锂等元素，后来又逐渐形成星系、星系团等天体。

宇宙好像一个在不断充气的带花点的气球，上面的各点彼此分离。经过 200 亿年的"分离"才变成今天这个模样。根据天文学家的推测，我们的宇宙将来有一天会停止膨胀，然后转为收缩，直至收缩到大爆炸前的原始火球状态，接下来会出现新的大爆炸。宇宙的膨胀和收缩，这种循环可能不断地重复进行，宇宙处于这种来回振荡式的变化之中。

89. 夜晚的天空为什么是黑的？
  A 没有太阳照耀   **B** 宇宙膨胀的结果
  C 恒星的光芒很弱   **D** 太阳离我们远

90. 哈勃等人发现，河外星系：
  A 离我们越来越近   **B** 正在气球似的膨胀
  C 辐射的光线较强   **D** 星系前行的速度很慢

91. 下列表述不正确的是：
  A 宇宙起源于火球   **B** 宇宙诞生于 200 亿年前
  C 物质的密度在减小   **D** 星系团不是大爆炸的结果

92. 宇宙处于：
  A 循环往复的变化中   **B** 永恒不变的环境中
  C 原始火球状态   **D** 非动荡的变化中

93—96.

　　非洲西南部森林里有一种鸟，这种鸟最大的特点就是群体齐心协力筑巢，建造自己的"公寓"，因此叫"公寓鸟"。

　　每到雨季快要来临时，七八只公寓鸟便聚在一起，叽叽喳喳地在树林间飞来飞去，然后选定一个地方开始筑巢。通常这七八只鸟分工非常明确，有的衔草茎，有的衔泥巴，有的负责公寓的整体造型……几天后，一个公寓的框架就搭好了，外表看上去就像一把大雨伞。

　　公寓鸟终于有了一个遮风挡雨的家，可好多公寓并不能算作优质工程，因为通常会有许多公寓在风雨过后掉在地上。为什么会出现这种情况呢？参与建造公寓的七八只鸟分工合作，每个细节都完成得很好啊。

　　一位鸟类爱好者为了解开这个谜，用摄像机拍下了 30 个公寓的建造过程，并对每个公寓进行标记，然后调出掉在地上的和没掉在地上的公寓录像，并进行对比。经过仔细的观察，他很快找到了那些公寓掉在地上的原因。原来，公寓鸟在建造公寓时是进行了分工，建造公寓的过程中也是齐心协力快速完成，但大家忽略了一个重要的环节，那就是整体框架完成后，它们要在公寓里各自开建自己的小窝，这个小窝的位置非常重要，所有公寓鸟都希望自己的小窝能在中间。因此，有些鸟为了尽快完成自己分内的工作，抢先在公寓中间占好位置，便开始偷奸要滑，开始制造豆腐渣工程，将自己分内的工作简化……可这种简化对于整个工程来说却是致命的。风雨过后，建筑质量的缺陷导致了整栋公寓掉在地上。公寓鸟的自私害了别人也害了自己。

93．公寓鸟的特点不包括：
　　A 好抢占位置　　　　**B** 同心协力筑巢　　　　**C** 勤勤恳恳　　　　**D** 分工明确

94．公寓鸟的巢掉在地上的深层原因是：
　　A 完成得比较匆忙　　　　　　　　　**B** 忽视了鸟巢的位置
　　C 减少了建筑的环节　　　　　　　　**D** 为抢占自己的好位置

95．第四自然段中，画线词语的意思是：
　　A 像豆腐一样的工程　　　　　　　　**B** 建筑程序简单化的工程
　　C 质量优等，信得过的工程　　　　　**D** 质量差，极不坚固的工程

96．这篇文章要告诉我们：
　　A 公寓鸟很自私　　　　　　　　　　**B** 公寓鸟劳动时能齐心协力
　　C 公寓鸟的巢掉下来的原因　　　　　**D** 有了全局利益才有局部利益

97—100.

当我们说知识的时候，有时候我们说的其实是"知道"，比如，鸦片战争是哪一年爆发的。有的时候我们说的其实是"常识"，比如，一年有四季。有的时候我们说的其实是"见识"，比如，认识到是什么原因导致了金融危机。一个知道很多事实而

不知如何处理的人，现在我们已经不叫他"知识分子"，而称之为"知道分子"。知道而无见识，徒增谈资，于世无益，又有什么意义呢？

1956 年，教育心理学家本杰明·布鲁姆发现，美国学校的测试题 95% 以上是在考学生的记忆力。于是，他提出了一个新的学问分类法，即影响了两代美国人的"布鲁姆学问分类法"。该分类法把学问分为知识、理解、应用、分析、综合、评估等几个类别。这个分类法在美国教育界，尤其是在中小学，可谓众所周知。很多学校的课程设置，就是以此分类法为依据的。经过两代人的努力，美国的教育成功走出了以"记忆"为主导的测试困境。即便在小学阶段，这些分类技能的培养也是齐头并进的。比如"应用"类，一年级的孩子就有"访谈"作业，让他们询问家里人喜欢香草冰激凌还是巧克力冰激凌，然后把结果制作成图表，让人一目了然。

现在我们常讲"分布式认知"，也就是大脑的一部分被解放出来，被电脑、智能手机等外部智能辅助设备所取代。那么大脑干什么呢？得侧重于分析、应用、综合、评估这些"高层次思维"。尤其是批判性思维能力、创新能力和普遍意义上的学习能力，培养起来比较困难，且宜早不宜迟。

97. "知道分子"是指：
A 知道鸦片战争哪年爆发的人　　　　B 知道一年有四季的人
C 知道很多事实的人　　　　　　　　D 不知道如何处理却明白事实的人

98. 20 世纪 50 年代，美国学校的考试主要考：
A 记忆力　　　　B 评估　　　　C 理解　　　　D 综合

99. 孩子的"访谈"作业属丁：
A 分析　　　　B 综合　　　　C 应用　　　　D 知识

100. 学校重点培养学生的能力不包括：
A 创新能力　　　　B 学习能力　　　　C 批判性思维能力　　　　D 识记能力

三、书 写

第101题：缩写。

（1）仔细阅读下面这篇文章，时间为10分钟，阅读时不能抄写、记录。
（2）10分钟后，监考会收回阅读材料，请将这篇文章缩写成一篇短文，字数为400字左右，时间为35分钟。
（3）标题自拟。只需复述文章内容，不需加入自己的观点。
（4）请把短文直接写在答题卡上。

三叔喜酒，但酒量不大，每饮必醉。醉酒之后，说得最多的，便是他和三婶之间的爱情。

他说他和三婶是一日不见，如隔三秋。那时，他们同在一个国有大厂上班，都住单身宿舍。他下班回来，看不到她，便会站在楼下喊："尚丽红！尚丽红！"三婶有气，不理他，他就一直在楼下扯着嗓子喊。三婶终究是女孩子家，脸皮儿薄，只好对着楼下说："喊什么喊，叫魂儿一样。别喊了，我下去就是了！"听着熟悉的声音，三叔心里像吃了蜜一样甜。见到三婶，他就捉住她的手不放，两人嬉笑着去散步、吃饭。三叔说那时他们最喜欢吃的就是四毛钱一大碗的烩面，可惜也只有发工资时才能吃上一回。

那个春风沉醉的夜晚，三叔下了夜班，走在路上，明月在天，微风徐徐，三叔觉得很舒爽，他立刻想起了三婶，想和她一起坐在河边的石桥上，说说话。可是，等他站在楼下喊时，三婶同宿舍的女孩却说："别喊啦！你女朋友一下班就回家了。"

三叔顿时蔫了，心里的气愤、不快一起涌来——回家，也不跟我打声招呼！不过，他很快就原谅了三婶，并为三婶找了十多个开脱的理由。可漫漫长夜，怎么熬呢？三叔看着树荫下窃窃私语、成双成对的情侣，忽然，他做了一个决定——去三婶家找她！

三婶家离三叔所在的厂矿有三十多公里，一路还很崎岖。可三叔顾不得多想，一冲动，便骑着自行车上路了。凉风习习的春夜，三叔觉得自己浑身有使不完的劲儿，他蹬着自行车，不停地往前飞奔。还好，那时有月亮，可以朦胧地照出前方的路。不过，即便如此，三叔行到荒无人烟的山路上时，心中也有些发怵。三叔想到书中的强盗土匪，报纸上写的杀人抢劫，还有民间传说中张牙舞爪的厉鬼，他觉得自己的头发一根根竖了起来，脚下蹬得飞快。

忽然，三叔蹬不动了，他心里怕得厉害，心想，这下完了，被恶鬼缠上了。谁知，下车后他才发现，原来是车链子掉了。他不敢怠慢，抖着手装上车链，再上车，嗬，又能骑了！三叔觉得自己战胜了怯懦，在春夜中唱起了当时流行的歌曲，从《十五的月亮》唱到《信天游》。

三叔终于在深夜时分到了三婶家的村口。那时他俩还没正式确立关系，三叔不敢贸然行事，他害怕刚一进村，村里的狗就狂叫起来，人家把他当小偷打。不行，在柴火垛上先猫一夜吧！明天早上再去家里找她。

三叔说那是他一生中最刻骨铭心的一夜。蚊子的滋扰，小虫子的钻爬，让他不胜其烦。但想起三婶，他觉得吃再多的苦、受再大的罪也是值得的。就这样，在昏昏沉沉中熬到天明，他起身，拿掉身上的麦草，到小河边洗了把脸，然后，从容地向三婶家走去。

三婶插话说，清早起来意外见到他，听他说昨夜就来了，气不过就捶起他来，捶着捶着便倒在他怀里了。不过，也就是那一刻，她决定一生跟着他，无论水里还是火里。

每每听三叔讲他们的爱情故事，我就很羡慕。如今，生活条件好了，通信发达了，联系方便了，可我们还有那样的爱情吗？那爱情沉醉的春夜啊，真让人无比怀念！

汉语水平考试

HSK（六级）模拟试卷 *2*

注　意

一、HSK（六级）分三部分：

　　1.听力（50题，约35分钟）

　　2.阅读（50题，50分钟）

　　3.书写（1题，45分钟）

二、听力结束后，有5分钟填写答题卡。

三、全部考试约140分钟（含考生填写个人信息时间5分钟）。

一、听 力

第一部分

第1—15题：请选出与所听内容一致的一项。

1. A 学生长得像老鼠
   B 学生不喜欢老师
   C 学生误会了老师
   D 老师不会画老鼠

2. A 儿子不知道节约和小气的区别
   B 爸爸不知道节约和小气的区别
   C 妈妈总是很节约
   D 爸爸总是很小气

3. A 我很伤心
   B 我会继续努力
   C 我害怕失败
   D 实验很难

4. A 吃巧克力可能会上瘾
   B 巧克力不好
   C 女性吃巧克力会变丑
   D 女性吃巧克力有好处

5. A 超市里东西非常多
   B 超市太多了
   C 奶粉牌子很好
   D 没有我们喜欢的奶粉

6. A 女孩迷路了
   B 小张迷路了
   C 小张不知道怎么问路
   D 小张喜欢这个女孩

7. A 小王婚后不快乐
   B 小王婚后很快乐
   C 小王婚前不快乐
   D 小王一直很快乐

8. A 笑话很可笑
   B 笑话不可笑
   C 老板很幽默
   D 职员很善良

9. A 小明没耽误看比赛
   B 比赛还没有开始
   C 朋友没有看比赛
   D 比赛快要结束了

10. A 中国队永远胜利
    B 中国队很厉害
    C 中国语言很奇妙
    D 美国朋友很厉害

11. A 朋友没有力气
    B 朋友跑了第九名
    C 朋友觉得没劲
    D 比赛没有意思

12. A 比赛不分胜负
    B 比赛没有结果
    C 西班牙队胜利
    D 西班牙队失败

13. **A** 妈妈害怕蟑螂
    B 妈妈害怕小莉
    C 小莉害怕蟑螂
    D 小莉不怕蟑螂

14. **A** 爷爷常自己跟自己说话
    B 爷爷很幸福
    C 爷爷想工作
    D 爷爷工作很忙

15. **A** 爸爸没时间休息
    B 爸爸睡眠不好
    C 爸爸不爱吃饭
    D 爸爸工作很忙

第二部分

第 16—30 题：请选出正确答案。

16. **A** 精神上独立
    B 创作上独立
    C 精神和创作上都独立
    D 资金独立

17. **A** 重庆大学美术系
    B 重庆大学电影学院
    C 重庆大学美术电影学院文学系
    D 北师大美术电影学院文学系

18. **A** 大学一年级
    B 大一刚开始的时候
    C 在北师大的时候
    D 到了重庆以后

19. **A** 资金方面的工作
    B 整体的发行
    C 整个班底的管理
    D 以上都正确

20. **A** 自己写的
    B 改编的
    C 自己写的，也受别人的启发
    D 不知道

21. **A** 电视节目
    B 收音机
    C 博客
    D 家里

22. **A** 2003 年
    B 2004 年
    C 不清楚
    D 刚从法国回来的时候

23. **A** 陪老公
    B 读书
    C 工作
    D 游山玩水

24. **A** 时间太多
    B 一台烤箱
    C 想做面包
    D 想吃蛋糕

25. **A** 金钱
    B 美食
    C 爱情
    D 生活

26. **A** 公司总经理
    B 首席设计师
    C 品牌创始人
    D 以上全都对

27. **A** 年纪轻
    B 喜欢玩儿
    C 喜欢设计
    D 有天赋

28. **A** 新加坡

    B 江苏

    C 湖南

    D 香港

29. **A** 提供交流的平台

    B 让设计师专心搞设计

    C 提供经营方面的指导

    D 控制成本

30. **A** 如何把公司做大

    B 成本问题

    C 明天、后天的事情

    D 能赚多少钱

第三部分

第 31—50 题：请选出正确答案。

31. A 做猪肠汤
    B 哄儿子玩儿
    C 逛集市
    D 去散步

32. A 猪养得少
    B 等过节时再杀
    C 猪太小了
    D 她只是哄孩子

33. A 他也想吃
    B 不想对孩子撒谎
    C 让孩子高兴
    D 妻子不敢杀

34. A 做人不能太小气
    B 父母要多关心孩子
    C 做人要讲求诚信，说到做到
    D "杀猪"这个方法能够教育孩子

35. A 经济发展
    B 社会安定
    C 提高生活水平
    D 人口问题

36. A 经济
    B 环境
    C 社会
    D 生活

37. A 发展经济
    B 提高人口死亡率
    C 计划生育
    D 发展科技

38. A 人口给环境带来压力
    B 环境和人口没有关系
    C 环境影响人口出生率
    D 互为因果的联系

39. A 儒家伦理道德观念
    B 地理环境
    C 饮食审美风尚
    D 民族性格特征

40. A 春秋时期
    B 战国时期
    C 秦汉时期
    D 周秦时期

41. A 谷子
    B 人黄黏米
    C 黄豆
    D 稻子

42. A 黄粱
    B 粟
    C 豆类
    D 稻子

43. A 宣纸
    B 水印纸
    C 稿纸
    D 画纸

44. A 耐酸、耐碱
    B 安全线
    C 蓝纤维
    D 水印图案

45. A 纸张的厚度
    B 纸张的大小
    C 水印的深浅
    D 水印的方向

46. A 美观的需要
    B 防伪的需要
    C 印刷的需要
    D 雕刻的需要

47. A 瓦匠
    B 木匠
    C 油漆工匠
    D 铁匠

48. A 他自己改了姓
    B 鲁国人不让他姓 "公输"
    C 他是鲁国人
    D 人们不喜欢输

49. A 草叶
    B 树枝
    C 工具
    D 蝗虫

50. A 锻炼自己的意志
    B 观察蝗虫的牙齿
    C 经常被草划破手
    D 善于观察和发现

二、阅　读

第一部分

第51—60题：请选出有语病的一项。

51. A 入夏以来，特区政府为市民和游客举办了很多丰富多彩的活动。
    B 园林中的景物要源于自然，又高于自然，使人工美和自然美融为一体。
    C 图书馆使用录音电话办理续借，哪怕午夜想续借也没关系。
    D 布达拉宫、大昭寺等一批寺庙列为全国或自治区重点文物保护单位。

52. A 学校除必须让在校生扎实基础知识外，还让每人必须掌握一两项技能。
    B 我和海若一家一见如故，就像一家人一样，我们一起痛，一起急。
    C 你们的支持和理解对我很重要，不论是过去、现在还是将来。
    D 蚂蚁虽小，其力甚大，能推动相当于自身重量一百倍的物体。

53. A 这个学派力求自然事物只用自然力做出积极的解释。
    B 法律通常都采用成文的方式加以颁布，以便做到家喻户晓。
    C 永定门城楼的复建将本着"修旧如旧"的原则。
    D 北京市轨道交通建设管理公司坚决贯彻实施"阳光工程"。

54. A 我真担心，在一支蜡烛的弱光下，几十万字，他的眼睛怎么吃得消！
    B 他在这本书里，把那时的所见所闻都如实而又委婉地写了出来。
    C 这种传统的发展模式导致了自然生态恶化，环境污染日益严重。
    D 人的才能的大小，完全是由于后天的学习和实践决定的。

55. A 大学生身心发展还不够成熟，虚荣心较强，容易产生攀比心理。
    B 南极洲是唯一当今世界上没有土著居民和树林生长的大陆。
    C 爸爸说："这么近，还犯得上雇面包车，花那几百元冤枉钱？"
    D 吴强先是掉到一棵树上，然后掉到地上，否则真的没命了。

56. A 北京是一座历史古城，还有北京又是正在迅速发展的现代化大都市。
    B 内地顾客多了，为了方便，香港的珠宝店开始接受人民币付款。
    C 当时，他衣衫不整地斜靠在土墙根下，胡须很长，头发蓬乱，无神地半翕着眼。
    D 我迷失在浩渺无边的波涛中，连回去的路都已经找不着了。

57. **A** 地震给人类带来了灾难，然而人造地震却能帮助人们勘探矿藏。

　　B 随着年龄的增长，婴儿的情绪表现也逐渐变了很多。

　　C 在人们心目中，老虎一直是危险而凶狠的动物。

　　D 如果说有人能从高变矮，返老还童，恐怕人们难以相信。

58. **A** 有人说李经纬打肿脸充胖子，可能吃错了药，可他十分清醒。

　　B 我每天能继续工作 12 小时，但若一生都得这样，就会把我累坏。

　　C 其实爸爸特别在意我的一切，只是他表达的方式不一样罢了。

　　D 物价从 4 月发生了多次大幅度上涨之后，10 月又猛烈上涨。

59. **A** 丹顶鹤性情高雅，形态美丽，素以喙、颈、腿"三长"著称。

　　B 只有商业上的成功才是平遥人最引以为荣的事情。

　　C 我三个月后回美国去，希望到那时能见到我的老朋友。

　　D 他的实验场研究改良的玉米品种，其产量比普通玉米提高到 3 倍，且营养价值高。

60. **A** 目前防治工作主要从小处着眼，从细节入手，查遗补漏。

　　B 有一次，他倒在了丛林中，幸亏同伴及时赶到，他才没丢掉这条命。

　　C 下了船还要等汽车，因为没有候车室，只好坐在沙滩上任凭风吹日晒。

　　D 此练习对神经紧张有助于消除，并能使积郁肺部的浊气排出体外。

第二部分

第61—70题：选词填空。

61. _____考古发现，磁州地区以彭城为中心，是中国瓷器_____地之一。早在 7500 年前，这一地区便开始烧制陶器，彭城以北 20 公里的磁山新石器的_____，曾出土过大量的夹砂褐陶和红陶器，中国社会科学院将其_____为"磁山文化"。

    A 根据   发源   旧址   称作   B 依据   起源   原址   叫作

    C 据   发祥   遗址   命名   D 凭   诞生   地址   称呼

62. 很长时间以来，不少开车人都有一个_____，就是认为借公交车道行驶 30 米以内不违规。昨天本报就这一误解给出了明确的答案：错！只有遇交通管制等_____情况时，社会车辆才可以在交警_____下进入公交车道。许多开车人看了本报报道后恍然大悟：敢情这些年一直错开着，没被处罚真是_____。

    A 误解   特殊   指挥   侥幸   B 歪曲   意外   指引   碰巧

    C 误会   异常   指使   凑巧   D 曲解   特别   引导   幸运

63. 手机支付已经不再是一件什么时髦的事情，随着智能手机的_____以及支付宝钱包应用的出现，手机支付正在成为继网上支付之后又一种重要的支付_____。提到移动支付，相信大家对于支付宝钱包已经非常_____和了解了，而近日我们看到银联针对移动支付推出的应用——"银联钱包"也已_____推出。

    A 遍及   形式   熟识   正规   B 遍布   方式   熟知   真正

    C 普遍   手法   知悉   公开   D 普及   手段   熟悉   正式

64. 沈阳故宫院内的文溯阁之所以_____，不仅仅因为它的建筑_____，_____因为它是闻名于世的《四库全书》的_____之所，也是建在宫廷中最大的一所图书馆。

    A 家喻户晓   独具匠心   还   珍贵

    B 驰名中外   别开生面   只   珍宝

    C 名扬四海   别具一格   而且   珍藏

    D 美名远扬   与众不同   也   珍玩

65. 身体和心理都健康，才_____是真正的健康。随着人们物质生活水平的_____提高，人们对健身越来越重视，形成了_____健身的热潮，大家对健康有了新的认识和_____。

A 讲得上　逐渐　一阵　领会　　　B 算得上　不断　一股　了解
C 谈得上　不停　一起　明白　　　D 称得上　连续　一场　理解

66. 走出校园进行语言实习，是考查学生汉语水平与能力的重要_____。_____实习前后的授课、讨论等活动，_____提高了学生实际运用汉语进行交际的能力，而且也_____了他们对中国社会、文化、经济、历史的了解。

A 路程　经过　不光　加强　　　B 路径　经历　不仅　加大
C 途径　通过　不但　加深　　　D 路途　经验　不只　深入

67. 古代先人们许多含义深刻的名句，是他们通过_____的人生旅途得出的经验，至今，不但仍然给人们以_____，还极大地激发了人们_____真理的积极性，我们应当珍惜这_____宝贵的精神财富。

A 艰辛　启迪　探求　份　　　B 艰苦　启蒙　探究　件
C 困难　启发　追求　则　　　D 困苦　启示　探索　条

68. 老张这个人很_____。初次与他见面，你可能会觉得他很_____，难以_____。可是时间一长，你就会发现其实他挺_____，挺爱开玩笑的。

A 独特　严格　接触　幽默　　　B 特别　严肃　接近　风趣
C 特性　严厉　靠近　有趣　　　D 特殊　严峻　靠前　诙谐

69. 近日，国务院公布了《关于促进旅游业改革发展的若干意见》，鼓励职工_____个人需要和工作实际分段灵活安排带薪年休假。将带薪年休假制度落实情况纳入各地政府议事_____，作为劳动监察和职工_____保障的重要内容，"高等学校可结合实际调整寒、暑假时间，中小学可按有关规定安排放春假，为落实职工带薪年休假_____条件"。

A 联系　过程　利益　制作　　　B 连合　程序　权力　制造
C 结合　日程　权益　创造　　　D 联合　安排　权利　创立

70. 卢沟桥位于北京郊区的永定河上。它_____于公元 1189 到 1192 _____。卢沟桥设计科学、_____美观，它全长 266.5 米，由 11 个半圆形的石拱_____。

A 建设　期间　外形　构成　　　B 建筑　年代　外貌　形成
C 建造　时代　外在　组合　　　D 修建　年间　造型　组成

第三部分

第71—80题：选句填空。

71—75.

　　人们常用"血浓于水"来说亲情。确实，（71）＿＿＿＿＿＿＿，不必伴随惊天动地的事件，它永远存在于我们生活中，像水一样不可或缺，但永远比水深浓。因为比水多了一份情意，一份鲜红的情意。

　　上小学时，我比较任性。一天，我回到家中，感觉非常渴。于是，我急匆匆地找水瓶，想倒杯水喝。可我把屋子里的水瓶找了个遍后，还是一无所获。

我心里非常沮丧，转而从口渴变成了愤怒。也不是对某人的愤怒，只是一种因为失望而油然而生的愤怒。越是渴越是怒，越是怒，（72）＿＿＿＿＿＿＿。终于，我的愤怒转移到了我的身体上来，（73）＿＿＿＿＿＿＿。我一次次狠狠地放下手中的空瓶，发出激烈的撞击声，不过幸好没把水瓶砸碎。在虐待完空瓶之后，我气呼呼地冲回了房间，随手关闭了房门，发出响亮的声音。

　　"笃、笃、笃"，我正在做作业时，门外传来了敲门声。我起身开门。原来是父亲为我送水来了。一开始在我找水时，父亲虽一声不吭，但知道我的意图，只是不说出来，弄得我几乎忘记了他的存在。父亲是理解我的，在我虐待水瓶和门时，他一言不发，他知道我的心情，知道我要宣泄。（74）＿＿＿＿＿＿＿，这就是亲情。

　　其实，当时我已忘掉了口中的渴，父亲送水已是20分钟之后的事了。但不烫的无色的白开水，让我深深地明白这种爱的伟大。在20多分钟里不但要煮开水，还要冷却让我喝，这份苦心，恐怕我永远不能体会。无色的水让我看到了红色的爱，（75）＿＿＿＿＿＿＿。

　　A 我变得越来越粗暴

　　B 血永远浓于水

　　C 亲情就好比是水

　　D 这是建立在爱上的

　　E 就更是怒上加怒

76—80.

天有不测风云，人有旦夕祸福。人活在世上谁都难免要遇上几次不幸或者难以改变的事情。有些事情是可以抗拒的，也有很多事却是无法抗拒的。如面对亲人的亡故和各种自然灾害，你该如何应对？（76）_____，否则，忧郁、悲伤、焦虑、失眠会接踵而来，最后的结局是：你让无法抗拒的事实改变了你。

很多人问我：为什么总感觉到你是快乐的？

其实，谁没有烦恼？谁又可以抗拒各种情绪的困扰？

这个时候，我会使自己进入短暂闭塞的空间，戴上耳机与天籁之音相吻；会打开音箱，与歌手一起痴醉；会冲一个热水澡，（77）_____；也会准备一顿丰盛的晚餐，约上几个朋友大吃一顿；也会来到空旷的田野发自肺腑地呐喊，把积压的委屈趁机发泄出来；或者是写点东西，把一些愤懑体现在字里行间。这样做了，（78）_____，再睡个好觉，等天亮时，一切都会是崭新的。

在当今这个压力越来越大的社会，懂得处理好自己的情绪，会使你的（79）_____，你也才有可能创造更美好的生活。

有这样一种说法："一个人的身体健康是1，而财富、感情、事业、家庭……都是1后面的0，只有依附于这个1，零的存在才会有意义，如果没了这个1，一切都将不存在。"因此人生最重要的就是有一个健康的身体，健康的身体靠什么来获得？那就必须有一个快乐的心情，所以，我们要学会释放压力，缓解疲劳，（80）_____。

A 你就会拥有健康的心态

B 心里轻松很多

C 改变自己的生活态度

D 接受它、适应它

E 卸去心灵的疲惫

第四部分

第81—100题：请选出正确答案。

81—84.

 色彩是城市景观中的重要因素。城市色彩研究工作主要有以下几个方面：一个城市是否可能或应该具有特定的色彩基调？什么样的城市色彩基调能够与其所在的自然环境和谐共处？如何从色彩这一设计角度使城市具有统一和谐、美丽宜人的景观，从而给生活于此的人们创造出良好的生存环境？

商业区的色彩一般是城市中最为活跃的部分。应该注意的是，针对不同性质的商业区，所应采取的控制策略是不同的。传统商业街所要传达的文化含量并不亚于其商业性，因此，色彩的处理应慎重，广告招贴和商品陈列应遵从传统方式，避免因色彩面积过大而破坏景观。而一般商业区以商业活动为主要目的，色彩的多变、强烈冲击的视觉效果有时也不失为一种特色。

传统地方文化保护区是城市地方历史和传统文化最为集中的体现，是保护地方人文环境和发扬其特色的重点所在，因此需要格外仔细地分析研究和慎重操作。对于确实具有一定历史文化价值的文物性建筑，外立面应以保护性清洗为主，尽量保留其原有的材质和色彩，绝不应盲目翻修粉饰，整旧如新。

城市色彩景观设计的实施可以使城市拥有舒适美观的人居环境，但如何正确实施则有赖于对城市色彩的研究和设计。所以，我们应尽快将这个研究课题纳入到城市规划和城市设计的总体框架中去。

81. 下列哪一项不属于城市色彩研究工作？
   A 城市特定的色彩基调　　　　　　　　**B** 城市色彩与自然环境的和谐
   C 怎么创造出良好的居住环境　　　　　**D** 怎样用色彩让城市更美丽

82. 设计城市商业区的色彩要注意什么？
   A 不同性质的商业区采取不同的方法　　**B** 增加传统商业街的文化含量
   C 以强烈冲击的视觉效果为特色　　　　**D** 把色彩和商品陈列结合起来

83. 为什么商业区的广告招贴和商品陈列应遵从传统方式？
   A 强烈冲击的视觉效果可以吸引顾客
   B 保护景观，避免影响商业区的文化含量
   C 使城市和谐统一
   D 传统方式是最保守的策略

84. 对于有一定历史文化价值的文物建筑，应该怎样设计它的色彩？
   A 翻修粉饰，整旧如新　　　　　　　　**B** 清洗干净
   C 保留其原有的色彩　　　　　　　　　**D** 用新的材质还原其色彩

85—88.

帕金森氏综合征的病因就在于缺乏一种能在神经细胞间传递兴奋的化学物质多巴胺。从根本上治疗这种病的方法就是使患者的身体重新获得分泌这种化学物质的能力。帕金森患者绝大多数是 50 岁以上的老年人。患者的主要症状是四肢僵直逐渐加重、颜面表情消失、两手颤抖、步履蹒跚。重病人甚至出现吞咽和语言困难。1903 年，瑞典著名脑内移植研究专家奥尔逊开始用老鼠进行脑内移植实验，将取自同种老鼠胎儿的分泌多巴胺的神经细胞移植到病鼠脑内，使移植细胞开始有新的神经纤维芽生长出来。这种出芽的神经细胞和正常神经细胞一样，具有相同的电生理性质，并能分泌多巴胺，病鼠因此恢复得和正常老鼠一样。在动物实验基础上，1982 年，斯德哥尔摩加罗林斯加医院的一名震颤麻痹患者，因药物治疗无效处于极度衰竭的危险状态。为了挽救已陷入绝境的病人，该院伦理委员会批准了给患者做脑内移植手术的方案。

继而以奥尔逊、格纳西奥、麦德拉佐为首的墨西哥医务小组，为一位 50 岁的男性和一位 35 岁的女性帕金森氏病患者成功地进行了脑内移植术。1986 年 9 月 27 日，中国首例脑内移植手术在北京宣武医院获得成功。中国是继瑞典、墨西哥之后在临床上开展脑内移植手术的第三个国家。

85. 从根本上治疗帕金森的方法是什么？
　　A 使患者身体重获分泌化学物质的能力
　　B 消除四肢僵硬、颤抖等症状
　　C 让老年人的肌体变得年轻化
　　D 让患者身体具备分泌多巴胺的能力

86. 下列哪一项不是帕金森氏综合征患者的症状？
　　A 两手颤抖　　　　　**B** 走路困难　　　　　**C** 视物模糊　　　　　**D** 说话含糊

87. 对老鼠进行的脑内移植实验结果怎么样？
　　A 成功　　　　　　　　　　　　　　**B** 失败
　　C 神经细胞不能分泌多巴胺　　　　　**D** 原来的神经细胞产生新的神经纤维芽

88. 世界上第一个成功地进行脑内移植手术的是哪个国家？
　　A 中国　　　　　　　**B** 瑞典　　　　　　　**C** 墨西哥　　　　　　　**D** 美国

89—92.

关于未来轮船的设计，设计师们有两个完全相反的目标。第一个目标是创制能让人在水下旅行和载货的船，这种船能使人如同在陆上生活那样，去探测开发海床，绘出海底地图。另一个梦想是建造一种介于飞机和传统水面轮船之间的高速远洋轮船，要做到这一点，首先就要使用威力无比的核反应堆作为推动力量。这种船将特别适合载运石油。目前能建造的核动力潜水油轮可以装4万吨油，以差不多40节的速度航行，和装货一样多、速度一样快、行程也一样的水面核动力船比较起来，消耗动力大约只有后者的一半。战时，这类潜水船在供应军舰或在北极冰下运油方面极为有用。1960年，苏联的破冰船"列宁"号下水；两年后，美国的"撒凡那"号也下水。70年代初，苏联又建造了两艘核动力破冰船。1969年，日本也有一条核动力货船"陆奥"号下水。虽然核动力很昂贵，但海运专家主张将这种动力货船用于长距离贸易线。

然而，不论用什么做动力，传统远洋轮的速度增长率赶不上陆上和空中运输工具的速度增长率，其主要原因是水的密度比空气要大上800倍，水中的摩擦阻力和空中的自然不可同日而语。自开始营运以来，火车、飞机和汽车的速度约增加了10倍：火车从每小时16千米增加到100千米；旅客班机从96.6千米增加到966千米；今天大多数汽车在理论上都有能力将速度从原来的每小时19千米增加到193千米。在上个世纪60年代，"大东方"号机动船曾以14节的创纪录速度横越大西洋，可至今，机动船的速度增加还不到3倍。

89. 未来轮船的设计目标是什么？
　　A 和飞机一样快的船　　　　　　　　**B** 和现在的目标相反
　　C 水下行走的船和高速远洋轮船　　　　**D** 水下行走的船和陆上生活的船

90. 跟水面核动力船比较，核动力潜水油轮有什么优点？
　　A 节省动力　　　　**B** 消耗动力大　　　　**C** 载货量大　　　　**D** 速度快

91. 为什么传统远洋轮速度增长率比空中运输工具的小？
　　A 水的摩擦力小　　　　　　　　　　　**B** 空中的摩擦力大
　　C 水的密度比空气密度大　　　　　　　**D** 以上都对

92. 根据本文，现在机动船的速度可能是多少？
　　A 20节　　　　　　**B** 10节　　　　　　**C** 45节　　　　　　**D** 200节

93—96.

生活中，愤怒无处不在。从小到大我们都知道发怒是不好的，那些直接或者间接的生活经验也让我们知道，发怒的"破坏力"有多大——失去朋友、得罪亲人或者丢掉饭碗。可问题是，人人都会生气，每当"怒从心头起"的时候，到底要不要表达出来？又该如何表达？专家给我们提出了比较有参考价值的建议：

第一，明确告诉自己：我生气了。愤怒来临时，我们往往还没弄清楚发生了什么，不该说的话就说出去了，不该做的事也已经做了。所以，向自己承认"我生气了"，大声说："这件事让我很生气，现在我该怎么办？"告诉自己也告诉对方。这样做，会为你赢得处理愤怒情绪的机会。

第二，克制自己，不要马上说什么或者做什么。克制冲动并不意味着积累愤怒，而只是让你在感到愤怒的时候先冷静一下。

第三，你需要找出愤怒的焦点是什么，也就是需要想想我们的愤怒是从哪里来的，那个惹你生气的人到底做错了什么事，问题究竟有多严重，而不是直接去找是谁让你生气的。

第四，进行选择性分析。承认自己受了委屈，并承认再与那个伤害自己的人争论也无济于事，于是决定接受这个事实，拒绝让已经发生的事情破坏自己的幸福感。某些时候，这是处理愤怒的最佳方法。而在更多时候，处理愤怒的方法是，把自己的想法和感受坦白地讲出来，这样做的目的不是批评、责怪对方，而是要修复彼此的关系，请对方注意并和你一起努力，以找到解决问题的方法。

93. 下列哪一项不是发怒破坏力的表现？
   A 失去朋友　　　　B 得罪亲人　　　　C 丢掉饭碗　　　　D 人人都生气

94. 为什么在愤怒来临时要明确告诉自己"我生气了"？
   A 为自己赢得处理情绪的机会　　　　B 为自己说了不该说的话找借口
   C 这样就可以做不该做的事了　　　　D 让对方准备好接受"我"发怒

95. 愤怒来临时，下列哪一项不是克制自己的好方法？
   A 不要马上说什么　　　　　　　　　B 不要马上做什么
   C 积累一下愤怒　　　　　　　　　　D 先冷静一下

96. 下列哪一项不是找出愤怒焦点的方法？
   A 想想愤怒从何而来　　　　　　　　B 想想惹你生气的人做错了什么
   C 想想问题究竟有多严重　　　　　　D 找出让你生气的那个人

97—100.

　　钦州坭兴陶作为一种传统民间工艺，至今已有1300多年的历史，因其悠久的历史和独特的品质，钦州坭兴陶与宜兴紫砂陶、四川荣昌陶、云南建水陶并称为"中国四大名陶"。

　　钦州坭兴陶，以钦江东西两岸特有的紫红陶土为原料，东泥软为肉，西泥硬为骨，按比例软硬搭配烧制而成。其最大的特点是不施釉，而采用雕刻进行装饰，因而具有雕刻之美。陶艺大师们在陶坯上巧施阴刻、阳刻、浮雕、镂空、填白等手法，作画刻字，诗文内容高雅，绘画主要以山水花鸟为题材。这样使得钦州坭兴陶在单纯古朴中透露出一种又醇又浓的人文味，既有较高的实用价值，又是别致的艺术品。

　　钦州坭兴陶的另一个特点是在烧制过程中会产生"窑变"，具有"窑变"之美。钦州坭兴陶无须添加任何颜料，在烧制过程中，当炉盘温度上升到1200℃的临界点时，偶然有极少量的坯体在原来铁红色的外观上若隐若现古铜、紫红、铁青、金黄、墨绿以及天斑、虎纹等色泽，这种现象被称为"窑变"。钦州坭兴陶的"窑变"艺术被誉为"土与火的艺术"，在陶器行业中绝无仅有，故有"中国一绝"之称。

　　钦州坭兴陶纯手工制作，耐酸耐碱，绝无毒性，具有绿色天然之美。它的成品能保持百分之二的吸水率，百分之二的气孔率。独有的透气而不透水的天然双重气孔结构，使得器皿内氧分子充足，有利于食物长久储存。用坭兴陶茶具泡茶，味正醇香，隔夜而色味不变；用坭兴陶食具盛装食品，暑天隔夜存放而不馊；用坭兴陶花瓶插花，则花艳叶茂，色鲜颜美……

　　今天，经过进一步改良升华的钦州坭兴陶正以其丰富深厚的文化底蕴、多姿多彩的艺术形态成为钦州对外宣传的文化使者，成为钦州不可多得的城市名片。

97. 关于钦州坭兴陶，下列说法不正确的是：
　　A 钦江东泥硬，西泥软　　　　　　　　B 是中国四大名陶之一
　　C 既有实用价值，又有艺术价值　　　　D 烧制过程中会产生"窑变"

98. 钦州坭兴陶的最大特点是：
　　A 人文味比较浓郁　　　　　　　　　　B 烧制过程中产生"窑变"
　　C 不施釉，采用雕刻装饰　　　　　　　D 烧制时不添加任何颜料

99. 钦州坭兴陶的制作方式是：
　　A 机器制造　　　　B 模具制造　　　　C 纯手工制作　　　　D 添颜料制造

100. 用坭兴陶盛装食物，夏天隔夜不馊，这是因为坭兴陶：
　　A 没有毒性，是天然的工艺品　　　　　B 具有百分之二的吸水性
　　C 气孔率高，氧气充足　　　　　　　　D 具有透气不透水的天然双重气孔结构

三、书 写

第 101 题：缩写。

（1）仔细阅读下面这篇文章，时间为 10 分钟，阅读时不能抄写、记录。

（2）10 分钟后，监考会收回阅读材料，请将这篇文章缩写成一篇短文，字数为 400 字左右，时间为 35 分钟。

（3）标题自拟。只需复述文章内容，不需加入自己的观点。

（4）请把短文直接写在答题卡上。

那天是周末，老早就说好了要和朋友们去逛街，母亲却在下班的时候打来电话，声音像小女孩一样高兴："明天我们单位组织春游，你下班时帮我到威风蛋糕店买一袋面包，我带着中午吃。"

"春游？"我大吃一惊，"啊，你们还春游？"想都不想，我一口回绝："妈，我跟朋友约好了要出去，我没时间。"

跟母亲讨价还价了半天，她一直说："只买一袋面包。快得很，不会耽误你……"最后她都有点儿生气了，我才老大不情愿地答应了。刚一下班我就飞奔前往。但是远远看到那家蛋糕店，我的心便一沉，店里竟是人山人海，排队一直排到了店外，我忍不住暗自叫苦，但是又不得不排队等着。我隔一会儿看一次表，又不时踮起脚向前面张望，足足站了 20 分钟才进到店里。想起朋友们肯定都在等我，更是急得直跺脚。心里开始埋怨：真不知道母亲是怎么想的，双休日不在家休息，还要去春游，身体吃得消吗？而且还是单位组织，一群老太太在一起，有什么好玩的？春游，根本就是小孩子的事嘛，妈都什么年纪了，还去春游？

好在售货员告诉我再烤三炉就可以轮到我了，就在这时，背后有人轻轻地叫了一声："小姐。"她的笑容几乎是谦卑的。"小姐，拜托您一件事，你看我只在你后面一个人，就得再等一炉。我这是给儿子买，他要去春游，我待会儿还得赶回去做饭，晚上还得送他去补习。如果你不急的话，我想，嗯……"没等我回答，她又问："请问你是给谁买？"我很自然地回答她："给我妈买，她明天也春游。"我刚说完，整个店都安静下来了，所有的目光同时投向我。有人大声地问我："你买给谁？"我还来不及回答，售货员小姐已经笑了："哇，今天卖了好几百袋，你可是第一个买给妈妈的。"

我环顾四周才发现，排队的几乎都是女人，从白发老人到青年少妇，每个人手里都拎着大包小包，一眼就看出她们作为母亲的身份。

"那你们呢？"我问她们。"当然是买给孩子的。"其中一位回答我，我身后那位妇女连声说："对不起，我真没想到，这家店人这么多，你为了你妈妈这么有耐心啊。我本来不想来的，是儿子一定要。春游嘛，我也愿意让他吃好玩儿好。我们小时候春游，非常看重带什么好吃的。"她脸上忽然浮现出的神往的表情，使她整个人都温柔起来。我问："你现在还记得小时候春游的事啊？"她笑了："怎么不记得？现在也想去啊，每年都想，哪怕只在草坪上坐一坐晒晒太阳也好。可是总没时间。"她轻轻叹口气："大概，我也只有等到孩子长到你这么大的时候，才有机会吧。"

我顿时明白了，原来是这样，春游并不是母亲一时的心血来潮，而是内心深处一个已经埋藏了几十年的心愿。

汉语水平考试

HSK（六级）模拟试卷 *3*

注　意

一、HSK（六级）分三部分：

    1. 听力（50 题，约 35 分钟）

    2. 阅读（50 题，50 分钟）

    3. 书写（1 题，45 分钟）

二、**听力结束后，有 5 分钟填写答题卡。**

三、全部考试约 140 分钟（含考生填写个人信息时间 5 分钟）。

一、听　力

第一部分

第1—15题：请选出与所听内容一致的一项。

1. **A** 小王的弟弟身体很好
   B 小王的弟弟爱做游戏
   C 小王的弟弟做游戏时受伤了
   D 小王喜欢开玩笑

2. **A** 孩子又睡着了
   B 父亲不会哄孩子
   C 父亲唱歌很难听
   D 邻居喜欢孩子哭

3. **A** 水可以随便喝
   B 少喝水才健康
   C 多喝水很重要
   D 应该科学喝水

4. **A** 威士忌是给这位男子喝的
   B 威士忌很好喝
   C 女士不喜欢威士忌
   D 乘客很担心这位男子

5. **A** 小张喜欢救人
   B 消防员们都想救女孩
   C 小张很勇敢
   D 小张很善良

6. **A** 苹果已经睡了
   B 小苹果已经睡了
   C 妈妈困了
   D 弟弟很聪明

7. **A** 假发很好看
   B 商标做得很假
   C 商标在假发上
   D 朋友在开玩笑

8. **A** 书店老板觉得很惭愧
   B 医生不喜欢吃药
   C 医生很有意思
   D 医生没吃过所有的药

9. **A** 女儿的成绩非常好
   B 女儿的成绩没有前座的好
   C 女儿觉得很委屈
   D 爸爸对女儿的成绩很满意

10. **A** 人的烦恼很多
    B 太会计划是聪明
    C 太会计划是自以为聪明
    D 我们应该计划未来

11. **A** 直发显得年轻
    B 卷发更漂亮
    C 商店老板很善良
    D 小丽是学生

12. **A** 鸟儿白天睡觉
    B 鸟儿睡觉姿势不同
    C 鸟儿睡觉姿势和人一样
    D 鸟儿晚上不睡觉

13. **A** 小强很乖
    B 小强很胆小
    C 小强骗老师
    D 小强掉进坑里了

14. **A** 小王是倒数第一
    B 小王成绩很好
    C 小王成绩很差
    D 朋友不会转学

15. **A** 全班都没及格
    B 全班都及格了
    C 全班都在 70 分以上
    D 全班都在 80 分以上

第二部分

第 16—30 题：请选出正确答案。

16. **A** 一直都有
    B 1986 年入伍
    C 第一次跳伞时
    D 一位盲人飞到澳大利亚以后

17. **A** 不冷
    B 很冷
    C 感觉不到
    D 夏天不冷

18. **A** 恶劣的天气
    B 高空的环境
    C 烧开的开水
    D 轻型飞机

19. **A** 华人区
    B 环球飞行
    C 珠穆朗玛峰
    D 国内

20. **A** 轻型飞机
    B 高度
    C 天气
    D 发动机

21. **A** 凌平是报纸主编
    B 凌平是 CEO
    C 凌平是营销名人
    D 凌平是电影演员

22. **A** 青春爱情喜剧
    B 网络电影
    C 讲述空姐生活的电影
    D 爱情悲剧

23. **A** 30 万元
    B 3000 万元
    C 1 亿元
    D 10 亿元

24. **A** 传统的营销方式
    B 选秀
    C 利用网络媒体
    D 征集恋爱规则

25. **A** 会火爆
    B 也萧条
    C 上座率下降
    D 不受影响

26. **A** 50 年一次
    B 一年一次
    C 两年一次
    D 半年一次

27. **A** 酿酒师
    B 酒评界的人
    C 酒商
    D 以上三者

28. **A** 中国有庞大的市场
    B 创新的经营模式
    C 是葡萄酒文化的先锋传播者
    D 以上都正确

29. **A** 喜欢
    B 在澳大利亚 11 年
    C 中国经济的发展
    D 富豪阶级群体庞大

30. **A** 专业人士
    B 葡萄酒公司职员
    C 爱好者
    D 酒商

第三部分

第 31—50 题：请选出正确答案。

31. A 公山羊
    B 狐狸
    C 马
    D 狼

32. A 请它吃草
    B 夸它的胡须完美
    C 说井水甘甜好喝
    D 赞美它勇敢

33. A 脚
    B 头
    C 背
    D 角

34. A 做事情应先想清楚结果
    B 不要相信别人的话
    C 不要到井里面喝水
    D 头脑应和胡须一样完美

35. A 海边
    B 河边
    C 水边
    D 湖边

36. A 英国的战舰
    B 秘密船
    C 游来游去的小鱼
    D 大鱼潜游突袭小鱼

37. A 水雷
    B 海龟
    C 乌龟
    D 大鱼

38. A 运动
    B 看电影
    C 讲亲身经历
    D 看小说

39. A 把座位卖了
    B 预订座位
    C 不想要了
    D 受欢迎

40. A 故事内容不精彩
    B 什么都讲，没有重点
    C 不会讲故事的人
    D 听故事的人不懂得欣赏

41. A 讲故事难些
    B 写故事难些
    C 两者都很难
    D 两者都不难

42. A 吉林省
    B 河北省
    C 黑龙江省
    D 辽宁省

43. **A** 酸菜
    B 血肠
    C 杀猪菜
    D 五花肉

44. **A** 秋白菜
    B 酸菜
    C 猪血
    D 肠衣

45. **A** 日本的空手道
    B 韩国的跆拳道
    C 泰国的泰拳
    D 中国的武术

46. **A** 咏春拳
    B 拳击
    C 太极拳
    D 截拳道

47. **A** 武术
    B 李小龙
    C 功夫
    D 截拳道

48. **A** 两个方面
    B 三个方面
    C 四个方面
    D 五个方面

49. **A** 复合性
    B 变异性
    C 普遍性
    D 周期性

50. **A** 普遍性
    B 变异性
    C 复合性
    D 周期性

二、阅　读

第一部分

第51—60题：请选出有语病的一项。

51. A 思成打开了那台录音机，转动的磁带中，录下了朋友的许多问候。
    B 河南是华夏文明的发祥地之一，有众多朝代在此建都，历史文化积淀深厚。
    C 有些人将电视比作家常便饭，而视电影为大餐。
    D 这看起来固然好笑，但它说明古印度人已知道情绪的秘密。

52. A 中药很讲究煎药的方法和服药的时间，有的药还有禁忌。
    B 这份报告为我国的经济建设提供了可靠的依据，节约了人力。
    C 他已经暗下决心，一定要把汉语演讲水平再提高一个层次。
    D 门卫老头儿把我们叫醒后，他睡眼惺忪地让我们出示住宿证。

53. A 亲眼目睹了母亲的痛苦经历后，我发誓要为她而变成靠得住。
    B 瞳孔鼠标仅通过转动眼睛和眨眼就能控制电脑，操作十分简单。
    C 作为太阳系八大行星之一，海王星本身并没有什么特别的地方。
    D 积多年之经验教训，只有严格依法管理，方能收到事半功倍的效果。

54. A 初春早上的风却像冬日寒风一样向我迎面扑来，让我不由得打了个寒战。
    B 近年来，许多地理学家发现，人类活动对气候变化引起很大影响。
    C 这种青春气息仿佛昨日时光中似曾相识的再现，但是他不敢奢望。
    D 它们有令人惊异的记忆力，无论飞了多远，每年都能返回自己的故居。

55. A 在匆匆忙忙的现代商业社会里，这则柔情广告似清泉，沁人心脾。
    B 笑具有强身健体之功效，生活中倘若没有笑声，人就会生病。
    C 我能坐出租车去要去的地方，并且我听得懂简单和短小的对话。
    D 这部分人根本不信神佛，但为地方习俗所累，又不得不随大流。

56. A 每当看见刘斌那愁眉苦脸的样子，我就知道他的日子也不好过。
    B 赛后接受采访时，这位小伙子高兴地说："能够坚持过来我感到很意外。"
    C 5000多只天鹅与海鸥、野鸭在湖中追逐嬉戏，呈现出一派和平宁静的气氛。
    D 此外，珙桐之所以珍贵，还在于它是植物中的"活化石"之一。

57. A 我知道他是冲着我来的，于是就故意摆出一副对他冷漠的样子。

　　B 48.3% 的被调查者眼里看，按照传统习俗过年更喜庆、热闹。

　　C 市民要注意个人和环境卫生，到医院时要佩戴口罩，以免交叉感染。

　　D 这不是某一时某一地的问题，而是个全国甚至世界性的问题。

58. A 张锦芬就是在这充满希望的田野上成长起来的农业科研人员。

　　B 小何听科长说自己的建议被采纳了，备受鼓舞。

　　C 在这种高温高压高密度的条件下，物质处于一种固态。

　　D 时至今日，人们找到了并且还在继续寻找了战胜有害微生物的有力武器。

59. A 传说是海龙王的三公主造就了山水甲天下的桂林风景。

　　B 自我意识太强导致他们在择业时找不到合适的工作就宁可不就业。

　　C 现代社会，为了支持家庭生活，人们越来越忙，生活节奏越来越快。

　　D 我不在乎人们相不相信我，因为反正我会赢得下一次大选。

60. A 对我有偏见的那些人完全不相信我说的一切，硬说我是看花了眼。

　　B 那时候黄昏广播台有一个谜语灯会之类的节目，很有热烈的我打过很多
　　　次电话去猜谜。

　　C 虽然他并没有任何认出我来的明确表情，但我确信自己没有认错人。

　　D 你们的真诚的信任和鼓励使我们深受感动，信心满怀。

第二部分

第61—70题：选词填空。

61. 为了使汉语水平考试更好地_____海外不断增长的汉语学习者对汉语考试的新的要求，中国国家汉办组织中外汉语教学、语言学、心理学和教育测量学等领域的专家，在_____调查、了解海外实际汉语教学的基础上，_____近年来国际语言测试研究最新成果，_____研发并于2009年11月推出了新汉语水平考试。

A 满意　充足　参考　再次　　　B 满足　充分　借鉴　重新
C 适合　充满　参照　重复　　　D 适应　充沛　利用　反复

62. 佛教的系统传入，对中国哲学_____整个中国文化都起到了巨大的启迪作用。佛教哲学本身_____着极深的智慧，它对宇宙人生的_____、对人类理性的反省、对各种概念的分析都有其_____之处。

A 以至　体现　思考　特殊　　　B 以致　拥有　看法　独特
C 乃至　蕴藏　洞察　独到　　　D 甚至　埋藏　考虑　格外

63. 大凡经过刻苦自学的人，都不习惯_____。华罗庚通过自学磨炼出一种清晰而简洁的思维_____，后来被国外学者_____华罗庚特有的"直接法"。这种独树一帜的数学风格，在他的青年时期_____已经显露苗头。

A 亦步亦趋　方法　誉为　就　　　B 人云亦云　方式　称作　才
C 随声附和　形式　叫作　也　　　D 模仿照搬　特点　称为　都

64. 中国画在世界上是_____的，这_____因其历史深厚久远，大师巨匠众多，_____重要的是其独特、鲜明的艺术个性，_____它所表现的中华民族独有的宇宙观、哲学观和审美观。

A 绝无仅有　不但　还　和　　　B 数一数二　不只　很　并
C 屈指可数　不止　可　及　　　D 独一无二　不仅　更　以及

65. 我们赞赏坚持不懈永不放弃的奋斗精神，当你_____目标，这种执着就会成为_____成功的阶梯。但有时放弃和坚持不懈的执着并不矛盾。陶渊明放弃_____的官场，归隐田园，写出了《桃花源记》等传世之作，成为东晋时代_____的诗词散文大家。

| A 确立 | 迈向 | 污染 | 非凡 | | B 明确 | 前进 | 浑浊 | 卓越 |
| C 确定 | 通向 | 污浊 | 杰出 | | D 树立 | 通往 | 混浊 | 优异 |

66. 美国《大众科学》杂志评出最＿＿＿＿人类生存的七种食物。排名第一的是豆类，甘蓝、香瓜、浆果、大麦、海藻和鱼紧随其后。地球上＿＿＿＿还有这七种食物，人类就能生存＿＿＿＿。当然，前提是物种失衡不会＿＿＿＿整个环境崩溃。

A 合适　只有　下来　致使　　B 适应　仅仅　起来　以致
C 适合　只要　下去　导致　　D 符合　如果　继续　出现

67. 孩子离家前，妈妈一遍又一遍地＿＿＿＿孩子，到国外以后，＿＿＿＿给家里来个电话，＿＿＿＿父母挂念，父母接到了电话，知道已安全到达，也就不＿＿＿＿了。

A 叮嘱　马上　免得　担心　　B 嘱咐　赶忙　以免　操心
C 劝告　连忙　省得　惦记　　D 告诉　立刻　以便　放心

68. 南京青奥会开幕式上，将有 6 位奥运冠军完成场内火炬＿＿＿＿，其中陈若琳为最后一棒火炬手，将完成点火＿＿＿＿，她表示，成为火炬手已经很＿＿＿＿，当知道是最后一棒火炬手的时候很＿＿＿＿。

A 传送　关键　侥幸　高涨　　B 传递　环节　荣幸　激动
C 传达　枢纽　光荣　兴奋　　D 延续　关头　幸运　振奋

69. 大半辈子＿＿＿＿钻研光纤技术、被世人称为"光纤之父"、＿＿＿＿2009 年诺贝尔物理学奖的科学家高锟，对于过去的成果，几乎忘得＿＿＿＿。对于他来说，许多事情都可能成为过眼烟云，但唯有和妻子半个世纪＿＿＿＿相濡以沫的感情，无法从他的记忆中抹掉。

A 投身于　取得　干干净净　以后　　B 忙碌于　得到　一光二净　以前
C 致力于　获得　一干二净　以来　　D 努力于　接受　干净干净　以往

70. 农民工进城打工，＿＿＿＿了农民的收入，＿＿＿＿了脱贫致富奔小康的步伐。中国的问题是农民问题，＿＿＿＿没有农民的小康，＿＿＿＿就不会有全体中国人的小康，没有农村的稳定，也就没有全国的稳定。

A 增强　加大　要是　那　　B 增大　加速　假如　还
C 提高　快点　假使　都　　D 增加　加快　如果　也

第三部分

第71—80题：选句填空。

71—75.

爱人持一张200元卡购物，共花费201.5元。爱人拿出1元5角给了收银员，然后拎着东西回家了。到家后发现，那200元的购物卡没有支付。

周末，我受邀去一个作文培训班上课。课间，我把200元购物卡的故事讲给学生听，组织大家讨论：（71）_____。

学生们顿时沸沸扬扬地争论起来，是否偿还，（72）_____。

一方说，诚信是人的美德，不给卡，就缺乏诚信。另一方则反驳说，那家超市是黑店，不知道坑害了多少消费者，不偿还购物卡，权当对他们进行一次惩罚。

几十个孩子争论不休，最后，我用一句话就确定了最终答案。我对学生们讲了两个观点：第一，200元重要呢，还是人的诚信品德重要？第二，超市态度好不好与我是不是有诚信，是两个范畴的问题。宰客或服务态度恶劣，那是他的过错；不还购物卡，是我的过错。我们不能因为他有错，就丧失自己的诚信品德。

我告诉学生们，（73）_____，这是本能。老师和你们的爸爸妈妈都是成年人了，但依然会有贪图小便宜的心理，因此，主张不还卡的同学，也没有必要多么自责。今天，我讲述这个故事，是想说，（74）_____。写作文，只有品德高尚了，心地善良了，（75）_____。

其实，那天下午爱人就把200元购物卡还给了超市。

诚信的品德，就是在人的趋利性和良心之间不断挣扎着，最终趋向于正直和善良。诚信之可贵，雅洁如莲，出淤泥而不染，处污浊而独芳，经秽气而艳亮。

A 文如其人

B 各执一词

C 人都有趋利性

D 立意才会深刻

E 卡该不该还给超市

76—80.

燕子去了，有再来的时候；杨柳枯了，有再青的时候；桃花谢了，有再开的时候。但是，聪明的，你告诉我，（76）_____？——是有人偷了他们罢：那是谁？又藏在何处呢？是他们自己逃走了罢，现在又到了哪里呢？

我不知道他们给了我多少日子；但我的手确乎是渐渐空虚了。在默默里算着，八千多个日子已经从我手中溜去；像针尖上一滴水滴在大海里，我的日子滴在时间的河流里，没有声音，也没有影子。我不禁头涔涔而泪潸潸了。

去的尽管去了，来的尽管来着；去来的中间，又怎样匆匆呢？早上我起来的时候，小屋里射进两三方斜斜的太阳。太阳他有脚啊，轻轻悄悄地挪移了；（77）_____。于是——洗手的时候，日子从水盆里过去；吃饭的时候，日子从饭碗里过去；默默时，便从凝然的双眼前过去。（78）_____，伸出手遮挽时，他又从遮挽着的手边过去；天黑时，我躺在床上，他便伶伶俐俐地从我身上跨过，从我脚边飞去了。（79）_____，这算又溜走了一日。我掩着面叹息，但是新来的日子的影儿又开始在叹息里闪过了。

在逃去如飞的日子里，在千门万户的世界里的我能做些什么呢？只有徘徊罢了，只有匆匆罢了；在八千多日的匆匆里，除徘徊外，又剩些什么呢？过去的日子如轻烟，被微风吹散了，如薄雾，被初阳蒸融了；我留着些什么痕迹呢？我何曾留着像游丝样的痕迹呢？我赤裸裸来到这世界，转眼间也将赤裸裸地回去罢？但不能平的，（80）_____？

A 我的日子为什么一去不复返呢

B 为什么偏要白白走这一遭啊

C 我觉察他去得匆匆了

D 我也茫茫然跟着旋转

E 等我睁开眼和太阳再见

第四部分

第81—100题：请选出正确答案。

81—84.

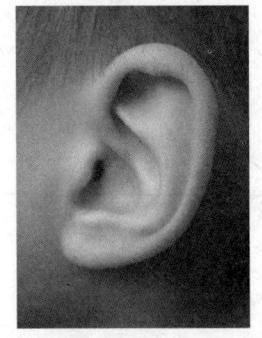

人们喜欢用"左耳进，右耳出"来形容不听话的人。最新的科学研究显示，这句话还真有一定的道理，如果希望别人更容易接受你所传达的信息或是下达的指令，最好对着他的右耳说话。

据英国媒体报道，这种现象被科学家称为"右耳优势"。右耳由左脑掌管，而左脑主要负责语言和逻辑思维，因此通过右耳传达的语言信息更容易被人接受。

意大利基耶提大学的科研小组进行了这项实验。研究小组在三家夜总会里调查了数百人的行为，观察他们如何在自然环境下倾听他人讲话以及接下来作何反应。研究人员一共向176人说出了索要雪茄烟的请求，结果发现，当对着人的右耳说出请求时，获得雪茄的几率明显高于对着左耳说出请求。

因此，意大利科学家得出的结论是，当进行语言交流时，存在着一种"右耳优势"，可以提高说话对象接受请求或者指令的意愿。

研究还显示，人类的左耳在接收诸如"我爱你"等甜言蜜语时比右耳来得敏锐，因此如果想对情人示爱，最好站在对方的左边。

81. 下列哪一项属于"左耳进，右耳出"？
   A 小张接到领导的指示后立即去执行
   B 老师嘱咐小强假期多看书，但他忘了
   C 妻子让丈夫做什么，丈夫偏不做
   D 朋友告诉小王 1 号来参加婚礼，小王听成了 7 号

82. 什么是"右耳优势"？
   A 人的左耳不太习惯接收命令　　　　　B 人习惯用右耳接收信息或命令
   C 对着右耳下达命令更易被接受　　　　D 右耳更具优势，因右耳负责输出信息

83. 产生"右耳优势"的原因是什么？
   A 掌管右耳的左脑负责语言和逻辑思维　B 右耳可提高听话人接受指令的意愿
   C 在自然环境下，右耳更敏感　　　　　D 以上都正确

84. 根据本文，如果男性向女朋友求婚应该怎么做？
   A 先对着她的右耳说，然后再对着她的左耳说
   B 先对着她的左耳说，然后再对着她的右耳说
   C 对着她的右耳说
   D 对着她的左耳说

85—88.

微波炉为什么能加热食物呢？让我们从水说起。水分子是由一个氧原子、两个氢原子构成的，氧原子对电子的吸引力很强，所以水分子中的电子比较集中在氧原子那一头，相应的氢原子那头就少一些。整体来看，水分子就一头带着正电，另一头带着负电。在化学上，这样的分子就被叫作"极性分子"。

在通常的水里，水分子是杂乱无章地排列的，正电负电冲哪个方向的都有。当水处在电场中的时候，正电的那头就会转向电场的负极，而带负电那头会转向电场的正极，这就是所谓的"异性相吸，同性相斥"。

如果是一个静止的电场，水分子们排好队也就安静下来了；如果电场在不停地转，那么水分子就会跟着转，试图和电场保持一个方向的队形；如果电场转得很快，那么水分子们也就转得很快——摩擦生热，水的温度就升高了。

电磁波就相当于这样一种旋转的电场。用在微波炉上的电磁波每秒钟要转 20 几亿圈，水分子们以这样的速度跟着转，自然也就"浑身发热"，温度在短时间内就急剧升高了。一旦微波停止，旋转电场消失，水分子们也就重新恢复了杂乱无章的状态。在这个过程中，水分子本身并没有被微波改变。

不仅是水，其他极性分子也都可以被微波加热。通常的食物中都含有水和其他极性分子，所以在微波作用下可以被迅速加热。而非极性的分子，比如空气以及某些容器，就不会被加热。我们平常热完食物后觉得容器也热了，往往是被高温的食物给"烫"热的。

85. 关于水分子，下列哪一项不正确？
   A 是由两个氢原子和一个氧原子构成　　　B 属于极性分子
   C 其中的氧原子对电的吸引力强　　　　　D 电场中的水分子杂乱无章

86. 微波炉的热量是怎么产生的？
   A 直接用电加热　　　　　　　　　　　B 电场旋转带动水分子旋转，摩擦生热
   C 杂乱无章的水分子产生的热量　　　　D 以上都不对

87. 微波炉中的电磁波有什么作用？
   A 保温
   B 产生极性分子
   C 自身旋转带动极性分子旋转从而产生热量
   D 使水分子能迅速恢复到杂乱无章的状态

88. 为什么某些容器不能被微波炉加热？
   A 这些容器是非极性的分子　　　　　　B 这些容器是极性分子
   C 这些容器可以被食物烫热　　　　　　D 这些容器不能被食物烫热

89—92.

俗话说"病从口入"，因此很多人都特别注意口腔卫生，每天及时刷牙，觉得这样就能把好第一道关。但是一家新闻网站报道指出，牙刷并非你想的那么干净。

牙科医师经过化验发现，使用了3周的牙刷，细菌数量高达百万，等于超过9杯抹布水的细菌量，以及29个一元硬币的细菌量，是马桶水细菌含量的80倍！如果你的口腔恰恰有伤口，这些细菌就极易引发口腔疾病。即便没有创口，大量细菌附着在牙齿上，并在咀嚼中与食物充分混合，就会进入体内，等于喝了9杯脏水。

牙科医师建议，如果浴室潮湿，牙刷要放在浴室外的干燥处；如果浴室干燥，就把牙刷放在柜子里，千万别放在洗手池上或离马桶近的地方，并且牙刷头要冲上放，以免细菌黏附。

另外，牙科医师指出，每天刷牙3次的人，应每月换一次牙刷；患有牙龈炎等口腔疾病的人，最好3周换一次牙刷；倘若患上感冒和其他传染性疾病，等病好后，就应该换个新牙刷。

平时还要注意牙刷的清洁和消毒。专家提示，在用新牙刷前，先放在热水中烫烫，既能软化刷毛，又能杀菌。每次刷完牙后，要将牙刷在流水下冲洗，只在杯子里涮是无法清洁干净的。使用牙刷7天后，就该用干净的白色棉线清洁一下刷毛底部。每隔15天，要用对人体无害的消毒液给牙刷消一次毒。

89. 文中的"病从口入"是什么意思？
   A 口腔疾病非常麻烦，应注意保持口腔清洁
   B 应该养成科学合理的刷牙习惯
   C 很多疾病会通过口腔传染，应该注意口腔及饮食卫生
   D 牙刷能传染疾病，应该保持牙刷清洁

90. 牙刷应该放在什么地方？
   A 干燥的浴室里
   B 潮湿的浴室里
   C 洗手池上
   D 不干燥也不潮湿的柜子里

91. 什么时候应该换牙刷？
   A 月初
   B 每星期一
   C 牙龈炎痊愈以后
   D 传染性疾病痊愈以后

92. 关于牙刷的清洁和消毒，下列哪一项正确？
   A 每次刷完牙后用热水烫一下牙刷
   B 用对人体无害的消毒液给牙刷消毒
   C 刷完牙后在杯子里把牙刷清洗干净
   D 每隔15天清洁一下刷毛底部

93—96.

　　扬州漆器是我国民族文化艺术的瑰宝之一。漆器一般指在表面涂有漆的木材、陶瓷和金属等器物。我们的祖先最早认识到漆的特性，他们从漆树上采割天然漆汁——生漆，把它涂刷于器物表面，留下一层耐湿、耐热、耐磨且有光泽的保护膜，并能将漆调成各种颜色，做美化装饰之用。

　　扬州漆器生产历史悠久。西汉时，已获得高度发展。扬州出土的汉代漆器不下万余件，其中彩绘漆器最多，宝石镶嵌、金银平贴等工艺均已出现。唐代扬州漆器生产已颇兴盛，螺钿镶嵌等工艺逐步成熟并形成特色。到了元代，扬州已逐渐成为全国漆器的制作中心，进入大规模发展时期。点螺工艺的出现，更是熠熠生辉，促进了漆器造型艺术的发展。明清两代，扬州漆器进入全盛时期。

　　目前，扬州漆器主要分为雕漆嵌玉、螺钿镶嵌、骨石镶嵌等几个类别。"雕漆嵌玉"秉承"剔红"传统，在器物表面需涂上若干层漆，多的要涂上百层，使漆面具有相当的厚度，然后精心在漆面上做出浮雕，并嵌上由金银、宝石等名贵材料雕成的各种造型，显出严谨透彻、浓厚天然的特点。"螺钿镶嵌"有两种：一种是"挖嵌"或"坎螺"；一种是"平磨螺钿"。20世纪70年代制作的大型地屏《南京长江大桥》就是其中的代表作。"点螺"漆器是扬州漆器厂近年来研制成功的失传已久的"螺钿镶嵌"品种之一。"点"指的是技法，"螺"指的是材料，即选择各种带有自然色彩的贝壳、夜光螺等作为原材料，精制成细于发丝、薄如蝉翼的螺片，用特制的工具一片片、一丝丝地点嵌在漆坯上，构成图案。因这种技法是把"螺""点"于漆上，故名"点螺"。

　　历史悠久的扬州漆器，如今蓬勃发展，展望未来，漆艺之花将结出更丰硕的果实。

93. 下列选项不属于漆器的是：
　　A 用木材做的涂漆的椅子　　　　　　　　B 涂漆的陶瓷瓶
　　C 木头做的桌子　　　　　　　　　　　　D 金属做的涂漆的装饰物

94. 关于扬州漆器，下列说法正确的是：
　　A 西汉时刚刚兴起　　　　　　　　　　　B 明朝时进入高度发展时期
　　C 金银平贴工艺在元代出现　　　　　　　D 唐代时漆器已经很兴盛

95. 扬州成为全国漆器的制作中心的时间是：
　　A 元代　　　　　　　B 东汉　　　　　　　C 清朝　　　　　　　D 唐代

96. 大型地屏《南京长江大桥》属于：
　　A 雕漆嵌玉　　　　　　B 螺钿镶嵌　　　　　C 平磨螺钿　　　　　D 骨石镶嵌

97—100.

豚草是一种世界性的杂草。它与其他植物争水、争肥、争阳光的能力特别强。豚

草消耗水分和肥料的能力是农田作物、谷类植物的两倍以上，因此它可使许多经济作物和粮食作物减产，甚至颗粒无收。前苏联和美国等国家都已经饱尝了豚草危害之苦。在中国，豚草也侵入了管理不善的农田、果园、苗圃和风景旅游区。

豚草的花粉能诱发枯草热病和支气管哮喘，严重危害人类的健康。据国外有关资料介绍，1 立方米空气中如果存在 30 — 50 粒豚草花粉，就能诱发花粉病。豚草花粉已使美、苏、英、日等国的上千万人患染枯草热病、过敏性哮喘，病情严重到几乎危及性命。据有关调查报告介绍，南京市的哮喘病人中，60% 以上是由豚草花引起的。

豚草作为一种恶性杂草，还表现为生命力强，繁殖量多。一株豚草能结籽数千粒，并借助风、人、畜、鸟和水流到处传播；折断的豚草，其根茎会长出更多的新枝。

识别豚草并不难。它是一年生草本植物，高 45—150 厘米，个别可达 250 厘米，全株表面布满糙毛。茎呈淡黄色或褐紫色，多分枝。植物上部叶互生，下部叶对生，叶表面深绿色，叶片呈羽状全裂形。豚草的成熟植株雄雌花同株，雄头状花序排成穗形总状花序，位于植株顶端，雌头状花序位于植株侧面的上位叶腋。

消灭豚草的方法主要有以下几种：首先，每年的 5 月底到 6 月中旬，在豚草未开花前，将它连根拔掉，然后晒干烧掉。此法简单易行，最彻底有效。此外，如果发现大面积豚草，可用化学除草剂 10% 草甘膦，其杀死率在 90% 以上。另外，前苏联利用一种甲虫的专一食性来对付豚草，美国则用一种白锈菌来清除。上海市少年科技指导站引进的一种专食豚草叶片的甲虫——豚草条纹早虫也能成功地消灭豚草。

97. 关于豚草，下列选项中哪一项不正确？
   A 它与其他植物争水、肥和阳光的能力特别强
   B 它消耗水分和肥料的能力是农田作物的两倍以上
   C 它可使许多经济作物和粮食作物减产
   D 只有前苏联、美国和中国有这种草

98. 1 立方米空气中最少存在多少粒豚草花粉就能诱发花粉病？
   A 20   B 30   C 60   D 80

99. 豚草籽不能借助下列哪种方式传播？
   A 风、鸟   B 水流   C 人、畜   D 折断的豚草

100. 消灭豚草最彻底有效的方法是什么？
   A 在未开花前将它连根拔掉，再晒干烧掉   B 用化学除草剂 10% 草甘膦
   C 引进豚草条纹早虫   D 用一种白锈菌来清除

三、书 写

第101题：缩写。

（1）仔细阅读下面这篇文章，时间为10分钟，阅读时不能抄写、记录。
（2）10分钟后，监考会收回阅读材料，请将这篇文章缩写成一篇短文，字
　　　数为400字左右，时间为35分钟。
（3）标题自拟。只需复述文章内容，不需加入自己的观点。
（4）请把短文直接写在答题卡上。

　　城市里有一家小吃店，这里的饭菜非常好吃，小吃店的老板和老板娘非常热情。他们的脸上总是带着和善的笑容，看起来和亲人一样亲切，所以，虽然饭店很小，也总是有很多人来吃饭，小吃店的生意非常好。

　　一天中午，吃饭的高峰时间过去了，原本拥挤的小吃店，现在已经比较清净了。客人都已散去，只剩下老奶奶带着一个小男孩。

　　"牛肉汤饭一碗多少钱？"老奶奶谨慎地问道。"10块钱一碗，请坐吧。"老板热情地招待着。

　　老奶奶坐下来拿出钱袋数了数钱，犹豫了一下，最后还是叫了一碗牛肉汤饭。热气腾腾的汤饭端上来了，奶奶将碗推到孙子面前，小男孩吞了吞口水，望着奶奶说："奶奶，您真的吃过中午饭了吗？"

　　"当然了。"奶奶含着一块免费赠送的咸萝卜慢慢咀嚼着。小男孩大口大口地吃着，好像这就是世界上最好吃的东西了。一会儿工夫，小男孩就把一碗饭吃光了，连同汤碗里的汤和免费赠送的小菜也都吃得干干净净。当老奶奶认真地数着钱袋里的零钱准备付账时，善良的老板走到两个人面前说："老太太，恭喜您，您是我们今天的第100位客人，所以今天的饭免费。"

　　一个多月之后的某一天，那个小男孩又出现了。这次他并没有进饭店吃饭，而是蹲在小吃店对面，像在数着什么东西。他一直蹲着，一直数着，使得无意间望向窗外的老板吓了一大跳。原来小男孩找来了很多小石子，每看到一个客人走进店里，就把小石子放进他画的圆圈里，但是午餐时间都快过去了，小石子却连50个都不到。老板终于明白了小男孩的来意，于是打电话给所有的老顾客："很忙吗？没什么事，来我这儿吃碗汤饭吧，今天我请客。"

打了很多很多个电话之后，客人开始一个接一个地到来。"81、82、83……"小男孩数得越来越快了。终于，当第99个小石子被放进圆圈里时，小男孩匆忙地拉着奶奶的手进了小吃店。"奶奶，这次您也来尝尝这里的牛肉汤饭吧。"小男孩有些得意地说。真正成为第100个客人的奶奶，也要了一碗热腾腾的牛肉汤饭。而小男孩就像之前奶奶一样，含了块咸萝卜在口中咀嚼着。"也送一碗给那个小男孩吧。"老板娘不忍心地说。"那小男孩现在正在学习不吃东西也能饱的方法呢！让他也感受一下奶奶的方法吧。再说，我们不应该破坏孩子对奶奶的回报。"老板回答。吃得津津有味的奶奶一直叫孙子跟她一起吃，没想到小男孩却拍拍他的小肚子，对奶奶说："不用了，我很饱，奶奶您看……"

汉语水平考试

HSK（六级）模拟试卷 4

注　　意

一、HSK（六级）分三部分：

    1. 听力（50 题，约 35 分钟）

    2. 阅读（50 题，50 分钟）

    3. 书写（1 题，45 分钟）

二、听力结束后，有 5 分钟填写答题卡。

三、全部考试约 140 分钟（含考生填写个人信息时间 5 分钟）。

一、听　力

第一部分

第1—15题：请选出与所听内容一致的一项。

1. A 司机害怕他哥哥
   B 司机没看到绿灯
   C 哥哥经常闯红灯
   D 乘客害怕司机

2. A 笼子的门忘了关
   B 袋鼠很紧张
   C 笼子不够高
   D 管理员在闲聊

3. A 丈夫对妻子忍无可忍
   B 妻子气坏了
   C 猫迷路了
   D 猫比丈夫先回家

4. A 山羊失去了午餐
   B 狮子失去了午餐
   C 白鹤帮助了山羊
   D 狮子向白鹤求救

5. A 病毒导致疾病
   B 人类基因来自病毒
   C 病毒来自人类祖先
   D 人类祖先来自病毒

6. A 有钱人想用马换南瓜
   B 国王认为南瓜不珍贵
   C 国王不喜欢马
   D 知道农民故事的人很多

7. A 朋友 36 岁
   B 他 36 岁
   C 朋友想学医
   D 他没有学医

8. A 熊想要吃掉猎人
   B 熊躲进了山洞
   C 猎人不老实
   D 山洞里有两头熊

9. A 医生拔牙非常快
   B 医生想要慢慢拔牙
   C 病人想要慢慢拔牙
   D 病人不想拔牙

10. A 海鞘的颜色像花朵
    B 海鞘的颜色像蝌蚪
    C 海鞘会吃掉蝌蚪
    D 海鞘会吃掉自己的大脑

11. A 人类曾经灭绝
    B 地球很不安全
    C 黑猩猩濒临灭绝
    D 早期研究有危险

12. A 土拨鼠头脑发达
    B 土拨鼠善于交谈
    C 土拨鼠是最高级的动物
    D 土拨鼠四肢发达

13. **A** 鱼只有 3 秒钟的记忆
    B 鱼的记忆力超过人类
    C 鱼能够学习
    D 鱼会欺骗人类

14. **A** 草莓螃蟹宽 25 厘米
    B 草莓螃蟹喜欢吃草莓
    C 草莓螃蟹背上有红点
    D 草莓螃蟹长得像草莓

15. **A** 夫妻俩有说有笑
    B 服务员躲起来了
    C 妻子看见了丈夫
    D 丈夫消失了

第二部分

第16—30题：请选出正确答案。

16. A 18 世纪 90 年代
    B 19 世纪 90 年代
    C 20 世纪 90 年代
    D 21 世纪 90 年代

17. A 开放性、自发性、共存性
    B 开放性、自由性、共享性
    C 开发性、自在性、共享性
    D 开发性、自由性、共同性

18. A 可以替代社会文化
    B 比社会文化形式多样
    C 与社会文化一样
    D 是社会文化的组成部分

19. A 17.2%
    B 35.2%
    C 50%
    D 多于 50%

20. A 网络得到了普及
    B 青少年正处在成长时期
    C 青少年上网人数多
    D 学校要求青少年上网

21. A 吃的食物太多和习惯不好
    B 精神状态不好和坐的方式不好
    C 心理状态不好和站立习惯不好
    D 精神状态不好和习惯不好

22. A 起步阶段
    B 发展阶段
    C 成熟阶段
    D 快速发展阶段

23. A 中国
    B 印度
    C 马来西亚
    D 印度尼西亚

24. A 10 年
    B 11 年
    C 12 年
    D 21 年

25. A 姿态、认识、呼吸
    B 姿势、意识、呼气
    C 态势、认识、呼气
    D 姿势、意识、呼吸

26. A 3 岁
    B 5 岁
    C 9 岁
    D 15 岁

27. A 父母的要求
    B 自己的爱好
    C 强身健体
    D 治疗疾病

28. **A** 功夫套路
    B 少林功夫
    C 太极拳
    D 少林鹰拳

29. **A** 辅导班
    B 活动小组
    C 社团
    D 社会组织

30. **A** 学习有了进步
    B 锻炼了毅力
    C 学会了坚持
    D 明白了人生哲理

第三部分

第31—50题：请选出正确答案。

31. A 比赛一起喝
    B 画蛇
    C 让年纪大的喝
    D 谁也不喝

32. A 给蛇添颜色
    B 给蛇添眼睛
    C 给蛇添脚
    D 把酒喝了

33. A 做事时不要等别人
    B 不对的事情一定不要做
    C 什么事情都要做
    D 不要做没必要的事

34. A 没有危险
    B 缺乏食物
    C 从地球消失
    D 数目增多

35. A 500 只
    B 50 只
    C 54 只
    D 5 只

36. A 食物的减少
    B 瘟疫的传播
    C 人类的捕杀
    D 生存环境被破坏

37. A 什么也不做
    B 把动物吃掉
    C 保护自然环境
    D 破坏自然环境

38. A 谈恋爱的人
    B 年轻人
    C 老人
    D 小孩子

39. A 红茶
    B 玫瑰茶
    C 茉莉花茶
    D 桂花茶

40. A 什么人都可以
    B 年纪大的人
    C 一定岁数的人
    D 结了婚的人

41. A 红茶
    B 玫瑰茶
    C 茉莉花茶
    D 桂花茶

42. A 找手机信号
    B 躲避雷电
    C 接收雷电
    D 发电

43. **A** 没有什么用
    B 测风力大小
    C 使楼房免受雷击
    D 在高处收集雷电

44. **A** 很安全
    B 很危险
    C 没关系
    D 无所谓

45. **A** 中国香港
    B 中国台湾
    C 中国北京
    D 中国上海

46. **A** 天才
    B 周东
    C 周董
    D 阿杰

47. **A** 我们的秘密
    B 没有什么秘密
    C 不能说的秘密
    D 谁都有秘密

48. **A** 不一定
    B 不知道
    C 会
    D 不会

49. **A** 什么也没做
    B 表演了
    C 逃跑了
    D 做准备

50. **A** 只要能赚钱就好
    B 不会就跑
    C 要有真本领
    D 听别人的话

二、阅 读

第一部分

第51—60题：请选出有语病的一项。

51. A 拍这个短片完全是出于一种兴趣，不过是想留下点儿东西作为纪念而已。
    B 在某些缺水的特殊环境中，水对于人生命的重要性会超过食物。
    C 行礼只是祭祀祖先的人出自于孝敬祖先的感情，所以礼的意义是诗的，不是宗教的。
    D 电脑毕竟是由人类发明创造的，它必然在许多方面远远不及人脑。

52. A 从此，惭愧的蝙蝠便躲在山洞或角落里，只在傍晚或深夜才敢露面。
    B 既然是亲生兄弟，为什么其中一个锦衣玉食却另一个自甘贫贱呢？
    C 凭着自己出色的智慧和独特的推销策略，他迅速成长为保险业内的巨头。
    D 他一个劲儿向我保证，以后一定好好保护我，不再让我受欺负。

53. A 一切有利于提高人民生活水平的事情，都要鼓励大家去积极探索。
    B 难道十几年建立起来的这份友谊，还不如这七千块钱？
    C 中学时他的成绩就不好，大学时就更比别人很差了，甚至没能按时毕业。
    D 作为炙手可热的明星企业家，他不可避免地成为众多青年的偶像。

54. A 打断别人的话，不仅容易做出错误的决定，还会使人觉得不被尊重。
    B 不结果的苹果树得意地说："多亏了我明智的选择，才保全了性命。"
    C 综合国力竞争说到底是人才竞争，有了人才优势，就有了竞争优势。
    D 不管是给农作物施肥还是"追求"绿色食品，都是顺着历史潮流的。

55. A 社会发展与各类人才培养有密切的相关，这已经成为一种共识。
    B 她虽年老体衰，但仍为儿孙们不辞辛苦地劳碌着。
    C 网络使人与人之间距离更近，沟通更方便。
    D 生老病死是一种自然现象，由不得人，你千万别哭坏了身子。

56. A 叶子和果实都是暗绿色，既不华贵也不气派，更谈不上漂亮。
    B 从这次比赛所反映出来的实力看，俄罗斯队明显在美国队之下。
    C 他从舷窗上看到妻子还站在风中向自己挥手，不禁潸然泪下。
    D 通过一个个通俗易懂的小故事，他灌输了我们传统的儒家思想。

57. **A** 你这种行为纯粹是损人而又不利己，必须马上克制。

   B 12 年来，我们像飞鸟眷恋温暖的巢穴一样，深深地眷恋着自己的母校。

   C 学习新知识后应注意及时复习，趁未遗忘之前进行巩固。

   D 事实说明，环境污染从开始到造成危害，往往有一个过程。

58. **A** 生命是短暂的，人哪能随随便便地浪费自己宝贵的时间呢？

   B 人家毕竟久经沙场，这点儿小场面还是见过的。

   C 太在意别人对你的议论就等于是给自己制造麻烦。

   D 这孩子动不动就吃饭，以至于身体变得越来越胖了。

59. **A** 我非要好好教训你不可，免得你明天干出更不像话的事来！

   B 经理今天的确冤枉张明了，他其实是为堵车而迟到的。

   C 他才 20 岁，但才干已不亚于古往今来任何一个杰出的君主。

   D 情绪反映出人在吃、穿、住等方面的需要是否得到了满足。

60. **A** 枯燥的生活已经远去，代之而来的是五光十色的现代生活。

   B 该协议书包括了工体大屏幕下通栏广告在内的 5 块广告牌，1 项运动员
   号码广告等共 7 项广告。

   C 如果不加以控制人口，就会严重影响社会经济的顺利发展。

   D 有关人士希望把世界遗产教育纳入中学教学课程之中。

第二部分

第61—70题：选词填空。

61. 杨东苗，自幼_____绘画艺术，后向父辈们学习工笔重彩人物画，其间受到敦煌壁画艺术的_____，立下付出毕生精力复原敦煌壁画，让更多的人目睹华夏文明精髓的_____。从1992年至今，_____百万，复原临摹敦煌壁画三百余幅。

A 酷爱　熏陶　大志　耗资
B 喜爱　熏染　决心　消费
C 爱好　陶冶　目标　耗费
D 喜欢　影响　理想　消耗

62. 做一件事情，光提出来不行，_____坚决_____有始无终、_____、前紧后松、虎头蛇尾和图虚名、图形式、做表面文章、_____花架子的坏作风，一抓到底，抓出成效。

A 应该　去掉　浅尝辄止　设
B 必需　扔掉　中途停顿　搞
C 需要　放弃　走走停停　搭
D 必须　摒弃　半途而废　摆

63. 记者见到大熊猫"华美"时，它正靠坐在墙角，老练地把出生26天的宝宝轻轻_____在怀中，右手拿着_____的竹笋，_____地享受着"月子"中的美味和做母亲的快乐。那两个_____的双胞胎小宝宝，老大体重已达875克，老二也有770克。

A 抱　鲜艳　津津乐道　可爱
B 搂　鲜嫩　津津有味　活泼
C 放　鲜美　兴致勃勃　快乐
D 贴　嫩绿　兴高采烈　快活

64. 这部小说语言运用_____恰到好处，情节曲折动人，使读者不忍释卷，_____审美的愉悦与激动中，不知不觉地产生共鸣和感应，_____地使自己的精神得以_____，这样自然地完成了使整个民族走向真、善、美的神圣责任。

A 地　在　有意无意　提高
B 的　打　自然而然　升级
C 得　从　潜移默化　升华
D 了　自　不由自主　上升

65. 在女企业家中，领导中小企业的_____大多数。与男性_____，女性花钱更为仔细，_____积累资金，有爱心，但管理却很_____。

A 占　相比　精打细算　严格
B 居　比较　精益求精　严明
C 是　比起来　一毛不拔　严谨
D 有　对比　勤俭节约　严密

66. 秋季养生吃什么好？在_____的秋季，除了要注意_____水分以外，也要重视_____心肺。在诸多的养生食物中，尤以"三瓜"，即冬瓜、苦瓜和丝瓜为最。这三类食物有助于养心润肺，非常适合秋季食用，有条件的话_____多吃。

A 干燥　补充　滋润　不妨　　　　B 干枯　增补　滋养　何妨
C 干旱　添加　润泽　妨碍　　　　D 燥热　补给　柔润　无妨

67. 父亲生前很_____晚辈，但对晚辈的要求十分严格，他时常教育孩子不得_____，自己也_____，吃、用都十分朴素、节俭，一套生活用品用了很长时间都不让更换。他对自己及家人的要求到了几近苛刻的程度，但对支援、兴办学校，千百万钱财也不_____。

A 心疼　　大手大脚　　以身示范　　小气
B 关爱　　浪费钱财　　遵纪守法　　心疼
C 疼爱　　铺张浪费　　以身作则　　吝惜
D 关心　　大吃大喝　　安分守己　　珍惜

68. 冯其庸_____，在中小学开设_____古典文学课程是很有必要的，但这种教学不应是布道式的，_____要_____，并更多地激发学生兴趣，引导学生自学，如多读一些像《红楼梦》这样的古典名著。

A 以为　优异　并　由浅入深　　B 觉得　优美　还　由易到难
C 想　　优良　也　由简到繁　　D 认为　优秀　而　循序渐进

69. 她是一名普通农村妇女，丈夫于8年前出了车祸，_____手足粉碎性骨折，脑部神经受损。丈夫住院治疗后，病情有所_____，但脑神经受损，致其永久性痴呆、_____，并诱发周期性抽筋，无法痊愈，生活无法自理，8年来一直靠她_____。

A 致使　操作　瘫倒　照料　　B 导致　控制　瘫痪　照顾
C 引起　抑制　萎缩　看护　　D 引发　统治　麻痹　护理

70. 钱学森的_____塑像_____在中科大图书馆前面的小树林里，他身_____中山装，左手叉腰，右手指向侧面，就像是在授课。_____、姿势都与钱老当年一模一样。

A 一位　矗立　穿　神情　　B 一尊　坐落　着　神态
C 一座　挺立　披　精神　　D 一个　摆放　套　态度

第三部分

第71—80题：选句填空。

71—75.

淡定，有着深秋的味道。

胸有成竹才能淡定。眼里无数却把算盘子拨得噼啪山响，心中无底却要执意飞天，这不仅与淡定背道而驰，简直是滑天下之大稽。（71）_____。我们知道庖丁解牛的掌故：庖丁19年不磨一次刀，能做到"嚯（huò）然已解，牛不知其死也，如土委地"的境地。这哪是只见全牛的人所能企及的？

量力而行才能淡定。没有金刚钻，却硬要揽瓷器活，（72）_____。胆小就不要骑虎，量大才能贪杯，这就是生活教给我们的常识。

（73）_____。人的伟大，就在于他的心能装下整个世界。但人的伟大还在于他能把一根针看成擎天大柱，将一盆水看成一片海洋。（74）_____，何尝不是指我们在这自大与自卑之间的认知调节能力？在现实生活中，我们可以看到一些匪夷所思的现象：腰缠万贯甚至亿万者，常常在几个小钱面前拿不起放不下；手握重权者，也屡屡在金钱和美女面前折了腰。多少本该淡定的人为什么活得拘谨？多少能够淡定的事为什么做得呆板？不是没有能力，不是力不从心，缺的是境界。

（75）_____，大都被我们永无止境的贪欲所蚕食了。如果我们把所求看得淡些，再淡些，我们将会减去多少踌躇，增加多少淡定呢？

A 是断然得不到淡定的

B 淡定是建立在对征服对象透彻了解的基础上的

C 我们的淡定

D 淡定是一种境界

E 我们所说的淡定之心

76—80.

海啸是一种具有强大破坏力的海浪。当海底发生地震时，震波的动力会引起海水剧烈的起伏，（76）_____，并向前推进，将沿海地带一一淹没，这种灾害称为海啸。

海啸在许多西方语言中称为"tsunami"，该词源自日语"津波"，即"港边的波浪"（"津"即"港"）。这也显示出日本是一个经常遭受海啸袭击的国家。因"tsunami"的字面表达不出海啸应有的意思，故在科学研究的领域中，称这种灾害时普遍使用"tidal wave"一词。目前，人类对地震、火山、海啸等突如其来的灾变，只能通过观察、预测来预防或减少它们所造成的损失，（77）_____。

海啸通常由震源在海底50千米以内、里氏地震规模6.5级以上的海底地震引起。海啸波长比海洋的最大深度还要大，在海底附近传播也不受多大阻滞，不管海洋深度如何，波都可以传播过去。海啸在海洋的传播速度为每小时500到1000公里，而相邻两个浪头的距离也可能远达500到650公里。当海啸波进入大陆架后，由于深度变浅，波高会突然增大。这种波浪运动所卷起的海涛，波高可达数十米，（78）_____。由地震引起的波动与海面上的海浪不同，一般海浪只在一定深度的水层波动，而地震所引起的水体波动是从海面到海底整个水层的起伏。此外，海底火山爆发、土崩及人为的水底核爆也会造成海啸。甚至陨石撞击也会造成海啸，（79）_____。而且陨石造成的海啸在任何水域都有可能发生，（80）_____。不过陨石造成的海啸可能上千年才会发生一次。

A "水墙"可达百尺

B 不一定出现在地震带

C 并形成"水墙"

D 但不能阻止它们的发生

E 形成强大的波浪

第四部分

第81—100题：请选出正确答案。

81—84.

如果给你一个选择题让你选择：南极考察人员在南极生存的最大威胁是什么？是冰川，寒冷？还是食物，极昼？

相信很少有人选择极昼。毕竟在大家的认识里，在南极，皑皑的冰川、极度的寒冷和急缺的食物一定是考察人员面临的最大挑战。但事实上，南极考察人员的最大挑战并不是这些，而是那里的极昼。

所谓极昼，就是太阳终日都出现在地平线上的一种自然现象，一般只会出现在夏季和冬季。当南极出现极昼时，北极就是极夜，反之一样。

一位南极科考专家说，在南极，每当出现极昼时，没有了黑暗，也就没有了日期，工作人员连续几十天都生活在金灿灿的阳光下，人的生物钟一下子就彻底紊乱了，你困顿，你疲倦，但除非昏迷，你怎么也睡不着。因为人们都习惯了在夜晚的黑暗中睡觉，一旦失去了黑暗，那皑皑白雪和灿烂阳光交织折射出的亮度让人很难闭上眼睛，即便你能睡着几分钟，也犹如在煎熬。因此在南极，遭受雪崩和意外伤害的人数，远没有遭受极昼所带来的伤害的人数多。极昼让人筋疲力尽，让人精神焦虑，让人神经系统紊乱，让人在整个南极大陆无处藏身。

为了度过极昼期，考察人员做过很多尝试，包括加厚帐篷，增强帐篷内的阴暗度，甚至实验过在冰川和积雪下穴居等，但结果都不理想。凡是到过南极经历过极昼的人，他们最大的愿望就是能够见到夜色，见到黑暗，这是他们生命的渴求。黑暗成了生命的急需，如果没去过南极，是怎么样也体会不到的。

81. 南极考察人员在南极生存的最大威胁是什么？

    A 冰川   **B** 极昼   **C** 寒冷   **D** 食物

82. 有关极昼，下列哪种说法不对？

    A 太阳终日都出现在地平线上   **B** 一般只会出现在冬夏季节

    C 南极极昼时北极就是极夜   **D** 一般只会出现在春秋季节

83. 在南极，造成人员伤害最多的是：

    A 雪崩   **B** 意外   **C** 极昼   **D** 寒冷

84. 下面哪项不是考察人员尝试过的度过极昼期的办法？

    A 用黑毡布做帐篷   **B** 增强帐篷内的阴暗度

    C 加厚帐篷   **D** 在冰川和积雪下穴居

85—88.

黄河是中国的第二大河。它发源于
巴颜喀拉山北坡，一路东流，经青海、四
川、甘肃、宁夏、内蒙古、陕西、山西、
河南、山东九个省区，流入大海，全长

5464公里，流域面积75万多平方公里。它像一条金色的巨龙，横卧在中国北部辽阔
的大地上。

黄河孕育了中华民族灿烂的文化，是古代文明的发源地之一。在古代，黄河流域
的自然环境非常好。那时，这里的气候温暖湿润，土地肥沃，到处是青山绿野，植物
种类繁多，为原始人类的生存提供了有利的条件。从河南渑池仰韶村、西安半坡村等
地发掘的古文化遗址中，可以见到大约5000年前即新石器时代中期的人们使用的简
单的农具、木质结构的房屋，还有各式各样的陶器，这种文化被称为"仰韶文化"。

商代以后，黄河流域成为中国最早被开发的地区，经济发达，人口增长较快，政
治、文化也比较先进。因此，黄河流域成为中华民族成长的摇篮。传说中华民族的祖
先黄帝出生在黄河中游，后来建立夏、商、周王朝的都是他的后代。他们自称"华"
（或"夏"），生活在中原地区。人们认为"中原"位于四个方向的中间，所以后世称
中国为"中华"。中国历史上七大古都中的安阳、西安、洛阳和开封，都在黄河流域。
黄河不愧是中华民族的摇篮、中国文化的发源地。

85．黄河不经过哪个省区？
　　A甘肃省　　　　　　B陕西省　　　　　　C河南省　　　　　　D辽宁省

86．下面哪一项不是黄河流域成为中华民族成长摇篮的原因？
　　A经济发达　　　　　　　　　　B人口增长较快
　　C自然环境非常好　　　　　　　D政治、文化比较先进

87．对"中华"这个名称的由来理解正确的一项是：
　　A黄帝后代发展到整个中国　　　B黄河在很多古代都城的中间
　　C黄帝出生在黄河中游　　　　　D黄帝的后代自称"华"或"夏"

88．下面哪一项是正确的？
　　A黄河是古代文明的唯一发源地
　　B仰韶文化是5000年前被发现的
　　C黄河位于中国东部地区
　　D黄河流域为原始人的生存提供了有利条件

89—92.

目前，随着人们审美能力的提高，穿高跟鞋的女性越来越多，几乎没有哪位女性没有高跟鞋的。穿上高跟鞋，女性看起来又高又苗条，而且很时尚，整个人看起来也比较有精神，因此，高跟鞋的鞋跟也越来越高。但是，长期穿高跟鞋对女性健康极为不利。

穿着高跟鞋走路会使身体重心向前倾斜，为了适应这一变化，人会自然地弯腰来平衡，这样长时间地持续下去，就会使脊柱的位置发生改变，使腰部神经受到压迫，穿高跟鞋的人会因此而感觉腰疼。同时，穿高跟鞋走路一般下半身肌肉长时间处于一种过度紧张状态，容易引起局部酸痛无力，这时极易发生扭伤，严重的甚至会造成内外踝骨骨折。另外，鞋跟高使脚掌和脚跟离地的距离不同，脚掌承受的压力很大，很多女性也因此出现脚掌磨损严重，甚至起泡等情况。

为避免高跟鞋对人体带来的伤害，专家建议：高跟鞋不宜每天穿；鞋跟高度最好不要超过3.8厘米；尽量选用鞋跟比较宽大的高跟鞋，使压力能够平均分布；穿高跟鞋出门前，最好先试着走一段时间，使脚适应鞋跟；不要穿高跟鞋长时间走路或者走不好走的路，以免受伤。

89. 女性喜欢穿高跟鞋的原因中不包括哪一项？
    A 看起来很健康　　　　　　　　　B 看起来很时尚
    C 看起来很有精神　　　　　　　　D 看起来又高又苗条

90. 下列哪一项不是女性因穿高跟鞋而腰疼的原因？
    A 腰部神经受到压迫
    B 会使身体重心前倾，必须弯腰来平衡
    C 长时间持续弯腰会使脊柱位置改变
    D 脚掌磨损、起泡

91. 女性穿高跟鞋可能引发的疾病不包括哪一项？
    A 极易发生扭伤，甚至内外踝骨骨折　　B 精神过度紧张引起头疼
    C 脚掌磨损严重，甚至起泡　　　　　　D 下半身肌肉局部酸痛无力

92. 为避免高跟鞋对人体带来的伤害，下列哪种做法不对？
    A 鞋跟高度最好不要超过3.8厘米　　　B 尽量选用鞋跟比较宽大的高跟鞋
    C 每天都坚持穿高跟鞋　　　　　　　　D 不穿高跟鞋走长路或者不好的路

93—96.

　　人们把南极叫作"暴风雪之家"。狂风的直接后果是极度的寒冷。1960年8月24日，前苏联人在他们设在东南极中心地区的东方站里，观测到了 −88.3℃的极低温度。而在1983年7月21日，在东方站又记录到了 −89.6℃的低温；同年7月，新西兰人在他们的万达站也记录到了同样的温度。这还不是最低温度。据说，1967年年初，挪威人在极点站曾经记录到 −94.5℃的最低温度。在这样的气温之中，一杯热水泼到空中落下来就变成了冰雹。在这种条件之下，人类的生存将会受到多大的威胁和考验就可想而知了。

　　南极的气候不仅表现在狂风和严寒上，也表现在它的变幻莫测上。例如，1970年，六架美国海军的运输机满载着准备越冬的人员和物资，在南极上空飞行。当第六架飞机只剩下最后40分钟的航程时，突然刮起了特大的暴风，结果，巨大的C-130运输机被狂风吹得飘飘摇摇，失去了控制，撞坏了着陆架。值得庆幸的是，机上八名人员全部脱险。在南极的活动中，像这样的例子有很多。

　　对于一般人来说，南极的气候确实令人害怕。然而气象学家们却是喜出望外。因为他们终于找到了南极这个最理想的实验室，科学家们希望从这里找出一把解开全球性气候变化之谜的钥匙。

93. 1980年以来，人们在南极记录到的最低气温是：
A −88.3℃　　　　　B −89.6℃　　　　　C −94.5℃　　　　　D −90.5℃

94. 哪一项不是南极气候的特点？
A 刮狂风　　　　　B 极度寒冷　　　　　C 下冰雹　　　　　D 变幻莫测

95. 什么是导致C-130运输机失控的原因？
A 暴雪　　　　　　B 冰雹　　　　　　C 严寒　　　　　　D 狂风

96. 文中提到多少个国家的人曾到南极活动？
A 3个　　　　　　B 4个　　　　　　C 5个　　　　　　D 6个

97—100.

花香有各种各样的作用。

花朵为了引诱昆虫前来授粉，不仅呈现出各种艳丽夺目的色彩，还会散发出各种

迷人的花香。正所谓"蜂争粉蕊蝶分香"，就是说花香能引来蜜蜂和蝴蝶竞相采蜜。这个时候，花粉就会黏附在昆虫的身上，随着昆虫的飞行迁移而四处落户安家了。因此，花香的作用之一是传宗接代。

花朵带有香味是因为它们的内部都有一个专门制造香味的"工厂"——油细胞。这个"工厂"里的产品就是令人心醉的芳香油。这种芳香油除了散发香味、吸引昆虫传粉之外，它的蒸气还可以减少花瓣中水分的蒸发，形成一层"保护衣"，使植物免受白天强烈的日晒和夜晚寒气的侵袭。

花香除了有益于其自身的生长繁殖，对人类也有很多的益处。香气能刺激人的呼吸中枢，从而促进人体吸进氧气，排出二氧化碳，使大脑供氧充足，这时人们能够保持较长时间的旺盛精力；此外，香味的信息能够深刻地留在人的记忆中，刺激嗅觉，增强人们的记忆力。

利用花香来保健和防病，在中国有着悠久的历史。古代医圣华佗曾用丁香等材料制成小巧玲珑的香囊，悬挂在室内，用以防治肺结核、吐泻等疾病。古代民间把金银花放入枕内，用来祛头痛、降血压，同时还能起到消炎止咳的作用。

不同的花香，能引起人们不同的感受。比如桂花的香味使人疲劳顿消，菊花的香味使人思维清晰。不过，事情都是一分为二的。有些花香也会给人带来副作用。如百合、兰花的浓香，会引起眩晕和瞬时的迟钝。

97. 本文第一段中的"蜂争粉蕊蝶分香"是什么意思？
　　A 花朵有很多色彩　　　　　　　　　B 花朵有香味
　　C 花香能引来蜜蜂和蝴蝶采蜜　　　 D 蜜蜂和蝴蝶经常争夺花香

98. 花朵为什么会有香味？
　　A 它要传宗接代　　　　　　　　　　B 它要生长繁殖
　　C 它有油细胞　　　　　　　　　　　D 它有"保护衣"

99. 下列哪一项不是花香对人类的益处？
　　A 使人们保持旺盛的精力　　　　　　B 增强记忆力
　　C 保健和预防疾病　　　　　　　　　D 有益于生长繁殖

100. 下列哪一项是金银花花香的作用？
　　A 防治肺结核　　　　　　　　　　　B 消炎止咳
　　C 使人思维清晰　　　　　　　　　　D 引起眩晕和瞬时的迟钝

三、书　写

第 101 题：缩写。

（1）仔细阅读下面这篇文章，时间为 10 分钟，阅读时不能抄写、记录。
（2）10 分钟后，监考会收回阅读材料，请将这篇文章缩写成一篇短文，字数为 400 字左右，时间为 35 分钟。
（3）标题自拟。只需复述文章内容，不需加入自己的观点。
（4）请把短文直接写在答题卡上。

　　一场车祸破坏了一个幸福的家庭。妈妈躺在医院里，硬撑了整整两天。爸爸想把女儿接过来，妈妈挣扎着说不要。她流着泪说："别吓坏了她。"

　　刚满一周岁的女儿还在乡下奶奶家等着妈妈来接她回家。可是爸爸却告诉女儿，妈妈出差了，很长时间都不会回来。从此，爸爸为女儿讲故事、洗衣服、做饭、买玩具、去幼儿园接送，带她到动物园……爸爸努力让女儿忘掉妈妈，努力让她的童年充满阳光，可是怎么能呢？安静的时候，女儿还是会问："妈妈什么时候回来？"

　　不断有人给爸爸介绍女朋友。出于礼貌，爸爸只匆匆见上一面，就再也不联系了。在一个和平常一样平淡的早晨，在穿衣镜里，他发现自己竟然有了白发。这时的爸爸不过 30 岁。他知道女儿在想妈妈。他也知道，女儿的记忆里，妈妈的影子很模糊。一岁的年纪，能留下多少完整的记忆呢？她想妈妈，她羡慕别的孩子有妈妈。她知道，自己应该也有一位妈妈。"妈妈去很远很远的地方了，那是地图上找不到的地方，也许，她很快就会回来。"爸爸这样说，奶奶这样说，邻居这样说，幼儿园阿姨这样说。

　　终于，妈妈的姐姐从很遥远的地方来了。她劝爸爸再娶一位妻子，她说你和孩子不可能永远这样下去，找个人一起过日子吧。照顾好孩子，也不能永远欺骗女儿啊。那时女儿已经 6 岁了。后来爸爸真的遇上一位好女人。但他不敢想象，当多年的谎言被揭穿的时候，女儿脆弱幼小的心灵将会怎样痛苦。那就再等两年吧，等女儿大些，他想把所有的一切都告诉她。两年后的一天，爸爸笑着对女儿说，妈妈就要回来了。女儿愣了，似乎不敢相信爸爸的话。爸爸说："妈妈瘦了，你还能想起妈妈的样子吗？"女儿歪着脑袋想了好久，摇摇头。爸爸轻轻地笑了，有些心痛，也有些欣慰，她毕竟还是个孩子。一个女人拖着个行李箱进了屋子，冲着正在玩儿的孩子张开双臂，招呼她过来。女儿愣着呆在原地，表情竟然有些拘谨。男人说："不认识妈妈了吗？"女儿仍然不肯向前。男人说："快叫妈妈呀！"女儿冲上前去叫了一声"妈妈"，扑在女人的怀里。男人看到，那一刻，女人的眼睛里饱含着泪花。吃过午饭，女人随女儿去她的房间。女人说："我给你讲个故事吧。"女儿说："我知道你不是妈妈，你是她的朋友吧？"女人一愣。"妈妈她已经死了，"女儿认真地说，"我是听奶奶说的，前些天奶奶和爷爷说的，我都听到了。只有爷爷、奶奶、我和你知道，妈妈死了，妈妈在我一岁的时候就死了，她回不来了。可是爸爸还以为她在很远的地方出差呢。如果你能对我好，能对爸爸好，我同意你做我的妈妈。"女儿拉过女人的手，勾起她的小指说："这是我们之间的秘密，千万不能让爸爸知道，如果他知道了，会很伤心的。"

汉语水平考试

HSK（六级）模拟试卷 *5*

注　意

一、HSK（六级）分三部分：

    1.听力（50题，约35分钟）

    2.阅读（50题，50分钟）

    3.书写（1题，45分钟）

二、**听力结束后，有5分钟填写答题卡。**

三、**全部考试约140分钟（含考生填写个人信息时间5分钟）。**

一、听 力

第一部分

第1—15题：请选出与所听内容一致的一项。

1. A 老板两天没上班
   B 职员从窗口掉下去了
   C 老板很惊讶
   D 职员三天没上班

2. A 水滴鱼生活在海底
   B 水滴鱼令人郁闷
   C 科学家过度捕捞
   D 科学家很郁闷

3. A 帽子可以代替大脑
   B 大脑可以代替天线
   C 大脑可以成为网络
   D 网络可与大脑连接

4. A 这种青蛙能够与人们交流
   B 这种青蛙听不到超声波
   C 这种青蛙的耳朵很特殊
   D 这种青蛙有助于环保

5. A 冰虫生活在外星球
   B 冰虫很完美
   C 冰虫喜欢吃冰块
   D 冰虫又细又小

6. A 这只大象经常偷东西
   B 大家很喜欢这只大象
   C 这只大象很容易生气
   D 这只大象喜欢称赞人类

7. A 这只狗认识字
   B 主人找不到车站
   C 这只狗自己乘车回了家
   D 主人找不到家

8. A 变色龙生气时是黄色
   B 变色龙大多数时候是蓝色
   C 变色龙高兴时红白相间
   D 变色龙郁闷时是绿色

9. A 杜鹃鸟善于偷蛋
   B 杜鹃鸟伪装成其他鸟
   C 杜鹃鸟拒绝警告
   D 杜鹃鸟不抚养儿女

10. A 虾虎鱼太瘦会被赶走
    B 虾虎鱼会努力节食
    C 虾虎鱼节食意味着死亡
    D 虾虎鱼容易变胖

11. A 蛇可以两周不吃饭
    B 蛇在绝食期间停止生长
    C 蛇在饥饿时消化心脏
    D 蛇头变宽提供能量

12. A 这只小猫有两只耳朵听不见
    B 这只小猫污染环境
    C 这只小猫的六只耳朵都能听见
    D 这只小猫有四只耳朵听不见

13. **A** 这只鹦鹉会计算数字
    B 这只鹦鹉只有 5 岁
    C 这只鹦鹉比 31 岁的人还聪明
    D 这只鹦鹉会进行简单的对话

14. **A** 白色星比黄色星温度高
    B 红色星温度最高
    C 蓝色星温度最低
    D 颜色决定星星的温度

15. **A** 三个人比赛谁更大方
    B 三个人都默不作声
    C 冠军是男的
    D 冠军不善于说话

第二部分

第 16—30 题：请选出正确答案。

16. A 乐观开朗的性格
    B 顽强的毅力
    C 对舞蹈的热爱
    D 家人的鼓励

17. A 创立一个正规的残疾人表演团队
    B 创立一个青少年舞蹈队
    C 创立一个舞蹈老师表演团队
    D 举办一场晚会

18. A 偶然想到的
    B 以前早就创作好的
    C 找人替她创作的
    D 医院里的志愿者创作的

19. A 五六个
    B 五六十个
    C 二十个
    D 二十五六个

20. A 失去了双腿
    B 不了解残疾人群体
    C 没有人关心
    D 不去关心别人

21. A 2007 年 1 月
    B 2007 年 12 月
    C 2008 年 1 月
    D 2008 年 12 月

22. A 进行亲善访问
    B 参加加冕仪式
    C 访问很多国家
    D 以上都正确

23. A 因为工作时间紧、强度大
    B 因为要周游世界
    C 因为要援建桥梁、房屋
    D 因为要去一些贫困的地方

24. A 练体育的经历
    B 学习舞蹈的经历
    C 做世界小姐的经历
    D 做模特儿的经历

25. A 成长经历
    B 生活小细节
    C 减肥经验
    D 美容护肤的经验

26. A 因为钻石代表婚姻
    B 因为钻石昂贵
    C 因为公司的推广
    D 因为婚姻不幸福

27. A 因为钻石是最贵的
    B 因为钻石最不容易被破坏
    C 因为公司做的广告
    D 因为钻石用于装饰

28. A 美国
    B 巴西
    C 印度
    D 中国

29. A 钢片
    B 锯片
    C 刀
    D 钻石粉

30. A 一种理想的切割模式
    B 8个面
    C 8颗心
    D 一把箭穿过一颗心

第三部分

第31—50题：请选出正确答案。

31. A 放羊
    B 讲笑话
    C 说谎
    D 和村里人玩儿

32. A 相信他能够救自己
    B 大家不再相信他了
    C 都在忙自己的事情
    D 相信他很勇敢

33. A 人多力量大
    B 做人要勇敢
    C 不能总开玩笑
    D 做人要诚实

34. A 赚钱
    B 娱乐
    C 宣传
    D 服务

35. A 旅行者
    B 参观者
    C 观光者
    D 游览者

36. A 短裤
    B 装束
    C 背包
    D 相机

37. A 美丽的景色
    B 游玩的快乐
    C 爽快的消费
    D 往往无所收获

38. A 张郃
    B 许攸
    C 高览
    D 袁谭

39. A 认为他们不会攻打自己
    B 根本没把他们放在眼里
    C 曹军的伪装骗过了袁军
    D 夜太黑了，不敢出击

40. A 袁绍、袁谭
    B 张郃、高览
    C 淳于琼
    D 许攸

41. A 权力
    B 尊贵
    C 幸福
    D 财富

42. A 漂亮
    B 名贵
    C 最硬
    D 有金光

43. A 极其稀少
   B 比较丰富
   C 比较少
   D 特别多

44. A 石头
   B 碳
   C 玻璃
   D 晶体

45. A 第一代
   B 第二代
   C 第三代
   D 第四代

46. A 操作简易，价格便宜
   B 可进行思维、学习、记忆等工作
   C 有几个柜子那么大
   D 小型化、微型化、低功耗等

47. A 20 世纪 70 年代
   B 20 世纪 80 年代
   C 20 世纪 90 年代
   D 进入 21 世纪

48. A 强调天人合一的理念
   B 突出特点鲜明的个性
   C 强调保护动物
   D 强调以人为本

49. A 身体
   B 脸部
   C 衣着
   D 头饰

50. A 4 个
   B 5 个
   C 6 个
   D 7 个

二、阅　读

第一部分

第51—60题：请选出有语病的一项。

51. **A** 我喜欢吃新鲜蔬菜，不过我可不是素食主义者。
    B 他的个子大概一米八左右，长得很身强力壮的。
    C 北京人艺的《茶馆》是中国戏剧史上的经典之作。
    D 了解中国最好的办法就是到中国去，亲眼看一看中国的实际情况。

52. **A** 听说我最喜欢的歌星要来这儿办演唱会，我非常高兴了。
    B 要不是我硬下一条心，根本就辞不了职，更来不了北京。
    C 哪怕只有一线希望，你们也要尽百分之百的努力。
    D 完成这项工作，最起码需要三个月，甚至更长时间。

53. **A** 我不顾父母的强烈反对，偷偷地报考了美术专业。
    B 我这样做，并不代表我是一个胸无大志的人。
    C 父母绝不会同意我这样做，因为我成长在一个传统的家庭。
    D 由于最近工作太紧张，不能及时跟您联系，请原谅一下。

54. **A** 在那个俱乐部上，我认识了许多经济学界的名人。
    B 不管做怎样的推论，理发师所说的话都是自相矛盾的。
    C 我们平时所说的盲肠炎，实际上大多是阑尾炎。
    D 谁知敏感的它真的就此不吃不喝，很快就病死了。

55. **A** 她明白人生无法十全十美的道理，对淡泊的生活也能坦然地接受了。
    B 假如我这次真的失败了，那将会是一败涂地。
    C 我深深地了解了时间就是财富、财富就是时间的道理。
    D 他没有上满一年学，取得今天的成绩完全靠勤奋刻苦的自学。

56. **A** 小王后来结识了一位浙江女孩，并很快与之成为恋人。
    B 汪老师平时总是尽量关心一个一个学生，虽然这样做要花费大量的心血。
    C 我没来北京前，曾在一家省电视台做过一段时间的娱乐节目主持人。
    D 既然是前人没做过的，就需要一种勇敢的开拓精神大胆地试、大胆地闯。

57. A "他真是一个大好人！" 熟悉他的人，无论男女老少，都异口同声地这么说。

B 老百姓自觉节能的种种做法与政府的鼓励和宣传是分不开的。

C 此前已经有很多人以此为据企图研究出治愈这种疑难病的"灵丹妙药"，但却未见得成功。

D 小学时我的学习成绩就不好，上中学以后整天玩儿游戏，学习成绩就更差了。

58. A 他们的突然逝去带给亲人的必定是无数的眼泪和无限的悲苦。

B 北京对我的吸引力，与我对地方戏的热爱不相上下。

C 海外多家新闻媒体报道了发生在天津的这次慈善活动。

D 他的心情舒畅极了，觉得连空气也都那么清新、爽快。

59. A 由于经不住突然打击，她原本身板硬朗的父亲过早地离开了人世。

B 她躺在床上，心里七上八下的，竟然睡着了。

C 少年儿童的眼睛和其他器官一样，非常娇嫩，尚未发育完善。

D 固然危机处理重要，但防患于未然永远是重中之重。

60. A 学校的出现意味人类正规教育制度的诞生，是人类教育文明发展的一个质的飞跃。

B 要想在生存中求发展，一切都得靠自己，想成功谈何容易。

C 这些著作对中西天文学的异同得失有着十分深入、中肯的评价。

D 一个旨在寻求规模化使用淡化海水的项目组日前在北京正式成立。

第二部分

第61—70题：选词填空。

61. 新车平时应注意防止暴晒，因为高温会促进车内有机污染物的＿＿＿＿＿。要定期进行空调等的清洗，避免污染物的＿＿＿＿＿。在空气较好的路段要尽量＿＿＿＿＿通风。另外，使用专业的车用空气净化器也是一个不错的选择。

A 挥发　积累　保持　　　　　B 蒸发　积蓄　维持

C 消失　积聚　持续　　　　　D 消灭　积存　坚持

62. 任何一个好的教育方法都不可能适用于＿＿＿＿＿的学生。无数教师的成功经验告诉我们，教师要教育好学生，必须起＿＿＿＿＿作用。同时必须关心学生，热爱学生，＿＿＿＿＿取得学生的信任。＿＿＿＿＿，教师要下功夫研究每个学生的心理特点，讲究教育方法，坚持"一把钥匙开一把锁"。

A 一律　模范　就能　归根结底　B 都　　带头　都能　一句话

C 所有　表率　才能　总而言之　D 一切　先进　会能　说到底

63. ＿＿＿＿＿目前的情况来看，甲型 H1N1 的＿＿＿＿＿主要在于其传播速度非常快。香港大学著名流行病专家管轶教授认为，甲型 H1N1 的传播速度甚至要快＿＿＿＿＿SARS。但来自美国疾病控制中心的统计显示，甲流的致死率尚＿＿＿＿＿普通的季节性流感。

A 从　危险　于　不如　　　　B 就　危害　过　不及

C 据　威胁　比　不比　　　　D 以　害处　自　不像

64. 我继续到北海公园给人画肖像，奇怪的是，自刘斌走后，我的"生意"不但＿＿＿＿＿因他的离去而变好，＿＿＿＿＿却＿＿＿＿＿地越变越糟。找我画肖像的人越来越少，＿＿＿＿＿到后来在那儿待一整天也不见一个主顾。

A 非　反过来　不知不觉　乃至　B 是　反对　千奇百怪　以致

C 不　相反　不明不白　以至　D 没　反而　莫名其妙　甚至

65. 被誉为"玉树小江南"的囊谦县位于青海省玉树藏族自治州东南部，大自然的造化神工，让这里成为＿＿＿＿＿的万山之宗、圣洁的江源之源。＿＿＿＿＿＿的地理优势，让种植在这里的农作物有着＿＿＿＿＿的生存条件。

A 神圣　独特　得天独厚　　　B 卓越　特殊　独具匠心

C 崇高　奇特　天衣无缝　　　D 威严　格外　天时地利

66. 创造一个_____的环境，让孩子讲出自己所有的想法，甚至包括对你的不满，会促使他_____你当成一个值得信赖的朋友。这是_____最重要的沟通能力。尤其是孩子进入青春期以后，_____他们感到说出实话总是不能得到你的理解，就很容易走上危险的道路。

A 宽松　把　一种　如果　　　B 宽容　使　一项　倘若
C 舒服　被　一个　要是　　　D 快乐　让　一件　假如

67. 空气是大自然_____人类的无价之宝。人类和其他生物一刻_____离不开它。一个成人每天需要呼吸新鲜空气两万多次，吸入的空气量为15—20公斤，_____每天所食食物和饮水量的10倍以上。如果我们生活在烟雾_____的环境之中，空气中的有毒物质就会进入人体内，危害我们的健康。

A 赠送　都　等于　充满　　　B 赐予　也　相当于　弥漫
C 给予　又　近似于　洋溢　　D 恩赐　却　类似于　缭绕

68. 作为农村精神家园的农村文化，_____对农村社会成员的思想观念、道德情操产生了潜移默化的影响，_____使得单调缓慢的乡村生活产生了趣味和意义，使农民的精神世界_____了充实和提升，农村文化在建设新农村中_____着重要的作用。

A 非但　还　取得　发扬　　　B 虽然　但是　得以　起到
C 不仅　而且　得到　发挥　　D 不但　并且　获得　表现

69. 知识与教育有着密切的联系。_____，教育是知识筛选、传播、积累和发展的重要途径；_____，知识是教育的重要内容和载体，离开了知识，教育就无法实现。_____，每个历史时期的知识形态必然会影响到那一时期的教育形态，每一阶段的知识转型_____必然会影响到那一阶段的教育活动。

A 一边　一边　所以　就　　　B 或者　或者　因而　才
C 一来　二来　因为　都　　　D 一方面　另一方面　因此　也

70. "如果不熟悉南京路况的外地人按照这个指路牌走，那不是_____了嘛！"昨天下午，市民吴先生发现，中央路与新模范路_____处指路牌上的方向错了。记者来到这一路口，发现指路牌根部埋得很深，用于_____的标杆也没有松动，但指路牌上_____的方向却与实际不符。

A 南辕北辙　交界　固定　指示　B 背道而驰　接壤　稳固　指导
C 适得其反　临界　稳定　命令　D 水中捞月　交汇　牢固　指引

第三部分

第71—80题：选句填空。

71—75.

　　一次和一个少言的朋友一起坐车，车程一个钟头左右，我们几乎一声不吭。我原本怕冷场，想找些话题，后来发现这寻找是不必要的。对于一个少言者，在他不想说时，（71）_____。

　　碰到少言的人，也别轻易下定义，别轻易惊扰他的沉默。在另一个空间，他或许是个极爱述说的人，他此刻的沉默只为了把话都留给某些人，甚至某一个人。

　　认识一位健谈者，凡他在的场合，（72）_____，热的冷的雅的俗的笑话都能来，常能把大家逗得前仰后合。座中女人无不羡慕他的太太，那该是多么轻松快乐的家庭生活啊！（73）_____，他太太告诉我们，他在家根本不爱说话，更别说讲笑话，无非看报、上网、看电视，对太太的话，问三答一，要么干脆不吭气。是因为在外头透支了话语，还是因听众太少呢？有些人，听众越多越有说话欲，那是一种陶醉其中的表演。

　　众声喧哗中，也一定有只充当听众的，或者，他根本没在听。他只是坐在人群中，想他的心思，永远不为外人道的心思。

　　福楼拜说："一个人太爱文笔，就有看不见自己写什么的危险！"（74）_____，一个人太爱说话，就有听不见自己说什么的危险？在公众场合，说得太多的人常是这样，他们用喋喋话语架空了自己。说得少的那人，（75）_____，只是他对说话的场合、对象都有自己的要求。

　　"节约词，节约与人的接触，节约和这个世界的关系"，世上多些这样的环保者，挺好。

　　A 事实却非如此
　　B 心里并非没话
　　C 是否也可以说
　　D 总是热闹至极
　　E 保护这种沉默是种善举

76—80.

人，无论贫穷、富贵，（76）_____，那么这个人只是一个躯壳而已，就如一个摆设，纵使华美亮丽，但却不能带给我们精神上的慰藉。

（77）_____。你们相信一个乞丐不讨吃的或钱，而去乞讨好的书籍吗？你们相信一个外来的拾荒者对书本如饥似渴吗？你们相信一个农工模样的人会拿着书本静静地品味吗？是的，你们也许会不相信，（78）_____。知识虽不可改变你现在身处的环境，但它可以让你学会适应一切环境。

上天对每一个人都是公平的，你若抱怨你所处的环境，那么你的人生注定只是带着躯体的生活，因为你没有找到生活给你的真正的意义。若你是富者，安处于现在的环境，如果你不用知识来充实你的生活，那么你会觉得生活了无生趣。或许有人会这样问：没有意识到你说的知识的精神财富，只注重物质的享乐，他一样很快乐，不是吗？是。物质上的享乐，那毕竟只是暂时的，（79）_____，你不会充实生活，生活怎么会对你好？

人，无论贫穷、富贵，（80）_____，要学着运用身边有利的资源，学着用知识来充实你的人生。

A 人生不会每时每刻都是幸福时光
B 都不要轻易丢掉那颗向上的心
C 这就是知识的力量
D 若没有知识来充实自己的大脑
E 书籍给人们带来的影响是不可估量的

第四部分

第81—100题：请选出正确答案。

81—84.

在唐代，有一个名叫王少元的孤儿。他是个遗腹子，当年父亲为乱兵所杀，弃骨荒冢。

王少元长到十几岁时，知道了父亲去世的真相，小小的心中只有一个悲哀的愿望：到荒野中去找回父亲，重新安葬。可是，他连父亲的面都不曾一见，其实就算他曾在模糊的记忆里见过父亲的面貌，此刻父亲也已经是没有面目可言的枯骨了。他所知道的，只是别人指给他的一个粗略的位置。而战乱十余年之后，怎样才能在一片森森的白骨中找到父亲的那一具呢？

他听人说起一种验定的方法，就是把自己的血滴在死人的骨头上，如果是亲子关系，血液会渗到骨头里去，如果不是，血液就渗不进去。那少年听了这话，果真到荒野上去试验，他戳破自己的肌肤，试着用鲜血去一一染红荒野的白骨。

从破晓到黄昏，他匍匐在荒冢之间，一个时辰过去了，两个时辰过去了，他的心比他的伤口更痛。然后，一天过去了，两天过去了，他的全身刺满了小小的伤口。他成了一座血泉，正慢慢地、不断地流出血来。这样的景象，连天神也会被感动吧！

到了第十天，他终于找到这样一具枯骨，他滴下去的血，立刻就被那骨头吸收了，而且，被深深地、深深地吸了进去，像是要拥抱那血液的主人一般。那少年终于流下眼泪，把枯骨虔诚地抱回家，重新安葬。

这种认亲的方法并不见得正确，可是，使这故事动人的是在方法正误之外的那少年真诚寻根的一颗心。

81. 第一段中，"遗腹子"的意思是：
    A 被父亲遗弃的孩子　　　　　　　B 被母亲遗弃的孩子
    C 没有父母亲的孩子　　　　　　　D 父亲死后才出生的孩子

82. 关于王少元找寻父亲的尸骨，有误的是：
    A 血液渗进骨头有可能是父子关系
    B 血液渗不进骨头说明可能不是父子
    C 别人指给他父亲尸骨的一个大概位置
    D 他用十多天的时间找到了父亲的尸骨

83. 王少元为了找到父亲的尸骨：
    A 他的血快要流干了　　　　　　　B 四处打听父亲的尸骨在哪
    C 划破自己的肌肤滴血寻找　　　　D 他的血把荒野都染红了

84. 王少元让人感动的原因是：
    A 他没有见过父亲却还找他　　　　B 在很多白骨中找寻父亲
    C 他划破了自己的手指　　　　　　D 真诚地寻找父亲的孝子之心

85—88.

太空垃圾，主要由滞留在太空的废弃卫星和火箭残体（又称空间碎片）构成，还包括天然流星体。它们不仅对地面的人类造成危害，还威胁到在太空中飞行的航天器的安全。

有没有办法清除掉太空垃圾呢？经过多年的研究探索，科学家们已经找出了一些清除太空垃圾的方法。

美国航空航天局正在试验一种"激光扫帚"，它主要针对直径1—10厘米的太空垃圾。"激光扫帚"锁定某个太空垃圾目标后，将发出一束激光，照射在太空垃圾背离地球的一端，使之部分升华为气体，就像喷气式飞机的原理一样，利用气体的反作用力推动太空垃圾朝地球的方向运动，最终使其进入大气层，与大气层产生强烈摩擦而燃烧自毁。

英国科学家发明了一种专门清理大型太空垃圾的人造"自杀卫星"。这种自杀式卫星体积只有足球那么大，重6公斤，制造和发射的全部费用不到100万美元。它配备4台小型摄像机，能十分容易地发现太空垃圾。它一旦侦察到太空垃圾，便依附在垃圾上，使其速度降低，最后进入大气层，与太空垃圾同归于尽。

目前，人们把上述这类工具形象地统称为"太空清洁工"。虽然这类工具多数还处于试验阶段，但相信随着技术的进步和环保意识的提高，在不久的将来，太空垃圾问题将逐步得到缓解。

85. 下面哪一项不属于太空垃圾？
   A 滞留在太空的废弃卫星　　　　　　　B 空间碎片
   C 在太空中飞行的航天器　　　　　　　D 天然流星体

86. 关于太空垃圾，下列哪一项是错误的？
   A 主要由废弃卫星、火箭残体、天然流星体构成
   B 危害到人类和在太空中飞行的航天器
   C "激光扫帚"可以清理所有太空垃圾
   D 清扫太空垃圾的工具被称为"太空清洁工"

87. 关于"激光扫帚"的工作原理，哪一项不正确？
   A 锁定直径小于10厘米的太空垃圾目标
   B 能照射到太空垃圾背离地球的一端
   C 推动太空垃圾朝地球相反的方向运动
   D 促使太空垃圾燃烧自毁

88. 关于人造"自杀卫星"，哪一项是错误的？
   A 用来清理大型太空垃圾
   B 体积很小，只有足球那么大
   C 配备了摄像机，容易寻找太空垃圾
   D 能够依附在太空垃圾上，降低速度

89—92.

提起泡沫塑料，我们大概都不陌生，它有些像我们常说的海绵，但比海绵结实多了，可以用它搓澡、擦地板，特别耐用。

泡沫塑料有很多种，有一种泡沫塑料可以用来做衣服。用于衣着的主要是聚氨基甲酸一类，它是好几种化学原料通过化学反应生成的。它相当于软木的十分之一那样轻，又像海绵那样软。它的弹性很大，一块跟普通桌子差不多大的泡沫塑料就能承受 40 吨的压力。40 吨有多重呢？假如一个学生体重 40 公斤，它就能承受 1000 个同学的重量。去掉压力后，泡沫塑料又能很快恢复原有的厚度。

泡沫塑料内部充满了气孔，所以透气性好，又耐洗易干，即使气温升到 200℃，或是降低到 −32℃时，它也不会变，还是保持着良好的柔软性。

泡沫塑料最大的特点就是保暖。50 克泡沫塑料相当于 550 克羊毛的保暖效果，这是因为泡沫塑料内的无数气孔能容纳大量的空气，而空气是不易导热的。织物纤维中的空气越多，导热性就越差。空气是热胀冷缩的，用泡沫塑料做衣服的里层，只要人体有一点儿热量，泡沫塑料内的空气就会膨胀；空气的压力使泡沫塑料伸展开来，挤住了透气孔，空气对流量减少，增强了衣服的保暖能力。所以用它做飞行服、航海服或冬装是再合适不过了。同时，它还可以取代棉、麻、毛、丝等天然纤维，材料来源广泛，成本低廉，又好洗又好干。到时候，服装家庭就又添一个新成员了。

89. 关于泡沫塑料的优点，哪一项是错误的？
   A 结实　　　　　　B 耐用性差　　　　　C 柔软性好　　　　　D 弹性大

90. 泡沫塑料做的衣服为什么能保暖？
   A 内有大量能容纳空气的气孔
   B 吸收了人体的热量后里面的空气膨胀
   C 在空气的压力下它伸展开来，挤住了透气孔，使空气对流量减少，进而保暖
   D 以上都正确

91. 关于泡沫塑料做的衣服，哪一项是正确的？
   A 像海绵一样柔软，能经受任何温度的变化
   B 和羊毛的保暖效果一样好
   C 材料是从天然物质中提取出来的
   D 保暖性能好，成本低廉，好洗好干

92. 与海绵相比，泡沫塑料有哪些特点？
   A 没有海绵软　　　　　　　　　　　B 比海绵结实
   C 像海绵一样有透气孔，保暖效果差不多　D 弹性没有海绵好

93—96.

城市是人类文明的结晶。美国现代哲学家路易斯·芒福德说过："城市是一种特殊的构造，这种构造致密而紧凑，专门用来流传人类文明的成果。"西方诸多文字中的"文明"一词，都源自拉丁文的"Civitas"（意为"城市"），这并非偶然。城市兼收并蓄、包罗万象、不断更新的特性，促进了人类社会秩序的完善。

1800年，全球仅有2%的人口居住在城市；到了1950年，这个数字迅速攀升到了29%；而到了2000年，世界上大约有一半的人口迁入了城市；到了2010年，全世界的城市人口已占总人口的55%。

不可否认的是，在城市飞速发展的今天，人们的城市生活也越来越面临一系列挑战：高密度的城市生活模式不免引发空间冲突、文化摩擦、资源短缺和环境污染。如果不加控制，城市的无序扩展会加剧这些问题，最终侵蚀城市的活力，影响城市生活的质量。

联合国人居组织1996年发布的《伊斯坦布尔宣言》强调："我们的城市必须成为人类能够过上有尊严的、健康、安全、幸福和充满希望的美满生活的地方。"而城市面临的种种挑战的发端，不论是拥挤、污染、犯罪还是冲突，根源都在于城市化进程中人与自然、人与人、精神与物质之间各种关系的失谐。长期的失谐，必然导致城市生活质量的倒退乃至文明的倒退。

根据上述情况，2010年上海世博会以"和谐城市"为理念，确立了"城市，让生活更美好"的核心主题。

93. 下面哪一项不是城市的特点？
   A 构造致密而紧凑　　　　　　　　　B 城市兼收并蓄、包罗万象
   C 不断更新的特性　　　　　　　　　D 不吸收外来的或新出现的事物

94. 关于全球居住在城市的人口，下面哪一项是正确的？
   A 1950年比1800年增加了29%
   B 1950年比1800年增加了27%
   C 2000年大约有29%的人口迁入城市
   D 2010年城市人口已占总人口的55%

95. 根据短文，哪些不是今天城市人生活面临的挑战？
   A 居住拥挤　　　　　B 资源短缺　　　　　C 儿童入学　　　　　D 环境污染

96. 城市面临的种种挑战的根源是什么？
   A 人与自然之间关系失谐　　　　　　B 人与人之间关系失谐
   C 精神与物质之间关系失谐　　　　　D 以上三种

97—100.

朋友，你挑食吗？也许是因为食物不香，也许是因为肚子很饱，也许是因为饭菜没有很好的色泽。但不论是什么样的理由，挑食都不是好习惯。所以，请不要挑食，因为每种食物中都有人体不可缺少的营养。

人体所需的营养大致可分为五类：维生素、蛋白质、脂肪、碳水化合物和矿物质。维生素在过去叫作维他命，顾名思义，就是维持生命的元素。维生素的种类很多，已知的有 20 余种，包括维生素 A、B、C、D、K 等。每个人需要的维生素量很小，但它对人体却发挥着不可取代的作用。人体一旦缺乏维生素，生长发育就要受到影响，有时还会引起一些疾病。例如缺乏维生素 A，会引起儿童发育不良、夜盲症、皮肤粗糙等，这时就要补充一些动物肝脏、鱼类、玉米、萝卜等；缺乏维生素 B，就会患脚气病、神经炎、糙皮病等，可吃豆类、蔬菜、肉类；还有我们常说的维生素 C，缺少它会得坏血病，抵抗力也会下降，患维生素 C 缺乏症的人应多吃蔬菜和水果；缺乏维生素 D 会引起佝偻病、软骨病，应多吃鱼类、蛋类和肉类；还有维生素 K，缺乏它会导致出血现象，这时就应多吃绿色蔬菜。

蛋白质是构成人体细胞的基本物质，我们的生长发育、组织更新及提供能量，都少不了它。蛋白质主要来源于鱼类、牛奶、肉类、干果仁、豆类等。

脂肪也是为人体提供能量的物质，一般来说，脂肪只贮存在体内，主要来源于油、蛋、鱼、肉、奶、豆类、芝麻等。

能为人体提供能量的还有碳水化合物，人体活动所需的能量主要来源于它，它还是构成细胞的一部分。含碳水化合物较多的食物有面食、米饭、马铃薯和糖等。

矿物质在人体内的含量不多，但也很重要，常见的如钙、锌、铁、镁、磷等。这些都是不可缺少的，其中钙、镁、磷是骨骼和牙齿的主要成分。矿物质主要存在于奶类、蛋类、肉类、鱼类、蟹类等中。

总之，人体需要上述多种营养。这些营养都要从食物中摄取。所以你要使自己身体健康，就听听我的忠告：

朋友，别挑食！

97. 为什么不要挑食？
   A 食物不香　　　　　　　　　　　B 肚子很饱
   C 饭菜色泽不好　　　　　　　　　D 每种食物中都有人体不可缺少的营养

98. 根据本文，下面哪一项可能是因为缺乏维生素引起的疾病？
   A 皮肤粗糙　　　B 肥胖病　　　C 心脏病　　　D 肺结核

99. 下列哪种食物是蛋白质的来源之一？
   A 蔬菜　　　B 水果　　　C 干果仁　　　D 马铃薯

100. 根据本文，下列哪一项不是人体所需的营养？
   A 维生素 A　　　B 蛋白质　　　C 尼古丁　　　D 钙

三、书 写

第101题：缩写。

（1）仔细阅读下面这篇文章，时间为10分钟，阅读时不能抄写、记录。
（2）10分钟后，监考会收回阅读材料，请将这篇文章缩写成一篇短文，字数为400字左右，时间为35分钟。
（3）标题自拟。只需复述文章内容，不需加入自己的观点。
（4）请把短文直接写在答题卡上。

　　我曾经是个很自卑的人，即使现在，我还觉得我很多地方不如别人。

　　小时候，我长到10岁才从外婆家回到城里上学。回城之后，我的衣服和鞋子常被城里的孩子们笑话，我的口音也被他们模仿，当老师问我问题，我用外婆的家乡话回答时，全场哄堂大笑。

　　自卑的情绪渐渐生长起来。我不再和别人说话，成绩不断地下降，我只盼望快点儿离开学校，快点儿离开这个让我感觉到自卑的地方。

　　后来我勉强考上一个三流中学。那个中学有好多官宦子弟和有钱人家的孩子，他们整天在说自己吃的是外国巧克力，穿的衣服是名牌。我每天发呆，不知道日子如何结束，于是在本子上写写画画，看看天，数数蚂蚁。

　　后来的一天，我写的日记被语文老师发现了，我画的插图让美术老师看到了。

　　语文老师表扬了我写的日记，这无意的夸奖让我很温暖；美术老师让我给班里的板报画插图。虽然我仍然寡言，但我意识到，我原来是一个重要的角色。

　　从那以后，我开始努力学习。这个三流的中学，每年考入重点高中的人不会超过五个。那年，只考上五个；而我，是这五个人中分数最高的一个。

　　全市最好的学生都在这里，第一次摸底考试，班里55名学生，我排第50位。我哭了。我来自最差的中学，我英语口语的发音那么蹩脚，我的一切都那么落伍。那些从重点中学考上来的学生常常说起他们学校的实验室、图书馆，对于我而言，那些实验室、图书馆根本没有存在过。

　　但我想，我们现在都在一个学校！

　　别人都睡后，我打开手电筒学习。早晨，我比别人早起一个小时，来到黑乎乎的教室点上蜡烛学习。到期末的时候，我的成绩是班里最好的。

可我仍然觉得好多地方不如别人。我依然沉默，把大部分时间都交给了书。整个高中时期，我读完了图书馆里所有的世界名著。在高二下半年，我拿起了笔。

我写了一篇青涩的小说，投给了当时的《河北文学》。两个月之后，我接到了用稿通知。当时学校还没有人发表过文章。

这些是最大的力量，何必用语言？

上了大学，我仍然自卑。

有一次我不小心碰碎了一个上海女孩子的香水，她嚷着："你赔得起吗？这是香奈尔啊！"

我开始疯狂地写稿子，泡在图书馆。到毕业的时候，我已经出了自己的第一本书。

但我仍然自卑，我觉得很多地方不如别人，我不如 A 聪明，不如 B 睿智，不如 C 有才，不如 D 美貌如花……

那天，在电视上我看到了对邓亚萍的采访。她说："我不如别人，我自卑，所以，我不停地努力。当年从郑州到国家队的时候，没有一个人肯定我，他们全说一米五的我打球不会打到如何。为了证明给他们看，我快发疯了，每天都比别人刻苦。我知道我的个子不如别人，别人允许有失败的机会，我没有，我只能赢，所以我打球凶狠，那是逼出来的。后来我成功了，别人又说我没有大脑，只会打球，于是我发疯地学习，英语从不认识字母到熟练地和外国人对话。我不比别人聪明，我还自卑，但一旦设定了目标，我绝不轻易放弃！什么都不用解释，用胜利说明一切！"

我一阵哽咽，多少年来，我不也是如此？

感谢我的自卑，它让我越挫越勇，让我永远觉得不如别人，让我不敢停步，让我在人生的路上，一路坚强！

汉语水平考试

HSK（六级）模拟试卷 *6*

注　意

一、HSK（六级）分三部分：

    1. 听力（50 题，约 35 分钟）

    2. 阅读（50 题，50 分钟）

    3. 书写（1 题，45 分钟）

二、听力结束后，有 5 分钟填写答题卡。

三、全部考试约 140 分钟（含考生填写个人信息时间 5 分钟）。

一、听 力

第一部分

第1—15题：请选出与所听内容一致的一项。

1. A 指甲应留 3 毫米长
   B 洗手时也应刷牙
   C 洗手可防感冒
   D 指甲应尽可能剪短

2. A 人类不能冬眠
   B 冬眠能延长寿命
   C 冬眠对心跳无影响
   D 冬眠可使人患绝症

3. A 女孩挤到男士了
   B 男士欢迎女孩踩
   C 男士让女孩变好看
   D 女孩渴望变漂亮

4. A 我和儿子在散步
   B 侄子摔倒姐姐很着急
   C 姐姐训斥了侄子
   D 侄子太累了

5. A 演唱后要叫板
   B "感叹词"很好听
   C "拖长音"为提醒
   D 乐队伴奏需要长音

6. A 要先冲洗再抹洗发水
   B 头发湿了即可洗
   C 洗发水要先抹在头上
   D 洗头时要先洗手

7. A 连续炒菜省油
   B 锅最好用两次
   C 连续炒菜干净
   D 不能忽略洗锅

8. A 食物外壳更坚硬
   B 艺术师喜欢摩托车
   C 摩托车很小巧
   D 艺术师喜欢吃龙虾

9. A 人类需要动物
   B 动物离不开人
   C 牛用来运粮食
   D 猫狗合作看家

10. A 丈夫车技很好
    B 妻子想丈夫了
    C 有很多车逆行
    D 丈夫驾车逆行

11. A 天上有两个月亮
    B 两个月亮一样大
    C "双月"是人文景观
    D "双月"是自然景观

12. A 学生的病很重
    B 学生判断错了
    C 医生打了 3 针
    D 医生开玩笑呢

13. A 全球变暖还会继续
    B 全球变暖停止了
    C 太平洋不停地冷却
    D 气候变暖是人为的

14. A 今年水位 29.93 米
    B 今年水位比往年高
    C 三个泉眼汇成一个
    D 水流直径很大

15. A 节目以戏曲为主
    B 节目受到各界批评
    C 老百姓均可参与
    D 邀请明星参加表演

第二部分

第 16—30 题：请选出正确答案。

16. A 9 个
    B 7 个
    C 2 个
    D 1 个

17. A 替邻家孩子交学费
    B 义务献血
    C 帮助老人
    D 为别人看病

18. A 批发鞋帽
    B 摆地摊
    C 卖水、卖冰棍
    D 学针灸

19. A 商务管理
    B 针灸推拿
    C 医学营养
    D 医疗护理

20. A 4600 多人
    B 4000 人
    C 一半以上
    D 1000 多人

21. A 发展经济，关心百姓
    B 发展经济，重视教育
    C 办事认真，不怕苦累
    D 关心百姓，作风民主

22. A 4 个
    B 5 个
    C 6 个
    D 7 个

23. A 年龄的优势
    B 父亲的协助
    C 丰富的经验
    D 村民的拥护

24. A 全村人
    B 1750 人
    C 175 人
    D 275 人

25. A 不太同意
    B 坚决反对
    C 同意
    D 没提及

26. A 爱思考
    B 爱学习
    C 素质好
    D 不活跃

27. A 一直都关注
    B 十年前
    C 20 世纪 90 年代开始
    D 20 世纪 80 年代开始

28. **A** 文科好、理科不好
    B 文科、理科都很好
    C 理科好、文科不好
    D 文科、理科都不好

29. **A** 有架子，很难接近
    B 学术上非常平等
    C 善于与人交流
    D 对学生要求严格

30. **A** 男的是工程师
    B 男的是中学校长
    C 男的是山东大学教授
    D 男的关注对外汉语教学

第三部分

第 31—50 题：请选出正确答案。

31. A 每天按时到单位
    B 每天给领导打水
    C 每天加班
    D 接很难的工作

32. A 领导批评他不坚持
    B 他不是工作积极的人
    C 每天工作太辛苦了
    D 过分表现很累

33. A 思想觉悟很高
    B 假装表现自己
    C 什么工作都能干
    D 工作挑肥拣瘦

34. A 稳重
    B 善良
    C 迟疑
    D 残暴

35. A 厚重的壳
    B 长长的触角
    C 稳健的脚步
    D 执着的精神

36. A 轻装上阵
    B 很快死掉
    C 长出新壳
    D 继续前行

37. A 非常高兴
    B 很难过
    C 觉得可能是好事
    D 相信更多的马会来

38. A 当兵很辛苦
    B 摔断腿了
    C 不会骑马
    D 不会打仗

39. A 坏事可能会转化成好事
    B 丢马的时候别担心
    C 坏事一定会变好
    D 运气很重要

40. A 朋友有一个果园
    B 朋友辛苦却快乐
    C 自己为什么有很多钱
    D 自己为什么这么辛苦

41. A 窗子和镜子
    B 花园和景色
    C 自己和果园
    D 花园和果园

42. A 钱多会让人难过
    B 要帮助别人
    C 要理解朋友
    D 要走出自己的世界

43. A 大学生
    B 技工
    C 白领阶层
    D 跳槽者

44. A 反馈很少
    B 工资很低
    C 没有适合的岗位
    D 面试失败

45. A 表达你的诚实
    B 满足招聘公司的需要
    C 规划你的工作
    D 给你一碗饭吃

46. A 网络求职很方便
    B 注意简历用语
    C 工作就是一碗饭
    D 简历应该有针对性

47. A 有人想你
    B 对某物过敏
    C 血管有问题
    D 感冒了

48. A 马上站起来
    B 赶快漱口
    C 去医院
    D 捂住嘴

49. A 不太在乎
    B 提醒他
    C 感到生气
    D 感到紧张

50. A 避免细菌产生
    B 防止细菌传播
    C 不在公共汽车上打喷嚏
    D 不坐公共汽车

二、阅　读

第一部分

第51—60题：请选出有语病的一项。

51. A 说起来，我应该算是个十足的幸运儿。
    B 浙江省博物馆始建于1929年，是一座综合性人文科学博物馆。
    C 全世界有10%的陆地是沙漠，总面积到达1535万平方千米。
    D 价格按照管理形式可分为指令性价格、指导性价格、自由价格几种。

52. A 愉快可以使人们积极主动、有效地学习和研究问题。
    B 此地曾产生过700多名状元，但保留出来的墨迹却只有这一张。
    C 由于预防及时，工作细致，中国禽流感防治工作进展顺利。
    D 高超音速喷气飞行技术才刚刚起步，未来的发展仍有诸多变数。

53. A 她在两个小时的演出中能始终把全场观众的情绪调动起来，舞美功不可没。
    B 既然改革是利益的再调整，那就不可能会使所有部门的所有人都满意。
    C 东汉后期，宦官专权，奸臣当道，横行不法，加深了社会的动荡与不安。
    D 中国野生动物保护协会认为张兴国是意志最为坚决的"绿色厨师"。

54. A 十二岁到十四五岁的少年期，是精力充沛、智慧闪光的时期。
    B 谁会想到这些慷慨激昂的建议竟是出自一个全身瘫痪的病人之口？
    C 前一段日子，刘小光把一家文化公司请去做了美术总监。
    D 我尽量放松自己，尽量在音乐中忘掉自己，用自己的深情去演唱。

55. A 人力资源社会保障部门为参保人建立终身养老保险个人账户。
    B 翻译家杨宪益五十年代为翻译鲁迅作品，曾与雪峰共过事。
    C 无论遇到怎样的挫折，经历怎样的失败，都要笑着面对。
    D 在世界著名的八大公害中就有五种是由大气污染造成的原因。

56. A 测试过程中，手指绝不能触到金属触头，以免少发生触电事故。
    B 对于一切在科学技术上帮助过我们的国际友人，我们表示衷心的感谢。
    C 汉语是世界上最古老的语言之一，也是世界文化的重要组成部分。
    D 口腔溃疡治好后，如发病因素仍然存在，复发可能性极高。

57. **A** 天空中飘着零星的雪花，落在发梢上，钻进脖子里，顷刻化为无形。

B 对每个学生的专业、志向、兴趣的不同，知识积累的方向也就不同。

C 在教育理念上和教育实践上，多媒体教学和传统教学有着很强的互补性。

D 请相信自己，即使站在高楼上看风景，也一定要坚信朋友依然看着你。

58. **A** 如果外界噪声让你难以入眠，那就人为制造一些"白色噪声"，比如一直小声地开着温柔的音乐。

B 女性事业成功，会给夫妻更多独立空间，事业上能辅佐伴侣，教育子女时也有助于拓宽孩子的视野。

C 聂耳作曲、田汉作词的《义勇军进行曲》，早在成为中国国歌之前，就已作为最著名的抗战歌曲响彻大江南北。

D 信念万一形成，就可以产生强大的推动力量，使人们为实现某个目标而持之以恒地奋斗。

59. **A** 当孩子有"不正常"的表现时，孩子们的父母是否去反思了自己教育孩子的方式方法呢？

B 在这样一个秋夜里，我总有一个嗜好，到远离喧嚣的乡野田地里，去静心倾听秋虫们吟唱出的一曲曲动人的田园诗章。

C 随着中国经济的快速发展，越来越多的年轻人忙于事业，和父母沟通得越来越少极了，就更别提团聚了。

D 体面的工作让我在亲友中获得尊重，而我轻而易举地独当一面，让老总对我的赏识也与日俱增。

60. **A** 凡是人类之外的动物、植物、器物变化人，或者虽然没如此却能像人一样说话，跟人交往，就叫妖精。

B 近日，在北京举办的几次春季人才招聘会上，大学生"求职难"与"招聘难"共存的现象引起广泛关注。

C 如果关节遇冷及雨天时疼痛加重，局部有风吹进骨头缝的感觉，那就是寒性疼痛，适合喝药酒。

D 到底是先用半熟蛋或生蛋下锅，还是干脆生或熟蛋冷冻后，再放进已经炖得扑鼻芬芳的卤水中慢火熬制？

第二部分

第61—70题：选词填空。

61. 生活是丰富多彩的，每时每刻都有_____事件的发生，孩子的眼睛是明亮的，他们的内心对于世界是_____好奇的。因此，作为家长就应该在时间_____的时候带着孩子去观察生活，让孩子学会用文字来记录生活。
A 新鲜　充满　充足　　　　　B 奇怪　充分　充沛
C 新奇　填满　充实　　　　　D 新颖　布满　充分

62. 雕塑是一种凝固的音乐、永恒的艺术，同时也反映了区域_____，是公众精神及城市风貌的重要载体。它向广大市民_____社会生活形态与文化艺术底蕴，用创作理念从不同的角度反映了现代社会的精神面貌，_____积极向上的精神。
A 品质　展现　倡议　　　　　B 素质　显示　提倡
C 文化　展示　倡导　　　　　D 文明　呈现　建议

63. 瑞典皇家科学院8日宣布，将2013年诺贝尔物理学奖_____比利时科学家弗朗索瓦·恩格勒和英国科学家彼得·希格斯，以_____他们发现了"上帝粒子"，即希格斯玻色子。_____粒子是最后一种未被发现的基本粒子，也是_____物质质量之谜的最重要粒子。
A 赋予　奖赏　本　声明　　　B 给予　奖励　这　解说
C 颁发　表扬　此　说明　　　D 授予　表彰　该　解释

64. 鸣禽的叫声各有不同，_____以来人们难以弄清，_____是遗传因素还是环境因素造成了它们不同的"歌声"。德国科研人员日前_____公报称，他们对灰头文鸟进行观察和解剖分析后发现，幼鸟的鸣叫声更多_____环境决定，并非天生。
A 长久　究竟　宣布　靠　　　B 一向　毕竟　发布　凭
C 一贯　终究　公布　任　　　D 一直　到底　发表　由

65. 网络的飞速发展，在整个社会活动中发挥着日益巨大的作用，由于_____的加强，信息交流加快，生产和工作_____都大为提高，同时，也可能_____各种社会问题，如计算机犯罪、个人信息被_____等。
A 联系　效率　引发　泄露　　B 关系　结果　激发　透露
C 联络　效能　引起　揭露　　D 连接　成果　招致　暴露

66. 国庆放假期间，北京各个高校学生食堂的师傅们_____在自己的岗位，虽然节日期间吃饭的学生、菜品减少了，但他们_____饭菜质量不打折，让每一位在学校吃饭的学生都吃得_____。假期结束了，希望同学们_____争做光盘族，不浪费饭菜，这就是对食堂师傅们最大的感谢。

A 坚定　保证　舒服　接连　　　B 坚守　坚持　舒心　继续

C 守卫　持续　舒坦　不断　　　D 遵守　保持　惬意　连续

67. 升旗仪式开始了，在_____的国歌声中，鲜艳的五星红旗冉冉升起，迎风飘扬。参加升旗仪式的干部群众_____，看到五星红旗庄严升起，心中总会激起对伟大祖国的热爱和祝福，衷心祝愿祖国母亲更加富强、繁荣、_____，热切期盼_____的中国梦早日实现。

A 肃静　表现　旺盛　巨大　　　B 严肃　表明　蓬勃　宏伟

C 庄重　表达　焕发　庞大　　　D 庄严　表示　昌盛　伟大

68. 据不完全统计，目前以文学命名的综合性文学网站有 300 多家。但在_____现实的重压下，促使文学网站经营日益_____。能够_____下来的网站本就不多，能鏖战群雄的网站更加_____。但在国内，_____的几家网站仍有雄霸一方之势。

A 冰冷　困难　生存　数不胜数　多如牛毛

B 残忍　艰辛　支撑　九牛一毛　凤毛麟角

C 冷酷　苦难　维系　屈指可数　不胜枚举

D 残酷　艰难　维持　寥寥无几　屈指可数

69. 近期上市的新手机可谓百花齐放，_____，必然会_____起新的一轮购机狂潮。新手机的上市必然_____着高昂的价格，同时也会带来另一个结果，那就是上一代机皇们的降价。据_____，现在仅用 2500 元甚至更低的价格就可以买到上一代的安卓四核机皇。

A 百花争鸣　揭　随同　计算　　　B 争奇斗艳　掀　伴随　统计

C 争先恐后　翻　相伴　运算　　　D 万无一失　推　追随　概括

70. 中华传统节日本来就是综合性的、多义性的，是可以随着_____的发展增加新的内涵的。1989 年，中国政府_____将本来就蕴含着惜老敬老内涵的重阳节定为中国敬老节，使这一传统佳节又_____了新的内涵。重阳节被叠加上中国敬老节，这是第一次叠加，这是发展传统节日和_____非物质文化遗产的范例。

A 岁月　决策　添加　爱护　　　B 年代　决心　添补　爱惜

C 期间　断定　增加　维护　　　D 时代　决定　增添　保护

第三部分

第71—80题：选句填空。

71—75.

行走让你找到真正的自己。在喧嚣的都市，（71）_____，越来越多的

人选择到宁静的远方云游行走。一位刚从青海风尘仆仆归来的朋友，一边迫不及待地给我看照片，一边激动地说："蓝天白云下的青海湖让我震撼，美丽的金银滩草原令我迷恋，坎布拉的丹霞地貌让我叹为观止，塔尔寺的藏传文化令我肃然起敬……在这片神奇而博大的土地上，（72）_____。"有一张照片是他面朝青海湖，双手合十，虔诚跪拜。我知道他不是信徒，但那一刻，他就是一个被大自然魅力征服的信徒，（73）_____。在那一刻，他找到了真正的自己。

这个世界，有的人像一棵树，一辈子在一个地方生根发芽开花结果；而有的人则像一条奔腾不息的河流，永远不会停留在一个地方。树有树的安稳与平淡，河有河的波澜和壮美。选择什么样的生存状态，完全取决于你对生命的理解和感悟。

行走在滚滚黄沙的大漠边塞、古老雄浑的寂寞荒原、苍茫辽阔的天地之间，（74）_____。那些放不下的世俗名利，不过是过眼云烟。你就这样走着走着，（75）_____。走着走着，你的步伐更坚定了。从此，你不再焦虑不再急迫，因为世界就在你心中。

A 你会觉得人是多么渺小

B 纠结的心忽然就明朗了

C 我经历了一场真正的心灵之旅

D 人们很容易变得浮躁

E 他的心灵也一定是圣洁而纯净的

76—80.

在中国，中秋吃月饼的习俗由来已久。月饼又称胡饼，那么胡饼又是从何而来的呢？

关于胡饼的由来，大概有两种说法：一种认为胡饼出自胡地，"胡"字原指中国北方和西北的少数民族，（76）_____，如《后汉书·五行志》所记，汉代的时候，"灵帝好胡服、胡帐、胡床、胡坐、胡饭、胡箜篌、胡笛、胡舞，京都贵戚皆竞为之"。凡是引自域外的物品或食品，都冠以"胡"字，那么源于域外的饼，（77）_____。至宋代，黄朝英在《缃素杂记·汤饼》中就说："盖胡饼者，以胡人所常食而得名也。"另一种说法出自汉代刘熙的《释名·释饮食》，"饼，并也，溲面使合并也。胡饼，作之大漫沍，亦以胡麻著上也"。"胡饼"之意是在饼的表层上有胡麻，"漫沍"意思为无边际，（78）_____，由此可知，汉代的胡饼应当很大，并在表层撒上胡麻。

据史书考证，（79）_____，胡饼就随着入居汉地的胡商在中原内地落户。千余年前，（80）_____，胡饼一经传入便成为丝绸之路上最受欢迎的域外食品之一。

A 自然就是胡饼
B 汉代通西域后
C 形容其饼之大
D 北方人就以面类食物为主
E 后来引申为国外的民族

第四部分

第81—100题：请选出正确答案。

81—84.

明明是勤勉上进的有为青年，为何总在雨天犯困？是你的自制力太差，还是这其中另有缘由？以下内容，或许可以解答你的疑惑。

一、白噪声是天然的安眠曲。白噪声是指功率谱密度在整个频域内均匀分布的噪声。不同于其他噪音，白噪声会使人感到平静，更易入睡。人在特别安静与特别嘈杂的环境下都会睡不着，但是在相对舒缓、有规律的声音环境下会很容易入睡，比如雨声、落叶声、转动的电扇声，还有老教授讲课的声音。一些神经衰弱的失眠症患者还会去购买专门的白噪声发生器，以帮助入眠。

二、雨天气压低，交感神经不给力。交感神经与兴奋有关。当天气晴朗时，空气的含氧量高，能够为人体充分补充能量，人的交感神经兴奋，活动意向更积极；而到了阴雨天，气压降低，空气的含氧量减少，交感神经处于低落状态，人就会出现在雨天犯困的情况。

三、褪黑素也参与了捣乱。人体在光线昏暗的情景下会增加褪黑素的分泌，其作用就是让人产生倦意；反之，光线明亮则褪黑素分泌减少。下雨天，天色暗沉，光照时间不足，会使人的褪黑素分泌增加，人困马乏也就不足为奇了。

四、可能与进化有关。人类的许多行为都与早期进化有关。比如，人类对草丛沙沙的声音特别警觉，是源自对蛇类的天生恐惧。男子在挑选配偶时以白为美，是因为肤白的女子更显年轻，也隐含了地位高的意味。

同样，雨天好眠也可能与进化有关。远古时代，人类一般住在山洞或茅草屋里面，晚上睡觉时会非常担心野兽来袭。而在下雨天，野兽一般不会出现，人们也会放松警惕，获得短暂的安全感。

经过几千万年的进化，人们沿袭了这种习惯，雨天在他们的潜意识里意味着"安全"，人们终于可以在这样的天气里放下戒备，让紧张的神经舒缓下来，做一个慵懒倦怠的梦。

81. 不属于白噪声的是：

    A 电风扇转动的声音   **B** 汽车的喇叭声

    C 下雨的声音   **D** 老教授讲课的声音

82. 雨天气压低会导致：

    A 人交感神经兴奋   **B** 人容易犯困

    C 空气含氧量高   **D** 积极参加活动

83. 关于"雨天犯困"的原因，不正确的是：
    A 明亮的光线导致褪黑素增多　　　B 气压低
    C 与早期进化有关　　　　　　　　D 白噪声污染

84. 可能与进化有关的表现不包括：
    A 对草丛声音的警觉　　　　　　　B 男子选白皮肤的女子
    C 对蛇类的天生恐惧　　　　　　　D 野兽雨天一般会出现

85—88.

在中国的川滇、湖广和江浙一带生活着一种小虫子。它的分泌物能提炼出天然的白蜡，所以人们又把它们称为白蜡虫。每年三、四月是白蜡虫繁衍后代的季节，雌性白蜡虫会把数以万计的卵包裹在一个坚硬的外壳里，好似人类的育婴房——这当然是为了防止自己的卵变成其他猎食者的盘中餐。

刚孵化出来的白蜡虫十分瘦弱，也没有天生利器可以戳破坚硬的外壳，但是如果出不去，它们将面临夭折的厄运。和白蜡虫生活在一起的，有一种叫象鼻虫的虫子，象鼻虫的幼虫喜欢以白蜡虫高糖、高蛋白的卵为食。单从这点看，象鼻虫应该是白蜡虫家族延续香火最具威胁性的敌人。

但令人惊讶的是，白蜡虫在长期的进化中，居然选择了邀请象鼻虫把卵产在自己的育婴房里，这岂不是引狼入室吗？而象鼻虫好像和白蜡虫达成了契约。它只会在白蜡虫的每个育婴房里产一枚卵。象鼻虫的幼虫在吃掉育婴房里大约四分之一的白蜡虫卵后，就能变得足够强壮了。这时，它会用长剑般的长吻在育婴房坚硬的外壳上刺出一个洞。那些剩下的白蜡虫幼虫就能顺着这个洞爬出外壳，获得生存的机会。

在残酷的生存环境中，白蜡虫以灵活务实的姿态选择了与敌人合作，借助敌人的武器为后代打开了一扇生命之门，以最小的牺牲换取了最大的生存利益。我们不得不叹服白蜡虫这个极具战略家胆识的选择，这恐怕也是生存智慧的最高境界吧。

85. 关于白蜡虫，表述不正确的是：
   A 身体能提炼出白蜡　　　　　　　　B 三、四月是繁衍后代的时期
   C 坚硬的外壳包裹着卵　　　　　　　D 最具威胁性的敌人是象鼻虫

86. 白蜡虫如果不能从外壳里出去：
   A 会被象鼻虫吃掉　　　　　　　　　B 会变得强壮
   C 会被别的虫子吃掉　　　　　　　　D 会死在里边

87. 白蜡虫"引狼入室"是为了：
   A 喂食象鼻虫　　　　　　　　　　　B 让象鼻虫变强壮
   C 与象鼻虫达成契约　　　　　　　　D 让幼虫获得生存机会

88. 上文主要讲了：
   A 白蜡虫有牺牲精神　　　　　　　　B 象鼻虫有竞争意识
   C 白蜡虫的生存智慧　　　　　　　　D 白蜡虫胆子比较大

89—92.

希腊可那伊河里有一种旋子鱼，这种鱼在水里呈"S"形螺旋式前进，脾气很大，被当地人称为鱼中的"狂傲者"。

为什么这样称呼它？是因为它能战胜比自己身体大数倍的鱼。它有一张尖硬的嘴，细长而锋利，当它遇见大鱼的时候，便会主动攻击大鱼，它会把尖嘴插进大鱼的肉里，然后开始高速旋转身体，就像我们现实生活中的电钻一样，不一会儿，整条大鱼就会被它钻透。钻透大鱼后，它会立即反钻，把嘴退出来，然后找地方，再将嘴插进去……直到大鱼的身体被它钻得千疮百孔，再无力挣扎，它才停下来。当有的大鱼一口将它全部吞下时，它会更加兴奋，在大鱼肚里到处乱钻乱旋，直到把大鱼的内脏全部破坏掉，然后从大鱼肚子里面旋出来……由此看来，旋子鱼确是一个"狂傲者"，也是这片水域中当之无愧的强者。

旋子鱼味美，属当地渔民最喜欢捕捉的鱼类。但由于它的嘴过于坚硬，性格过于凶狠，有时连渔网都能钻透，因此，当地渔民捕捉它时还得配备一种特殊的工具——河蚌。捕法很简单，渔民背着一筐河蚌沿河走，当他们看到旋子鱼后，立即挑选张开嘴的河蚌，奋力投向旋子鱼。由于旋子鱼烈性极大，见有东西攻击它，就立即朝着张开嘴的河蚌的粉白色的肉刺去，然后开始高速旋转。可这次，它们却没有像平时征服大鱼那样疯狂了，此时，河蚌的嘴会立即收紧，夹住旋子鱼的嘴，尽管旋子鱼拼命地旋转，以图脱身，但河蚌的嘴就像钳子一样死死地将它钳住，并随它转动。这时，渔民会立即撒网，旋子鱼乖乖就擒。

有着强大本领的旋子鱼被河蚌征服，这里固然有人类参与的因素，但它的被捉，也与自身的脾气和傲气有关。它提醒了我们人类，即使你是一个强者，但也绝不是一个无敌者，别太高估自己的实力。

89. 当地人为什么把旋子鱼称作"狂傲者"：
    A 它嘴细长而锋利　　　　　　　　　B 它能战胜大鱼
    C 它的肉味美　　　　　　　　　　　D 大鱼不能攻击它

90. 当大鱼吞下旋子鱼以后，旋子鱼会：
    A 吃掉大鱼内脏　　　　　　　　　　B 把大鱼钻透
    C 把嘴插入大鱼肉里　　　　　　　　D 从大鱼肚子里旋出来

91. 渔民最喜欢捕捉旋子鱼是因为：
    A 想征服旋子鱼　　　　　　　　　　B 旋子鱼烈性极大
    C 旋子鱼性格凶狠　　　　　　　　　D 旋子鱼味道鲜美

92. 这篇文章主要告诉我们：
    A 旋子鱼很强悍　　　　　　　　　　B 旋子鱼很高傲
    C 不能高估自己的实力　　　　　　　D 人类很聪明

93—96.

我的祖母说过："人们应该在最美好的时候离开。"因为这个认知而获得诺贝尔奖的，不是我的祖母，而是心理学家丹尼尔·卡内曼。他将这一现象命名为"峰终定律"：我们对一个事件的记忆仅限于高峰和结尾，事件过程对记忆几乎没有影响。高峰之后，终点出现得越迅速，这件事留给我们的印象就越深刻。

大部分人不理解这一定律。比如准备一场演出，我们会投入很多的时间，精心准备服装、化妆、道具，营造良好的舞台效果，力争给观众留下一个好的印象。我们却常常忽视结束退场时的准备。有时候，尽管人们对演出开始的印象很好，但是糟糕的结局也会给人留下难以磨灭的坏印象。

有一次，我去参加一个聚会，前3个小时我一直都很满意，只在最后1个小时我感到很无聊。3个小时快乐减1个小时无聊等于2个小时快乐，也就是说，我愉快地度过了2个小时，但是，我们的记忆并不是这样计算的。如果我参加了另外一次聚会，并且只在那里待了1个小时，而我却享受了满满60分钟的快乐，那么与第一次的聚会相比，第二次的聚会留给我的印象会更为美好。

看电影也是如此。一部90分钟的电影，开始的1个小时虽然剧情平平常常，如果最后半个小时能使我们感动，我们依然会向别人推荐这部电影。相反，如果在前半个小时就把剧情的创造力表现得淋漓尽致，结尾却非常平庸，那么，这部电影的口碑就肯定很不好。

参加聚会时，我们最好在高潮过后马上离开。悄悄地，不要在告别上花费太多时间，你会发现，你度过了一个非常愉快的夜晚，这份快乐会让你久久难忘。但是，如果你是主人，当然不能离开，那么，你必须随时准备着在午夜过后再来个高潮，然后顺利地将客人送走。这样，所有的人都会赞扬你举办了一个成功的聚会。

93. 根据文章，一件事情给我们的印象：

A 限于高峰和结尾　　　　　　　　B 限于事情的经过

C 限于事情的高峰　　　　　　　　D 限于事情的结尾

94. 第二次聚会的 60 分钟给"我"的印象是：

A 享受快乐的时光长　　　　　　　B 比第一次的印象深刻

C 没有第一次印象深刻　　　　　　D 无聊的时间更长

95. 文中提到的会向朋友推荐的电影是：

A 开始与结尾都精彩的电影　　　　B 开始精彩，结尾平庸的电影

C 开始平庸，结尾精彩的电影　　　D 开始和结尾都没有特点的电影

96. 最合适做上文标题的是：

A 精彩电影推荐　　　　　　　　　B 在最美好的时刻离开

C 美好的聚会时光　　　　　　　　D 人们的记忆力

97—100.

我们的毛发为什么会有颜色呢？毛发的色调主要由两种黑色素构成：真黑色素和类黑色素。真黑色素呈黑色或棕色，类黑色素呈黄色或红色。两者都是在黑色素细胞中酪氨酸酶的作用下，经一系列反应由酪氨酸生成的。两种黑色素的相对含量决定了毛发的颜色。

人老了头发变灰白是一个生理过程。一根根头发就像一根根管子，其中充满了细胞和色素，细胞和色素之间的空隙全是液体。随着年龄的增长，头发越长越慢，黑色素细胞的活动开始减弱，酪氨酸酶促使的一系列反应逐渐减慢。接着，生出的头发因含有的黑色素减少而变浅。头发中的液体也越来越少。最后，黑色素细胞完全停止生产黑色素，头发中的空隙全为空气所充满，头发也就变白了。

头发变白是毛发正常的老化，但是影响毛发变白的还有其他一些因素，遗传、疾病和精神因素也会使头发变白。在中国，头发早白具有家族集聚的特点，一个家庭的父母头发早白，其遗传基因使子女的头发十有八九也会早白。许多疾病会打破人体内原有的平衡，使内分泌紊乱，导致人过早地产生白发。甲状腺机能亢进、糖尿病、溃疡性结肠炎以及贫血、营养不良等都可能使人的头发变白。不少人由于极度紧张、忧愁、悲伤而引起体内发生一系列急剧变化，造成内分泌严重失调，在很短时间内出现白发，有如中国民间传说的"伍子胥过昭关，一夜愁白了头"。

97. 人的头发变灰白的原因不包括：
   A 黑色素细胞活动减弱　　　　　　　　B 黑色素减少
   C 头发中的液体变少　　　　　　　　　D 黑色素变成了空气

98. 下列哪种说法不正确：
   A 头发变灰白是生理过程　　　　　　　B 头发早白有遗传因素
   C 贫血会造成头发变白　　　　　　　　D 基因变异造成头发灰白

99. 头发早白的家族特点是：
   A 子女很可能被遗传　　　　　　　　　B 不受家族影响
   C 子女内分泌紊乱　　　　　　　　　　D 不会传给子女

100. 伍子胥"一夜白了头"，有可能是因为：
   A 他受遗传影响　　　　　　　　　　　B 他内分泌严重失调
   C 他营养不良　　　　　　　　　　　　D 他有糖尿病

三、书　写

第101题：缩写。

（1）仔细阅读下面这篇文章，时间为10分钟，阅读时不能抄写、记录。
（2）10分钟后，监考会收回阅读材料，请将这篇文章缩写成一篇短文，字数为400字左右，时间为35分钟。
（3）标题自拟。只需复述文章内容，不需加入自己的观点。
（4）请把短文直接写在答题卡上。

那年我在离家二十多里的县城读初中。六月的黄昏，我在操场上读书，听见几个女生在叽叽喳喳地说着"父亲节"的话题。这样的洋节日，我还是头一次听说，新鲜又好奇。想到父亲含辛茹苦养育我，很不容易，明天是星期天，我为什么不买个礼物送给他，向他表达一下我作为一个儿子的感激之情和诚挚祝福呢？

我来到校外的夜市，考虑着给父亲买什么礼物。看来看去，都没有合适的，其实最主要的还是没有钱。家里供我读书已很拮据，哪有多余的钱？再说了，买贵了，父亲必定会责怪。最终，我花了一元钱给父亲买了副帆布手套。由于长年累月地操劳，父亲的手不但粗糙，还严重变形，有副手套护着，终归会好一些吧。

第二天一早，我出发了，我舍不得坐班车，就徒步走小路。八点钟左右，我终于到家了。父亲正在收拾农具，他吃惊地看着我，问："怎么回来了？有什么事吗？"我说："没事，就是回来看看。"我说得轻描淡写，父亲突然发怒了，说："没什么事跑回来干吗？眼看就中考了，不好好复习，跑来跑去不浪费时间吗？"

受到父亲的教训，我的心情顿时沮丧起来。路上我在脑海里上演的那些温情的场面，顿时烟消云散。最终我什么也没解释，一头扎进了自己的房间。关上门，无限懊恼地躺在床上，突然之间我意识到"父亲节"对于我们这样的家庭来说是多么奢侈的一件事情。对于含蓄惯了、不善言谈的父亲，我的"父亲节"在他看来是多么可笑，华而不实。我已没有勇气把手套送给父亲，相反，我为自己感到羞愧！

后来，父亲看见了我包里的手套，开始唠叨个没完，问我买手套干吗，花了多少钱。

父亲嫌我糟蹋钱，批评我忘本，没有干活的样子。我窝着一肚子的气，没有吃饭，扭头就去了母亲干活的坡地。

过了一会儿，父亲来了，他给我带来两张鸡蛋饼，让我吃饱了再干。然后，父亲从裤兜里掏出那副帆布手套，让我戴上，免得把手磨出泡。我没理父亲，也不接手套。父亲看我生气了，讨好地说："已经买了，就戴上吧。"

我赌气说："谁说手套是买给我自己的？我有那么金贵吗？"

母亲看出我和父亲在较劲，劝解着说："儿呀，你不是买给自己的，谁还用得着呢？"

我把手套扔给父亲，继续赌气说："反正我不戴，你不戴扔了就是了！"

父亲愣了一下，没再看我，而是盯着脚下的土坷垃，喃喃地说："哦，原来是给我买的，这又何必呢，等你有出息的那一天，给我买东西也不迟呀！"

顷刻之间，我的泪水夺眶而出。直到第二天父亲送我去学校时，我也没敢告诉父亲天底下有一个特殊的节日叫"父亲节"。心想，什么时候我才会有出息，才可以大大方方地孝敬父亲呢？

后来，我出息了，父亲却离我们而去了！那副一元钱的帆布手套，从此成了我送给父亲的唯一礼物。如今想起，不再有寒酸和羞涩的感受，而是庆幸。庆幸在我年少的时候，也曾偷偷地为父亲过过一次"父亲节"。

汉语水平考试

HSK（六级）模拟试卷 **7**

注　意

一、HSK（六级）分三部分：

　　1.听力（50题，约35分钟）

　　2.阅读（50题，50分钟）

　　3.书写（1题，45分钟）

二、听力结束后，有5分钟填写答题卡。

三、全部考试约140分钟（含考生填写个人信息时间5分钟）。

一、听 力

第一部分

第1—15题：请选出与所听内容一致的一项。

1. A 父亲想扔垃圾
   B 父亲没看过今天的报纸
   C 父亲看过今天的报纸
   D 儿子看过今天的报纸

2. A 明明把火柴用光了
   B 火柴很贵
   C 火柴很多
   D 妈妈很高兴

3. A 亡羊补牢
   B 力不从心
   C 掩耳盗铃
   D 一叶障目

4. A 现在丈夫不爱妻子
   B 现在丈夫身体不好
   C 当年丈夫身体很好
   D 当年丈夫想追妻子

5. A 草不能飞
   B 有的草能飞
   C 草都能飞
   D 干旱时草不能飞

6. A 主人家很穷
   B 小偷很穷
   C 主人很善良
   D 主人要出门

7. A 弟弟8岁，小莉16岁
   B 弟弟8岁，小莉12岁
   C 弟弟8岁，小莉8岁
   D 弟弟8岁，小莉32岁

8. A 小强很懂事
   B 小强的同学很爱哭
   C 小强的弟弟很爱哭
   D 小强的弟弟很伤心

9. A 爷爷很操心
   B 爸爸很操心
   C 儿子很操心
   D 儿子很聪明

10. A 小女孩怕麻烦
    B 小女孩认为孕妇怕麻烦
    C 孕妇怕麻烦
    D 孕妇很聪明

11. A 小明把电视机弄坏了
    B 电视机零件多了
    C 电视机零件少了
    D 电视机还可以用

12. A 小明赢了
    B 小明游得很快
    C 小军赢了
    D 小军游得很慢

13. A 盐对健康没有好处
    B 应该多吃盐
    C 只能吃 6 克盐
    D 不能吃太多的盐

14. A 盲人只摸到大象的一部分
    B 盲人知道了大象的样子
    C 盲人不能摸大象
    D 大象太大了

15. A 爸爸的名字叫淘气
    B 儿子的名字叫淘气
    C 儿子很淘气
    D 爸爸小时候很淘气

第二部分

第16—30题：请选出正确答案。

16. **A** 1981 年
    B 1983 年
    C 2003 年
    D 2007 年

17. **A** 广告
    B 产品的发展
    C 消费者的印象
    D 产品的使用体验

18. **A** 1981 年
    B 1997 年
    C 1998 年
    D 2007 年

19. **A** 知名度
    B 美誉度
    C 转换率
    D "品牌漏斗" 理论

20. **A** 买一件产品还会买更多产品
    B 只买这一品牌的产品
    C 不买这一品牌的产品
    D 知道这一品牌

21. **A** 喜悦
    B 感慨
    C 成长
    D 成年

22. **A** 观众的支持
    B 栏目有很多同事
    C 观众喜欢主持人
    D 工作人员做得好

23. **A** 庞大的财富
    B 名誉地位
    C 一个电视节目
    D 庞大的观众群体

24. **A** 金钱
    B 时间
    C 真正去生活的机会
    D 学习的机会

25. **A** 调查
    B 平衡
    C 正义
    D 非黑即白

26. **A** 做节目
    B 出国
    C 做演员
    D 去法国

27. **A** 写一部新的长篇小说
    B 拍纪录片
    C 出版《生死疲劳》
    D 以上都正确

28. **A** 今年年初
    B 明年年初
    C 今年年底
    D 明年年底

29. **A** 1923 年
    B 1986 年
    C 2003 年
    D 2009 年

30. **A** 很年轻
    B 符合时代要求
    C 是一座纪念碑式的作品
    D 和过去的电影一样

第 三 部 分

第 31—50 题：请选出正确答案。

31. A 促进睡眠
    B 促进消化
    C 让人疲劳
    D 美容养颜

32. A 美国
    B 中国
    C 日本
    D 法国

33. A 美国
    B 中国
    C 日本
    D 法国

34. A 3 个
    B 4 个
    C 5 个
    D 6 个

35. A 年轻者
    B 中年人
    C 小孩子
    D 中学生

36. A 武功厉害的女性
    B 武功厉害的男性
    C 跳舞厉害的女性
    D 跳舞厉害的男性

37. A 老生
    B 老旦
    C 小生
    D 花旦

38. A 越来越难
    B 越来越高
    C 越来越低
    D 越来越大

39. A 电话和手机
    B 电话和电视
    C 电脑和网络
    D 手机和电视

40. A 让别人使用电脑
    B 学习使用电脑
    C 让我打游戏
    D 让我学习

41. A 时尚小孩
    B 时尚老奶奶
    C 时尚老太太
    D 时尚老头儿

42. A 矿泉水
    B 饮料和啤酒
    C 葡萄酒
    D 不知道

43. A 不一定
   B 能
   C 不能
   D 不知道

44. A 头发
   B 大脑
   C 衣服
   D 没有影响

45. A 往外跑
   B 待在里面
   C 打电话
   D 打开窗户

46. A 玻璃窗户下面
   B 镜子下面
   C 屋中的角落
   D 电视机旁边

47. A 进电梯
   B 走楼梯
   C 在办公桌下躲着
   D 跳窗户

48. A 去姑姑家玩儿
   B 去河里洗澡
   C 去找小朋友玩儿
   D 去外婆家送米

49. A 在河边待着
   B 过了河
   C 跑回了家
   D 什么也没做

50. A 不要听别人的意见
   B 要自己去尝试
   C 不要自己尝试
   D 要听妈妈的话

二、阅 读

第一部分

第51—60题：请选出有语病的一项。

51. A 我曾经毁了我的一切，只想永远地离开。
    B 照顾她和照顾小孩一样，光有爱心不够，还要有耐心。
    C 南宋王朝自建立之日起，一直处在尖锐的民族矛盾。
    D 祖上选择来此地定居，一定是相中了这里的环境。

52. A 从天线出现伊始，小区业主葛立林就去查天线辐射影响有多大。
    B 正常年景种田效益并且如此，遇到自然灾害，农民的收入就会更差。
    C 红茶是全发酵茶，常见的有高档工夫红条茶和红碎茶。
    D 如此节俭的一个出家人，却从决心收养学善和学慈起，没有对兄妹俩"节俭"过。

53. A 为了避免让部属不晕头转向，指示时应力求明确、易懂。
    B 从中医药角度看，鲨肉有凉血、解毒、明目的功效，鲨尾刺锻炭可用于止血。
    C 许多老年朋友爱吃面条儿，面条儿的营养成分主要是碳水化合物，每百克面条儿含碳水化合物 59 克。
    D 空调降温有一个原则要把握：室内外温差以小于 6℃为宜。

54. A 比男性要柔弱得多的女性，为何会在力气活较多的建筑工地上聚集？
    B 就业政策，是一种旨在改善劳动市场结构，以减少失业率的政策。
    C 夏季皮炎，是高温闷热环境引起的热性皮炎，多发于高温工作者。
    D 许多时候，宽容比责难更有力量，宽容是一种博大的胸怀，更是一种散发着仁爱光芒的境界。

55. A 据说在荷兰，自行车的数量比人口还多，市民的出行有七成是靠骑自行车来完成的。
    B 腕表是精密机械制造的一种体现，它沿袭了人们看时间的传统方式。
    C 这些年拍了太多的云海，但我还没有拍过如此壮观、如此让人震撼的云海景色。
    D 在一定意义上说，公司能认识到错误，并能致力改正错误，这是值得称道的。

56. **A** 刚刚进入沼泽时刘宁没有任何经验，对于身边的环境缺乏了解。

B 我后来考上了美院，有了新的朋友圈，就渐渐和大家失去了联系。

C 凡是有利可图、价格低廉、易于出手东西都在他的经营范围之内。

D 面对这些开发商的"刁难"，我赶紧将这些"特殊"情况往领导那儿汇报。

57. **A** 音乐应该把听者和演奏者引入一种冥想和沉思的状态。

B 一项研究指出，以美国为例，50 岁以上的人近 8% 患有抑郁症。

C 他们走情人坡时，她的头始终往上仰，盯着那间暮色四合中色调昏沉的红漆房子。

D 两人立刻忘了疲倦，张大了眼睛向炊烟看来，隐隐约约发现了十几座小木屋。

58. **A** 刘柱柏收藏这些家具，为它们查找前世今生，以此来缓解工作带来的压力，并乐在其中。

B 这几年回山东老家，每每经过从镇上到村里的那段路，总是让人苦不堪言。

C 就是在那个寒冷的冬季，他父子俩在这里守了七天，待罪犯再次对航标下手时，把欧儒成父子俩当场抓获。

D 时值七月，若沿着青海湖环游一圈，定会是一次畅快的身心放松之旅。

59. **A** 午后 2 时左右，适逢交接班之际，公司值班室里有营业员不断进来领取或交回贴有本人照片的上岗证。

B 昨天，我见到那位女患者时她正因腹痛蜷缩成一团，消瘦的身躯大约只占了床面积的四分之一。

C 实体书店的经营越来越难，这种风景在城市中逐渐消失，国家已经开始重视这个问题。

D 尽管已经过去 21 年，但他知错能改，总算让这本书回归，有了最完美的结局，也让他的人生画上了完满的句号。

60. **A** 中国当代作家何其幸运，有那么多导师给出路线。外国作家何其幸运，他们在中国文学中复苏、重生。

B 古人说：来而不往非礼也。这也就是说，交朋友应该是双方的事，人家讨好你，你才应该讨好人家。

C 诸城古称东武、密州，是山东省潍坊市代管的县级城市，因上古名君舜帝出生于城北的诸冯村而得名，是山东半岛重要的交通枢纽。

D 受益于低端智能手机的销售增长，2015 年，全球 72 亿人口中，约有 35% 的人在使用智能手机，即 25 亿人。

第二部分

第61—70题：选词填空。

61. 梅兰芳的歌声令观众如醉如痴，好像在每一个人的心里_____了一片深远的回音。这回音虽然听不见，但很有冲击力，能_____那股狂暴的掌声，使周围鸦雀无声，让人们_____。

    A 形成　掩盖　迷醉　　　　　B 引起　淹没　沉醉
    C 引出　埋没　陶醉　　　　　D 牵引　覆盖　痴迷

62. 男人不可没有成就感，一直_____别人将会是男人最大的痛。男人希望有那么一个女人，不是因为自己的_____、金钱、事业的光环，也不是因为自己的能说会道，而是因为爱而_____地跟着自己。

    A 俯视　容貌　一厢情愿　　　B 仰视　相貌　心甘情愿
    C 看望　外形　无怨无悔　　　D 崇拜　外表　何乐不为

63. 许多消费者反映，新车特别是做过车内_____的新车都有一股"异味"。殊不知这"异味"就是专家常说的车内空气污染。许多人_____"新车一般都有气味，过一段时间就好了"。事实上，正是许多消费者这种认识上的不_____，为自己和家人的健康埋下了_____。

    A 装扮　以为　全面　后患　　B 装修　觉得　充足　祸根
    C 修饰　感觉　充分　祸害　　D 装饰　认为　到位　隐患

64. 争取机遇过程的本身就是对_____的挑战。当我们开始做一件事情时，通常都不知道结果怎样，我们一些人在工作中怕犯错误，尽量_____自己做决定，更愿意_____命令，导致工作缺乏创意，失去了机遇。没有冒险就没有机遇，大的_____往往是建立在冒险基础之上的。

    A 危险　预防　听从　超越　　B 困难　避开　顺从　冲破
    C 风险　避免　服从　突破　　D 险境　防止　遵从　创新

65. 舒淇是一位难以被定义的女星。不夸张，不造作，也绝不_____。1995年至今的漫漫从影之路，她尝试了各种各样的角色，每一次尝试都是挑战，每一次挑战都让人印象_____。她是人们熟悉和_____的演员，但想要用一两句话_____对她的印象却难上加难。

    A 妥协　深刻　津津乐道　概括　B 退让　深厚　孜孜不倦　归纳
    C 迁就　深入　拍手称赞　概述　D 放弃　深切　津津有味　总结

66. 距离传统的中秋佳节还有半个月时间，中国市场上的月饼_____大战已进入白热化阶段。记者走访多家超市、月饼店_____，今年中秋月饼价格更加亲民，包装更加_____，也更回归、契合合家团圆的节日_____。

A 销售　发觉　简朴　本心　　　　B 打折　感觉　质朴　用意

C 优惠　觉察　朴素　意图　　　　D 促销　发现　朴实　本意

67. 风行 CM7 自去年上海车展亮相后，历经磨砺，于今年在北京车展上上市，_____了广大消费者的青睐。如今，风行 CM7 携五星级_____，为新时代的精英带来了多项行业第一，甚至行业唯一的驾乘_____，更使他们以务实的价格轻松获得舒适、_____的商旅生活。

A 得到　强项　体会　沉着　　　　B 获得　优势　体验　从容

C 获取　长处　体味　缓慢　　　　D 取得　优点　领会　安稳

68. 正值盛夏，出行的市民及路面执勤民警都备受高温的_____。不过，鲤城交巡警大队民警告诉记者，昨日起，辖区内 15 个交通岗亭，将_____遮阳伞和矿泉水，给民警防暑降温，而市民有需要，也可向岗亭民警_____。据悉，这些矿泉水，_____来自泉州市某饮用水有限公司。

A 磨炼　配置　要求　都　　　　　B 锤炼　安排　讨要　全

C 考验　配备　索取　均　　　　　D 检验　装备　索要　皆

69. 中国以占世界 6% 的淡水资源、9% 的耕地，_____了约占全球 21% 的人口的吃饭问题，为世界粮食安全做出了_____贡献。近年来，中国农业资源与环境压力突显，耕地后备资源不足，水资源供需矛盾_____，实施境外农业开发已成为缓解中国农业资源与环境压力的_____需要。

A 解决　突出　尖锐　迫切　　　　B 保证　显著　锋利　紧急

C 保护　重要　锐利　急切　　　　D 保卫　出众　尖利　紧迫

70. CEO 应当采用怎样的领导和管理风格？这是很多新公司_____的首要问题之一。一般来说，领导_____分为两类：强势型与温和型。强势型领导的特点是目标_____，纪律_____，注重结果，集权式管理。温和型领导的特点是开放式管理，分权，具有探索性，注重_____员工天生的创造力。

A 直面　格调　确定　严肃　激励　　B 面临　品格　明了　严厉　鼓励

C 面对　风格　明确　严明　激发　　D 选择　风范　准确　严格　鼓舞

第三部分

第71—80题：选句填空。

71—75.

清蒸鱼一直是营养学界推荐的健康食物，其肉质软嫩，（71）_____。但要想蒸出一条美味的鱼却并不简单，下面几个蒸鱼的要点或许能帮到你。

一、去腥。除腥是做清蒸鱼最关键的步骤之一。首先，原料最好选择活鱼，至少也要是非常新鲜的冰鲜鱼，并且一定要将鱼腹内的黑膜刮干净。其次，洗鱼时最好选用温水，（72）_____。最后，在去鳞后将鱼用干面粉搓一下，放置片刻，再冲洗干净。这样处理不仅能除腥，还能最大程度地保持鱼的新鲜。

二、入味。鱼洗净后，先用刀呈45度角在鱼身上切几刀，深约2厘米，每刀之间间隔5厘米左右。这样不仅容易入味，也易于蒸熟。然后，在鱼身正反面撒上少许盐和料酒，用手抹开，腌制10分钟，（73）_____。

三、提鲜。与猪肉一样，鱼肉也有一个类似的"排酸期"，也就是鱼肉放置一段时间后会更加鲜美，一般为2小时左右（10℃以下）。因此，刚杀好的鱼不要马上烹调。为了让鱼肉更鲜美，蒸前先将葱段铺在盘子里，放上鱼，在鱼身的切口内放进香菇片、笋片、姜片等，再淋上蒸鱼豉油，切少许的葱段和姜丝撒在鱼身表面。（74）_____，清蒸后的原汤最好不要丢掉，淋入生抽或海鲜酱油后即可蘸食。

四、火候。鱼的重量应该控制在600克左右，这样大小的鱼在烹调时火候好把握，而且摆在鱼盘中，（75）_____。与很多清蒸菜一样，一定要在锅内水开之后，再将鱼入锅，否则蒸出来的鱼口感不紧实，香气也不足。一般600克左右的鱼大火蒸7～8分钟，蒸好后即可并锅食用。

A 以便更好地入味

B 如果是鲜活的鱼

C 其去腥效果要比凉水好

D 看上去也美观

E 鲜香味美

76—80.

火车站外，一位学者和朋友在送人。送走人之后，学者刚走出火车站不远，就看到一个疯疯癫癫的人迎了上来，拦住了他们的去路。他衣衫褴褛，（76）_____。谁都以为这是一个讨钱的，于是学者的朋友就掏出 1 元钱来递给他。他瞪了瞪他，没有接，然后将目光移向了学者，（77）_____："这位老先生，我看得出来你是个有学问的人，能不能给我讲讲关羽是怎么死的？"

朋友想推开他，学者却阻止了，领着那个疯子来到了一个楼角。他从吕蒙设计，讲到关羽败走麦城，最后遇害，大约用了十几分钟的时间。学者讲得绘声绘色，那疯子也听得津津有味。临走的时候，疯子抓住学者的手，（78）_____："谢谢你，我求了好多人，只有你才肯给我讲！"学者的手也用力地摇动了几下。

回去的路上，学者的朋友问："他是一个疯子吧？"学者沉默了一会儿才说："也许是，但他首先是一个人，只要是人，都是值得尊重的。因为在尊重别人的同时，（79）_____！"

生活中，尊重不只是一个得到或者给予的问题。其实在你给予别人尊重的时候，（80）_____；当你践踏别人尊严的时候，自己的尊严也正在自己的脚下痛苦地呻吟着。

A 小心翼翼地说
B 就是在尊重自己
C 自己也得到了别人的尊重
D 头发乱蓬蓬的
E 眼中泛动着晶莹的泪花

第四部分

第81—100题：请选出正确答案。

81—84.

　　春秋时，鲁国施家有两个儿子，长子精通儒学仁义，幼子擅于军事指挥。长子听说齐国流行儒学，便用自己的思想去游说齐王，齐王大加赞赏，赏赐给他大笔的钱，还请他做了太师。幼子得知楚国好武兴斗，便用自己的主张去游说楚王，同样赢得了赏识，被楚王封为军官。兄弟俩官运亨通，令施家上下备感荣耀。

　　孟家居住在施家隔壁，他家也有两个儿子，与施家儿子一同长大，所学所长也差不多，却一直过着贫贱的生活。孟家对施家羡慕不已，谦恭地讨教起经验，施家如实地讲述了两个儿子"发迹"的经过。

　　孟家如获至宝。不久后，他家就决定派学过儒学的儿子去秦国，而派爱好军事的儿子去卫国。孟家儿子来到秦国，迫不及待地用儒术游说秦王，结果没待说完，秦王就插话说："如今大战在即，靠的是军事和实力，如果用仁义治国，注定死路一条……"秦王下令阉割了他，并把他驱逐出境。

　　孟家另一个儿子来到卫国，企图用军事游说卫王。胆小怕事的卫王说："我国弱小不堪，这些年都靠谨慎地侍奉大国才得以生存下来，你要我们出兵打仗，不等于拿<u>鸡蛋砸石头</u>吗？我担心你离开这里后就会跑到邻国去做宣传，这将给我们带来灭顶之灾！"卫王下令砍断他的脚，再将他遣返回国。

　　施家听说了孟家的不幸遭遇，忍不住感叹："再好的方法，如果脱离了环境，也将招致灾祸。"做什么事都要具体问题具体分析，尤其是在效仿他人的经验时，务必要弄清他人这样做的前提和背景，否则盲目照搬照抄，生搬硬套，往往会事与愿违，导致意想不到的后果。

81. 关于施家的两个儿子，下列哪一项是对的？
　　A 他们都在本国任职　　　　　　　　B 他们都受到重用
　　C 大儿子爱好军事　　　　　　　　　D 小儿子精通儒学

82. 关于孟家，下列哪一项是对的？
　　A 孟家与施家关系不好　　　　　　　B 孟家派学过儒学的儿子去卫国
　　C 孟家派爱好军事的儿子去秦国　　　D 两个儿子均受刑并被驱逐出境

83. 孟家儿子招致不幸的原因是什么？
　　A 一个儿子要消灭秦国　　　　　　　B 一个儿子要消灭卫国
　　C 脱离环境盲目模仿　　　　　　　　D 两个儿子没有专长

84. 文中画线部分"拿鸡蛋砸石头"的含义是什么？
　　A 拿着鸡蛋去敲打石头　　　　　　　B 鸡蛋不小心碰到石头上
　　C 比喻虽弱小但不怕强大　　　　　　D 比喻不自量力，自取灭亡

85—88.

现在，我们都应该清醒地认识到，对石油过分依赖，会让国家安全、经济安全及环境安全遭受威胁。但文明不能因此停下前进的步伐，我们必须找到新的能源来保障世界运输系统的顺利运转。以非粮原料或农业废弃物为原料转化的液态燃料——纤维素生物燃料，有利于环境安全，技术可行性强，近期内最有希望替代传统化石能源。

生物燃料可以以植物或植物制品为原材料。目前，第一代生物燃料以可食用作物为原料，主要包括玉米、大豆、甘蔗。用可食用作物制造生物燃料是最简单可行的，因为把这些可食用作物转化为燃料的技术是现成的。然而，依仗第一代生物燃料并非长久之计，原因很简单：没有足够的耕地能够满足发达国家 10% 的液态燃油原料需求。

第二代生物燃料主要以纤维素质材料为原料，如富含纤维素、生长迅速的草本植物，可转化为草油的原料有很多，从木材废料，如锯木屑、木质建筑残片，到农业废弃物，如玉米秸秆、小麦茎秆，再到"能源作物"，即生长迅速、纤维含量高、专门种植用作草油原料的草本和木本植物。这些原料作物耕作成本低，量大，更关键的是，这些作物的种植生产不会干扰和危及粮食生产。大多数能源作物可以在不能用作农田的边际土地上快速生长。还有一些能够在被废水或者重金属污染的土壤中生长并净化土壤，如生长周期较短的灌木柳树。

纤维素类植物生物质丰富，能够可持续地收获，来制造生物燃料。

85. 面对对石油的过分依赖，我们应该：
   A 停下前进的步伐   B 寻找石油的替代品
   C 放慢发展的速度   D 节约使用石油

86. 第一代生物燃料不能长久使用的原因是：
   A 液态燃料使用量巨大   B 耕地不能满足原料需求
   C 技术简单、落后   D 玉米、大豆种植量少

87. 第二代生物燃料的纤维素质材料不包括：
   A 木质建筑残片   B 小麦茎秆   C 木本植物   D 受过污染的土壤

88. 纤维素类植物的优势不包括：
   A 成本比较高   B 可持续收获   C 技术可行性强   D 环境安全

89—92.

我们都知道细菌无处不在，即使是我们认为洗得很"干净"的手上，也充满了细菌。虽然多数细菌是无害的，但再多无害甚至有益的细菌，也改变不了有害细菌让我们寝食难安的事实。人们吃出问题的例子，只有一小部分跟细菌无关——比如河豚中毒或者对各种食物过敏，其他绝大多数都是细菌惹的祸。

到目前为止，加热仍然是杀死细菌的最有效手段。一般来说，在121度下加热15分钟以上，即使没有把细菌全部杀死，剩下的也成不了气候。比如说牛奶，所谓巴氏灭菌的"鲜奶"，是把牛奶加热到72度左右15秒。经过这样的处理，细菌量会减少到初始量的十万分之一，虽然还有不少，但是在冰箱里放两三周，细菌量也不会长到对人有害的地步。如果是超高温灭菌，则把牛奶加热到135度以上，1秒钟就可以杀死几乎所有的细菌，即使是放在常温下，也能保证几个月没有问题。当然，这都是指密封保存的情况。如果对着瓶嘴喝一口，这些处理几乎就算白做了，其中的细菌的生长速度会大大增加。其他食物也是如此。

无数食品科学家和工程师花了不计其数的工夫，想要找到比加热更好的杀死细菌的方式。然而到目前为止，最经济实惠、广泛使用的还是加热。中餐原料有很多不注意卫生的地方，但是中餐的安全问题却不严重，关键就在于中餐一般都是经过高温烹饪、现做现吃的。西方的蔬菜多数是生吃的，所以从种植、运输、保存到分销的各个环节，都要进行严格监控。否则，沙拉吃下去，就开始拉肚子了。

对于个人来说，注意食品安全，良好的卫生习惯非常重要。厨房、冰箱都是藏污纳垢的地方，经常清洁，并且保持厨房通风干燥，有助于减少细菌。家里的食物，应尽量减少存货，做饭菜，应尽量吃多少做多少。要少为细菌繁殖提供广阔的天空。

89. 人们吃出问题的原因主要是：
A 细菌惹的祸
B 身体状况不佳
C 食品加热温度不够高
D 加热食品的时间太短

90. 将牛奶加热15秒钟到72度后：
A 在常温下放几个月也没有问题
B 牛奶已经变质
C 人喝了之后不会有不良反应
D 细菌全部被杀死

91. 根据本文，对于食品杀菌，最经济实惠的方式是：
A 冷藏
B 现做现吃
C 加热
D 各环节严格控制

92. 根据本文，良好的卫生习惯不包括：
A 经常清洁冰箱
B 保持厨房通风
C 减少食品的囤积
D 可以将吃剩的食物存入冰箱一两周

93—96.

落日为什么是扁的呢？这是光的折射现象在<u>捣鬼</u>。

不少人都有这样的经验：把筷子插入一只盛水的杯子里，看起来筷子是折成两段的。这就是光的折射现象。光在密度大的物质中跑得慢，在密度小的物质中跑得快。水的密度比空气大，于是光在水和空气的界面上速度突然改变，造成光线曲折。

那么在空气中光线会不会曲折呢？也会。原来空气的密度也不是均匀的。由于地心引力的关系，地球表面大气密度大，越往高处空气越稀薄，密度越小。这种密度差别并不大，通常觉察不到光线由此产生的曲折。但是，太阳落山时，阳光斜着通过大气，距离很远，产生的折射已经可以使人明显地感觉到。这种折射越贴近地面越强。落日的上端和下端光线曲折得不一样，看起来就成扁的了。

在海面上或沙漠里，因为温度变化造成局部空气密度变化，也会使光线变曲折。这样，人们有时就能看到平常看不到的景色，这就是所谓的海市蜃楼。夏日炎炎之时，海水温度低于空气温度，贴近海面的空气密度大。因此，处于地平线下的景物发出的光线成拱形传播，向下折到我们的眼中，看起来景物悬在空中，像是仙山琼阁。沙漠里的情况则相反，沙石吸热，温度比空气高，甚至放进一枚鸡蛋也能烤熟。这样，沙石附近空气密度特别低，使远处树木发出的光线弯曲，自下而上折入我们的眼睛，并且形成倒影。这使在荒漠上备受干渴之苦的驼队觉得临近大湖，遇到绿洲了。然而终是可望而不可即的幻影。

光的折射现象给人们带来的好处倒是实实在在的。三四百年来，利用这种现象设计制造的显微镜、望远镜等光学仪器，使人们看到了秋毫之微末、天体之宏大，大大地扩展了我们的眼界，为人类文明发展做出了很大的贡献。

93. 下列词语与第一段中"捣鬼"的意思接近的是：

A 破坏　　　　　　　B 扰乱　　　　　　　C 作怪　　　　　　　D 调皮

94. 越往高处空气越稀薄的原因是：

A 光在空气中的速度快　　　　　　　B 光折射的缘故

C 大气压力所致　　　　　　　　　　D 地心引力的关系

95. 下列选项错误的是：

A 贴近海面的空气密度小　　　　　　B 沙漠里的温度比空气高

C 地平线下景物发出的光线成拱形传播　　D 温度变化造成局部空气密度变化

96. 下列选项适合做文章题目的是：

A 光的折射原理　　　　　　　　　　B 落日为什么是扁的

C 海市蜃楼　　　　　　　　　　　　D 光的折射的好处

97—100.

　　近来，社会上"妖言惑众"事件的频繁发生，对人民生活和社会稳定产生了严重危害。虽然人们知道，谣言是个别人为了达到某种不可告人的目的而捏造的谎言，但仍有不少善良的人在无意之中成为了谣言的传播者。许多人被谣言迷惑，而智者却往往能化谣言于无形，也就是说，谣言止于智者。

　　有这样一个故事：一个人风风火火地跑到哲人那儿，说想要告诉他一个消息。哲人平静地打断他的话说："等一等，你要告诉我的消息，用三个筛子筛过了吗？"哲人所说的"筛"，就是看消息是否真实，是否经过审查，是否具有善意。来人表示只是听来的。最后哲人说："那就别说了吧，免得人们被这虚假的谣传所困扰。"哲人面对看似令人激动的消息，淡定从容，以自己的标准过滤虚假信息，让谣言停止了传播。面对不确定的信息，智者能以淡定的心态，理智应对，不为谣言所惑。面对不确定的信息，智者能以渊博的知识，明辨是非，不为谣言所困。

　　自2007年至今，对于拟建PX（对二甲苯，低毒化合物）项目，多地民众均选择坚决抵制，被谣言所惑是重要原因之一。其间，某搜索网站上的"PX"词条多次被人篡改，将PX解释为"剧毒"。为了阻止妖言惑众，清华大学化工系的学生用丰富的专业知识、大量的科学依据进行论证说明，还原了科学的真相，从而攻破谣言。这次破谣的成功，表明了知识对于明辨是非的重要性。

　　在"人人都有麦克风"的时代，网络让谣言插上了翅膀，谣言的传播速度快，影响范围广。因此，对于不确定的信息，我们有责任和义务，尽自己所能阻止谣言的传播，在谣言面前，我们人人都应该做一个"智者"。

97. 与第一段中画线词语"捏造"的意思最相近的是：

　　A 夸大　　　　　　　B 编写　　　　　　C 伪造　　　　　　D 制造

98. 哲人没有让人说出消息的原因不包括：

　　A 消息是这个人听来的　　　　　　B 消息没有经过这个人的审查
　　C 这个人没有确定消息是否具有善意　　D 哲人预料到消息的不可靠性

99. 关于拟建PX项目，民众抵制的重要原因是：

　　A 知识不丰富　　B 不相信清华大学　　C 知道PX是剧毒　　D 受谣言迷惑

100. 下列选项适合做文章题目的是：

　　A 谣言止于智者　　B 谣言的危害　　C 聪明的哲人　　D 受害的民众

三、书 写

第 101 题：缩写。

（1）仔细阅读下面这篇文章，时间为 10 分钟，阅读时不能抄写、记录。

（2）10 分钟后，监考会收回阅读材料，请将这篇文章缩写成一篇短文，字数为 400 字左右，时间为 35 分钟。

（3）标题自拟。只需复述文章内容，不需加入自己的观点。

（4）请把短文直接写在答题卡上。

亲爱的于木匠：

夜深了，今天给你打过电话之后我又有点儿睡不着。寒冬渐深，我突然无端地有点儿讨厌冬天了，因为太冷，因为道路会结冰。家乡小镇，一定更冷吧？

妈妈跟我说你这个月工资发了八千多，我突然鼻子一酸，你看，你这个木匠的工资都要赶超都市白领了，我却怎么也高兴不起来，因为我知道这每一分钱都是怎么挣来的。写到这儿，我又忍不住落泪了。

冬天路滑，那条路总是出事儿，你下班晚，又没有路灯，我几乎每天都在担心你，可能是那次车祸给我留下太大的阴影了吧。那是 2009 年的高考前，我读高二，学校教室被用作高考考场，所以我们放假。你也是骑摩托车下班回家，天黑了还没回来，我接到电话："你爸出事了，快去看看吧。"我喊了妈，就和弟弟骑上自行车去找你。我永远也忘不了那个傍晚没有光亮的天空，围观的嘈杂人群，路两侧沙沙作响的玉米地，还有躺在地上眼睛充血的你。我当时没有哭，只是浑身抖得不行。那个分秒难熬的夜晚，我在医院里不停地给你敷冰块，给你擦耳朵和眼睛上流了一夜的血，可我还是没有哭。直到你做完手术拆线之后，一个人在人来人往的大街上抬头看着刺眼的阳光，我终于不可抑制地流泪了。我那么勇敢，只是因为我那么害怕失去你！

也许就是从那次开始，你不再是我心里不倒的山，而是一棵不再挺拔的树。

对，于木匠，你就是树。在我的童年记忆里，你身上就有树木的味道，也许是你每天都跟木头打交道的原因吧。无论是快乐的童年还是叛逆的青春期，我一直都把你当成"知己"，因为你比妈通情达理，因为我要五毛钱你会给我一块钱，因为你会吃我搅得不成样子的剩饭，因为你会毫不吝惜地给我买我爱看的课外书，因为冬天的时候你会把我搂进被窝，把我冰凉的小手放在你的肚皮上……那时候我是你的宝贝，不断地被保护、被满足、被喜爱。我经常会自恋地想，也许我对于你有更特殊的意义吧，因为你和妈妈婚后不孕，多次寻医问药之后才有了我。妈妈总是跟我说，刚生下我那会儿，你可高兴了，干活儿时都会抿着嘴笑。一晃，我已经长大成人，你却变老了。

前段时间，我去看远在杭州的男朋友，已经很久没跟我生气的你发火了，一怒之下挂了我的电话。之后你又认真地跟我谈，但夹杂讽刺意味的话语使我满脸愠色地走开了。过后想起曾经看过的一篇文章，说女儿是父亲前世的情人，你该不会是吃醋了吧？想想也是，曾经被自己千般疼万般爱的女儿就这样跟另一个男人好了，你心里肯定不是滋味儿吧？嘿嘿，我知道你担心我将来万一远嫁，在你身边的机会就更少了。其实我心里知道，不管那个小伙儿多么温和善良，这个世界上最爱我的男人依然是你，这一点比任何真理都要坚固。

爸爸，我从来没有对你肉麻过，但我还是想说，我很爱你！

汉语水平考试

HSK（六级）模拟试卷 *8*

注　意

一、HSK（六级）分三部分：

    1. 听力（50 题，约 35 分钟）

    2. 阅读（50 题，50 分钟）

    3. 书写（1 题，45 分钟）

二、**听力结束后，有 5 分钟填写答题卡。**

三、全部考试约 140 分钟（含考生填写个人信息时间 5 分钟）。

一、听 力

第一部分

第1—15题：请选出与所听内容一致的一项。

1. A 全球变暖没有好处
   B 全球变暖带来两方面影响
   C 全球变暖减少了疾病传播
   D 全球变暖影响微小

2. A 维生素 A 不影响视力
   B 维生素 A 只影响视力
   C 维生素 A 不是人体必需的
   D 缺乏维生素 A 会影响食欲

3. A 西红柿炒鸡蛋不受欢迎
   B 西红柿能改善记忆
   C 鸡蛋能保护心脏
   D 西红柿炒鸡蛋很常见

4. A 意大利人不爱咖啡
   B 咖啡馆里有很多花儿
   C 正宗的意大利咖啡不加牛奶
   D 站着喝咖啡需另外付费

5. A 同学们不喜欢他
   B 他比父母高
   C 他已经停止生长
   D 他 15 岁小学毕业

6. A 压力增强记忆力
   B 记忆力持续 3 到 5 年
   C 压力对记忆力不好
   D 过多记忆损害健康

7. A 数学神童非常聪明
   B 数学神童没有被录取
   C 数学神童没参加入学考试
   D 数学神童来自美国

8. A 孩子挨打时会更快乐
   B 父母打孩子很快乐
   C 挨打才能成为好学生
   D 挨过打的孩子更可能成功

9. A 茶杯猪很有人气
   B 茶杯猪样子像茶杯
   C 茶杯猪长得像小猫
   D 茶杯猪比较温顺

10. A 比目鱼视力不好
    B 比目鱼不能改变颜色
    C 比目鱼善于伪装
    D 比目鱼帮助别人幸存

11. A 蛋糕用于比赛
    B 它是最贵的蛋糕
    C 准备工作用了 15 天
    D 它被完整地保存下来

12. A 妈妈去了厨房
    B 厨房没开灯
    C 儿子视力不好
    D 厨房没有灯

13. **A** 妻子和丈夫感情不好
    B 妻子把存款藏起来了
    C 丈夫把存款藏起来了
    D 妻子不漂亮

14. **A** 朋友喜欢画家的画儿
    B 画家的画儿很漂亮
    C 画家喜欢粉刷墙壁
    D 朋友觉得他的画儿不好看

15. **A** 第一个病毒是由两个人编写的
    B 第一个病毒能够防止追踪
    C 第一个病毒是第一个网络病毒
    D 第一个病毒有害健康

第二部分

第16—30题：请选出正确答案。

16. A 设计专业教师
    B 室内设计师
    C 室外设计师
    D 设计公司经理

17. A 经济性、文化性
    B 经济性、民族性
    C 科学性、经济性
    D 科学性、民族性

18. A 设计师来自国内不同地区
    B 深圳资金来源丰富，潜力很大
    C 深圳的城市建设有很多的机会
    D 在与香港设计师的合作中学到
      很多

19. A 设计师的灵感
    B 民族建筑设计的符号
    C 现代新技术的应用
    D 新理念的组合方式

20. A 个性特点
    B 文化特征
    C 创新观念
    D 民族特色

21. A 0.15%
    B 1.5%
    C 15%
    D 150%

22. A 二氧化硫控制、饮用水安全
    B 大气污染防治、农村水资源保护
    C 空气质量改善、饮用水安全、
      重金属污染防治
    D 大气污染防治、减少污染排放

23. A 农村饮用水
    B 城市饮用水
    C 郊区饮用水
    D 城乡饮用水

24. A 造纸
    B 钢铁
    C 火电
    D 建筑

25. A 维护生态环境安全
    B 建设污水处理设施
    C 加强地区防控
    D 控制污染气体排放

26. A 2008 年 12 月 5 号
    B 2008 年 12 月 15 号
    C 2009 年 12 月 5 号
    D 2009 年 12 月 15 号

27. A 帮别人拍照后发到网上
    B 把自己的照片发到网上
    C 拍胜利的表情发到网上
    D 拍失败的表情发到网上

28. A 8 块
    B 20 块
    C 50 块
    D 100 块

29. A 买衣服
    B 过生日
    C 送咖啡
    D 品尝小吃

30. A 赚更多的钱
    B 为了结束生意
    C 可以帮更多的人做事情
    D 感受每个人的不同生活

第三部分

第 31—50 题：请选出正确答案。

31. A 分散注意力
    B 方便睡觉
    C 集中注意力
    D 没有作用

32. A 开车不出声音
    B 开车唱熟悉的歌
    C 都不危险
    D 不能比较

33. A 容易困
    B 集中注意力
    C 分散注意力
    D 不知道

34. A 无所谓
    B 没有说
    C 不适合
    D 适合

35. A 网上购物网
    B 咖啡厅
    C 休息室
    D 网络聊天室

36. A 难看的男孩子
    B 漂亮的女孩子
    C 难看的女孩子
    D 漂亮的男孩子

37. A 毛毛虫
    B 恐龙
    C 青蛙
    D 蜘蛛

38. A 火红色的星星文字
    B 人们很难理解的文字
    C 火星的文字
    D 星星文字

39. A 有臭味
    B 没有新鲜空气
    C 有有毒气体
    D 屋子很脏

40. A 训练味觉
    B 提高精神
    C 促进消化
    D 呼吸困难

41. A 空气中包含的
    B 装饰材料中的
    C 外面传进来的
    D 主人放进去的

42. A 关闭所有的门窗
    B 保持室内的通风
    C 保持人的数目
    D 多放些涂料

43. **A** 四川
    B 湖南
    C 云南
    D 广州

44. **A** 十大古城
    B 四大古城
    C 五大古城
    D 六大古城

45. **A** 没有城墙
    B 没有窗户
    C 没有城楼
    D 没有城门

46. **A** 有助于研究中国文化史
    B 有助于了解现代中国
    C 有助于了解中国人的饮食
    D 有助于研究人的相貌

47. **A** 疾病
    B 海啸
    C 地震
    D 火山爆发

48. **A** 王子港
    B 太子港
    C 珍珠港
    D 海地

49. **A** 强烈的余震
    B 强大的人流
    C 道路的破坏
    D 营救队伍人员不足

50. **A** 平静
    B 混乱
    C 战争
    D 不知道

二、阅　读

第一部分

第51—60题：请选出有语病的一项。

51. A 他们望着天空努力眨着眼睛，看得出是在尽力忍住泪水。
    B 我天生觉少，躺在那里翻来覆去简直活受罪。
    C 妈妈没说过开卷有益之类的话，但她不禁止我看任何课外书。
    D 门外闯进来个人，我猜猜他也就 20 来岁，但是来者不善。

52. A 谁都没注意到这么一个小东西正无声无息地跟在他们身后。
    B 就在去年，他因为家里的特殊原因，无奈该公司辞职了。
    C 门前的小路上绿树成荫，阳光跳跃其间，但我的心却是空落落的。
    D 他眼里的泪没有流出来，却如瀑布般倾泻着，倒流进了心里。

53. A 会议终于结束了，电扇在巨大的轰鸣声中慢慢停息了下来。
    B 当时的我心灰意冷，对教育反感至极，每天过着声色犬马的日子。
    C 在那家国际性大公司里，我专门从事日本与亚洲之间的贸易工作。
    D 他其他器官很正常，但就是左半边的身体失去了知觉。

54. A 令人意想不到的是，就是这次演讲让他从此声名鹊起。
    B 一个俄国人曾向我大力推荐他所创立的积极心理治疗理论。
    C 幽默风趣的话语不仅愉快，还能化解因各种原因引起的紧张情绪和尴尬
      气氛。
    D 语言的性别歧视现象，在各语种中都或多或少存在着。

55. A 随着文明程度的发展，大家会逐步改变这种生活习惯的。
    B 他盼望着能看到一张应县木塔的照片，只要看了一看照片，他就能判断
      这座建筑的建筑年代。
    C 对联得到迅速发展和普及，居功至伟者当属大明开国皇帝朱元璋。
    D 对于语言规范，我们应该采取比较宽容的态度。

56. A 放假的时候，我常去爸爸单位看广告设计师是怎么样的工作。
    B "福"是人们孜孜以求、极其向往的人生目标。
    C 她没有变得狂躁，而是以一种极其冷静的方式思考怎样处理这件事。
    D 我不但没有崩溃，反而由此领悟了美感的重要意义。

57. A 我虽不那么心灵手巧，但如果猛烈地学习，一定能做出漂亮的服装。
B 听经济类的新闻对你来说将不再是一种折磨，而是人生的一大乐趣。
C 他们以几倍甚至十几倍的收益率创造着一个又一个资本界的神话。
D 谁不想进城工作呢？城里工资又高，生活条件又好。

58. A 作为历史的产物，汉字必然带有时代的烙印。
B 与其等待世界改善，不如先由内心开始，美化自己的人生。
C 古时候，有一种叫作"年"的怪兽，每到腊月三十便残害生灵。
D 我相信技术的发展会对世界产生很多现在无法预计影响。

59. A 他回到家乡后在自己的田地上，亲身参加劳动，做一些试验。
B 听到那首老歌，我觉得一刹那之间心情完全平静下来了。
C 孩子产生依赖性后，会常常把父母当成拐棍而难以自立。
D 那不是一些机器，简直就是科幻电影中的智能机器人。

60. A 打开锁闭很久的窗户，空气也带上了干净的温润的味道。
B 经过昨夜那场雨水的滋润，那树梅花应该开了。
C 孔老夫子的弟子从政治家、文学家、外交家到企业家，无所不包。
D 他一边卖花儿一边收集关于陶器，越到后来花在收集上的时间越多。

第二部分

第 61—70 题：选词填空。

61. 面对媒体、球迷的好奇和追问，他_____，"我来到中国绝不是为了钱，
薪水不是最重要的。最重要的是我来_____中国的足球，向中国足球
_____我的经验，并学习中国文化"。

    A 口若悬河 感染 给予   **B** 夸夸其谈 触碰 分担

    C 吞吞吐吐 体验 共享   **D** 侃侃而谈 感受 分享

62. 爸爸_____技术高明，还积极肯干。再难的活儿，_____一到爸爸的
手里，就能化难为易。_____是别人不愿意干的活儿，他也从不_____
____。

    A 不仅 只要 即使   推辞   **B** 不但 可能 既然   推让

    C 既 只有 即便 推卸   **D** 不光 唯有 就算是 推脱

63. 礼仪，作为在人类历史发展中逐渐形成并_____下来的一种文化，____
____以某种精神的约束力_____着每个人的行为。礼仪是人类_____
进步的重要标志，是适应时代发展、促进个人进步和成功的重要途径。

    A 沉积 一直 控制 文化   **B** 积累 依旧 制约 礼貌

    C 沉淀 一贯 影响 文雅   **D** 积淀 始终 支配 文明

64. 白鹿原故事村位于灞桥区白鹿塬上，距市中心 15 公里。一部《白鹿原》
小说使白鹿原_____。近日，西部网网友"奥迪欧"的一组《白鹿原风
云》_____了网友，大家_____赞叹："这是我见过的最美的白鹿原风
光大片。"

    A 名扬四海 震撼 纷纷   **B** 家喻户晓 打动 连忙

    C 名声显赫 震动 不断   **D** 臭名远扬 震惊 分别

65. 造纸术的发明对于人类文明的传播有_____的作用，它使得文明的传播
速度更_____、传播成本更低廉，它_____了纸质书的出现，所以说
这是一项极其_____的发明。

    A 庞大 快速 促使 崇高   **B** 巨大 快捷 促进 伟大

    C 宏大 便捷 导致 高尚   **D** 重大 方便 促成 了不起

66. 一个人的阅读量大，知识就会越来越_____，素质也会随之提高，眼界就会更为开阔。_____，写作也需要素材，只有多看书，多_____身边的事，将书中所讲的东西与现实生活相_____，写出的文章才是好的文章，才具有可读性。

A 富足　并且　留意　联络　　　B 丰硕　而且　留神　关联
C 丰富　况且　留心　联系　　　D 丰厚　尚且　关心　联合

67. 生命_____运动，健康需要活动，除病健身的好方法之一，就是不断地活动。科学研究_____，人体中的各部分机能，如果不经常活动，就无法_____平衡，而这种平衡正是身体健康的_____。

A 在于　　　表明　保持　保证　　B 决定于　表示　维持　保障
C 来源于　说明　坚持　保护　　D 取决于　表现　持续　屏障

68. 一般来讲，"孝顺"是指尽心奉养父母，_____父母的意愿。"奉养"主要_____于物质方面，很多人可以做到并且做得很好。在经济发展、物质_____的当下，大多农村老人的生活得到了_____。但对于精神层面的敬老、体贴，许多子女做得还不够。我们要从古代孝文化故事中汲取_____，在现代社会中做一个文明孝子。

A 听从　着重　进取　确保　养料　B 遵守　重视　进步　保险　物质
C 顺从　侧重　发达　保障　营养　D 顺服　偏重　兴旺　倚靠　养分

69. 在这个竞争的社会里，我们肯定会_____很多问题，_____是生活上的，_____工作上的。困难是_____的，但是我们应该具有勇于战胜这些困难的决心。

A 面对　尽管　还　避免　　　B 面临　无论　还是　难免
C 相遇　不管　或者　不免　　D 直面　不是　就是　未免

70. 情商_____了一个人控制自己情绪、_____外界压力、_____心理平衡的能力。科学家们经过各种测验和考察，_____了情商比智商对人更重要。

A 说明　经受　把持　验证　　　B 反应　担当　掌握　验明
C 反响　承担　掌控　证实　　　D 反映　承受　把握　证明

第三部分

第71—80题：选句填空。

71—75.

　　相信自己十分重要，你如果连自己都不相信，还能相信什么呢？

　　　　　　然而，（71）_____。自信心是一种很强大的力量。当自信的力量还没有达到能与恶习对抗，以及与命运对抗的程度时，只好自卑。

　　　　　　自卑，常常是自我保护的好方式，它会使心平静下来，也能免去很多的麻烦。但自卑总有一天会让你感到苦恼，因为内心深处的尊严从一开始就不与自卑妥协。当自卑与自尊在潜意识里打得不可开交的时候，人会突然变得无所适从，原来由自卑收拾的一小片田地变得十分狼藉。

　　与其用自卑保护自己，（72）_____。自信是预先在心里塑造一个"新我"，然后观察"新我"的成长。而"新我"的每一点成长，又会反过来生成自信。

　　自信当然不是傲慢无礼。

　　在这个世界上，只有傻瓜才傲慢无礼。在任何富有成就感的事物当中，你都看不到傲慢无礼。麦子傲慢吗？河流与村庄傲慢吗？不。在一些优秀的人当中，你也看不到傲慢，孔子、林肯、爱因斯坦都因谦逊而可敬。

　　（73）_____。相信自己是相信人的力量，包括相信自己具备人类应有的美德。

　　自信还是相信道德的力量。

　　最后，我还是要说"信心"这个词里面藏有禅机，（74）_____。如果你相信自己的心，一切都会安稳下来。剩下的，是该做的事。

　　如此说，（75）_____。

A 相信自己很难

B 人的一生其实很简单

C 自信就是相信自己

D 不如用自信来爱护自己

E 信心就是相信自己的心

76—80.

那时，离高考还有不到两个月时间，而那个沉溺于网络游戏的大男孩，已逃离学校整整28天。亲朋好友轮番上阵劝他回校，父母甚至以死相逼，（76）＿＿＿＿。无奈之下他们找到了那位心理咨询师。

在约定的时间，男孩被家长一左一右"押"着走进了心理咨询师的工作室。一米八的个子，却不修边幅，一派邋遢样子，进门就挑衅似的坐在她对面的沙发上，毫无顾忌地将两条长腿伸到地板中央。第一次见面，（77）＿＿＿＿。

那一次会面，只有短短的一个小时。一个小时里，男孩的父母焦灼地在外面晃来晃去，他们只能隔着厚厚的玻璃门窗看到室内的人：心理咨询师极认真细致地做笔记，坐在沙发上的男孩则讲得眉飞色舞。咨询结束时，男孩彬彬有礼地同心理咨询师挥手告别："老师，恐怕我以后再也不能来了，（78）＿＿＿＿。"

那个男孩果真没有再来。几个月后，（79）＿＿＿＿。

这是发生在著名女作家毕淑敏心理工作室里的一个小案例。事后，她的朋友及男孩的父母都倍感惊奇，迫切地想知道她是如何在那么短的一个小时里将一块顽石打动的。毕淑敏只微笑着说了一句："那一天，我说得很少，孩子说得很多。其余的，无可奉告。"

在同孩子沟通的过程中，做父母师长的多用一下耳朵，少用一下嘴巴，（80）＿＿＿＿，对那些被定性为"有问题"的孩子，也许就是一剂最好的良药。

A 我得回学校去抓紧复习

B 他就一副刀枪不入的样子

C 保持对孩子独立个体的尊重

D 他考上了一所理想的重点大学

E 仍不见丝毫效果

第四部分

第81—100题：请选出正确答案。

81—84.

　　双腿瘫痪以后，我的脾气变得暴躁无常，听着录音机里甜美的歌声，我会猛地把手边的东西摔向四周的墙壁。母亲这时就悄悄地躲出去，在我看不见的地方偷偷地听着我的动静。当一切恢复沉寂，她又悄悄地进来，眼圈红红的，看着我。"听说北海的花儿都开了，我推着你去走走。"她总是这么说。母亲喜欢花儿，可自从我瘫痪以后，她侍弄的那些花儿都死了。"不，我不去！"我狠命地捶打这两条可恨的腿，喊着，"我活着有什么意思！"母亲扑过来抓住我的手，忍住哭，说："咱娘儿俩在一块儿，好好儿活……"

　　可我一直都不知道，她的病已经到了那步田地。后来妹妹告诉我，母亲常常肝疼得整宿整宿翻来覆去睡不了觉。

　　那天我又独自坐在屋里，看着窗外的树叶"刷刷拉拉"地飘落。母亲进来了，挡在窗前。"北海的菊花开了，我推着你去看看吧。"她憔悴的脸上现出央求的神色。"什么时候？""你要是愿意，就明天？"她说。我的回答已经让她喜出望外了。"好吧，就明天。"我说。她高兴得一会儿坐下，一会儿站起。"那就赶紧准备准备。""哎呀，烦不烦！几步路，有什么好准备的！"她也笑了，坐在我身边，絮絮叨叨地说着："看完菊花，咱们就去'仿膳'，你小时候最爱吃那儿的豌豆黄儿。还记得那回我带你去北海吗？你偏说那杨树花是毛毛虫，跑着一脚踩扁一个……"她忽然不说了。对于"跑"和"踩"一类的字眼儿，她比我还敏感。她又悄悄地出去了。

　　她出去后，就再也没回来。我没想到她已经病成那样。我绝没有想到那次竟是永远的诀别。别人告诉我，她昏迷前的最后一句话是："我那个有病的儿子和我那个未成年的女儿……"

　　又是秋天，妹妹推我去北海看了菊花。那黄色的花儿淡雅，白色的花儿高洁，紫红色的花儿热烈而深沉，泼泼洒洒，在秋风中正开得烂漫。我懂得母亲没有说完的话。妹妹也懂。我俩在一块儿，要好好儿活……

81. 母亲对待"我"的暴躁无常的做法是：

　　A 放声痛哭　　　　　　　　　　　　**B** 安慰劝阻"我"
　　C 默默地观察"我"　　　　　　　　　**D** 躲出去并偷偷听"我"的动静

82. 母亲去世的主要原因是什么？

　　A 肝病所致　　　　　　　　　　　　**B** 跟"我"生气所致
　　C 为"我"忧伤所致　　　　　　　　　**D** 交通事故所致

83. "我"答应母亲去北海看菊花，母亲的表现不包括：

　　A 高兴得说了很多话　　　　　　　　**B** 一会儿坐下，一会儿站起来
　　C 回忆"我"小时候去北海的情景　　　**D** 高兴得手舞足蹈

84. 文章结尾说"我懂得母亲没有说完的话"，指的是：

A 担心"我"瘫痪后暴躁的脾气

B 担心"我"瘫痪的双腿

C 母亲让我们好好儿地活着

D 担心她有病的儿子和那个未成年的女儿

85—88.

英国一项研究显示，女性很难长期保守秘密，她们往往在 48 小时内就将秘密泄露给他人。

研究人员通过对 3000 名 18 岁至 65 岁女性的调查发现，她们保守秘密的时间平均不超过 47 小时零 15 分钟。研究显示，大约 40% 的受调查者不论消息有多私密或多机密，都无法克制住透露给他人的冲动。超过半数的受调查者承认，可能在自己清醒和理智的状态，会提醒自己某些秘密必须忍着不说，但是，自己酒后就会忍不住想说一些别人不知道的秘密，或者对某些人某些事说长道短。

研究还发现，女性平均每周会听到三条小道消息，转而传播给他人。大约三成受调查者有泄密的欲望，半数以上的泄密者仅仅是为了"一吐为快"，但三分之二的泄密者事后会有负罪感。

在调查过程中，四分之三的女性声称自己能够保守秘密，83% 的女性认为自己完全值得信赖。但超过四成的受调查者认为，将朋友的秘密泄露给不认识他们的人可以接受，大约 40% 的受访者说，丈夫是自己的"最终知己"。

对将秘密告诉女性朋友的人来说，稍有安慰的是，大约 27% 的受访者说，如果不是特别重要的，或者对某些人有巨大影响的事情，她们大多在第二天就会忘记头一天听说了什么。

85. 调查表明，女性保守秘密平均不超过多长时间？
    A 48 小时　　　　　　　　　　　　B 47 小时零 15 分钟
    C 两天　　　　　　　　　　　　　　D 一天半

86. 根据调查，下列哪种情况女性会说出秘密？
    A 生气时　　　　　　　　　　　　B 酒后
    C 高兴时　　　　　　　　　　　　D 遇见不认识自己的人时

87. 如果你告诉女性朋友一个关于你的秘密，她把这个秘密告诉谁你可以接受？
    A 你的丈夫　　　　B 老板的妻子　　　　C 她的丈夫　　　　D 不认识你的人

88. 关于女性泄密的调查，下列哪一项不正确？
    A 一些女性有透露秘密的冲动
    B 大多数女性记忆力都不太好
    C 50% 以上的女性泄密者只是为了"一吐为快"
    D 一些人认为可以把秘密透露给不认识你的人

89—92.

中国传统医学界由汉、藏、蒙等多个民族的传统医药学共同组成。它既有东方传统医药学的神秘之处，又往往有现代医药学所不及的奇特功效；它含有神话、传说的成分；它的许多原理至今也无法用现代医学理论进行科学的解释。但这种"神秘"的医药学却常常有着神奇的功效。传统医学的传授方式也很神秘，比如藏医，有很长一个时期，它的传授是在寺庙中以隐秘的方式进行的。

中国传统医药学和西方现代医药学是两种不同的科学体系，表现出两种不同的思维模式，例如中医（汉医学），它对疾病的诊治，主要从整体着眼，针对功能采取多方面的调节性的治疗；而建立在西方现代科学技术基础之上的西医学，则是从局部出发，针对结构采取比较单一的治疗。中医既重视外邪致病，也重视七情内伤，充分考虑到了生理、心理、社会诸多因素在疾病发生、发展和变化过程中的作用；它通过望、闻、问、切等手段，按症候将病人分类定型。而西医，更注重的是病理方面的因素。它借助仪器设备，从组织、细胞乃至分子水平来阐述人体的结构、功能及其变化规律。

中国、埃及、罗马和印度的传统医药学，是世界知名的四大传统医药体系。中国传统医药学因迥异于西方现代医学，常被人认为是非科学的。客观地说，它的确还有一些不成熟的地方。但随着社会的发展、科技的进步和研究的深入，中国传统医药学将不再神秘而为更多的人所接受。现在，美、德等许多国家都开始接受中药，英国所开设的中国传统医药诊所就已经发展到近 3000 个。

89. 关于中国传统医药学为什么显得"神秘"，下列哪一项理解不正确？
   A 与古老的神话和传说结合在一起　　　　　B 传授方式很神秘
   C 有很多难以解释的地方　　　　　　　　　D 从事传统医学的人参加了秘密组织

90. 关于中医与西医的比较，下列说法中哪一项符合原文的意思？
   A 西医更实用
   B 中医能治疗所有疑难杂症，西医则束手无策
   C 中医考虑多方面的因素进行治疗，西医主要针对病理因素进行治疗
   D 中医更实用

91. 根据本文，下列哪一项正确？
   A 传统的中国医药学不光指汉族、藏族的医药学
   B 中医学使用青藏高原特有的药物治疗，有西药所不及的功效
   C 原来人体中免疫、神经、内分泌系统各自独立，没有联系
   D 现代西医学已经能够解决所有疑难杂症

92. 中医的治疗理念是什么样的？
   A 从局部出发，单一治疗　　　　　　　　B 从整体着眼，针对结构，多方面治疗
   C 从整体着眼，针对功能，多方面治疗　　D 从组织、细胞阐述整体结构

93—96.

　　在地面上，行走是指用双腿克服地球引力，轮流迈步，从一处地面走向另一处地面。太空行走是指在太空轨道飞行的失重环境中行走，失重将行走的概念完全搞乱了。在航天器密封座舱中行走，只要用脚、手或身体任何部位触一下舱壁或任何固定的物体，借助反作用力，就可以飘飞到任何想去的地方。座舱里充满空气，划动四肢也可前进，因此行走范围是立体的。

　　随着航天事业的发展，有大量工作需要航天员走出密封座舱，这是一件非常困难的事。太空是高真空、强辐射和极端温度环境，还有微流星体伤害，必须身着舱外活动航天服以保证生命安全，但也不能立即走出密封座舱，因为还要吸纯氧排氮。由于氧气助燃，容易引起火灾，所以密封座舱中一般不用纯氧，而用以氧、氮为主的混合气体。这样，航天员体内便存在大量的氮。这些氮不像氧和二氧化碳那样会与血红蛋白和缓冲物质起化学作用，而是物理地溶解在血液和脂肪组织中。目前，密封座舱中一般采用与地面相同的 1 个大气压，即 760 毫米汞柱，而舱外活动航天服一般采用 210 毫米汞柱压力。这样，穿上航天服后，体外压力降低，溶解在脂肪组织中的氮便游离出来。由于脂肪组织中的血液供应较差，流动量不大，不能将氮气迅速地通过血液带到肺部排出，因而会在血管内外形成气泡，堵塞血管，形成气胸。这就是减压病。为了防止减压病，必须在出舱前吸纯氧，使体内的氮气逐渐排出。

　　当然，太空行走不仅仅是在太空轨道飞行时的行走，还包括在其他天体上的行走。比如在月球上行走。由于月球表面没有空气，因而没有空气阻力，加上重力只有地球重力的 1/6，如果像在地球上那样双脚轮流迈步，走起来会轻飘飘的，一蹬地身体就会弹得老高，一步能跨出老远，感觉很别扭，还不如像袋鼠一样双脚并齐、向前蹦跳感到舒适。

93．什么是太空行走？
　　A 在太空里飞行
　　B 在密封座舱外靠太空机动器来移动身体
　　C 在木星等天体上行走
　　D 在太空轨道飞行的失重环境中或在其他天休上行走

94．下列哪一项与短文内容不符？
　　A 在太空中行走须穿舱外活动航天服　　　B 在太空中行走起来轻飘飘的
　　C 外太空一片黑暗，没有可照明的东西　　D 在太空中行走会引起减压病

95．怎么样能防止减压病？
　　A 出舱前吸纯氧　　　　　　　　　　　B 不要把氮溶解在血液里
　　C 加大太空气压　　　　　　　　　　　D 提高肺活量

96．在月球表面上行走，怎样会更舒适？
　　A 双脚轮流迈步　　　　　　　　　　　B 先迈左脚
　　C 先迈右脚　　　　　　　　　　　　　D 双脚并齐，向前蹦跳

97—100.

一提到虎，人们就会想到它那健壮的身体、锋利的爪牙和威风的样子。的确，虎被称为"百兽之王"，是胜利和力量的象征。

在现实生活中，虎的数量很少。在 9 种虎中，有 4 种已经灭绝了，仅存的 5 种虎中，也有几种只剩下几十只了。现在，只有美洲虎和东北虎还常出现在森林中。

东北虎的额前有一个"王"字形的斑纹，一身淡黄色的长毛上夹杂着黑色的条纹，十分漂亮。东北虎是肉食性动物，它身上最厉害的武器就是锋利的爪子和犬齿。它的爪子长达 10 多厘米，伸缩自如，比钢刀还锋利；犬齿长 6 厘米，是撕碎猎物不可缺少的"餐刀"；虎的舌头上有很多尖锐的刺，适于撕咬。趾垫和掌心的肉垫像海绵似的柔软，这使东北虎走起路来像猫一样，无声无息，敏捷而富有弹性。

老虎在捕食时常常喜欢静伏、潜行，然后再来个突然袭击。虎的一扑很厉害，能远扑七米之外，跃高两米，一掌可以击倒一只鹿。它的尾巴就像一条铁棍，可以打断动物的腰和腿。它还有尖牙利爪，遇上牛这样的大家伙，就从后面跃上牛背，抓住头颈，前顶后扯；如果从正面袭击，就会抓住咽喉，连咬带撕，再壮的牛也只能任它宰割了。

除母虎带仔外，绝大多数的虎都是单独栖居，并有明显的巢域。母虎一般两三年一胎，一胎一般二仔。由于森林日趋减少，素有"森林的保护者"美誉的老虎不但保护不了被人类不断吞噬的森林，连自身的生存也受到了严重威胁。目前，中国老虎总共只有 3000 多只。东北虎和华南虎均已被列为一类保护动物。

97. 现在除东北虎以外，还有哪种虎常出现在森林中？
    A 美洲虎　　　　　　**B** 华南虎　　　　　　**C** 朝鲜虎　　　　　　**D** 文中没提到

98. 下列哪一个选项是正确的？
    A 老虎的皮毛是深棕色的　　　　　　　　**B** 东北虎是杂食性动物
    C 老虎最厉害的武器是尾巴　　　　　　　**D** 东北虎走起路来无声无息

99. 老虎在捕食时的一扑能扑多远？
    A 10 多厘米　　　　　**B** 6 厘米　　　　　　**C** 7 米之外　　　　　**D** 两米

100. 什么样的老虎不是单独栖居的？
    A 虎王　　　　　　　　**B** 公虎　　　　　　　　**C** 母虎　　　　　　　　**D** 文中没提到

三、书 写

第 101 题：缩写。

（1）仔细阅读下面这篇文章，时间为 10 分钟，阅读时不能抄写、记录。
（2）10 分钟后，监考会收回阅读材料，请将这篇文章缩写成一篇短文，字数为 400 字左右，时间为 35 分钟。
（3）标题自拟。只需复述文章内容，不需加入自己的观点。
（4）请把短文直接写在答题卡上。

"想请大家帮帮忙，我最近被查出患了骨肉瘤，很是沮丧。我的家庭条件不是很好，开了个餐馆，现在要用钱，居住在西郊附近的朋友，如果您要在闲暇时外出吃饭，可不可以来我家餐馆吃面？这样我妻子会多赚一些钱……餐馆的位置在郑密路沁河路口西 50 米，名字叫'李记卤肉刀削面馆'。我在这里拜谢了！"2016 年 1 月，"爱心顺风车"官网上出现了一则求助帖，发帖的人是李记卤肉刀削面馆的店主李刚。

今年 42 岁的郑州人李刚，和妻子井小敏育有一个 3 岁多的女儿。这家"李记卤肉刀削面馆"是他和朋友合伙开的，李刚出技术，朋友出资金。面馆只有 80 平方米，卖一些小菜、刀削面、砂锅菜和炒菜。

2015 年 7 月 31 日，"李记卤肉刀削面馆"开业，两个月后，李刚因腿疼住院，很快被检查出患了骨肉瘤，不得不住院治疗。井小敏带着不满 3 岁的女儿，白天在店里忙，晚上照顾女儿，日子很是辛苦。几个月后，实在看不过妻子日夜操劳，李刚便发了求助帖。

这之后，来李刚店里吃面的人骤然增多。夜幕尚未降临，光顾这里的顾客就已络绎不绝。店内的 8 张桌子都挤满了顾客。随后赶来的顾客被安排在门外人行道上的 9 张临时桌子上。不到 10 分钟，9 张临时桌子也挤满了顾客，后来的顾客只得在门外排队。一拨来吃饭的年轻人笑着说，冬天还没在路边吃过饭，虽然很冷，不过，大家都知道，这碗面对店主一家很有意义，所以他们并不介意。

越来越多的人带着"一碗面的温情"，不断会聚到郑州这个偏僻的面馆，他们呼朋唤友前来三番五次再去，甚至端着自家的锅来买面，没地方坐就打包走。很多人横穿整个城市赶来，还有人特意从新郑、巩义等地过来。网络上的各种团体组织也一拨接着一拨来了。有的顾客以最快的速度吃完面，匆匆付钱后迅速离开，就是为了给后面排队的顾客腾出座位。有人只吃了一碗面，却悄悄在碗底压了 500 元钱，连名字都不留就走了。一些过来吃饭的年轻人，看到井小敏忙不过来，就主动帮着打扫卫生，端盘子……

"我大致算了一下，从 23 日至 27 日晚上 7 点，我们面馆卖出了近 1000 碗面，几天的营业额加收到的捐款一共是 51070 元，这还不算银行卡上收到的捐款，"井小敏说，"很多爱心人士来面馆帮助我，我很感动。爱心人士也说要帮我们保住店，保住以后的生活来源，我们就撑到现在。我现在就想着多卖面，多挣钱，给老公治病。"

对于各种各样的捐款，小敏都一一做了记录，希望将来有机会能够回报好心人。这些会聚来的爱心给了她很大的力量，也让她感受到了一座城市的温暖。

汉语水平考试

HSK（六级）模拟试卷 **9**

注　　意

一、HSK（六级）分三部分：

    1. 听力（50 题，约 35 分钟）

    2. 阅读（50 题，50 分钟）

    3. 书写（1 题，45 分钟）

二、听力结束后，有 5 分钟填写答题卡。

三、全部考试约 140 分钟（含考生填写个人信息时间 5 分钟）。

一、听 力

第一部分

第1—15题：请选出与所听内容一致的一项。

1. A 老师怀孕了
   B 老师吃很多甜食和巧克力
   C 孩子吃很多甜食和巧克力
   D 老师牙齿不好

2. A 妻子很老
   B 妻子话很多
   C 丈夫很老
   D 丈夫不爱妻子

3. A 小王身体很好
   B 小王不喜欢锻炼
   C 小王喜欢在家里学习
   D 小王没有坚持锻炼

4. A 小张吃得太多了
   B 小张不太胖
   C 医生让小张拒绝出去吃饭
   D 医生没有办法治疗

5. A 感冒时会出很多汗
   B 感冒时不需要喝水
   C 感冒时不需要出汗
   D 感冒时会很冷

6. A 爸爸不喜欢学习
   B 爸爸和儿子都喜欢去游戏厅
   C 儿子去过 9 次游戏厅
   D 爸爸不生气

7. A 新邻居很穷
   B 新邻居很着急
   C 新邻居在找钱
   D 新邻居很善良

8. A 电影是假的
   B 电影票是假的
   C 电影票是小偷给的
   D 电影票是朋友给的

9. A 酒瓶撞碎了
   B 酒鬼受伤了
   C 司机喝酒了
   D 酒鬼被车撞了

10. A 女孩腰很细
    B 女孩很喜欢蚂蚁
    C 蚂蚁不喜欢甜食
    D 女孩嫉妒蚂蚁

11. A 设计师没有其他办法
    B 设计师故意这样设计
    C 当年的字母由 Q 到 M 排列
    D 我们常常看不见键盘

12. A "我" 收入不多
    B 朋友的车丢了
    C "我" 很喜欢汽车
    D 朋友花了 6 万元

13. A 小王不能保密
    B 小王打算借钱给他
    C 朋友很富裕
    D 小王不想借钱给他

14. A 猫怕被其他猫笑话
    B 猫怕被猎物笑话
    C 猫不怕被笑话
    D 猫不爱干净

15. A 夏天人体能量过大
    B 夏天不适合吃鸡蛋
    C 夏天运动量更大
    D 夏天应该少吃蔬菜

第二部分

第 16—30 题：请选出正确答案。

16. **A** 华山
    B 泰山
    C 黄山
    D 恒山

17. **A** 相机质量
    B 测试电池
    C 拍摄角度
    D 季节变化

18. **A** 春季
    B 夏季
    C 秋季
    D 冬季

19. **A** 网络时代
    B 图像时代
    C 影像时代
    D 摄影时代

20. **A** 尊重现实
    B 掌握技巧
    C 抓住特点
    D 注重变化

21. **A** 网络作品
    B 网络小说
    C 网络文学
    D 网络写作

22. **A** 花
    B 书
    C 画
    D 笔

23. **A** 工厂工人
    B 公司职员
    C 学校教师
    D 银行职员

24. **A** 运动
    B 阅读
    C 逛街
    D 做菜

25. **A** 2004 年
    B 2005 年
    C 2006 年
    D 2009 年

26. **A** 学校的茶园
    B 学校旁边的茶园
    C 学校前边的茶园
    D 学校后边的茶园

27. **A** 茶的自然科学
    B 茶的社会科学
    C 茶的文化科学
    D 茶的人文科学

28. **A** 精力有限
    B 兴趣爱好
    C 两个工作矛盾
    D 工资待遇

29. **A** 台湾人
    B 北京人
    C 云南人
    D 香港人

30. **A** 药品
    B 装饰
    C 食物
    D 护肤

第三部分

第31—50题：请选出正确答案。

31. A 两只全好着
    B 两只全瞎了
    C 有一只瞎了
    D 不知道

32. A 完好的那只
    B 瞎了的那只
    C 两只眼睛
    D 一只也不用

33. A 很多方向
    B 空中
    C 陆地上
    D 海面上

34. A 事情总是和想象的一样
    B 有时事情和想象的不同
    C 相信自己
    D 相信感觉

35. A 冷了
    B 饿了
    C 口渴了
    D 受伤了

36. A 小河里
    B 瓶子里
    C 池塘里
    D 大海里

37. A 把瓶子砸破
    B 把瓶子推倒
    C 往小河里放石头
    D 往瓶子里放石头

38. A 要靠大脑来解决问题
    B 要靠力量来解决问题
    C 要靠拳头来解决问题
    D 要靠大家的帮助来解决问题

39. A 江西省
    B 河北省
    C 山西省
    D 陕西省

40. A 很鲜艳
    B 不鲜艳
    C 白色的
    D 没有颜色

41. A 出土后，颜色脱落了
    B 出土后被人们洗掉了
    C 在土里埋的时间太长了
    D 不知道

42. A 都一样
    B 不知道
    C 都不相同
    D 都差不多

43. A 第一部
B 第二部
C 第三部
D 第四部

44. A《诗二百》
B《诗三百》
C《百诗》
D《诗百》

45. A 诗
B 雅
C 风
D 颂

46. A 诗
B 雅
C 风
D 颂

47. A 大气污染
B 塑料垃圾污染
C 海水污染
D 物体回收污染

48. A 让脚破皮
B 损害呼吸神经系统
C 损害中枢神经系统
D 让人流血

49. A 造成农作物减产
B 带来农作物增产
C 对农作物没有影响
D 促进农作物的生长

50. A 没有什么影响
B 成长更快
C 破坏大脑
D 引起消化道疾病

二、阅 读

第一部分

第51—60题：请选出有语病的一项。

51. A 他除了拥有现实的世界之外，还拥有另一个更为丰富的世界。
    B 语音与语义的关系最为密切，二者不可分割，互相依存。
    C 金文，是指先秦刻铸各种青铜器上的文字。
    D 昨天我下了篮球指导课，在回家的路上收听了交通台广播。

52. A 它是一种能使我们心情愉快的物质，可以让大脑产生"满意"感。
    B 合理的营养素摄入，与减少犯罪行为和不正常行为有着一定的联系。
    C 铁腕管理可以使学生更"听话"，糖果可以使学生表现更优秀。
    D 他说他不仅要多学习些汉语和文化知识，而且要做中国朋友。

53. A 你永远无法真正了解一个人，除非你能从对方的角度看待事物。
    B 1929年1月19日，梁启超去世，死在他毕生致力的学术研究上。
    C 除学术外，他在古玩鉴赏方面也颇具造诣，于是常有人请他看古器。
    D 在中国里超过一定的身高就要买票，只有一米三以下的儿童免费乘车。

54. A 按照这项法律，英国各行各业均应禁止雇佣不超过13岁以下的童工。
    B 每天我都要告诉两个儿子我是多么爱他们，无论他们是4岁还是18岁。
    C 多年来我一直保存着别人写给我的书信和卡片，而且时常拿出来看看。
    D 如今的他被描述成观众的知心密友，一个生活中尽善尽美的人。

55. A 北京是中国政治文化中心，也是新闻传媒发布的基地。
    B 看立体电影时，当银幕上出现一只老虎迎面扑来，你就宛如身临其境，
      不免了惊叫一声闭上眼睛。
    C 人生的成就，不是单凭知识就能打造，知识只是其中的一环而已。
    D 我很佩服这样的教养、态度，他没有推诿为人父母该负的责任。

56. A 地球绕着太阳旋转，这是小学生都知道的知识。
    B 接下来的讲座由我来负责，请允许做一下自我介绍。
    C 自从结识了这位朋友，我的生活一下子变得充实起来。
    D 我常在宿舍的楼上楼下串门，可谓是"东家门里出，西家门里进"。

57. **A** 分子间距离愈小，内聚力愈大，固体的内聚力最大，液体次之，则气体很不明显。

B 每天先做好自己该做的事，再做自己想做的事，寻找生活的乐趣。

C 教师经常会提出一些让学生"力不从心"的问题来"为难"他们。

D 总之，没有哪一只猫因为捕不到老鼠而活活饿死。

58. **A** 有一次他没带门钥匙，使了好大的劲儿才将门撞开。

B 他的生活习惯是凌晨三四点睡觉，因此每天上午谁都不能上他家去。

C 秦晖在成为他的研究生之前，没有受过多少正规的教育。

D 被应邀来参加酒会的各界名流，无不对这一倡议表示支持。

59. **A** 他一口外地口音，令我们这些从未出过远门的山里娃倍感新鲜。

B 自从掌握了初级的网络技术之后，我就试着"百度"自己的名字。

C 资源的开发利用要遵守自然规律，既要兼顾长远利益又要兼顾全局利益。

D 我的人生也算是一路凯歌，现在居然也跻身于"大学教授"的行列。

60. **A** 在欧洲演出期间，他有幸接触到门德尔松、肖邦这样的音乐大家。

B 这一地区在生产咖啡、棉花及其热带产品方面具有优势，多年来为发展民族经济做出了巨大贡献。

C 作为一个天才，必须不靠别人帮助，自谋发展地实现自己的目标。

D 在数个星系的中心都发现了高速旋转的气体，这让科学家十分兴奋。

第二部分

第 61—70 题：选词填空。

61. 中国是瓷器的故乡，号称"瓷器之国"。英语中的"china"，既是中国，又是瓷器。瓷器是"泥琢火烧"的_____，是人类_____的结晶，是全人类共有的_____财富。

    A 工艺   聪明   可贵   B 技艺   智力   珍贵

    C 艺术   智慧   宝贵   D 技术   智能   贵重

62. 人占了理，讲起话来自然底气充盈，往往不给对方留一点儿余地和_____。殊不知，以这样的态度讲话，常常损人颜面；以这样的态度为人，往往失了君子_____。所以，理直也不必气壮，不妨_____一些，心平气和地去说话，待人。如此一来，既不伤人心，又不失人情，最终使之心服口服，从心底里感激和_____你，岂不更好？

    A 感情   风度   包容   爱戴   B 面子   风韵   豪迈   尊重

    C 人情   仪表   乐观   敬仰   D 情面   风范   豁达   敬重

63. 国际自然保护联盟曾发表声明称："有_____的狩猎活动不会是对动物的一种威胁，而恰恰是一种能_____人类和动物冲突的办法，而且能给_____地区的人们带来经济利益，从而增强他们对动物_____的支持。"

    A 限制   松弛   贫苦   保卫   B 节制   缓和   贫困   保护

    C 控制   松懈   穷苦   维护   D 局限   缓解   贫穷   爱护

64. 什么是经典呢？就是自有了文明以来，历代_____的那些写得最好的、最具影响力而又_____的著作，其内容或被大众_____接受，或在某个专业领域具有典范性与权威性，这样的书才_____经典。

    A 公开   永垂不朽   普通   谈得上   B 公布   永不磨灭   普及   称得上

    C 公认   经久不衰   普遍   算得上   D 认为   广为流传   统统   叫得上

65. _____私有轿车的普及，汽车在消费者眼中早已不仅仅是_____的代步工具，往往还带着更多的附加含义。而在新产品_____的今天，汽车厂商们也为了突出自己的产品而_____。

    A 随着   单纯   层出不穷   绞尽脑汁   B 跟着   单单   不断涌现   费尽心思

    C 沿着   简单   雨后春笋   煞费苦心   D 顺着   单一   日新月异   忐忑不安

66. 英语课堂教学是一种多层次、多功能、综合_____各种感官的活动，是教与学双向作用的复杂而又_____的过程。特别是在新课标下，如何_____学生的学习动机，调动学生的学习积极性，让不同的学生在同一个课堂中都有所收益，促使学生学会思考，不让学生的思维在课堂上_____，就显得尤为重要。

A 运用　细致　激发　枯萎　　　B 应用　详细　勉励　枯竭
C 使用　详尽　刺激　干枯　　　D 利用　细腻　激励　干涸

67. 位于北京市海淀区的中国国家图书馆于 1987 年_____，总馆占地为 7.24 公顷，_____面积 14 万平方米。到 2003 年年底，馆藏文献已_____2411 万册（件），_____世界国家图书馆第五位。

A 建成　建设　到　列　　　　　B 造成　建立　经　占
C 落成　建筑　达　居　　　　　D 修成　建构　有　排

68. 据《澳门日报》_____，上海世博会澳门馆筹备办主任杨宝仪表示，"五一"假期加上首个非指定票日，"玉兔宫灯"及"德成按"共_____近两万名游客，_____良好。澳门馆连日来成为外地传媒争相_____的对象。

A 介绍　招待　顺序　访问　　　B 告知　款待　程序　参观
C 告诉　对待　纪律　了解　　　D 报道　接待　秩序　采访

69. 中国汉族的四大传统节日之一中秋节，自 2008 年起，被_____国家法定节假日。中国政府非常重视非物质文化遗产的_____，2006 年 5 月 20 日，该节日经国务院_____，列入第一_____国家级非物质文化遗产名录。

A 列为　保护　批准　批　　　　B 列成　保留　批复　次
C 列入　保持　准许　回　　　　D 定为　管理　同意　个

70. 中国皇帝长寿的不多，长期的压力_____很多皇帝早逝。但是清朝有一位功勋_____而且长寿的皇帝，这就是康熙皇帝。据宫廷史料_____，康熙生前经常饮用一种养生长寿茶——人参花茶。此茶可以使人长寿，_____活力。

A 以致　显赫　记录　充分　　　B 导致　卓著　记载　充满
C 致使　突出　书写　充沛　　　D 引起　显眼　刊登　充足

第三部分

第71—80题：选句填空。

71—75.

从前，有一个国王，拥有无穷无尽的财富，（71）_____，连他自己都不知道为什么。

有一天，国王在皇宫里随便走的时候，突然听到一阵歌声。循声找去，他发现有一个仆人正在唱歌，（72）_____。

国王感到很奇怪，就问仆人为什么这么快乐。仆人回答说："因为我的收入足够让我的妻儿过上快乐的生活。我很知足，所以很快乐。"

国王跟丞相说了这件事，希望丞相能告诉他，为什么他作为荣华富贵集于一身的国王却没有他的一个仆人快乐。

丞相听完，说："尊贵的陛下，我相信那位仆人肯定还没有变成'99族'。"

"'99族'是什么？"

丞相说："（73）_____。"

那天傍晚，丞相派人在那个仆人门口放了一个装有99枚金币的袋子。第二天早上，仆人看到了袋子，他一打开，惊喜地叫了起来："啊，一袋金币！"他数了一遍，发现是99枚。他有点儿奇怪：为什么不是100枚？又数了几遍，还是99枚。他开始到处找，就是找不到第100枚金币。最后，他决定不找了，决定靠自己的努力工作赚取第100枚金币。

第二天，（74）_____，因为他花了大半个晚上的时间来想怎样赚取第100枚金币。他像往常一样去工作，但是跟以前不一样了，他不再快乐地唱歌了。

国王对丞相说："他得到金币之后应该比昨天更加高兴才对啊。"丞相回答说："国王陛下，现在那个仆人已经是'99族'的成员了。（75）_____，因为他们总是想得到第100枚金币。"

A 他心情不好了

B 脸上洋溢着快乐

C 但他仍是不满足、不快乐

D 您很快就会知道'99族'是什么意思了

E '99族'指的是那些即使拥有一切也不会满足的人

76—80.

秋天，雁群为过冬而飞向南方，当你看到它们以"V"字队形飞行时，你也许已想到用某种科学论点来说明它们为什么会这样飞。当某一只野雁展翅拍打时，其他的野雁立刻跟进，整个雁群便起飞、抬升。凭借着"V"字队形，整个雁群群飞比一只野雁单飞增加了至少71%的飞升能力。

愿意与人分享且有集体感的人可以更快、更轻易地到达他们想去的地方，（76）_____。

当一只野雁脱队时，（77）_____，所以很快又回到队列中，继续利用前一只野雁所造成的浮力，朝着共同的目标飞行。

当领队的野雁疲倦了，（78）_____，另一只野雁则接替它飞在队列的最前端。轮流从事繁重的工作是合理的，对人或对南飞的野雁都一样。飞行在后的野雁会利用叫声鼓励前面的同伴，以此来保持整体的速度。

最后，而且最重要的是，当一只野雁生病了，或是因枪击而受伤掉队时，（79）_____。它们跟着落下的野雁到地面，直到它能够重飞或者死掉。只有到那时，这两只野雁才会再飞走，或者加入另一队野雁来追赶自己的队伍。

我们的团队就像是一个雁群，而我们就是其中一只一只的野雁。个人的成长与集体的发展总是息息相关的，集体是个人生活的依靠，是个人成长的平台，个人的生活、学习和工作都离不开集体，个人是组成集体的细胞，集体的发展离不开每个成员的努力。团结使集体产生强大的凝聚力，依靠这种力量，集体能够完成个人无法完成的任务，（80）_____。

A 它会退到侧翼

B 战胜个人无法克服的困难

C 因为他们凭借着彼此的助力而前行

D 它立刻感到独自飞行时的迟缓、拖拉与吃力

E 另外两只野雁会脱队跟随它，帮助并保护它

第四部分

第81—100题：请选出正确答案。

81—84.

可再生能源是取之不尽的自然资源，是最近几年世界关注的热点。太阳能也和水能、风能一样，是可再生资源的一种。目前，与国内太阳能市场繁荣的情况相比，北京太阳能热水器的发展却有些缓慢。北京太阳能研究所研究员日前对记者表示，北京丰富的太阳能资源应该有更多的发展空间。

北京发展太阳能热水器有三个有利条件：一是太阳能资源多，全年日照时间达 2700 小时以上；二是技术和产业基础较好，最早研发太阳能热水器的北京太阳能研究所就在北京，排在全国前 10 名的太阳能热水器企业有三家在北京；三是信息渠道、国际交流渠道多。

虽然有这些条件，但北京在全国太阳能热水器市场份额中只占 5%。"这是让北京的太阳能热水器行业不满意的地方。"研究员说。山东占全国太阳能热水器市场份额的 15%，江浙加在一起也有 30%。全国目前有 3000 多个太阳能热水器生产厂家，而北京只有几十家。

不少居民对太阳能热水器的认识也停留在原始阶段。据有关人士介绍，国内的太阳能热水器已经有了很大的发展，在功能方面与电热水器不分上下。而生产厂家在做宣传时，只注重行业内部的竞争，却忽略了太阳能热水器自身的节能、环保优势，这些都是造成太阳能热水器市场占有率不高的原因。

81. 根据文章判断，下面哪个不是可再生资源？
    A 水资源　　　　　　B 风资源　　　　　　C 地热资源　　　　　　D 石油资源

82. 北京发展太阳能热水器的有利条件不包括哪一个？
    A 资源丰富　　　　　B 生产企业多　　　　C 产业基础好　　　　D 信息交流方便

83. 北京太阳能热水器企业令人不满意的地方是什么？
    A 生产数量不能满足市场需要　　　　　B 产品质量不如其他地区的企业
    C 在全国市场份额中所占比例太小　　　D 对太阳能热水器的宣传不够

84. 下面哪个是太阳能热水器在国内市场占有率不高的原因？
    A 产品技术含量不高　　　　　　　　　B 厂家不重视产品自身特点的宣传
    C 居民认为它污染环境　　　　　　　　D 居民觉得使用它费钱

85—88.

联合国食品委员会花了七年的时间终于把西红柿分出了"三六九等"。西红柿按"长相"被划为四大类：圆形西红柿、带棱西红柿、椭圆形西红柿、樱桃西红柿。按照品质，它们又分为特等、一等、二等三个等级。特等西红柿"长相"必须绝对优秀，颜色成熟，"脸上"没有明显瑕疵，大小一致。一等西红柿，在"长相"方面可以有点儿缺陷，比如颜色差一点儿，表面有轻微擦痕等。

虽然说二等西红柿在等级里面最低，但质量也必须满足最基本的要求：外形完整，外观完好，表面清洁，还要新鲜，即无多余水分，无残留农药，无异味。就成熟度而言，西红柿应达到充分的自然成熟状态。

看了这个国际标准，可别因为西红柿的外貌而影响了你的挑选。我们都知道，西红柿能生吃也能熟吃，夏天天气炎热时，胃口不好，那就饭前生吃一个西红柿，还有开胃的作用。对于糖尿病患者来说，西红柿也是热量不高、可以当作水果吃的蔬菜。而且，大家还需要知道的是，不管是什么等级的西红柿，想靠吃西红柿补充维生素 C，那就尽量生吃；想要吸收西红柿中的番茄红素，那就一定要炒着吃，因为番茄红素只有和油一起才能促进吸收。

85. 下面哪个不是特等西红柿的特点？

A 颜色成熟　　　　　　　　　　B 重量相同
C 大小一致　　　　　　　　　　D 表面没有擦痕

86. 自然成熟、表面有一点儿擦痕的是哪类西红柿？

A 圆形西红柿　　　　　　　　　B 樱桃西红柿
C 一等西红柿　　　　　　　　　D 二等西红柿

87. 新鲜的西红柿是什么样子的？

A 没有多余的水分　　　　　　　B 没有残留农药
C 没有特别的味道　　　　　　　D 包括以上三项

88. 生吃西红柿有什么作用？

A 补充维生素 C　　　　　　　　B 降温解暑
C 提供番茄红素　　　　　　　　D 可作药物

89—92.

说起语言，我们每个人都不陌生。我们每天都在使用语言，并通过语言和其他人交流。同样，动物之间的交流也需要"语言"。只是它们采用了各种不同的方式。比

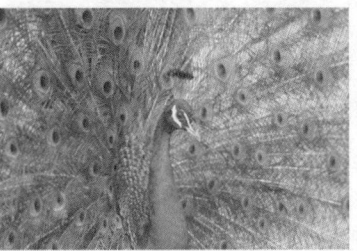

如狗用嗅觉，靠闻气味来判断自己的伙伴，青蛙则用声音来呼叫伴侣，等等。

分布于北美洲东部和中部的萤火虫是一种严格使用"萤火"说话的昆虫，雄虫在低空飞舞，每隔5.8秒发光一次，雌虫在雄虫发光两秒之后发光，并且每次准确无误。雄萤火虫一旦获得对方的应答便知道对方说："来接近我吧，你是受欢迎的。"

在澳大利亚生活着一类鸟。它们最大的特点是制造"亭子"，它们用树枝、草建造如亭子般的"建筑物"，并在其中装饰各类物品，包括人类丢弃的各种垃圾。用这种特别的建筑物来吸引异性，也是一种交流的行为。孔雀不用声音，也不用建造"房子"，而是展开自己美丽的羽毛来吸引异性。

不同地区的同类动物也会有不同的交流方式。北美北部和西部的鸟，叫声就有差异，北部的鸟的叫声更大一些。夏威夷管舌鸟曾被认为是单一种类，它们生活在夏威夷群岛的不同岛屿上。但后来人们才发现它们彼此之间是互不往来的，而且各有各的"语言"，结果原先的1个种类被划分出了5个新的种类。

89. 狗寻找伙伴时用什么器官？
   A 眼睛　　　　　　B 耳朵　　　　　　C 鼻子　　　　　　D 嘴

90. 根据本文计算，萤火虫的雌虫每隔多长时间发一次光？
   A 5.8 秒　　　　　B 2 秒　　　　　　C 3.8 秒　　　　　D 7.8 秒

91. 文中提到的北美北部和西部的鸟有什么差别？
   A 北部的鸟大　　　　　　　　　　B 西部的鸟大
   C 西部鸟的叫声比北部的小　　　　D 北部鸟的叫声比西部的小

92. 下面哪个不是文中提到的鸟的交流方式？
   A 一只脚站立　　　　　　　　　　B 用不同的叫声
   C 建造"亭子"　　　　　　　　　　D 展开羽毛

93—96.

打车软件拥有开放的定位系统，解决了驾驶员与乘客信息不对称的问题，在一定程度上使乘客打车和出租车运营都变得更为便捷和高效。而打车优惠补贴这一营销手段的出现，更让"打车软件"风靡一时。

然而，公众还来不及"享受"打车软件带来的便利，一系列问题便随之而来：打车软件须在智能手机上操作，使得不会使用智能手机、只习惯电话约车的中老年乘客饱受"打车难"的困扰；因为打车软件可以看到乘客的目的地，还要加价叫车，出租车司机"挑活"情况加剧；行驶过程中司机为接单摆弄手机，由此引发的交通事故也呈上升趋势。为此，有人呼吁，政府部门应及时出手，全面禁用打车软件，使出租车市场回归原有的秩序。

手机打车软件并非国内首创，一些国外软件已经运行多年，其经验值得借鉴。

据媒体报道，纽约交通管理部门为了避免司机挑客，规定手机打车软件不能显示客人的目的地。美国 Zab-Cab 打车软件改进程序，在行驶时，手机屏幕会变成灰色而无法查看，车停后，司机才能看到附近打车人的所在位置。在新加坡，司机确定接受订单后，车载顶灯会显示"预定"，即在到达预定地点之前不会接受路人扬招，而打车软件在此时间段内也不会显示新的订单信息。英国 Hailo 软件在打车付款时，除了计价器上的金额，没有任何额外费用。

关照那些不会使用软件而打不到车的人群，确实是一种道义上的公正。但应当看到，打车软件通过技术提升了运营效率，促进了社会的整体福利。如果对打车软件一禁了之，看似满足了一部分人的要求，其实是剥夺了更多人的福利。

我们还应该看到，目前因软件技术造成的这种障碍并非不可逾越。请多一点儿信心，也多一点儿耐心，随着技术的改进，障碍完全有可能不复存在。

市场天然追求效率，它具有自我调节的功能。让打车软件在市场的引导下进行改良和完善，比政府出手管用得多。而政府应该肩负起监管与服务的职责，如果对打车软件简单地一禁了之，不但扼杀了市场自我调节的功能，还有"懒政"之嫌。

93. 打车和出租车运营都变得便捷和高效的主要原因是：

A 打车有优惠补贴　　　　　　　　　　B 司机可知乘客的目的地

C 开放的定位系统的帮助　　　　　　　D 智能手机方便

94. 打车软件带来的问题不包括：

A 容易造成交通事故　　　　　　　　　B 给中老年乘客打车带来困扰

C 加价叫车使乘客费用增多　　　　　　D 抢活现象比较严重

95. 美国为了避免司机挑客，采用的做法是：

A 按计价器付费，没任何额外费用　　　B 不显示客人要到达的目的地

C 到达预定地点前不会再接乘客　　　　D 使车载的顶灯只显示"预定"

96. 本文作者对打车软件"一禁了之"的态度是：

A 赞同　　　　　　B 反对　　　　　　C 中立　　　　　　D 文中没有体现

97—100.

　　龙是非常神奇的动物，是中华民族的象征。数千年来，龙的影响延伸到中国文化的多个领域，深深融入中国人的生活之中。

　　龙的形象起源于中国原始社会的新石器时代。内蒙古、河南、山西、辽宁、陕

西、甘肃等地原始社会晚期遗址中都曾出土过一些与龙有关的文物，诸如龙纹彩陶罐、彩绘龙纹陶盘等。不过，当时龙的形象同秦汉以后龙的形象相距甚远。在龙的发展历程中，这时的龙属于"前龙"阶段，也就是说龙的形象正处于起源时期。不同地区之间，甚至同一地区内龙的形象都有较大差异。距今 3000 多年的商代，龙的形象得到初步规范，被人们称为"真龙"。

　　通过龙的形象的变化，可以看出龙的起源与农业生产有关。中国是世界重要的农业起源地之一，早在 1 万年前，中国就有了原始农业。大家知道，水是农业的命脉。原始农业时期没有灌溉工程，必须依赖雨水，又怕河水泛滥，于是中国的先民渴望有一种控制水的能力。但当时，他们实在难以具有这种能力，便将希望寄托于他们所创造的龙这种神话形象上。前龙阶段的蛇、鳄、蜥蜴等爬行动物均与水有关，甚至有的就生活在水中。进入真龙时期，人们干脆给龙在水中"安了家"。人们让龙生活在水中，为的是使其统领水域，以便在农业上需要水时，敬请龙王兴云降雨。

　　在先民的心目中，龙既然是神物，当然也就在观念上将龙同祥瑞联系到了一起。人们用龙比喻美好的事物，龙的形象深入到社会生活的方方面面。在各种艺术作品中、在语言文字中、在各类物品上，都不乏龙的形象。

97. 龙的形象起源于什么时候？
　　A 中国原始社会的石器时代　　　　　　**B** 中国原始社会的新石器时代
　　C 秦汉时期　　　　　　　　　　　　　**D** 文中没提到

98. 下列哪个地方的原始社会晚期遗址出土过与龙有关的文物？
　　A 内蒙古　　　　　**B** 西藏　　　　　**C** 新疆　　　　　**D** 广东

99. 龙的起源与什么有关？
　　A 时间、空间　　**B** 商业活动　　　**C** 农业生产　　　**D** 宗教迷信

100. 从什么时候开始，人们给龙在水中"安了家"？
　　A 1 万年前　　　**B** 原始农业时期　　**C** 前龙阶段　　　**D** 真龙时期

三、书 写

第 101 题：缩写。

（1）仔细阅读下面这篇文章，时间为 10 分钟，阅读时不能抄写、记录。
（2）10 分钟后，监考会收回阅读材料，请将这篇文章缩写成一篇短文，字
　　 数为 400 字左右，时间为 35 分钟。
（3）标题自拟。只需复述文章内容，不需加入自己的观点。
（4）请把短文直接写在答题卡上。

　　在生活中，有很多人埋怨自己没有机遇，不能在事业上取得优异的成绩。
但是，如果你能认真留意生活中的每个细节，可能就会找到灵感，就会找到使
事业成功的机遇。

　　记得有这样一个故事：一个穷人跑到城市里去生活，他没有生活来源，就
靠在垃圾堆里捡一些工厂的脚布制作成拖把卖出去，结果赚了 2000 元。这时
他突然想到可以直接收购废品厂的脚布，用来制成拖把和抹布赚钱。于是他将
赚来的钱都用来收购脚布，小的制成抹布，大的制成拖把。不久，他赚足了
钱，还开了一家公司，生意越来越红火。谁会从工厂的脚布中找到机遇？谁
会从中看到机会？只有那个穷人能从小事中找到灵感，从灵感中找到成功的机
遇。这个故事教育我们，应该从小事中找到成功的途径。

　　还有这样一个故事：一家机器制造公司在经济危机中遭到很重的打击，有
许多大型机器放在仓库中卖不出去。公司的许多领导对此想尽办法，却也拿不
出解决的对策来，只能看着这些机器在仓库里存放着。有一天，公司的总经理
听见了机器工作的声音，他很好奇，就出去观看了机器工作的全过程。看完以
后，总经理非常感兴趣。于是就自己找到操作机器的司机，让他来教自己如何
使用。他花了几天的时间，学会了如何驾驶，并从中感受到了乐趣。他心想，
现在的年轻人整天工作，没有休息的时间，是不是可以找一块空地，专门教年
轻人使用这些机器来放松心情呢？他勇敢地实践自己的想法，结果正如他所
愿，很多人都来这里玩儿这些大型机器，并且玩儿得非常高兴。这样一传十，
十传百，整个城市的人都知道了这个游戏的好地方，最后这块空地就被开发成
了游乐园，成为人们休闲娱乐的好去处。这位经理也使公司渡过了难关，逐渐

变得强大，后来成了国内外著名的大公司。

上述两个故事给了我们很多的启示。工厂的脚布、仓库里长期存放的机器，在一般人看来并没有什么用处，很容易忽略这些细节，但这两个人却能有自己的独特想法，从小事中找到灵感，寻找机遇，并不断地进行探索，最终获得了成功。这正是由于他们敢于抓住身边的细节，寻找属于自己的机会，所以成功的大门才会为他们打开，他们才能尝到胜利的果实。其实在现实生活中，有很多成功人士与他们有相似的经历，都是从细节中看出问题，从中找到机遇，收获成功！

朋友们，生活中并不缺少机遇，而是缺少发现机遇的眼睛。只要我们平时多注意周围的事情，多观察生活中的点点滴滴，勇于开动脑筋，找到灵感，我们就能发现机会，把握机会，就一定能开启成功之门！

汉语水平考试

HSK（六级）模拟试卷 *10*

注　意

一、HSK（六级）分三部分：

    1. 听力（50 题，约 35 分钟）

    2. 阅读（50 题，50 分钟）

    3. 书写（1 题，45 分钟）

二、**听力结束后，有 5 分钟填写答题卡。**

三、全部考试约 140 分钟（含考生填写个人信息时间 5 分钟）。

一、听 力

第一部分

第 1—15 题：请选出与所听内容一致的一项。

1. A 钥匙在病人手里
   B 医生拿着钥匙
   C 有个病人恢复了
   D 门是假的

2. A 最老的驴 50 岁
   B 普通的驴 25 岁
   C 英国的驴 35 岁
   D 54 岁的驴很少见

3. A 这种金鱼是透明的
   B 这种金鱼是金色的
   C 这种金鱼能够活三年
   D 这种金鱼专门用于实验

4. A 舞草会说话唱歌
   B 舞草会唱歌跳舞
   C 舞草外表普通
   D 舞草不受欢迎

5. A 人们都喜欢恐怖
   B 人们需要恐怖
   C 年轻人喜欢好奇
   D 好奇对人们构成威胁

6. A 大金字塔有 40 层
   B 大金字塔有 2700 年历史
   C 最重的石块有 1.5 吨
   D 石块大小不同

7. A 公式可以维持婚姻
   B 数学家能预测未来
   C 公式非常准确
   D 公式并不简单

8. A 蜘蛛可以发现森林
   B 蜘蛛随处可见
   C 蜘蛛腿长 10 厘米
   D 蜘蛛十分罕见

9. A 女士很喜欢她的狗
   B 女士讨厌广告
   C 小狗讨厌广告
   D 小狗认识字

10. A 妈妈洗了车
    B 丈夫去购物
    C 妻子洗了车
    D 妈妈来了

11. A 大象有时也忘事
    B 大象记忆力不好
    C 大象不爱学习
    D 大象不喜欢记忆

12. A 这只猫讨厌哲学和艺术
    B 这只猫不是年幼的小猫
    C 这只猫上课经常睡觉
    D 这只猫 2004 年出生

13. A 祖孙三代都是皇后
    B 四个人都想当皇后
    C 祖孙三代都是美女
    D 四个人都来自美国

14. A 它喜欢赶时髦
    B 它已经两岁了
    C 它不能走路
    D 它佩戴眼镜

15. A 鹦鹉模仿足球队员
    B 鹦鹉十分淘气
    C 主人忍无可忍
    D 裁判离开了球场

第二部分

第16—30题：请选出正确答案。

16. **A** 没关系
    B 与子女教育有关
    C 与长远生活有关
    D 与目前生活有关

17. **A** 高峰论坛、主题论坛、网络论坛
    B 高峰论坛、主题论坛、市民论坛
    C 主题论坛、公众论坛、市民论坛
    D 高峰论坛、市民论坛、公众论坛

18. **A** 残疾人、团体
    B 残疾人、团体、学生团体
    C 残疾人、学生团体
    D 残疾人、社团

19. **A** 要有职业精神
    B 2009 年毕业生
    C 精神上的要求很高
    D 有职业精神的 2009 年毕业生

20. **A** 秋季
    B 春季
    C 夏季
    D 冬季

21. **A** 英皇国际商学院、金融教育
    B 英皇国际商学院、《80 后创富论坛》
    C 金融教育、《80 后创富论坛》
    D 青年创业就业、《80 后创富论坛》

22. **A** 有强大的资金来源
    B 适应经济发展需要
    C 有明确的市场目标
    D 是社会关注的热点

23. **A** 能力
    B 软实力
    C 资源
    D 人脉

24. **A** 个人习惯
    B 为人处世的方法
    C 个人习惯、沟通能力、社交能力、为人处世的方法
    D 沟通能力、社交能力

25. **A** 垮掉的一代
    B 有希望的一代
    C 顾及别人看法的一代
    D 做自己想做的事的一代

26. **A** 先结婚后买房

    B 先买房后结婚

    C 租房结婚

    D 房子不重要

27. **A** 住房改善需求和住房结婚需求

    B 住房改善需求和纯投资需求

    C 住房结婚需求和投机需求

    D 住房自住需求和住房投资需求

28. **A** 不买车

    B 不买房

    C 不领结婚证

    D 不买戒指

29. **A** 现在没有集体

    B 存在"你不买，我买"的心理

    C 可以集体租房

    D 住房需求正在降低

30. **A** 结婚购房比例很小

    B 住房需求跟住房需要不同

    C 结婚住房是住房需要，不是住房需求

    D 结婚购房比例小，且属住房需要

第三部分

第 31—50 题：请选出正确答案。

31. A 饿死了
    B 热死了
    C 冻僵了
    D 冻死了

32. A 把蛇放在火边
    B 把蛇放在怀里
    C 把蛇放在锅里
    D 把蛇放在被子里

33. A 给了农夫很多钱
    B 很感谢农夫
    C 让农夫吃了它
    D 咬了农夫一口

34. A 好与坏没那么重要
    B 谁需要帮助就要帮助谁
    C 要分辨善恶，不怜悯恶人
    D 没有告诉我们什么道理

35. A 北京体育场
    B 五里河体育场
    C 国家体育场
    D 上海体育场

36. A 虫巢
    B 鸟巢
    C 鸟窝
    D 摇篮

37. A 最左端
    B 最右端
    C 最下端
    D 最上端

38. A 标志性建筑
    B 明显性建筑
    C 完美性建筑
    D 一般性建筑

39. A 没有影响
    B 对手指产生影响
    C 对生活环境产生影响
    D 对身体和人格产生影响

40. A 有
    B 没有
    C 不明显
    D 没说

41. A 生活作风问题
    B 违法犯罪问题
    C 破坏生活环境
    D 不知道

42. A 电子毒品
    B 电子可卡因
    C 电子海洛因
    D 电子咖啡因

43. **A** 春秋战国
    B 元朝
    C 秦始皇时期
    D 清朝

44. **A** 10 多个
    B 20 多个
    C 30 多个
    D 40 多个

45. **A** 五千年
    B 三千年
    C 两千多年
    D 两千年

46. **A** 中部
    B 北方
    C 南方
    D 中原

47. **A** 北京东北郊
    B 北京西北郊
    C 北京西郊
    D 北京北郊

48. **A** 清华园
    B 大师之园
    C 学生之园
    D 校长之园

49. **A** 43 个学院、50 个系
    B 13 个学院、45 个系
    C 13 个学院、54 个系
    D 30 个学院、54 个系

50. **A** 医科专业
    B 工科专业
    C 理科专业
    D 文科专业

二、阅 读

第一部分

第51—60题：请选出有语病的一项。

51. **A** 所有关于她的报道都不约而同地以她的父亲为焦点。
    B 任何选择都不可能尽如人意，结果也是难以预料的。
    C 如果你总是瞻前顾后，就会陷于左右为难的苦恼之中。
    D 极光是由来自太阳的宇宙射线粒子撞击在地球上层大气而形成的。

52. **A** 心就是一个人的翅膀，心有多大，世界就有多大。
    B 身体健康了，精神也好多了，脾气也变得乐观了。
    C 她原指望从此可以远离麻烦的他，此刻见到他几乎气晕。
    D 据初步估计，此次大地震将为海地带来多达 300 万的难民。

53. **A** 从一定意义上说，成功与收获的大小是同付出的多少成正比的。
    B 你可以把这只小狗带回家，愿意玩儿多久就玩儿多久。
    C 中国民间有句俗语，叫作"家家都有一本难念的经"。
    D 她尽力学习一切残疾人士的知识，后来成立了一个名叫残障社的辅导团体。

54. **A** 经过几年的努力，我已经得到一批教育专家的支持。
    B 随着你的心态日渐积极，你会慢慢获得一种美满人生的感觉。
    C 他突发奇想，不仅做了一个"水立方"鹅肝，况且做出了惟妙惟肖的鸟巢形状的甜品。
    D 任何企业和个人，都不仅仅是一个经济体，而且还是一个社会体。

55. **A** 我们的企业在推出产品之前，要先学会创新。
    B 凡达到选举年龄的公民，除被剥夺政治权利者外，普遍享受选举权。
    C 统计证明，季节性流感在这个国家每年至少造成 6000 人死亡。
    D 让世界汽车走进中国，让中国汽车走向世界。

56. **A** 由于工作关系，我经常飞来飞去，对各航空公司的服务感受颇多。
    B 从小时候，我就喜欢读书，希望自己有一天能成为一名作家。
    C 随着我的中文水平不断提高，老师对我的要求也越来越高。
    D 学习不仅仅是一个手段，也是练就一种心理品质的方法。

57. A 我的意见不但没被认可，相反还被朋友们评价为"不善于社交"。

B 在整个小学阶段，男孩的生理发展和心理发展总体落后于女孩。

C 她把我说的都记在本子上，说回去以后再据我的意见修改一下。

D 看待一个问题不应该非黑即白，而应有多个角度。

58. A 就算学习的技能你会忘记，学习的能力也会让你受用终身的。

B 只要他们真诚与我们相处，我们就信任他们，友善地对待他们。

C 据调查，禁止穿名牌这项措施受到了九成富裕家庭父母的欢迎。

D 精神不是从来就有的，它是物质发展到一定阶段后就出现的。

59. A 当今世界进行过的记忆移植大体上分两种类型：直接移植和间接移植。

B 不管世界如何变化，人的优秀品质却是永恒的：正直、勇敢、独立。

C 来这儿以前，他曾在非洲的一家贸易公司当过会计师一阵。

D 不要想着别人能为你做些什么，而要想着怎么去帮助别人。

60. A 两年来，为了创作这个剧本，他翻阅了大量史料，走访了当年经验过那场战争的老人，并特地自费到中国东北考察访问，积累素材。

B 你会一年年地长大，会遇到比你强、比你优秀的人。

C 有能力进行选择，意味着你会过上自己想要的生活。

D 我们不能只是为了提高自己的考试分数而学习。

第二部分

第61—70题：选词填空。

61. 当今科学技术发展日新月异，愈来愈多的专家相信，在未来50年内，将可能发生与上世纪初物理学革命_____的一场新的科学革命。我们能否主动抓住新的科技革命的历史性_____，加快中国的现代化_____，将是对中华民族实现伟大复兴的真正_____。

    A 相近　机会　历程　检验　　　**B** 相当　机遇　进程　考验
    C 相齐　时机　过程　磨炼　　　**D** 相等　机缘　经过　测验

62. 白凤鸡属于哺乳纲的蛋禽类。因为老家在东北，所以它们对寒冷气候也很适应。它们虽然对气候的要求不高，但对于所处环境的干净_____要求却很高。在_____的环境下，它们的繁殖能力、产蛋率会大大_____，而且极容易生病，甚至_____死亡。

    A 程度　肮脏　降低　导致　　　**B** 水平　污秽　下降　引起
    C 层次　污浊　降落　致使　　　**D** 分寸　混浊　缩小　招致

63. 径山的泉水不仅没有污染，而且富含对人体_____的多种化学元素。经国家有关部门_____，它含有钙、镁、铀等，_____国家关于露天矿泉水的饮用标准，并且还有抗癌作用。在径山，由于气候湿润、土壤肥沃，2966亩竹林郁郁葱葱，白嫩粗壮的竹笋_____。

    A 有利　评定　相符　接二连三　**B** 好处　鉴别　适合　层出叠见
    C 益处　鉴赏　合适　屡见不鲜　**D** 有益　鉴定　符合　层出不穷

64. 在甘肃省张掖县古城的西南面，有一座高耸入云的木塔，1200多年来，_____这里发生过多次地震，但木塔仍然安然_____，没有_____到破坏。当地政府十分重视文物保护，对木塔进行过多次维修，使它更加_____美观。

    A 尽管　屹立　遭受　坚固　　　**B** 不管　矗立　遭遇　牢固
    C 无论　站立　遭难　坚实　　　**D** 即使　耸立　遇见　稳固

65. 公元105年，东汉的官员蔡伦_____了造纸术，造出了人们理想中的纸。_____他一次看见别人淘米，发现淘米水上漂浮着一层薄薄的东西，大受_____，就用淘米水加上破布等东西造纸。经过多次_____，终于用树皮、破布、麻头等东西掺合在一起，造出了植物纤维纸。

A 改变　谣传　开导　尝试　　**B** 改革　谣言　启示　检验
C 改良　传言　启迪　实验　　**D** 改进　传说　启发　试验

66. 我们常讲关心他人，这不是官腔客套。只有＿＿＿＿＿＿地"我为人人"，才会有"人人为我"。再说，＿＿＿＿＿＿是中华民族的传统美德，正需要我们这一代去＿＿＿＿＿＿。青少年更应该从小做起，＿＿＿＿＿＿培养自己，努力为周围的人带来欢笑，做一个有益于人民的人。

A 诚心诚意　助人为乐　发扬光大　逐步
B 一心一意　与人为乐　发奋图强　逐渐
C 真心诚意　乐于助人　面面俱到　渐渐
D 全心全意　舍己为人　全力以赴　渐进

67. 纵观历史的发展，许多伟大人物的成就都是与他们的良好习惯分不开的。大文豪托尔斯泰一生＿＿＿＿＿＿于体育运动，这使他能以＿＿＿＿＿＿的精力完成不朽的著作；美国著名作家马克·吐温＿＿＿＿＿＿每天清晨默读墙上的好词佳句，这为他写出脍炙人口的作品打下了＿＿＿＿＿＿的基础。

A 酷爱　充足　执着　坚固　　**B** 盛情　充分　持续　稳固
C 热衷　充沛　坚持　坚实　　**D** 热爱　充裕　保持　牢固

68. 中国女排曾经为世界瞩目，她们以＿＿＿＿＿＿的技艺征服了世界高手，成绩可谓＿＿＿＿＿＿。＿＿＿＿＿＿女排姑娘如果不是在平时千百次的训练中一个球一个球地＿＿＿＿＿＿、扎扎实实打好基础，又怎能为世界瞩目呢？

A 精练　显著　可是　历练　　**B** 高超　卓越　那么　锻炼
C 精湛　显赫　然而　磨炼　　**D** 精深　明显　于是　练习

69. 赛前在演唱完国歌后，现场主持要求全场为云南地震默哀1分钟，双方球员围聚在中圈，而全场观众则全部起立，＿＿＿＿＿＿整座球场陷入一片沉寂，在这座＿＿＿＿＿＿了将近3万人的体育场内，竟＿＿＿＿＿＿。球员和观众都面色＿＿＿＿＿＿。值得一提的是，两队的外援同样都低头默哀，表达他们对遇难群众的缅怀。

A 顿时　容纳　鸦雀无声　沉重　**B** 瞬间　包含　悄无声息　深重
C 霎时　包容　无声无息　凝重　**D** 顷刻　接纳　万籁俱寂　深沉

70. 纸书将可能被各式各样的电子书取代，这大概是书的未来发展方向，但这绝不＿＿＿＿＿＿着纸书会消失殆尽，或者成为＿＿＿＿＿＿。因为纸书也有一些电子书无法＿＿＿＿＿＿的优点：便于携带，价钱低廉，阅读方便，既不需要辅助设备，也不用＿＿＿＿＿＿能源。

A 代表　陈设　比较　耗费　　**B** 意味　摆设　比拟　消耗
C 说明　陈列　相比　损耗　　**D** 象征　摆列　对照　耗损

第三部分

第71—80题：选句填空。

71—75.

下雪那天刚好是圣诞节，学生们正安静地做着一套模拟试题。临窗的苏朋竟开起了小差，（71）_____。一时间，我怒火中烧。

苏朋智力偏低。就因为这个长期往下拉分的学生，我们班的平均分一直排在后面。尽管如此，我还是很照顾他的自尊心，每次公布成绩，我都会故意不说他的名字，以免伤了他的自尊心。（72）_____。

"苏朋，认真做题。"我大声地吼了一嗓子。

过了一会儿，我又发现了他的异常。这次，窗子被他打开了一条小缝儿，他还把一只手伸了出去。我压抑很长时间的怒火一下子喷发了出来。"我们班成绩低，主要就是因为你！"我的话刺中了他的要害，（73）_____。放学后，苏朋把我堵在了办公室门口，哆嗦着递给我一张小卡片，转身跑了。卡片上面零落地画满了雪花，一时间我怔住了。我找遍了食堂和宿舍都不见他，后来发现他坐在教室。

"苏朋，你怎么在这儿啊？"这一次，我的语气明显温和。"我想看看书，我不想再给班上拉分了。"（74）_____。我拿着那张卡片问他是怎么回事，他说是送我的贺卡，他的字很难看，所以只想画几片雪花表示祝福。原来，他在教室伸出手，就是想抓住几片雪花，看看雪花什么样。

"傻孩子，可以照着别人的贺卡来画啊。""我爸妈说过，我脑子笨，可也是个人，也有尊严，不能抄别人的东西。老师，我虽然成绩不好，（75）_____，那几片雪花都是照着我接在手心的雪花画出来的。"

听了他的话，我的心里充满了歉疚。

    A 他依然不敢看我

    B 他的脸涨得通红

    C 可从来没作过弊

    D 可他却不能体会我的心情

    E 眼睛一眨不眨地望着外面

76—80.

传说，中国古时候有一种叫"夕"的兽，头长触角，凶猛异常。"夕"长年深居海底，每到特定的时间（除夕）才爬上岸，吞食牲畜，伤害人命。因此，每到除夕这天，村村寨寨的人们都扶老携幼逃往深山，（76）＿＿＿＿＿＿。

有一年除夕，从村外来了个乞讨的老人。（77）＿＿＿＿＿＿，只有村东头一位老婆婆给了老人些食物，并劝他快上山躲避"夕"兽。那老人把胡子撩起来笑道："若让我在你家待一夜，我一定把'夕'兽赶走。"老婆婆继续劝说，乞讨老人笑而不语。

半夜时分，"夕"兽闯进村里。它发现村里气氛与往年不同了：村东头老婆婆家的门上贴着大红纸，（78）＿＿＿＿＿＿。"夕"兽浑身一抖，怪叫了一声。将近门口时，（79）＿＿＿＿＿＿，听到这声音，"夕"浑身战栗，再不敢往前凑了。原来，"夕"最怕红色、火光和炸响。这时，婆婆家的大门打开了，只见院内一位身披红袍的老人在哈哈大笑。"夕"大惊失色，（80）＿＿＿＿＿＿。第二天是正月初一，避难回来的人们见村里安然无恙，十分惊奇。这时，老婆婆才恍然大悟，赶忙向乡亲们述说了乞讨老人的许诺。这件事很快在周围村里传开了，人们都知道了驱赶"夕"兽的办法。

从此，每年除夕，家家贴红对联，燃放爆竹，户户烛火通明，守更待岁。初一一大早，还要走亲访友道喜问好。这风俗广泛流传，成了中国民间最隆重的传统节日。

A 院内突然传来"砰砰啪啪"的炸响声

B 狼狈地逃走了

C 乡亲们一片匆忙恐慌

D 以躲避"夕"兽的伤害

E 屋内烛火通明

第四部分

第81—100题：请选出正确答案。

81—84.

生态旅游是由国际自然保护联盟于1983年首次提出的，1993年国际生态旅游协会把其定义为：具有保护自然环境和维护当地人民生活双重责任的旅游活动。生态旅游的定义更强调的是对自然景观的保护，是可持续发展的旅游。

生态旅游以保护自然环境和生物的多样性、维持资源利用的可持续发展为目标；不破坏生态，使人和环境达到永久的和谐，所以说"生态旅游"是一种绿色旅游。

生态旅游的特点是以旅游促进生态保护，以生态保护促进旅游，准确点儿说，就是有目的地前往自然地区，了解环境的文化和自然历史，它既不会破坏自然，还会使当地从保护自然资源中得到经济收益。

生态旅游强调以一颗平常心尊崇自然的异质性，把自然作为有个性的独立生命来看待。参加生态旅游的人们在欣赏自然的同时，应该尽量少使用机动车，不在景区内增添人为建筑，见到野生动物不要去打扰，更不可去捕捉，要学会静观默察，认真听取周围的天籁之声，并通过摄影、写生、观鸟、自然探究等活动，充分感悟和审视自然之美。

81. 关于生态旅游的定义，下列哪一条不符合？
    A 是保护自然环境的旅游活动　　　　　B 是维护当地人民生活的旅游活动
    C 要重视经济发展　　　　　　　　　　D 是可持续发展的旅游

82. 为什么说"生态旅游"是一种绿色旅游？
    A 以保护自然环境和生物的多样性为目标
    B 以维持资源利用的可持续发展为目标
    C 使人和环境达到永久的和谐
    D 以上都正确

83. 关于生态旅游，下列选项中哪一项是正确的？
    A 重视经济收益　　　　　　　　　　　B 不为赚钱，只为保护环境
    C 让当地人赚了很多钱　　　　　　　　D 在保护环境的同时也能获得经济收益

84. 根据本文判断，下列哪种做法不属于"生态旅游"？
    A 静观默察　　　　　　　　　　　　　B 旅游时以步行为主
    C 捉一只野兔拍照后再放掉　　　　　　D 不在景区内增添人为建筑

85—88.

一个人生命中大约三分之一的时间在睡觉。对人而言，可以没有骄傲的学习业绩、浪漫的恋爱婚姻、辉煌的事业，却万万不能没有睡眠。对于生命和健康来说，睡眠比饮食、医疗以及运动等更为重要。因为人在卧睡时，脑和肝的血流量是站立时的 7 倍。睡眠可以使体内所有系统都缓慢下来，如心脏跳动减慢，血压降低，体温降低，这使能量的释放大大降低，从而达到保存能量的作用。同时，生长激素在夜间熟睡时的分泌量是白天的 5—7 倍，有利于儿童和青少年的生长发育，也能激活中老年人体内的一些物质，从而加速新陈代谢，延缓大脑衰退。

每个人每天所需的睡眠时间是大不相同的。健康人中大约有 10% 的人可能睡 4 至 5 小时就够了，有 15% 的人睡眠超过 8 小时甚至更多，其他人平均大约是 8 小时。在人一生的不同阶段，睡眠时间也不一样。刚出生的婴儿每日需睡 16 小时以上；青年人约需 8 小时；成年人固定在其特有的睡眠习惯上；一般进入老年期后，睡眠时间逐渐减少。

睡眠应该是我们在生活中学习的第一课。因为睡眠是一切生理活动所需能量恢复和重新积累的过程。只有认识睡眠、正确理解睡眠，我们才能有健康的身体；也只有懂得了如何正确健康地睡眠，我们才能更好地享受生命。

85. 根据本文，下列哪一项对人们而言是不能没有的？
   A 骄傲的学习业绩　　　　　　　　B 浪漫的恋爱婚姻
   C 辉煌的事业　　　　　　　　　　D 睡眠

86. 对于生命和健康来说，以下哪一项更重要？
   A 睡眠　　　　　B 饮食　　　　　C 医疗　　　　　D 运动

87. 关于睡眠，下列选项中哪一项是不正确的？
   A 坐睡时脑和肝的血流量是站立时的 7 倍
   B 可以使体内所有系统都缓慢下来
   C 有利于儿童的生长发育
   D 有利于延缓大脑衰退

88. 关于睡眠时间，下列哪一项是不正确的？
   A 75% 的健康人平均每天睡 8 个小时
   B 刚出生的婴儿每日需睡 16 小时以上
   C 成年人约需 8 小时
   D 老年人比青年人睡眠时间少

89—92.

刀削面是山西人最喜爱的面食，因其风味独特而驰名中外。刀削面全靠用刀削，因此得名。用刀削出的面叶，中间厚，两边薄，形状近似柳叶，并且越嚼越香，深受面食者欢迎。它与北京的打卤面、山东的伊府面、河南的鱼焙面、四川的担担面同称为"五大面食名品"。

刀削面对和面的技术要求较严，水、面的比例必须准确，一般是一斤面三两水，打成面穗，再揉成面团，然后用湿布蒙住，半小时后再揉。揉面也很重要，一定要揉匀、揉软、揉光。如果揉面功夫不到家，削时容易粘刀、断条。

刀削面最精妙的地方在于刀功。刀，一般不使用菜刀，而要用特制的弧形削刀。操作时左手托住揉好的面团，右手持刀，手腕要灵活，用力要均匀。高明的厨师每分钟能削 200 刀左右。每个面叶的长度，恰好都是 6 寸。吃面前，能够参观厨师削面，就好像是欣赏一次艺术表演。

刀削面的配料也是多种多样的。一般是番茄酱、肉炸酱、羊肉汤、金针菇、木耳鸡蛋卤等，并且配上应时鲜菜，如黄瓜丝、韭菜花、绿豆芽、煮黄豆、青蒜末、辣椒面等，再滴上点儿老陈醋，十分可口。

89. 下列关于"刀削面"的说法中正确的是哪一项？
   A 刀削面是外国人最喜爱的面食　　　　B 只有山西才有刀削面
   C 全靠用刀削，所以叫"刀削面"　　　　D 中间薄两边厚，形状像柳叶

90. 下列哪一项是"五大面食名品"之一？
   A 山东的伊府面　　B 北京的鱼焙面　　C 四川的打卤面　　D 河南的担担面

91. 为什么揉面很重要？
   A 揉不软，面就不好吃　　　　　　　　B 揉不光，面就不好看
   C 揉不好，削时容易粘刀、断条　　　　D 刀削面最精妙的地方在于揉面

92. 下列选项中错误的是哪一项？
   A 和面时，一般是一斤面，三两水
   B 揉成面团后要用干布蒙住，半小时后再揉
   C 高明的厨师每分钟能削 200 刀左右
   D 每个面叶的长度恰好是 6 寸

93—96.

　　抑郁是一把软刀子，它切割着你的心灵，你能感到
痛苦，但是却看不到这把软刀子。每个人在人生的某一
阶段、某一时刻都会经历抑郁的折磨，但有时自己又感
觉不出来。其实抑郁的表现有很多种，比如在生活中感
觉什么都没有意思，情绪低落，不愿说话，更不愿搭理
他人，无精打采，唉声叹气，忧心忡忡，等等。

　　心理卫生专家把严重持久性的抑郁分为三种。一种是双向情感障碍，表现为既有
情绪高涨的狂躁发作，又有情绪低落的抑郁状态。第二种是重型抑郁症，表现为抑郁
长期发作，严重时有自杀行为。第三种是轻度抑郁，表现为情绪不佳，愁眉不展，持
续时间达两年以上。

　　一些心理门诊统计表明，后两种抑郁中女性比男性高出一倍。女性发生的情况多
一些，并不意味着女性不如男性。相反，如果心理疾病能得到及早治疗和疏导，反而
会使人更加健康。对于女性来说，有一个有利于心理健康的法宝，即"唠叨"。当你
向亲人、朋友甚至同事唠叨一些事，宣泄了心头的积郁之后，心情就会好起来。

　　心理医生可以根据患者的情况进行心理治疗，并配合药物治疗、行为疗法、集体
疗法等方法，很快就会见效，有时比治疗普通感冒还要简单。

93. 下列哪个选项是正确的?
　　A 本文说的是一种很软的刀
　　B 抑郁是用来切割用的
　　C 人时时刻刻都在受抑郁的折磨
　　D 经历抑郁折磨时，有时自己感觉不到

94. 下列选项中哪一项是抑郁的表现?
　　A 感觉什么都有意思　　　　　　　　B 喜欢聊天儿，爱说爱笑
　　C 不愿搭理他人　　　　　　　　　　D 总是兴高采烈的

95. 下列哪一项不属于严重持久性的抑郁?
　　A 双向情感障碍　　　　　　　　　　B 早上起床不爱说话
　　C 有自杀行为　　　　　　　　　　　D 持续两年以上情绪不佳，愁眉不展

96. 下列哪种做法对心理健康有利?
　　A 唠叨　　　　　　　B 跑步　　　　　　　C 吵架　　　　　　　D 睡觉

97—100.

七月，夏日炎炎，大量西瓜上市了。西瓜被称为"夏季水果之王"，是人们最为喜爱的水果之一。

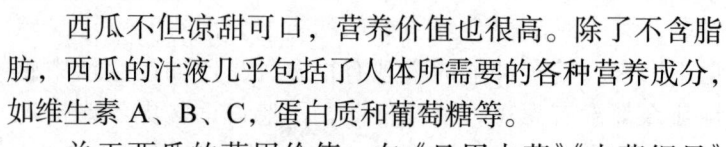

西瓜不但凉甜可口，营养价值也很高。除了不含脂肪，西瓜的汁液几乎包括了人体所需要的各种营养成分，如维生素A、B、C，蛋白质和葡萄糖等。

关于西瓜的药用价值，在《日用本草》《本草纲目》等中医典籍中均有记载。如西瓜能消烦、止渴、解暑热；将西瓜汁含在口中可治口疮；西瓜皮，中医叫"西瓜翠衣"，可治岔气及口唇生疮；瓜籽仁有清肺等功能；根叶煎汤，可治肠炎；瓜皮煎汤代茶，是很好的消暑清凉饮料。

中国人在长期的西瓜栽培中，经过精心选育，创造了许多优良品种，如"郑杂三号"等。有的西瓜品种起的名字还很新颖，如"十八天炒"，因为它生长18天就成熟了。这种西瓜皮薄，籽儿小，个儿也不大，却比普通西瓜甜，一棵能结三四个，深受人们喜爱。西瓜很容易种植，只要把吃瓜时吐出的籽儿晒干，第二年开春后埋在土里，经过绵绵春雨，瓜芽就渐渐从瓜壳里钻出来，不几天就能长出几寸高。如果管理得好，一棵瓜秧能结出三四个西瓜，一亩地能产上千斤，经济效益很高。种西瓜是农民发家致富的好门路。

西瓜在中国有着悠久的种植历史，因为它来自西域，所以名"西瓜"，因其性寒，又名"寒瓜"。

97. 下列哪一项不是西瓜汁中含有的营养成分?

    A 脂肪   **B** 维生素A   **C** 蛋白质   **D** 葡萄糖

98. 下列哪一项属于西瓜的药用价值?

    A 治疗心绞痛   **B** 止头疼   **C** 解暑热   **D** 祛风湿

99. 为什么有的西瓜名叫"十八天炒"?

    A 要炒18天   **B** 生长18天就成熟了

    C 它皮薄，籽儿小   **D** 它比普通西瓜甜

100. 西瓜又叫什么?

    A 水瓜   **B** 甜瓜   **C** 绿皮瓜   **D** 寒瓜

三、书　写

第 101 题：缩写。

（1）仔细阅读下面这篇文章，时间为 10 分钟，阅读时不能抄写、记录。

（2）10 分钟后，监考会收回阅读材料，请将这篇文章缩写成一篇短文，字
　　　数为 400 字左右，时间为 35 分钟。

（3）标题自拟。只需复述文章内容，不需加入自己的观点。

（4）请把短文直接写在答题卡上。

　　那还是好几年前，我和朋友到一家小餐馆吃饭。虽然餐馆看起来很简陋，但里面的卫生工作，却做得特别好，到处都抹得干干净净，餐具也干净得让人放心。更重要的是，他们端出来的菜分量特别足，味道也不错。我笑着跟老板说："难怪总有人说在你这里吃饭，不会花冤枉钱呢。"老板笑了笑，一脸实诚地说："你看我们这，巴掌大块地方，就开了十多家餐馆，我要是让人花钱花得冤枉，那我不是把客人往别人店里赶吗？"

　　后来我们又去了几次，发现他的生意更好了，而他附近的那些餐馆，门口的小车也好，自行车也好，总是少得可怜。"这里最大的特色，就是分量足。""有的餐馆，刚开业的时候，分量也是很足的，但生意稍稍好一点，他们端上来的东西，就不是那么回事儿了。""我发现我们中国人做事，最难做到的就是始终如一。"朋友们说。

　　五年之后，这家餐馆扩大了规模，办成了一个有着三层楼房的很像个样子的中型酒店。去过的人，都说味道还是那么好，分量还是那么足。最近，我和朋友们在那里相聚。"你附近那么多餐馆都垮了，你却规模越来越大，名声越来越好，不简单啊。"我笑着跟老板说。接着我就问："让我感兴趣的，是你怎么就能做到让菜的分量一直都这么足呢。"

　　老板想了想，笑着说："你问得好，说起来，这就是我们的经营法宝。要知道，在这个问题上，开始的时候，我们家里的意见也不是很统一的，说收同样的钱，别人的分量少，我们的分量多，时间长了我们就要吃亏，而我总是跟他们说，不要怕别人分量少了占便宜，他们那样做，实际上是在衬托我们，衬托我们做生意实在，衬托我们为人老实，时间长了，受益的肯定还是我们。我的

体会是，不管干什么事，你只要路子走得正，做人做得好，就总会有人来从反面衬托你。有人从反面衬托你，那就等于是人家在拆自己的台，补你的台啊。"

一番话说得我和朋友们连声叫好："高见！高见！难得一闻的高见！""谢谢你跟我们说得这么透彻，真是让我受益匪浅！""是的，真正的聪明，就是守规矩，就是永远守着本分做事，这样时间长了，那些不守规矩不守本分的人，自然会把自己比下去，反而会把客户拱手相送。""在语文老师那里，衬托是一种修辞手法；在戏剧导演那里，衬托是一种表演手法；而到了这位老板这里，衬托却成了一种做人和经商的法宝。"

这个老板的话，真是非常耐人回味。于是我接着说："看来我们也得让那些不守规矩不守本分的人，从反面来衬托自己的守规矩守本分，我们也应该坚信长时间地让别人这样来衬托，我们必然能不战而胜，并且能不断发展壮大！"

■ 听力文本

HSK（六级）模拟试卷 1

（音乐，30 秒，渐弱）

大家好！欢迎参加 HSK（六级）考试。
大家好！欢迎参加 HSK（六级）考试。
大家好！欢迎参加 HSK（六级）考试。

HSK（六级）听力考试分三部分，共 50 题。
请大家注意，听力考试现在开始。

第一部分

第 1 到 15 题，请选出与所听内容一致的一项。现在开始第 1 题：

1. 在河南郑州，有位老人痴迷《红楼梦》。他从 31 岁起开始收藏《红楼梦》的不同版本，至今已收藏了 1400 多种版本的《红楼梦》，还收藏了许多相关资料和带有《红楼梦》画片的瓷器、铁罐等物品。为放置收藏的《红楼梦》，他还专门租下了一套两室一厅的房子。

2. 在南京河西江东北路上，有一座造型奇特的大楼，远看像是卡片，走近一看，却非常像一把斧头。记者在现场看到，这栋楼是银城广场 A 座，地面共高 19 层，整栋楼体的造型自南朝北由薄到厚，呈弧形的斧头状，市民称之为"斧式楼"。

3. 俗话说："一朝被蛇咬，十年怕井绳。"但一项科学发现，却有可能改变这一切。据英国媒体报道，美国科学家通过实验发现了一种可清除记忆的基因，这给患有"恐惧症"的人们带来了福音，甚至也可能改变人类的生命。

4. 沈阳皇姑区一位 68 岁的退休技工曾是一名机械制造加工能手。他历时 3 年，用铁皮、铜管和废旧物品制作的仿真蒸汽机车"上游号"，在北塔公园组装试车成功。这个长 2.2 米的火车头，能够在铁轨上载人前进或者后退。

5. 晚上，室友携女友一起去河边溜达。为了讨好女友，于是唱歌给她听。唱得正起劲，一位老大爷走到他身边驻足观看，室友害羞，停止了高歌。大爷轻轻地拍拍他的肩膀，语重心长地说："小伙子，没事，你继续，哭个痛快就好了，没啥过不去的坎儿！"

6. 瑞典皇家科学院宣布将今年的物理学奖授予英国和比利时的两位物理学家，以表彰他们对"上帝粒子"所做的预测。最先提出此项理论的三个人贡献相当，但因其中一位已经去世，就只能颁给这两位贡献者了。

7. 几名游客正在打麻将，突然，一只猴子窜出来。见其龇牙咧嘴，游客离开并报警。猴子肆无忌惮地上蹿下跳，竟然还玩起了麻将。据附近居民介绍，这是一只野猴，已在附近横行多日了，最后猴子被消防官兵抓住交给民警，送往了峨眉山景区内放生。

8. 正当许多妈妈在为宝宝不长牙而烦恼的时候，姚女士却被自己刚出生的宝宝给"吓到"了。昨日，姚女士在新晃县人民医院剖腹产下了一名体重七斤四两的健康女婴，宝宝一出生竟长出了两颗门牙。医生介绍这是姚女士孕期补钙过度所致。

9. 逛街后和老公打车回家，到家门口时才发现我们俩人身上的钱合起来还差了两块。二人相对无语，非常尴尬。突然，老公低声而认真地说："师傅，我们还差两块，你往回开一点儿吧！"瞬间车内安静了。

10. 小明的化学老师近视有 800 多度。一次上课，他在黑板上板书后转过身来突然指着小明大喊："你站着干什么？还不赶紧坐下！"小明当时正坐在最后一排的座位上，而他身后的墙上挂着的是自己的大衣。

11. 小王打算辞职，他兴奋地告诉同事："终于不用再受这个领导的气了，我马上去交辞职信。"可是不一会儿，小王从领导办公室出来，满脸的失望。同事问："怎么了？领导没同意吗？"小王沮丧地抽噎着："领导也要跳槽，他说跟我是同一家公司。"

12. 莫言，1955 年生人，中国当代著名作家，香港公开大学荣誉文学博士，青岛科技大学客座教授。1980 年以乡土作品崛起，被归类为"寻根文学"作家。2011 年，凭长篇小说《蛙》获第八届茅盾文学奖。2012 年 10 月 11 日，获得 2012 年诺贝尔文学奖。

13. 一株植物上，一端长着番茄，另一端长着土豆，听上去这好像是实验室里的"怪物发明"。不过，近日在英国，经过此前长达 15 年的反复试验，终于成功培育出了这种"一藤双生"植物。它枝头挂满红通通的番茄，根部生有沉甸甸的土豆，真是又好看又实惠。

14. 昨天，有一名模特身穿裙长 2750 米的婚纱坐在一个热气球上。这条婚纱打破了此前 2488 米裙长的吉尼斯世界纪录。制作这件婚纱共用了 4700 米的布料，裁缝使用了 1857 枚缝衣针，耗时 100 天才完成。

15. 浙江潮，又名钱江潮、钱江秋涛、海宁潮，历来被称为天下奇观。这是由钱塘江出海口的特殊地理结构所造成的涌潮奇观。钱塘江与南美洲的亚马逊河、南亚的恒河并称为世界三大强涌潮河流，而浙江潮则被誉为"世界第一大涌潮"。

第二部分

第 16 到 30 题，请选出正确答案。现在开始第 16 到 20 题：

男： 大家好！我们很荣幸，今天邀请到了歌手白雪。你好白雪，我们看到你真的是多才多艺，会唱越剧，又会唱歌，又会演戏，还是一位好妈妈。其实据我所知你还有一个身份，一位军队里的副师长，是吗？

女： 其实我们是文职军衔，享受副师级待遇，并不是副师长。

男： 你是越剧演员出身，而且是在很小很小的时候就已经开始登台演唱了。

女： 两岁开始学越剧。

男： 是不是因为"军旅歌手"这个特殊身份才会取得这么高的军衔？

女： 一个是我当兵比较早，我 16 岁就当兵了，还有就是因为我立过二等功。

男： 我知道你平时喜欢的歌手是蔡琴，为什么很喜欢她？

女： 我喜欢她唱歌的理解力，她唱歌很放松，很真诚。

男： 你是军旅歌手，是不是纪律要求有些夸张的衣服不能穿？

女： 倒也没有纪律要求不能穿。

男： 收入上是不是会比职业歌手少一些？平时允许参加商业演出吗？

女： 演出是允许的，我们要打报告，基本上还是很支持我们的。但是广告我们是不能接的，下部队的时候，有些商业演出是不能接的，那样会影响我们在部队的演出。

男： 自己这么多年最难忘的演出是哪次？

女： 难忘的演出很多，近期最难忘的就是在神仙岛哨所的慰问演出，我们没有乐队，就为他们清唱，很多战士都流下了眼泪。

16. 关于女的的身份，哪一项是对的？
17. 下面哪一项是女的取得这么高军衔的原因？
18. 女的喜欢蔡琴的原因是什么？
19. 部队允许女的参加商业演出吗？
20. 女的认为近期最难忘的一次演出是哪次？

第 21 到 25 题是根据下面一段采访：

女： 大家好！欢迎您收看今天的《新华访谈》，我是主持人苑茵子。提起"雷锋精神"，我们就想起那些助人为乐的人。在我们身边就有这么一个人，他连续 16 年来爱心助学，资助了困难学生 180 多人；他连续 20 年无偿献血，累计献血总量高达 6 万毫升，他就是一个平凡且普通的工人，郭明义。今天非常高兴地把郭师傅请到演播室，听他讲讲爱心奉献背后的故事。欢迎您，郭师傅。

男： 您好，主持人！大家好！

女： 您从什么时候开始立志以雷锋为榜样？和家庭有关系吗？

男： 应该有关系。我的父亲是职业矿工，从我小时候开始，我父亲就教育我。上小学的时候，我们学校老师倡导学雷锋做好事，我把家里仅有的一点儿糖放在开水里，做成甜糖水。当工人叔叔喝到我的甜糖水时，我可高兴了。

女： 我看了一些材料，您从 18 岁开始当兵，又自学成才，学了大学的一些课程，自己学了英语，还做了什么？

男： 是的，在我感觉自己英语可以的时候，我给别人当过翻译。

女： 您是在什么时候加入公益事业，帮助贫困生上学的呢？

男： 1994 年的时候，希望工程在鞍山开始实行，我感到非常有意义。虽然我挣的钱非常少，但是我还能攒下来一点儿钱，我想，这些钱不是可以用在帮助贫困孩子上学上面吗？这是一件好事，于是，就做下来了。

女： 我听说，在您工作的鞍山矿区，发展了很多爱心团队，您有没有统计过有多少爱心团队呢？

男： 我们目前有七个郭明义爱心团队：希望工程爱心联队、无偿献血志愿者应急服务大队、造血干细胞捐献志愿者大队、遗体（器官）捐献志愿者俱乐部、慈善义工大队、红十字志愿者急救队和红十字志愿者服务队。

女： 在您的记忆中，您自己和爱心团队，一共帮助过多少孩子，还记得吗？

男： 到目前为止，我和我们的爱心团队，在鞍山及全国其他地方，帮助过的贫困孩子共有 1000 多人，我个人先后资助了 180 多人。

21. 男的从什么时候开始立志以雷锋为榜样？

22. 男的在掌握英语之后做过什么工作？

23. 男的在什么时候加入公益事业，帮助贫困生上学？

24. 根据男的的统计，有多少爱心团队？

25. 男的本人和爱心团队，一共帮助过多少孩子？

第 26 到 30 题是根据下面一段采访：

男： 每个时代都有每个时代的榜样，青年人尤其需要自己的人生榜样。今天我们邀请到的嘉宾是"中国大学生自强之星"雷庆瑶。庆瑶你好！

女： 主持人好！大家好！

男： 庆瑶介绍一下你的童年，可以吗？

女： 3 岁那年我被电击，失去了双臂，但是为了学习、生存，我学会了用双脚穿衣、做饭、吃饭、写字、缝补衣裳、骑自行车、游泳、绘画等等。

男： 听说 2007 年你收获了很多宝贵的东西。

女： 2007 年我获得了"华表奖优秀儿童女演员奖""第十七届金鸡百花电影节最佳新人奖""四川青年五四奖章""全国自强模范""中国大学生自强之星"等奖项。

男： 你现在在忙什么？

女： 现在我是一名大二的学生，就读于乐山师范学院，同时也是一名大学生创业者。但是我永远不会变的一个身份就是中国青年志愿者，我觉得我永远是一名志愿者。

男： 我知道最近有部影片《隐形的翅膀》，庆瑶是女主角。庆瑶，什么是你的隐形翅膀？

女： 这个隐形翅膀有很多意义。第一，我们都有梦想，我们要为之去努力。第二，我们每一个人从小接触的人，比如我们的家长、朋友、老师，以及社会上一切给予我们支持的人，没有他们，我们不可能很快成长。还有，就是我们生活的这个时代，我们伟大的祖国。

男： 3 岁的时候失去双臂，这样的经历一定会给家人带来很大的痛苦，对你自己而言，是从什么时候开始意识到自己与别人的不同的？

女： 在我失去胳膊的那一天，全家都崩溃了。我在医院昏迷两天没醒来，医生下了病危通知书，说这孩子没有希望了，建议把胳膊给截肢了，要不然会全身腐烂。

男： 你还当过运动员是吗？是游泳运动员吗？

女： 最开始是田径。我想当运动员是想把自己的身体锻炼得更强，也想获奖得到奖金，给家里减轻经济负担。

26. 下面哪一项是女的失去双臂之后学会的？

27. 女的2007年一共获得了几项荣誉？

28. 女的现在在哪个大学读书？

29. 关于"隐形的翅膀"，女的提到的是哪一项？

30. 根据全文，女的是一个什么样的人？

第三部分

第31到50题，请选出正确答案。现在开始第31到33题。

第31到33题是根据下面一段话：

从前，有一个农夫，他有两个水桶，一个完好无损，一个有一条裂缝。农夫每次挑水，有裂缝的水桶回到家时往往只剩半桶水。

有一位路人看见农夫用有裂缝的水桶挑水，每次都只能得到半桶水，他就对农夫说："你为什么不把你这个坏水桶修一下，这样你就不会浪费那么多的水了。"听了他的话，农夫慢慢地说道："你看见我回家那条路的路旁那些盛开的鲜花了吗？这些花只生长在坏水桶的那一边，而没有生长在另一个水桶那一边，因为我早就知道了它的裂缝，并利用了它，我在这一边撒下了花种，于是每天我们从小溪回来的时候，这个坏水桶就浇灌了它们。如今，这些鲜花已经给这条路带来了许多风景。"

这个故事告诉我们，要善于利用生活中的弊端。老天让那些不完美的东西存在，也一定有存在的道理，关键是我们如何利用它。

31. 路人觉得用坏水桶挑水怎么样？

32. 在农夫回家的那条路路旁，坏水桶的那边有什么？

33. 这段话主要想告诉我们什么？

第34到36题是根据下面一段话：

在宿舍楼的后面，停放着一部烂汽车，大院里的孩子们每到晚上7点时，便攀上车厢蹦跳，嘭嘭之声震耳欲聋，大人们越管，众孩童蹦得越欢，大人们也无可奈何。

这天，一个老人对孩子们说："小朋友们，今天你们比赛，蹦得最响的奖玩具手枪一支。"这些孩子欢呼雀跃，争相蹦跳，优者果然得奖。

次日，这位老人又来到车前，说："今天继续比赛，奖品为两粒奶糖。"这些孩子见奖品直线下跌，纷纷不悦，无人卖力蹦跳，声音疏稀而弱小。

第三天，老人又对孩子们说："今日奖品为花生米两粒。"众童纷纷跳下汽车，皆说："不蹦了，不蹦了，真没意思，回家看电视了。"

34. 大人们想禁止孩子们在汽车上蹦，结果怎么样？

35. 第一天比赛，奖品是什么？

36. 为什么第三天孩子们都不愿意在汽车上蹦了？

第 37 到 39 题是根据下面一段话：

人生的过程尽管充满了竞争，但是其目的绝对不是竞争。我们辛苦地学习、工作，不断充实和提高自己，最终的目的不应当是超过别人多少，而应当是达成自己心中对自我实现的要求。这工作你喜欢做，愿意做，那就多花时间和精力，最后有多少收获，自己心中有秤；这事儿你不喜欢，斟酌其重要程度，投入相应精力和时间，最后取得多大成绩，也是因果使然，完全不必与他人计较。

很多时候大家怨天尤人，更多的是因为没有想明白自己想要什么和不想要什么。人生就算是长跑，也只是一场没有对手的长跑，如果有对手，也只是你自己，在这个过程中，你只要关注你自己的进度即可。

37. 人生的目的应该是什么？

38. 为什么很多人怨天尤人？

39. 这段话主要想告诉我们什么？

第 40 到 42 题是根据下面一段话：

冬季气候寒冷，空气干燥，人们常常感到嗓子不舒服。其实，由于天气变化，呼吸道抵抗病菌能力下降，冬季咽喉疾病的发病率会增加。因此，冬季保护好嗓子尤为重要。医学专家认为，在增强保护意识、了解咽喉疾病病因的前提下，要从注意保暖、忌辛辣、戒烟酒等生活小事上做到防治咽喉疾病，保护好嗓子。

嗓子沙哑失声也是一种咽喉疾病，通常会发生在那些需要长时间讲话或不正确使用喉咙的人身上。如果持续沙哑超过两周以上，最好找耳鼻喉科医师检查与治疗。一般而言，噤声休息是治疗声音沙哑的最佳方法，至于声带出现问题，也并非一定要开刀，可先做语言治疗，当病情较重或语言治疗无效时，才必须接受喉内手术。

40. 为什么冬季保护嗓子很重要？

41. 下列哪项是防治咽喉疾病的方法？

42. 一般来说，最佳的治疗声音沙哑的方法是什么？

第 43 到 46 题是根据下面一段话：

在日常生活和工作中，每个人身上或许都大大小小存在着一些小污点，有的人总是不以为意，而有的人则能够立刻改正。

明朝有这样一个故事。一个名叫张瀚的人，在京城做官。张瀚才貌双全，深得丞相的赏识和器重。由于当时官场腐败混乱，不正之风盛行，张瀚也沾上了一些不良嗜好。丞相不愿看到张瀚深陷泥淖，于是把张瀚请到家中，劝张瀚在官场中要洁身自好，不要随波逐流。然而，张瀚却对丞相说："我身上的这些小毛病算不得什么，没有必要小题大做！"

丞相说："我给你讲一个故事。去年，我认识了一个很博学的人，他穿了一双新鞋子，走路时总是小心翼翼，怕弄脏了自己的新鞋子。尽管下大雨，路面到处是泥泞、积水，但他穿的鞋子的鞋面崭新如初。后来，一辆疾驰的马车将路上的泥水溅起，把他的鞋子弄脏了一小块。之后，这个男子走路再也不像以前那样小心谨慎了，而是无所顾忌，走哪儿是哪儿。后来，那双鞋子变得肮脏不堪，像是从泥塘里捞出来的似的。不仅如此，他的身上也弄得到处泥迹斑斑。"

听完故事后，张瀚顿悟，立刻下跪向丞相认错，并痛改前非。

43. 当时的官场怎么样？

44. 张瀚为什么觉得丞相小题大做？

45. 那个博学的人为什么由小心翼翼变得无所顾忌？

46. 这个故事告诉我们什么道理？

第 47 到 50 题是根据下面一段话：

笑是一种感情沟通。在生活中，最令人愉快、最善待客人的表情就是面部的笑。恐怕这个世界上从来不笑的人是不存在的。

笑，表达我们的感情，沟通我们的思想，展示我们内心的世界；笑，说明我们人类的美好。它对每一个人都起着引力作用、催化作用、宽慰作用、鞭策作用、鼓励作用和愉悦作用。但笑的方式和种类的不同，又使我们知道笑的种种内涵。

在千万种笑的选择中，最为美好的莫过于微笑。面对人间是非曲直，面对人生坎坷不平，面对生活困难问题，我们都微笑走过。用微笑的目光审视和体会美好，我们的生活就如花开般美丽。

有时候，微笑是一种问候，是一种谅解，是一种激励，是一种安抚；有时候，微笑是一种胸怀，是一种艺术，是一种力量，是一种奖赏；有时候，微笑是一缕阳光，是一泓甘泉，是滋润的雨露，是幸福的花朵。

在人生的长河中，微笑是我们欣赏到的最美的风景，它是我们最能接受的笑，最需要的笑，最爱的笑。笑对人生，微笑人间，情注生活，我们的意义和价值便在其中了，我们的乐趣便是为笑而笑。

47. 最令人愉快的表情是什么？

48. 笑有什么作用？

49. 笑有很多种，最为美好的是哪一种？

50. 根据录音，下列哪项正确？

听力考试现在结束。

HSK（六级）模拟试卷 *2*

第一部分

第 1 到 15 题，请选出与所听内容一致的一项。现在开始第 1 题：

1. 美术课上，老师教学生画老鼠。一个学生不会画，老师就走过去坐下来教他。老师一边画，一边不时地看学生是否在认真学。过了一会儿，学生满脸委屈地说："老师，您画老鼠，干吗老照着我画啊！"

2. 儿子问爸爸："节约和小气有什么区别？"爸爸说："当我舍不得给自己买东西的时候，你妈妈说我是节约；当我舍不得给你妈妈买东西的时候，她说我是小气。"

3. 虽然我做实验失败了，但是我并不灰心。我对自己说："失败乃成功之母！"

4. 巧克力可以使我们的心情保持愉快，因此现在很多人喜欢吃巧克力，尤其是女性。有些女性甚至不知不觉就对吃巧克力上了瘾。其实这是不好的现象。巧克力吃多了会使人发胖，而且会产生依赖。

5. 那天我和妈妈去逛超市。超市里的东西真是五花八门，光是奶粉就有很多牌子，让我们不知道到底选哪个好。

6. 在机场，小张对他旁边的漂亮女孩说："我可以向你问路吗？"女孩回答说："可以。你要到哪里？"小张说："到你心里！"

7. 小王和朋友一起聊天儿。朋友问小王说："你这一生中什么时候最快乐？"小王回答说："结婚那天。"朋友又问："那你这一生中什么时候最痛苦？"小王说："结婚后的每一天。"

8. 一个老板向他的职员们讲了一个并不可笑的笑话，可是职员们却一个个哈哈大笑，只有一个人没有笑。老板走到他面前问："你为什么不笑呢？"这位职员回答说："你忘了吗？我已经被你辞退了，用不着笑了！"

9. 小明非常喜欢看足球比赛。有一次，他看比赛来晚了，比赛还有 5 分钟就结束了。他急急忙忙赶到球场，刚坐下就问他的朋友："几比几？"朋友回答说："零比零！"小明高兴地说："太好了，一点儿也没耽误！"

10. 小王和他的美国朋友聊天儿。美国朋友说："你们中国太奇妙了！尤其是在语言文字方面。比如说'中国队大胜美国队'，是说中国队胜了；而说'中国队大败美国队'，还是说中国队胜。总之，胜利永远属于你们！"

11. 昨天我去看朋友的比赛。朋友跑了最后一名，我对朋友说："你跑了最后一名，真没劲！"朋友说："怎么能说没劲？你没看见其余的 8 个人被我追得直跑吗？"

12. 足球比赛还有一分钟就要结束了，可是双方仍然不分胜负。在这个关键时刻，西班牙队 6 号球员踢进最后一球，结束了这场比赛。

13. 妈妈正在厨房里做饭，小莉尖叫着从房间里跑出来，对妈妈说："我看到一只蟑螂！"妈妈说："这有什么大惊小怪的！"

14. 爷爷年纪大了，爸爸、妈妈的工作又很忙，不能常常在身边陪伴他。当爷爷一个人的时候，常常自言自语，看上去很孤单。

15. 我爸爸工作很忙，有的时候连休息时间都没有。昨天他从早上 8 点一直工作到晚上 11 点。回到家里，连饭都来不及吃，他倒头就睡着了。

第二部分

第16到30题，请选出正确答案。现在开始第16到20题：

第16到20题是根据下面一段采访：

主持人： 彭珊，你是怎么理解独立电影的？

彭　珊： 独立电影首先在精神和创作上都是独立的，而不是说资金上的独立。难道有资金介入它就一定不独立吗？但是我希望资金介入以后它并不影响导演的创作，不影响整个拍摄，不影响所有的创意。

主持人： 你是重庆大学美术电影学院文学系的，怎么想到要自己拍电影呢？

彭　珊： 因为大一一开始的时候我们就要拍学生短片。那个时候应亮在北师大已经学过了电影拍摄，我们分到了一个组。当时也没有想过我会在组里做什么，但是到了重庆以后慢慢发现自己擅长做制片方面的工作。做完小短片以后，我们就开始了长期的合作。

主持人： 制片主要做一些什么事情？

彭　珊： 其实制片一个是资金方面的工作，还有整体的发行，包括整个班底的管理。还有一个是制片主任，主要做的是团队的行政管理，包括场地、演员等这些行政方面的工作。但是我是两个都在做，因为本来独立电影就没有什么钱，基本上就什么都做，包括美工、录音也是我们自己做，什么都是自己在做。毕业以后就开始思考，到底是去拍一些电视剧挣点儿钱买房子，还是说去拍一些自己想要表达的东西。

主持人：《背鸭子的男孩》就是经过思考而诞生的作品吧？

彭　珊： 对，一个是创作上有一个思考，还有一个思考是关于自己以后要选择的路。

主持人： 这个故事是你们自己写的，还是改编自别人的作品呢？

彭　珊： 这个是自己写的，但是也受到了别人作品的启发。我们自贡有一位作家叫廖石香，他是我爸爸的好朋友。他有一篇短篇小说叫《硬汉》，是"文革"题材，讲的是一个小孩和妈妈进城卖鹅，目的是想用卖鹅的钱去给爸爸买药。可是孩子舍不得卖掉这只鹅，自己内心发生了很大变化。作者想告诉人们，在那么严酷的一个政治环境下，一个男孩必须要坚强。我们是受到这个故事的启发。

16. 彭珊是怎么理解独立电影的？

17. 彭珊是哪里毕业的？

18. 彭珊什么时候发现自己擅长做制片工作？

19. 下列哪一项是制片主要做的事？

20.《背鸭子的男孩》是彭珊自己写的还是改编的？

第21到25题是根据下面一段采访：

主持人： 大家应该都很熟悉文怡，她每周都会做一些很好吃的菜在博客里跟大家分享。文怡，你是什么时候开始用博客介绍美食的？

文　怡： 是2003年还是2004年，我记不清了。反正肯定是我刚从法国回来的时候。

主持人： 你去法国干吗？

文　怡： 陪我先生。那时他被外派到法国工作，我作为随行家属陪他。但是他们的工作签证有一个规定，你的家人不能在法国从事任何营利性质的工作。短短两年的时间读一个学位又不够，所以那段时间我除了游山玩水，就是在家里琢磨一些吃的东西。

主持人：你是怎么对美食发生兴趣的？

文　怡：其实我对美食的兴趣应该是从一台烤箱开始的。刚到巴黎的时候，我在我们租的小公寓里发现了一台烤箱，在 2001 年、2002 年的时候，我们中国家庭好像对烤箱这种东西还不太熟悉，我发现了它，就跟发现了一个宝贝一样。我就想它可以做面包，做蛋糕，做匹萨，从那个时候开始我就对这些东西感兴趣了。

主持人：你之前不是学这个的？

文　怡：我跟这个没有任何关系。

主持人：法国美食对你的影响大吗？

文　怡：会有一点儿影响，因为那时候我主要学做各式各样的西点，等于说这条路是从这儿开始起步的。

主持人：而且法国人把美食放在很崇高的位置上，他们的名厨相当于我们这儿的明星。

文　怡：对，其实法国人把美食、爱情、生活都放在非常重要的位置上，这方面我好像受了一点儿影响。但凡在生活中跟美好的东西相关的事情，我都会把它放在一个比较重要的位置上。

21. 文怡每周在哪里跟大家分享好吃的菜？
22. 文怡是什么时候开始用博客介绍美食的？
23. 文怡去法国干什么？
24. 文怡是因为什么开始对美食产生兴趣的？
25. 下列哪一项没被法国人放在重要的位置上？

第 26 到 30 题是根据下面一段采访：

主持人：冯易进先生，你现在在易百装饰新加坡有限公司的职位是什么？

冯易进：我是公司的总经理，也是首席设计师、品牌创始人。

主持人：据我们所知，你还不到 30 岁。大家都很好奇，年纪轻轻，你是怎么取得今天的成绩的？大家能不能跟你分享一下你成功的秘诀呢？

冯易进：其实我是以玩儿的心态去做设计。我非常喜欢设计，一个自己非常喜欢的事情，肯定会做好。

主持人：能不能先简单介绍一下易百公司的情况？

冯易进：易百公司选择在新加坡注册创办公司，是因为在建筑和室内空间方面，新加坡是一个非常典范的国家。

主持人：你现在在中国有六家分公司，对吗？

冯易进：还在不断地增加，像江苏、湖南也要陆续创办和经营。

主持人：那是怎样的一种运营模式？

冯易进：品牌特许加盟的形式。

主持人：大家都知道，作为一家装饰公司，设计师是非常关键的。能告诉我们易百公司在吸引设计师方面有什么优势吗？

冯易进：首先，我们公司为他们提供交流的平台，让他们不断进步；其次，设计师可以专心搞设计。因为是以特许加盟的方式，大家共用一个牌子，一起来打造，这样加盟的设计师就不用把时间花在品牌宣传和打开市场上；第三点是我们可以提供经营方面的指导，设计师们可以通过公司的网站了解包括企业文化理念和培训的一系列制度。

主持人：那你跟加盟店是一种怎样的分成模式？

冯易进：我们把品牌的成本控制住，我可以经常去给易百分公司的设计师培训，他们的财务完全由自己来负责。

主持人：相当于只收了一个会员费。

冯易进：对，就是这个意思。

主持人：现在你考虑最多的是什么？

冯易进：当然是如何把公司做大。就像刚才说的成本问题，由我们付出广告成本，大家一起用这个牌子。作为一个经营者，你想着的不该只是明天、后天的事情，应该考虑到一个长远的目标。所以我目前不会过多地考虑到底能赚多少钱，我想把眼光放远一点儿。

26. 冯易进在公司的职位是什么？

27. 冯易进成功的秘诀是什么？

28. 冯易进的公司是在哪里注册创办的？

29. 下列哪一项不是易百公司在吸引设计师方面的优势？

30. 现在冯易进考虑最多的是什么？

第三部分

第 31 到 50 题，请选出正确答案。现在开始第 31 到 34 题：

第 31 到 34 题是根据下面一段话：

一天早晨，曾子的妻子准备去集市，她的儿子却吵着闹着要跟着去。她对儿子说："你在家等着，我回来后给你做你爱喝的猪肠汤。"儿子一听，立即乖乖地在家等着。

晚上，曾子的妻子回来了。她进门一看，曾子正准备杀猪呢。她急忙上前拦住丈夫，说道："家里只养了这几头猪，都是逢年过节时才杀的。你怎么拿我哄孩子的话当真呢？"曾子说："在小孩面前是不能撒谎的。他们年幼无知，经常从父母那里学习知识，听取教诲。如果我们现在欺骗了他，等于是教他以后去欺骗别人。虽然我们能哄得了孩子一时，但以后他知道受了骗，就再不会相信我们的话了。这样怎么能教育好自己的孩子呢？"曾子的妻子觉得丈夫的话很有道理，于是心悦诚服地帮助曾子杀猪。没用多长时间，她就为儿子做好了一顿丰盛的晚餐。

曾子用言行告诉人们，说话、做事情应该言而有信，用自己的行动做表率，去影响自己的子女和整个社会。

31. 曾子的妻子要去干什么？

32. 曾子的妻子为什么不让曾子杀猪？

33. 曾子为什么坚持要杀猪？

34. 这个故事告诉我们什么道理？

第 35 到 38 题是根据下面一段话：

　　人口问题是全球最主要的社会问题之一，是当代许多社会问题的核心。世界人口的迅猛增长引起了许多问题。特别是一些经济不发达国家的人口过度增长，影响了整个国家的经济发展、社会安定和人民生活水平的提高，给人类生活带来许多问题。人口问题主要是人口过多，指人口剧增，通常是指数式增长，给环境带来压力。20 世纪开始，世界人口出生率已大大超过世界人口死亡率。为了解决人口增长过快的问题，人类必须控制自己，做到有计划地生育，使人口的增长与社会、经济的发展相适应，与环境、资源相协调。人口与环境有密切的互为因果的联系，在一定的社会发展阶段、一定的地理环境和生产力水平条件下，人口增殖应保持在适当比例内。

　　35. 当今社会的核心问题是什么？
　　36. 说话人提到人口过多会对哪个方面造成压力？
　　37. 为了解决人口增长过快的问题，人类必须要做什么事情？
　　38. 人口与环境有着怎样的关系？

第 39 到 42 题是根据下面一段话：

　　在中国传统文化中的阴阳五行哲学思想、儒家伦理道德观念、中医养生学说，还有文化艺术成就、饮食审美风尚、民族性格特征等诸多因素的影响下，中国人创造出了彪炳史册的中国烹饪技艺，形成了博大精深的中国饮食文化。

　　周秦时期是中国饮食文化的形成时期，以谷物蔬菜为主食。春秋战国时期，自产的谷物蔬菜基本都有了，但结构与现在不同。当时田地里播种的主要是小米，又称"谷子"，长时期占主导地位，为五谷之首。好的小米叫"粱"，好的粱又叫"黄粱"。大黄黏米仅次于小米，又称"粟"，种植也较为普遍。豆类，当时主要是黄豆和黑豆，是老百姓、穷人吃的。南方还有稻，周朝以后中原才开始引进种植。稻属于细粮，较为珍贵，普通百姓特别是穷人是很难吃到的。

　　39. 下面哪一项没有直接影响中国饮食文化的形成？
　　40. 中国饮食文化是什么时期形成的？
　　41. 什么是"五谷之首"？
　　42. 周秦时期穷人常吃什么？

第 43 到 46 题是根据下面一段话：

　　印制人民币用的钞票纸是水印纸，它是一种用于钞票印刷的专用纸张。这种纸是中国印钞造币总公司下属的三家钞票纸厂生产的，它们是：河北保定钞票纸厂、江苏昆山钞票纸厂和成都钞票纸厂。这种纸除了具有耐磨、耐折、耐酸、耐碱等物理化性质外，还有内置安全线、彩色红、蓝纤维等防伪手段，并且上面布满了用于防伪的水印图案。在印刷前，工作人员要对纸张进行逐张质量检查，因为水印有方向问题，所以每张纸必须按照水印图案方向摆好，并且用打孔机在边上打孔定位，不能出错。

　　因为防伪的需要，人民币要使用各种印刷工艺手段，所以，要根据具体的印刷工艺手段和使用油墨及色泽的要求，制作相应内容的平、凸、凹版。例如，因为人民币中要使用手工雕刻凹版图案，所以必须根据币面内容，由钢版雕刻师雕刻相应内容的钢版，印刷时安放到凹印机上进行印刷。

43. 印制人民币用的专用纸张是什么？

44. 以下选项中，哪一项不属于人民币的防伪手段？

45. 工作人员对纸张进行逐张质量检查的原因是什么？

46. 为什么要在人民币上制作出平、凸、凹版的图案？

第47到50题是根据下面一段话：

春秋战国时期，中国有一位发明家叫作鲁班。两千多年来，他的名字和有关他的故事一直在民间流传着，后代土木工匠都尊称他为祖师。

鲁班大约生于公元前507年，本姓公输，名般。因为他是鲁国人，"般"和"班"又同音，所以人们尊称他为鲁班。他主要是从事木工工作。鲁班是怎样发明锯子的呢？相传有一次他进深山砍树木时，一不小心，手被一种野草的叶子划破了，他摘下叶片轻轻一摸，原来叶子两边长着锋利的齿，他的手就是被这些小齿划破的。他还看到一棵野草上有条大蝗虫，两个大板牙上也排列着许多小齿，所以能很快地磨碎叶片。鲁班从这两件事上得到了启发。他想，要是有这样齿状的工具，不是也能很快地锯断树木了吗？于是，他经过多次试验，终于发明了锋利的锯子，大大提高了工效。

鲁班模仿生物形态还发明了许多木工工具，如刨子等。这些发明都要归功于他在实践中留心观察，细心发现。

47. 现在，从事什么工作的人尊称鲁班为祖师？

48. 鲁班本来姓"公输"，可人们为什么叫他"鲁班"呢？

49. 鲁班去山里砍树时，手指是被什么东西划破的？

50. 根据这个故事，下列哪一项有助于发明？

听力考试现在结束。

HSK（六级）模拟试卷 3

第一部分

第1到15题，请选出与所听内容一致的一项。现在开始第1题：

1. 小王和朋友在闲聊。朋友问小王："你弟弟最近好吗？"小王说："住院了，他昨天受伤了。"朋友很吃惊地说："真糟糕！怎么回事？"小王说："我们做游戏，看谁能把身子探出窗外最远，他赢了。"

2. 深夜，睡着了的孩子又哭了起来。怕打扰邻居的睡眠，父亲决定唱一段催眠曲哄孩子入睡。刚开了个头儿，邻居就抗议了："还是让孩子继续哭吧。"

3. 科学证明，每天喝6杯水最为恰当。不过，这6杯水并不是一起床就全部喝完，而是应该"早晨起来一杯水，上午上班后一杯水，上午下班前一杯水，下午上班后一杯水，下午下班前一杯水，晚上睡前一杯水"。而且，水喝少了不行，喝多了也不行。水喝多了容易导致水中毒，出现头昏眼花、无力、心跳加快等症状。

4. 火车上，一名男子跑进车厢，着急地对其他乘客说："隔壁车厢有一位女士晕过去了，谁带了威士忌？"乘客中很快有人拿出了威士忌。这位男子接过来，喝了几大口，然后将酒瓶还给那个乘客，说道："太谢谢你了，我这人看见女士晕倒就难受，现在好多了！"

5. 小张是一名消防员。一次他救了一个漂亮的女孩儿。女孩儿对小张说："你为了救我，一定费了不少力气吧？"小张说："可不是嘛！为了救你，我打退了三名消防员，他们都抢着救你呢！"

6. 晚上八点，我三岁的弟弟已经躺在床上了。他请求妈妈说："妈妈，给我一只苹果吧！"妈妈说："孩子，太晚了，苹果已经睡觉了。"弟弟说："不，小的也许已经睡了，但是大的肯定没睡呢！"

7. 小丽和朋友出去玩儿。朋友一见到小丽就问："小丽，你戴的是假发吗？"小丽说："是的。可是卖假发的人对我说，肯定谁也看不出来这是假发。"朋友说："是的，我看不出来，但是你忘了把商标从假发上取下来了。"

8. 一名医生走进一家书店。他从书架上拿下一本书，问道："这本书有趣吗？"书店老板说："不知道，没读过。"医生很奇怪，说道："你怎么能卖自己没读过的书呢？"书店老板说："难道你能把医院里的药都尝一遍吗？"

9. 一天，女儿考完试回到家，爸爸看到女儿只考了80分，很生气，就对女儿说："你要向前面的人学习！"女儿很委屈地说："可是坐在我前面的人只考了50分。"

10. 人的烦恼是因为太会计划，今天的事情已经够多了，可是还要预计明天、后天、一年、十年以后可能出现的变化，然后做多手准备。这是聪明，还是自以为聪明？

11. 小丽第一次烫卷发。她的朋友问她直发和卷发有什么不同的感受。她说："直发的时候，商店的老板见了我都是说：'小姐，上学去啊？'而现在却变成了：'小姐，上班去啊？'"

12. 白天，鸟儿们在枝头穿梭鸣叫，在蓝天下自由飞翔，到了晚上，它们和我们人一样也要休息、睡觉，恢复体力，不过它们睡觉的姿势可是各不相同的。有的站着睡，有的倒着睡，有的甚至睁一只眼闭一只眼睡。

13. 小强是一个很调皮的孩子。一天，小强对老师说："老师，今天有个小朋友掉进坑里了，他们都笑他，就我没笑。"老师很高兴，说："很好。那是谁掉进坑里了呢？"小强说："是我。"

14. 小王的好朋友要转学了，好朋友来和小王告别。小王说："你别转学，我离不开你。"他的朋友说："不行，我的成绩是全班倒数第一，太丢人了。"小王伤心地说："可是如果你走了，我就是全班倒数第一了。"

15. 考试以后，老师公布成绩。老师说："90分以上和80分以上的人数一样多，80分以上和70分以上的人数也一样多。"听完，全班同学都非常高兴。这时，一个同学问："那么……不及格的人数呢？"老师说："不及格的人数和全班人数一样多。"

第二部分

第16到30题，请选出正确答案。现在开始第16到20题：

第16到20题是根据下面一段采访：

主持人： 今天的话题是关于梦想。我们请到的嘉宾叫杜国峰，他的梦想是成为驾驶动力三角翼飞越全球的第一个华人。请问一下，您是什么时候有这个梦想的？

杜国峰： 一直都有。我1986年入伍，从第一次跳伞到现在已经20多年了，在我飞了这么多年以后，环球飞行这个梦想在我心中越来越强烈。国外已经有很多飞行家、冒险家完成了他们环球飞行的梦想。去年英国有一位盲人驾驶动力三角翼，在教练和设备的辅助下，从英国飞到澳大利亚。我们作为中国的航空运动者，为什么不能完成这个梦想？为什么我们不能实现环球飞行，向世界宣传中国，把世界的美从空中带给大家？

主持人： 很多人想问您，在空中飞行的时候冷不冷？

杜国峰： 当然冷！很多人坐过民航飞机，在万里高空的时候，你在机舱里感觉不到，但是实际外面的温度是零下五六十度。随着高度的上升，每上升100米，温度就下降6度半，况且我们这种轻型三角翼没有座舱，是完全暴露在空气里的，所以要飞3000米的话，就要比地面温度低将近20度。夏天这样飞行的话，飞到几千米，上边温度都是零度，如果冬天更是非常寒冷。

主持人： 您认为飞行时最大的挑战是什么？

杜国峰： 恶劣的天气。因为在高空中常会碰见气候的变化，空中气流的威力是非常巨大的，就好像一壶烧开的开水，而且轻型飞机对条件的要求非常苛刻。

主持人： 您下一个飞翔的目标是哪里？

杜国峰： 珠穆朗玛峰。其实在实现华人环球飞行的梦想以前，我就想去了，况且它就在我们国内。

主持人： 您觉得飞越珠峰最需要注意的是什么问题呢？

杜国峰： 当然是发动机。特别是对这种轻型飞机来说，活塞式发动机要飞到8000多米、9000米的高度，动力是亟待解决的。而且大家都知道，珠峰的天气非常恶劣，空中的大风是很可怕的。

16. 杜国峰是什么时候有飞越全球这个梦想的？

17. 在空中飞行的时候冷不冷？

18. 杜国峰认为飞行时最大的挑战是什么？

19. 杜国峰下一个飞翔目标是哪里？

20. 飞越珠峰最需要注意的问题是什么？

第 21 到 25 题是根据下面一段采访：

主持人：今天我们请到的是《广告导报》出版人兼主编、智慧工场传播机构的 CEO、营销名人凌平先生。凌先生，您好！听说您最近在做一部电影，叫《恋爱前规则》，这是一部什么样的电影？能简单地给我们讲一下吗？

凌　平：应该是属于青春爱情喜剧。它是根据一部网络小说改编的，小说名叫《和空姐同居的日子》。我们三年前买下了它的电影版权，这次改名叫《恋爱前规则》。

主持人：您期望的票房是多少？

凌　平：我们预想突破 3000 万。这确实有比较大的难度，但是我想通过很好的营销，应该能达到这个目标。再加上这部网络小说本身很火爆，点击量已经超过 10 亿次了，还有主演王珞丹的人气，我觉得能达到我们期望的票房。

主持人：您本来就是营销方面的专家，这部电影的营销您会有一些什么创新的举措？

凌　平：主要是利用网络媒体。正好网络人群和电影人群基本上是相吻合的，上网的大多是年轻人，看电影的也大多是年轻人。所以这次除了传统的营销方式之外，我们也利用了网络的很多优势。开始的时候做过网络选秀，并且通过网络征集了一些恋爱规则。

主持人：有一个规律说，经济危机的时候往往电影会火爆。

凌　平：对，确实是这样的。美国在经济萧条的时候电影也很火爆，中国今年正是印证了这一规律。我看了数据，中国 1 到 6 月的电影上座率增长将近 40%。有几个地方特别特殊，我的老家长沙今年一季度增长 91%，重庆是 51%，很多地方突破了 50%。像北京、上海、广州这些以前电影比较发达的地方，增长率稍微低一点儿，但是总的量很大。今年我为什么敢做电影？也是基于这个基础。

21. 下列说法哪个是错误的？

22. 《恋爱前规则》是一部什么样的电影？

23. 凌平期望的票房是多少？

24. 这部电影的营销会有什么创新的举措？

25. 经济危机时电影会怎么样？

第 26 到 30 题是根据下面一段采访：

主持人：今天我们邀请到的是富隆酒业的 CEO 沈宇辉先生。沈先生，您好！

沈宇辉：您好。

主持人：您最近被评为影响全球葡萄酒行业的 50 人之一。据我所知，这是由全球最权威的两本葡萄酒杂志之一《行酒季》评选出来的。

沈宇辉：对。《行酒季》的评选每两年一次，在全球范围内评选葡萄酒行业最有影响力的 50 人。这些人可能包括政客，因为他制定的政府政策或者是法规会影响到葡萄酒行业。

主持人：比如说，这次萨科奇总统就在这 50 人之内。

沈宇辉：对。

主持人：参与评选的除了政客还可以是什么人？

沈宇辉：可能是酿酒师，或者是酒评界的人，也有酒商。

主持人：您是酒商中的一员？

沈宇辉：对。

主持人：那您认为自己当选的原因有哪些呢？

沈宇辉：第一个是因为中国市场，现在国际上葡萄酒行业开始注意中国这个庞大的市场了；第二，可能主要是我们的经营模式有所创新；第三，我们是葡萄酒文化的先锋传播者。

主持人：其中最主要的是哪一个？

沈宇辉：当然是创新的经营模式了。

主持人：沈总从事葡萄酒这个行业是因为喜欢吗？

沈宇辉：对。我在澳大利亚11年，在那里参观了不少葡萄酒庄园，也喝了很多葡萄酒。1995年回国，国内那个时候红酒的热潮还没开始，但是有些人已经开始欣赏这种文化，因为它是很美好的东西。将来随着中国经济的发展，中产阶级和富豪阶级的群体会越来越庞大，他们对这些东西肯定会有需求，因为除了单纯的物质需求以外，很多人还会有精神方面的需求。

主持人：您有没有专门去学这方面的知识？

沈宇辉：没有。

主持人：那您是以什么角度来从事这个行业的？

沈宇辉：以一个爱好者的角度。我从来没有在任何葡萄酒公司做过事，也没有学过如何经营葡萄酒，我只是以一个爱好者的角度，去判断喜欢葡萄酒的人需要什么。

26.《行酒季》的评选几年一次？

27. 参与评选的除了政客还可以是什么人？

28. 沈宇辉觉得自己当选最主要的原因是什么？

29. 沈宇辉从事葡萄酒这个行业的原因是什么？

30. 沈宇辉是以什么角度来从事葡萄酒行业的？

第三部分

第31到50题，请选出正确答案。现在开始第31到34题：

第31到34题是根据下面一段话：

一只狐狸不小心掉到了井里，不论它如何挣扎，仍然没法爬上去，只好待在那里。一只公山羊觉得口渴极了，来到井边，看见狐狸在井下，便问它井水好不好喝。狐狸觉得机会来了，心中暗喜，马上镇静下来，极力赞美井水好喝。

"这水是天下第一泉，清甜爽口，你也赶快下来喝吧！"

一心只想喝水的山羊信以为真，便不假思索地跳了下去。当它咕咚咕咚痛饮之后，就不得不与狐狸一起共商上井的办法。狐狸早有准备，它狡猾地说："我倒有一个办法，你用前脚扒在井墙上，再把角竖直了，我从你后背跳上井去，再拉你上来，我们就都得救了。"

公山羊同意了它的提议。狐狸踩着它的后脚，跳到它背上，然后再从角上用力一跳，跳出了井口。

狐狸上去以后，准备独自逃离。公山羊指责狐狸不信守诺言。狐狸回过头对它说："喂，朋友，你的头脑如果像你的胡须那样完美，你就不至于在没看清出口之前就盲目地跳下去了。"

31. 谁先掉进井里的？
32. 狐狸是怎样欺骗公山羊跳下井的？
33. 狐狸最后是踩着公山羊的哪个部位跳出井的？
34. 这个故事告诉我们什么道理？

第35到37题是根据下面一段话：

一天傍晚，布什内尔与几个士兵下岗后一起到海边散步。他们爬到礁石上，一边聊天儿，一边欣赏落日余晖下的海景。看够了远景，又观近景，水很清澈，水生物历历在目。他们看见一群活泼的小鱼自由自在地在水中游来游去。突然，水下有一条大鱼悄悄潜游过来，游到小鱼的下方后，猛地朝上一跃，咬住了一条小鱼，别的小鱼吓得惊魂不定，各奔东西。士兵们目睹了海底世界的这场"海战"，觉得十分有趣。这却使布什内尔大受启发：能不能造个像大鱼那样的船，潜在水中，神不知鬼不觉地钻到敌军战舰底下去放水雷，炸他个人飞舰沉呢？

后来，布什内尔带领同伴们真的制成了一艘可在水下潜行的秘密船。本来是想仿照鱼的外形制造的，但造成之后却像乌龟，因此，同伴们就为它取了个代号——海龟。这只像"海龟"的秘密船，能上升，能下降，能前进，能后退。在它的帮助下，他们击退了敌军的多艘战舰。后来，经过人们的不断改进，制成了新的神秘武器——潜水艇。

35. 布什内尔他们去了哪里散步？
36. 布什内尔看到什么受到了启示？
37. 他们给秘密船取了个什么代号？

第38到41题是根据下面一段话：

有些人喜欢叙述自己的亲身经历。自己的亲身经历讲起来最精彩、最生动。许多人都喜欢听别人讲自己的亲身经历。在新闻报道中，"目击者"和"当事人"的叙述也是最吸引人的。有很多人把自己的亲身经历编写成小说，拥有众多的读者，甚至改编成电影也很卖座。

可是，并不是每一个人都会讲故事。许多人在讲述自己经历的时候，觉得样样都很有味道，样样都讲，面面俱到，结果呢？听众茫然无绪，索然无味。

讲故事比起写故事来更难一些。抓住要点，吸引对方的注意力，引起对方的浓厚兴趣是讲故事的基本技巧。在讲故事的过程中，少用对话，节奏可以快一点儿，在重要的地方，讲得要详细一点儿，其他地方则用一两句话交代一下就行了。

38. 录音中说有些人喜欢做什么？
39. "卖座"在这里的意思是什么？
40. 什么原因会让别人对自己所讲的故事没有兴趣？

41. 讲故事和写故事哪个更难？

第 42 到 44 题是根据下面一段话：

中国东北三省的菜各有千秋，也各具优势，从辽宁到吉林，再到黑龙江，每一处都有不同的精细。

说起东北菜，杀猪菜当然是不能少的。杀猪菜的肉都是新鲜的，整块的五花肉放在锅中煮熟后，再切成又大又薄的肉片。酸菜是杀猪菜的又一主角，东北人习惯在年节杀猪，家家户户的酸菜也是在入秋时节腌上的，用的都是当地的秋白菜，到了杀猪的时候刚好腌成。血肠也很讲究，要用绝对新鲜的猪血，加葱花等调味。煮的时间过长，肠衣迸裂，血也会生硬，时间短了又会不熟，所以能做出地道美味的杀猪菜是很不容易的。

42. 中国的东北三省不包括下面哪个省？

43. 东北菜中不能少的是什么？

44. 除肉片外，杀猪菜中的又一主角是什么？

第 45 到 47 题是根据下面一段话：

上世纪 60 年代，当日本的空手道、韩国的跆拳道、泰国的泰拳、美国的拳击等誉满世界时，西方人却对中国武术知之甚少，甚至一无所知。李小龙成为中国武术的宣传员与传播员。他在美国开设武馆传授中国功夫，提升了中国武术的知名度。李小龙主动与各流派武术高手切磋，以咏春拳为基础，借鉴、吸收各类拳种的技击思想、原理及方法，创造了现代中国实战武术"截拳道"，为中国武术创造了世界性的有形与无形价值。李小龙将 kung fu（功夫）一词写进了西方的词典。

45. 上世纪 60 年代，不被西方人了解的是哪国的功夫？

46. 李小龙创造的中国实战武术是什么？

47. 写入西方词典的新词是什么？

第 48 到 50 题是根据下面一段话：

社会问题的特征主要表现在普遍性、变异性、复合性和周期性四个方面。普遍性，指社会问题自始至终存在于每个民族、国家和社会的现实生活中；变异性，指社会问题在不同时间、不同地区、不同民族或社会，表现各不相同，各具特性；复合性，指社会问题在产生原因、存在方式或表现形式以及后果等方面具有复杂的性质，即社会问题是由多种因素复合而成的，常常是几种社会问题并存，并引起一系列破坏性的社会后果；周期性，是指社会问题在其发生、发展过程中表现出的时间规律性。通常说来，社会问题总的时间进程及其阶段性，是周期性的两个基本含义。社会学家还特别强调周期性中潜伏性和反复性的特征。

48. 社会问题的特征表现在几个方面？

49. 常常是几种社会问题并存，这是社会问题哪个方面的特征？

50. 潜伏性和反复性属于社会问题特征中的哪一个？

听力考试现在结束。

HSK（六级）模拟试卷 4

第一部分

第 1 到 15 题，请选出与所听内容一致的一项。现在开始第 1 题：

1. 一位出租车司机开车很快，经常闯红灯。乘客很害怕，请他开慢些。司机说："没事，我哥哥也是这么开车的。"他们来到一个十字路口，前面是绿灯，司机反而停了下来。乘客好奇地问："为什么停下来了？"司机有点儿尴尬地说："怕我哥哥从红灯那边闯过来。"

2. 动物园的管理员发现袋鼠从笼子里跑出来了，于是决定将笼子的高度加倍。结果第二天，袋鼠还是跑出来了。管理员大为紧张，几只袋鼠却在一旁闲聊。一只说："你们看，这些人会不会再加高笼子？""很难说，"另一只回答，"如果他们再忘记关门的话！"

3. 丈夫对妻子养的猫忍无可忍，把猫塞进麻袋就出门了，绕了很多弯路，最后才把猫扔掉。一小时后，妻子接到丈夫的电话："猫回家了吗？""5 分钟前就回来了，亲爱的。"妻子回答。丈夫大喊："你叫它接电话！我找不到家了！"

4. 一只山羊在奔跑时脚上扎了一枚钉子。它想了许多办法都没有把它弄掉。同伴们都为它担心，因为像它这样，很快就会成为狮子的午餐。为了不失去一位好伙伴，它们向草原上的其他动物求救。白鹤听说了，就用它又尖又长的嘴拔出了钉子。

5. 日本和美国的科学家最新研究发现，人类 8% 的基因来自一种病毒，而不是来自人类的祖先。人类和其他哺乳动物的基因中包含来自这种病毒的 DNA。经过这种病毒复制的 DNA 可能会导致精神方面的疾病。

6. 一位勤劳的农民收获了一个巨大无比的南瓜，于是他把南瓜献给了国王。国王见了很高兴，赐给农民一匹好马。这件事很快家喻户晓。一个有钱人听说了，就向国王进献了一匹好马，希望能够得到更多的钱。国王同样很高兴，说："把那个珍贵的大南瓜赐给这个人吧！"

7. 有一个人想学医，可是又犹豫不决，就去问他的一个朋友："再过 4 年，我就 40 岁了，学医还行吗？"朋友对他说："怎么不行呢？你不学医，再过 4 年，你也是 40 岁呀！"听了朋友的话，他第二天就去报名学习了。不久，他成了一名出色的医生。

8. 两个猎人在打猎时遇到了一头饥饿的熊，一个人躲进了山洞，另一个爬上了树。熊不肯离去，就在山洞和大树之间等待机会。山洞里的猎人几次冲出来想要逃生，树上的同伴就问：“你为什么不老老实实地躲在山洞里呢？”“我不能！”洞里的猎人回答，“山洞里也有一头熊！”

9. 一位牙病患者在拔去蛀牙以后对牙科医生说：“您真厉害！5秒钟就赚了100元，怪不得人们都说医生会赚钱呢！”医生慢条斯理地回答：“如果您愿意，我可以慢慢地给您拔。”

10. 海鞘是一种海洋动物，它们定居在海底岩石上，五颜六色，形态各异。有的形状像花朵，有的像茶壶。刚出生的小海鞘长得很像小蝌蚪，拥有复杂的神经系统，但成年之后，由于不再需要大脑和神经系统，它们就会将自己的大脑吃掉。

11. 根据一项新的研究结果，在120万年之前，全世界只有18500个左右的早期人类。有证据显示，我们早期的祖先曾经面临过一次灭绝的危险。这一数字甚至小于当前濒临灭绝物种的群体大小，如黑猩猩。事实上，在至少100万年的时间里，人类在地球上一直很不安全。

12. 最新研究表明，土拨鼠竟是自然界最“健谈”的生物之一。目前，生物学家发现，这种擅长挖掘的小动物有着动物王国里最高级、最精致的语言系统，可以说其发达程度仅次于人类。

13. 不少人认为鱼类智力低下，记忆力差，甚至有人说“鱼只有3秒钟的记忆”。但研究人员发现，鱼类的“聪明才智”超过人类想象，记忆远远不止数秒，反而可以达到数月乃至数年时间。它们还具有学习能力，懂得使用欺骗手段捕食。

14. 目前，海洋生物学家发现了一种新螃蟹，它看上去就像是一个大个草莓，因此被命名为“草莓螃蟹”。这种不同寻常的螃蟹背部呈红色，并且有许多白色小圆点相间。草莓螃蟹的直径仅有2.5厘米宽，它们看上去与其他种类的螃蟹截然不同。

15. 坐在餐馆里的一对男女谈得很投机，有说有笑。这时，又有一位客人进入餐馆。女子向那位客人看了一眼，她的男伴就瞬间消失了。服务员连忙说：“夫人，您的丈夫躲到桌子底下去了。”“不，”她回答，“我的丈夫刚从门外进来。”

第二部分

第16到30题，请选出正确答案。现在开始第16到20题：

第16到20题是根据下面一段采访：

主持人：今天我们请到了山东社会科学院刘良海研究员。刘先生，您好！先请您介绍一下网络在中国的发展情况。

刘良海：互联网是上个世纪90年代后才进入中国的，但是发展却非常迅猛，特别是进入21世纪后，获得了快速普及和发展。

主持人：目前网络文化的发展有哪些特点？

刘良海：网络文化是一种新兴文化，正处在一个发展时期，也表现出了多方面的特点。总体来说，可以概括为三个方面：一是网络文化的开放性。互联网是由许多网络组成的网际网，各个网络互联互通。二是网络文化主体的自由性。网民作为文化主体，可以在任何一台电脑上创作发布自己的文化成果，尤其是网民在网上可以有虚拟身份，不像现实中那样受到各种身份的限制。三是网络文化内容的共享性。互联网上的任何信息都是共享的，信息不会因为有人用过而减少。网络文化在网上可以自由传播，而且传播范围广、速度快。

主持人：网络文化和整个社会文化有什么关系？

刘良海：与文字性的文化形式相比，网络文化形式更加多样。虽然网络文化是一种新的文化，但它不能替代社会文化，也不能与社会文化等同，它是社会文化的一个重要组成部分。

主持人：不良的网络文化对部分青少年的健康成长产生了不利的影响。为把这些不利影响降到最低，社会应该做哪些工作？

刘良海：网络现在已经迅速普及，根据最新统计，18岁以下年龄段上网人数占全部网民的17.2%，18到24岁年龄段占全部网民的35.2%。这说明24岁以下的青少年已经占了全部网民的50%还多，这其中学生又占了很大一部分比例。网络对于青少年的影响是巨大的。青少年的人生观、价值观正处在形成时期，不让青少年上网是不可行的，这就必须治理网络文化环境。同时，学校也要加强青少年上网教育，让青少年养成良好的上网习惯，通过网络学习新知识，把网络变成青少年学习的好帮手。

16. 网络是什么时候进入中国的？

17. 网络文化有什么特点？

18. 网络文化与社会文化有什么关系？

19. 18到24岁年龄段上网人数占全部网民的百分比是多少？

20. 为什么网络对青少年影响巨大？

第21到25题是根据下面一段采访：

主持人：今天我们邀请了国内著名的瑜伽教练张教练，请他跟大家谈谈练习瑜伽的一些问题。张教练，您觉得练瑜伽对减肥是否真的有效呢？

张教练：肯定有效。从瑜伽的角度来看，减肥不是那么单纯的一件事。有人觉得自己很胖是因为自己吃得很多，其实吃得多并不是决定你肥胖的原因，精神状态不好也是原因之一，尤其是女性当精神状态、心理状态不好的时候，她就会心烦意乱，往往在这个时候吃下去大量的食物，而且是垃圾食品。还有一点就是平时的习惯不好，比如说坐的方式、站立的方式和平时工作的状态。

主持人：现在市场上有好多卖瑜伽的光盘，如果自己练习，没有老师的指导，可以吗？

张教练：可以是可以，但是一本书、一张光盘永远代替不了一个老师，因为老师是可以交流的，可以有反馈的，书和光盘永远不可能有反馈。瑜伽在国内应该是刚刚起步，如果没办法跟老师学习，那最好是找一些好的书、好的资料、好的光盘，这样会更好一点儿。

主持人：教练，您最开始是跟谁学习瑜伽的？

张教练：我的第一个老师是马来西亚的。我觉得自己跟瑜伽很有缘分，后来还有很多的印度老师。我练习瑜伽到现在已经11年了，从没有间断过。瑜伽是任何人都可以做的运动，也可以养成良好的生活习惯。

主持人：如果通过练习瑜伽瘦下来了，停了以后会有反弹吗？

张教练：我觉得瑜伽相对于其他运动来说是最不会反弹的。练瑜伽有三个条件，一个是姿势，一个是意识，还有一个是呼吸，这三个是慢慢结合的，如果你停掉了姿势，可以每天做一些呼吸的练习。呼吸练习能够帮助你按摩内脏，消除你腹部的脂肪。

21. 张教练认为决定肥胖的原因是什么？

22. 目前，中国的瑜伽发展处于什么阶段？

23. 张教练的第一个老师来自哪里？

24. 张教练练习瑜伽多长时间了？

25. 练习瑜伽的三个条件是什么？

第26到30题是根据下面一段采访：

主持人：张坤现在就读于美国一所文理学院。他的特长是功夫。张坤，你什么时候开始学功夫的？

张　坤：我从5岁开始学习。

主持人：为什么练习武术呢？是家人要求的吗？

张　坤：我小的时候非常瘦小，可谓弱不禁风，那个时候想通过学武术来强身健体。

主持人：你在哪方面见长？

张　坤：我小的时候只是练习套路，后来到少林寺专门学了一些拳法，主要是少林的鹰拳。

主持人：是不是好多外国人都觉得你的武术酷极了？有美国学生要求跟你学武术吗？

张　坤：有。其实中国武术是我拥有的一个非常好的特长。因为去了美国之后才知道，美国人对中国人的印象就是很瘦弱，每天只是学习。但是我觉得这不是中国人的特点，所以，去美国后，我开了一个武术班。

主持人：是在学校里面开武术班吗？

张　坤：是，是学校里的一个社团。

主持人：学生多吗？

张　坤：挺多的，各种各样的人都来学，有很多女生，她们对中国的太极很感兴趣。还有很多男生，个子1米9以上的打篮球的也来跟我学。其实中国武术还是很吸引外国人的。

主持人：从武术中你自己学到了什么？

张　坤：小时候学武术每天都很苦，但我一直坚持到了现在，武术不仅让我懂得了坚持，也是对我毅力的一种考验。从其他方面来说，因为我练的拳是少林拳法，它的特点是拳打直线，所以，它会教给我一种人生哲理，让我明白：人生就应该是直来直往，做人就不应该虚伪。

26. 张坤是什么时候开始学习武术的？

27. 他为什么学习武术？

28. 张坤的功夫在什么方面比较突出？

29. 他在学校办的武术班是什么性质的？

30. 下列哪一项不是张坤从武术中学到的？

第三部分

第 31 到 50 题，请选出正确答案。现在开始第 31 到 33 题：

第 31 到 33 题是根据下面一段话：

　　一群朋友得到了一壶好酒，他们觉得这么多人喝一壶酒肯定不够，还不如给一个人喝。但是，他们不知道把这壶酒给谁喝好。这时，有一个人想到了一个主意，他说："我们每个人在地上画一条蛇，谁先画好了，这壶酒就归谁喝。"大家都同意这个办法。于是，大家就开始在地上画蛇。有一个人画得很快，不一会儿就把蛇画好了，于是他把酒壶拿了过来。正要喝酒时，他看见其他人还没画完，便十分得意地又给蛇添了几只脚。不料，这时另外一个人画好了，把酒抢了过去，说："蛇是没有脚的。"然后拿起酒高高兴兴地喝了下去。给蛇画脚的人非常后悔，可是已经晚了。这个故事告诉我们，做事情要知道什么时候停止，不要做没有必要的事情。

31. 为了喝到这壶酒，这些人想到了什么办法？

32. 第一个画好的人画完以后又做了什么？

33. 这个故事告诉我们什么道理？

第 34 到 37 题是根据下面一段话：

　　世界上很多野生动物正面临着从地球上消失的危险。生活在印度尼西亚保护区的天堂鸟，20 世纪 70 年代还剩 500 只，现在只有 50 只了；海豹也正从北极消失；非洲的大象也在减少；中国的珍贵动物也在减少。为什么会发生这些现象呢？最主要的原因是野生动物生存的环境被破坏了。另外一个原因是人类对珍贵野生动物的捕杀。所以我们要保护自然环境，不要随便捕杀野生动物，那么它们就能生存下来，与人类共处在这个地球上。

34. 野生动物面临着什么样的问题？

35. 印度尼西亚的天堂鸟现在还剩下多少只？

36. 使野生动物面临危险的最主要原因是什么？

37. 为了使野生动物不消失，我们应该怎么做？

第 38 到 41 题是根据下面一段话：

　　傣族人喜欢喝花茶，不同的人喝不同的花茶。老人喝的是桂花茶，年轻人喝的是茉莉花茶，谈恋爱的人喝玫瑰茶。而桂花茶又分等级：金桂是等级最高的，只能年纪大的人喝；银桂是中等的，一定岁数的人都可以喝；丹桂是低等的，只要是结了婚的人都可以喝。茉莉花茶是结过婚的女人喝的茶，而玫瑰茶只有年轻人才能喝。青年男女第一次约会的地方一定要有玫瑰茶，如果感觉不好，也可以在玫瑰茶的香气里分手。

38. 哪种人可以喝桂花茶？

39. 谈恋爱的人喝什么茶？

40. 什么样的人可以喝金桂？

41. 青年男女第一次约会的地方一定要有什么茶？

第42到44题是根据下面一段话：

人类为了躲避雷电而发明了避雷针。避雷针是很好的导体，它的作用是避免周围的物体遭受雷击。所以在大楼上安装避雷针，就可以使大楼免受雷击而倒塌。雷雨天，一个人站在一片很大的空地上，那么这个人就可能成为雷雨云的放电对象，所以雷雨天不要去空地淋雨，要躲进屋子里避雨。

42. 人们为什么要发明避雷针？

43. 大楼上为什么要安装避雷针？

44. 雷雨天，一个人站在很大的空地上是否安全？

第45到47题是根据下面一段话：

周杰伦是中国台湾著名的流行音乐歌手。他的代表作是《双截棍》。因为这首歌，大家开始认识了他。他的音乐突破了原来亚洲音乐的形式，创造了多变的歌曲风格，融合了中西方的特点，开创了流行音乐的"中国风"。他也曾多次被评为最受欢迎的台湾男歌手。他对自己的音乐要求非常高，每一张专辑都要亲自把关，就像公司的董事长，因此，大家尊称他为"周董"。最近周杰伦又开始演电影了。他自导自演的电影《不能说的秘密》大家都很喜欢。现在外国人也知道他，也很喜欢他的音乐和电影。

45. 周杰伦是哪里人？

46. 大家尊称周杰伦为什么？

47. 他自导自演的电影叫什么名字？

第48到50题是根据下面一段话：

古时候，有个国王喜欢音乐，每次都有300多个人一起给他表演节目。其中有一个叫南郭的人，虽然不会音乐，但每天都和大家一起表演。因为人很多，国王也没有看到他不会表演。南郭就这样过了很多年，生活得很好。后来国王去世了，国王的儿子继承了王位。国王的儿子喜欢每个人单独给他表演，可是南郭根本不会表演，于是在大家做准备的时候他逃跑了，后来饿死在了路上。这个故事告诉我们，做人要诚实，要有真本领，不然就会像南郭一样。

48. 南郭会表演吗？

49. 国王的儿子要看表演时南郭做了什么？

50. 这个故事告诉我们什么道理？

听力考试现在结束。

HSK（六级）模拟试卷 *5*

第一部分

第 1 到 15 题，请选出与所听内容一致的一项。现在开始第 1 题：

1. 一位职员已经两天没上班了，当他第三天来到公司时，老板抱怨道："你这两天干什么去了？"职员回答："我不小心从三楼窗口掉下去了。"老板怒气冲冲地说："从三楼掉下去要两天吗？"

2. 英国最近公布了一张奇特的海底鱼类照片。照片中外表奇特的鱼类叫作水滴鱼，它摆出一副闷闷不乐的表情。这种鱼确实有理由郁闷：科学家警告，由于深海捕捞过度，水滴鱼正面临着灭种的威胁。

3. 近日，美国科学家成功地开发出一项新技术，他们制作了一种特殊的帽子，戴上它就可以使人的大脑与网络相连接。今后这项技术可以使人类能够通过天线，直接利用大脑来进行各种信息的交流。

4. 据报道，科学家发现了一种非常特别的青蛙，它们靠一种别的动物听不到的超声波来相互交流。科学家认为这是一种新的奇特的进化。研究这种青蛙特殊的耳朵结构，有助于发明一种新的技术，帮助人们在嘈杂的环境中听到想听的声音。

5. 冰虫是世界上最不怕冷的动物，它可能是地球上唯一冻不死的生物。科学家由此推断，外星球上也可能存在像冰虫一样的耐寒生物。它们个头非常小，在雪地里就像一丝细细的小黑线，而且可以在冰块中自由行走。但冰虫也有致命的缺点，那就是怕热。

6. 韩国动物园有一只 15 岁的大象最近很有人气，因为这只大象居然会说人话。研究人员发现，这只聪明的大象不但非常努力地学习人类的语言，而且还会在晚上自己偷偷练习说话。它经常说的几句话是"好""还没"，让动物学家连声称赞。

7. 据报道，英国一只宠物狗在离家数十公里远的一个火车站与主人失散后，在找不到主人的情况下，它做出了一个让人目瞪口呆的决定：竟然自己搭上了一辆开往家乡的火车回到了家。最不可思议的是，这只聪明的小狗不但搭对了火车，还在正确的车站下了车。

8. 变色龙改变身体的颜色不仅是为了伪装，有时也是一种交流的手段。变色龙会根据心情改变自己的颜色：一只心情平静的变色龙通常呈现美丽的绿色，当它生气的时候看起来是鲜艳的黄色，黑白相间的条纹表明它感觉自己受到了威胁，而大多数时候呈蓝色表示正无精打采。

9. 动物里排名第一的骗子是杜鹃鸟，原因就在于它是一个伪装高手。它会偷偷地把自己的蛋生在其他鸟的鸟巢中，经过伪装以后由其他的鸟代替它把儿女喂养大。如果其他鸟发现了并且拒绝抚养，杜鹃鸟就会破坏它们的鸟巢以示警告。

10. 对鱼类来说，食物就意味着生存的机会。可是科学家却发现，虾虎鱼的生存方式却相反：它们会努力节食，把自己饿得瘦瘦的，以此避免被其他虾虎鱼赶出家门。如果谁"发福"了，那么周围的同伴就会把它赶走。对虾虎鱼来说，离开了住处就意味着死亡。

11. 一项最新研究显示，蛇的绝食能力十分惊人，它们可以在不进食的状态下生存两年时间。令人惊奇的是，在这段饥饿的时期内，蛇的身体长得更快了，头也变得更宽了，原来它们是靠消化自己的身体提供能量，有时甚至会消化自己的一部分心脏。

12. 俄罗斯发现了一只长有六只耳朵的小猫。这只猫三个月大，性格温和，除了耳朵以外，与一般的猫没有什么区别，身体也十分健康。兽医为这只小猫进行全面检查后发现，那四只多余的耳朵只是徒有其表。兽医认为，小猫出现六只耳朵很可能是环境污染所致。

13. 美国一只 31 岁的鹦鹉被评为世界上最聪明的鹦鹉。它一生中学会了 100 多个英文单词，会用简单的句子进行对话。它能够识别 50 种物品、7 种颜色、5 种形状、6 个数字。科学家估计，它有着两岁儿童的情商和 5 岁儿童的智商。

14. 星星的颜色决定于它表面的温度，不同的颜色代表着不同的表面温度。经过天文学家测定，红色星大约是 2600℃—3600℃，黄色星稍微高一些，是 5000℃—6000℃，白色星的温度更高，大约有 7700℃—11500℃，蓝色星的温度最高，达 25000℃—40000℃。

15. 几个吝啬鬼在一起比赛，大家依次介绍自己如何小气，互不相让。唯有一个人默不作声。其他人问道："先生，能谈谈您的事迹吗？"他生气地说："我自己的声音为什么要让你们听见？"结果他得了冠军。

第二部分

第 16 到 30 题，请选出正确答案。现在开始第 16 到 20 题：

第 16 到 20 题是根据下面一段采访：

主持人： 今天我们请来的嘉宾叫廖智，她是一位舞蹈老师。廖老师，你好！

廖　智： 你好。

主持人： 在 5·12 特大地震中，你失去了双腿，但是现在你却创造出了一种特殊的舞蹈。我想问一下，是什么促使你继续跳舞的呢？乐观开朗的性格还是顽强的毅力？

廖　智： 都不是，是对舞蹈的热爱。

主持人： 听说你现在最大的梦想是创立一个正规的残疾人表演团队，是吗？

廖　智： 是的。

主持人：你是怎么创作出这种残疾人舞蹈的？

廖　智：其实是很偶然想到的。不是像有的人想的那样，是以前早就创作好的或者是找人替我创作的。当时我还在医院里边住院，很多志愿者过来看望病人，他们看到我跟我的朋友还坐在轮椅上边，随便在那儿比画。有人就问：廖智，你还想跳舞吗？我说当然想跳了。他们又问我：要给你一个舞台让你去跳，你愿意吗？我说：当然愿意啊，但是我能吗？他们说：只要你愿意，我们可以帮你实现你的梦想。所以就有了我的独舞。

主持人：现在有多少残疾人参加你这个团队？

廖　智：二十五六个吧。

主持人：到目前为止，你遇到的最大的困难是什么？

廖　智：对残疾人这个群体的陌生。可能是我以前从来没有做过，也从来没想过我这辈子可能会走上这样一条道路。上天突然拿走了我的双腿以后，我才开始去关注这个群体，我才开始去学着跟他们相处，我才开始更加关心这群人，就像关心我自己一样，因为我知道我们都一样。

　　16. 是什么促使廖智继续跳舞的？

　　17. 廖智现在最大的梦想是什么？

　　18. 廖智是怎么创作出残疾人舞蹈的？

　　19. 现在有多少残疾人参加廖智的团队？

　　20. 到目前为止，廖智遇到的最大的困难是什么？

第 21 到 25 题是根据下面一段采访：

主持人：今天我们很高兴请来了张梓琳，中国第一位世界小姐。梓琳，你好，你的 2008 年应该说是很特别的一年。

张梓琳：是，因为 2008 年是我的世界小姐任期。

主持人：你是从 2008 年的几月开始世界小姐之旅的？

张梓琳：我当选世界小姐是 2007 年 12 月，正式的任期是从 2008 年的 1 月开始的。

主持人：任期内做了哪些事情呢？

张梓琳：首先是做一些亲善访问；然后是参加加冕仪式，各个国家当地的国家小姐竞选，我会作为嘉宾或者评委去参加；最后就是去访问各个国家。这一年 12 个月的时间，我去了将近 20 个国家和地区，其中南非就有两次。

主持人：是不是感觉特别辛苦？

张梓琳：是啊，做世界小姐是很辛苦的。因为工作时间很紧，强度也很大。大家想象的可能会是周游世界的旅行呢，其实不是这样的，很多时候是要去一些比较贫困的地方，做一些比如说援建桥梁、房屋的工作，或者是去一些很穷的小学去看那些小朋友。

主持人：这一年你最大的收获是什么？

张梓琳：那当然是做世界小姐的经历了。因为即使我之前有过再多的生活经历，比如说小时候练体育，还有学习舞蹈，包括之后做模特儿，这一切的一切和我这一年的经历都是完全不相干的，这一年世界小姐的经历是以前我自己从来没有期望过可以拥有的美丽经历。

主持人：你会出书吗？

张梓琳：有这个想法。

主持人：会写些什么内容？

张梓琳：主要是我的成长经历。因为很多朋友对我的成长经历很感兴趣，尤其是很多年轻的女孩子，当然也会写一些我生活的小细节，比如减肥或者美容护肤的经验，她们都很想知道。

21. 张梓琳的正式任期是从什么时候开始的？

22. 张梓琳在任期内做了哪些事情？

23. 为什么张梓琳觉得做世界小姐很辛苦？

24. 张梓琳这一年最大的收获是什么？

25. 如果出书，张梓琳主要会写些什么内容？

第 26 到 30 题是根据下面一段采访：

记　者：今天采访的是南非法尔之星钻石的总裁刘燕生先生。钻石没有什么实质性的意义，但是人人都有一个钻石梦想，这是为什么呢？

刘燕生：因为钻石代表婚姻。每个人都向往婚姻，因此也就有了钻石的梦想。这个应该感谢戴比尔斯公司，因为是戴比尔斯公司在推广钻石的过程中，把它和爱情婚姻结合在了一起。

记　者：为什么会把钻石和婚姻联系到一起呢？

刘燕生：因为钻石是最不容易被破坏的。它的硬度是所有今天人类发现的物质里面最硬的，没有什么东西可以轻易破坏它。人生最大的承诺是婚姻，所以把钻石和婚姻结合起来是顺理成章的。

记　者：是哪个国家先把钻石用在饰品上的？美国吗？

刘燕生：不是。关于钻石的记载始于印度和巴西，但是真正把钻石用在饰品方面的是印度。现在所有的珠宝类产品中，只有钻石有全球统一的分级标准，而且它已经成为一个工业化的产品。

记　者：钻石是最硬的东西，那么用什么来切割钻石呢？

刘燕生：用钻石粉。在开采的过程中，即使破碎完了以后还是有一些钻石的粉末，我们在磨钻石的时候是用很薄的钢片沾着粉末，相当于锯片似的，打在画的线上，然后开始磨。

记　者：现在有一种说法是"好的钻石应该有八心八箭"，你能不能告诉我们这所谓的"八心八箭"是指什么？

刘燕生：这"八心八箭"实际上就是一种理想的切割模式。只有把钻石切割得比较完美才能够看出来。就是说把它切割成 58 个面，拿起来以后从另外一个方向去看和正面用镜子去看的时候，里边侧面上的刻面反映出来的就像一把箭穿过一颗心的样子。

26. 为什么人人都有一个钻石梦想？

27. 为什么会把钻石和婚姻联系到一起？

28. 是哪个国家先把钻石用在饰品上的？

29. 用什么来切割钻石？

30. "八心八箭"是指什么？

第三部分

第 31 到 50 题，请选出正确答案。现在开始第 31 到 33 题：

第 31 到 33 题是根据下面一段话：

有个放羊娃老是喜欢说谎、开玩笑，时常大声向村里人呼救，谎称："狼来了！狼来了！狼来袭击我的羊群了！"开始的两三回，村里人都相信了，惊慌得立刻跑去帮忙，却发现被他欺骗了，还受到了他的嘲笑，就没趣地走开了。后来有一天，放羊娃赶着羊群到村外很远的地方去放牧。这次，狼真的来了，窜入羊群，大肆咬杀。放羊娃对着村子拼命呼喊救命，但村里人都认为他又像往常一样在说谎、开玩笑，没有人理他。结果，他的羊全被狼吃掉了。

受到了这个教训后，放羊娃再也不说谎了，决心做个诚实的孩子。

31. 放羊娃喜欢对村里人做什么事情？

32. 狼真的来了后，村里人为什么不去救他？

33. 这个故事告诉我们什么道理？

第 34 到 37 题是根据下面一段话：

旅游业不是通常你所想象的行业，因为它唯一的目的就是赚钱，但它可能是世界上最大的生意。地球上每个地方都在努力吸引游客前来观光，因为他们会带来金钱，把钱花了才走。你很难想象那些城市花了多少钱来吸引游客，奇怪的是，"游客"竟然成了一个人们忌讳的词，这也许可以解释为什么现在流行称他们为"参观者"。游客太容易辨认了，他们好像身上挂着牌子说"我是游客"。你可从他们的装束辨认出他们，比如，夏天他们会穿上短裤，拿着某种袋子或者背着背包，他们还总是携带着照相机。

各个城市为了吸引游客，都建了很多假的景点，还有很多花样，但这些并不便宜。游客的生活没有一个真正的目标，他们只想在异国他乡找些有趣的东西，却一无所获，往往他们想要的东西根本就不存在。就算有，等他们来了，可能也早被其他游客捷足先登了。

34. 旅游业的根本目的是什么？

35. 现在流行称呼游客什么？

36. 从哪些方面可以辨认出他们是游客？

37. 游客在异国他乡能够收获些什么？

第 38 到 40 题是根据下面一段话：

公元 200 年，袁绍集中了十万精兵声讨曹操。而曹操军队兵少粮缺，寡不敌众。危急时刻，许攸前来报信，告诉曹操现在袁绍有一万多车粮食、军械，全都放在乌巢，且防备很松。只要把袁绍的粮草全部烧光，不出三天，他就不战自败。

曹操得到这个重要情报，立刻带领五千骑兵，连夜向乌巢进发。他们打着袁军的旗号，穿上袁军的衣服，袁军的岗哨没有怀疑，就放他们过去了。曹军到了乌巢，放起火来，把一万车粮草烧得个一干二净，连守将淳于琼也被当场杀死了。袁军将士听到这个消息后都惊慌失措。袁绍手下的两员大将张郃、高览带兵投降。曹军乘势猛攻，袁军四下逃散。袁绍和他的儿子袁谭连盔甲也来不及穿戴，就带着剩下的八百多骑兵向北逃走了。从此以后，曹操逐渐统一了中国的北方。

38. 谁给曹操报的信？

39. 为什么袁绍的军队没有怀疑曹操的军队？

40. 投降曹操的袁军大将是谁？

第 41 到 44 题是根据下面一段话：

金刚石作为一种稀有的贵重物品，自古以来就是财富的重要象征。

在大自然中，金刚石以极少的矿藏量深埋在地底下。偏偏是这种少得出奇的金刚石具有世界万物中独一无二的特性：它是自然界中最硬的一种矿石。金刚石的这一特性，使它具有广泛的社会用途：有人将它镶嵌在金光闪闪的戒指等首饰中，以象征坚贞不渝的爱情；有人把它制成金刚钻，用来切割钢铁、玻璃等等。

可是，储量如此稀缺的金刚石，远远满足不了社会对它的巨大需求。渴望拥有金刚石的人往往会天真地想，要是有一天金刚石能成为大量存在的物品，那该多好！

金刚石的主要成分是碳。1893 年，法国化学家莫瓦桑在高温条件下，经过多次试验，终于研制出了人造金刚石。

41. 金刚石自古以来被人们当作什么的象征？

42. 金刚石独一无二的特性是什么？

43. 金刚石的储量情况怎么样？

44. 金刚石的主要成分是什么？

第 45 到 47 题是根据下面一段话：

1956 年，晶体管电子计算机诞生了，这是第二代电子计算机。只要几个大一点儿的柜子就可将它容下，运算速度也大大地提高了。

1959 年出现的是第三代集成电路计算机。

从 20 世纪 70 年代开始，电脑的发展进入了新阶段。1976 年，由大规模集成电路和超大规模集成电路制成的"克雷一号"使电脑进入了第四代。其特点是：小型化、微型化、低功耗、智能化、系统化。

20 世纪 90 年代，电脑向"智能"方向发展，出现了与人脑相似的电脑，它可以进行思维、学习、记忆、网络通信等工作。

进入 21 世纪，电脑更是笔记本化、微型化和专业化，不但操作简易、价格便宜，甚至在某些方面扩展了人的智能。于是，今天的计算机就被形象地称作电脑了。

45. 晶体管电子计算机是第几代计算机？

46. 第四代计算机的特点是什么？

47. 什么时候电脑开始向"智能"方向发展？

第 48 到 50 题是根据下面一段话：

2008 北京奥运会吉祥物首次把动物和人的形象完美结合，强调了以人为本，人与动物、自然界和谐相处的天人合一的理念；在设计理念上，首次把奥运元素直接引用到吉祥物上，如火娃的创意来源于奥运会圣火；在设计应用上，更加突出了延展使用上的个性化。其一大特点就是五个吉祥物的头饰部分，可以单独开发出来，运用更为广泛，孩子们可以根据自己的喜好选取不同的头饰戴在头上，活泼的孩子也成了可爱的吉祥物形象，互动性大大增强；在数量上，北京奥运会的吉祥物也是奥运会历史上最多的一次，达到五个，体现了中华文化的博大精深。

48. 为什么把吉祥物的形象设计成动物与人的结合？

49. 在设计应用上，吉祥物的个性化体现在哪个部分？

50. 北京奥运会一共有几个吉祥物？

听力考试现在结束。

HSK（六级）模拟试卷 6

第一部分

第 1 到 15 题，请选出与所听内容一致的一项。现在开始第 1 题：

1. 研究发现，如果指甲长度超过指尖 3 毫米，藏匿在指甲缝中的细菌过量的可能性大约是指甲短的人的 5 倍。可能引起肺炎、尿路感染和一些传染病。为预防感冒，要勤洗手，洗手时最好用刷子认真清理指甲缝，要勤剪指甲，使其与指尖平齐。

2. 人类可以冬眠吗？科学家认为，我们可以从与人类的基因非常相似的肥尾鼠狐猴身上寻找答案。研究人员认为冬眠是一种延长寿命的途径。如果使一些身患重病或者绝症的病人进入冬眠状态，那么心跳次数将减少，这样就有更多的时间来等待器官移植。

3. 公交车上十分拥挤，一位女孩不小心踩了一位男士的新鞋，那位男士非常气愤地说："你再踩一下试试，我让你好看！"女孩喜出望外地急忙又踩了一脚，然后说："太好了，这下就不用花钱整容了。"

4. 今天我和姐姐带着小侄子溜达。小侄子走着走着就摔倒了，我姐那是一个心疼啊！一把把他扶了起来，忙问："怎么不小心点儿呢？疼不疼啊？"我小侄子爬起来拍拍身上的土，淡定地说："走累了，趴地上歇会儿。"

5. "叫板"一词最初与"挑衅"无关，它起源于戏曲表演。戏曲演唱时有乐队伴奏，而念白则没有。演员在演唱将要开始的时候，会适当将念白最后一个字的字音拖长，或是在念白之后加上一些感叹词、语气词等，来提醒乐队拍板伴奏，这种提醒被称为"叫板"。

6. 许多人头发刚刚浸湿就将洗发水倒在头上，殊不知，这样根本洗不净头发。抹洗发水前，要先用温水冲洗头发和头皮1分钟以上，去除七八成的污垢。随后，将洗发水倒在手心，加水打出泡沫后再抹在头发上，这样泡沫更丰富，才能彻底洗净头发。

7. 很多人为了省事，往往第一道菜炒完后就直接炒下一道。然而，锅表面会附着油脂和食物残渣，当再次高温加热时，会产生一些致癌物。因此，建议每炒完一道菜都要将锅认真清洗干净后再炒下一道，这样既能减少有害物质的产生，又不会影响下一道菜的口感。

8. 来自中国台湾地区的艺术大师，因不忍心扔掉食物色彩鲜亮的外壳，于是大胆创新，充分利用每一寸龙虾的外壳，巧手打造出了一系列迷你版的摩托车模型。这些精美的艺术作品令前来参观的人们惊叹不已。

9. 动物在人类的生存进化中起了很大的作用，是人类主要的食物来源，也充当了人类的交通工具。在机械发明之前，人类依靠耕牛来种植粮食；直到现代，狗依然承担着看家护院的工作，猫也是灭鼠的好帮手。因此，不可否认的事实是，人类离不开动物。

10. 丈夫驾车出门，妻子在家听着广播，刚刚听到一则关于违规驾驶的报道，便连忙拿起电话打给老公："老公啊，我刚听广播上说，高速公路上有一辆车在逆行，你千万要小心啊！"老公回答："哪是一辆啊，我看有好几百辆车都在逆行呢！"

11. 中秋前夕，一个直径达到15米，相当于一个5层楼高的人造"巨型月亮"亮相兰州东方红广场。中秋节期间，通体发光的巨型月亮将与悬于天际的月亮一起，持续点亮兰州的夜空，呈现罕见的"双月奇观"。

12. 一个学生去看医生，医生检查后说："没关系，打一针就好了。"然后医生拿药棉在学生手臂上反复地擦了三四次。学生以为病重，担心地问："医生，问题严重吗？"医生认真地说："同学，你该洗澡了。"

13. 据物理学家报道，最近十几年来，全球变暖出现放缓的迹象，这似乎给了气候变化怀疑论者更充分的理由。而美国科学家利用气候模型进行的一项新研究发现，最近的全球气候变暖放缓是一种自然状态，只是在热带太平洋的暂时冷却。

14. 近日，济南趵突泉地下水位达到29.86米，为今年以来的最高水位，与2003年复喷以来的29.93米最高水位也相差不多。高涨的地下水位使趵突泉喷涌激烈，水流激荡，水声隆隆，三个泉眼水流直径超过1米，出现"水涌若轮"的景观。

15.《星光大道》是中国中央电视台综艺频道推出的一档大型综艺节目。节目以"百姓自娱自乐"为宗旨，表演形式以唱歌为主，为大众提供展现才艺的舞台。《星光大道》自推出后，社会各界好评如潮，也发掘了一批新星。

第二部分

第 16 到 30 题，请选出正确答案。现在开始第 16 到 20 题：

第 16 到 20 题是根据下面一段采访：

女：各位腾讯网友大家好，今天我们和江苏黄埔再生资源董事长陈光标先生近距离接触，分享他的商业故事。陈总你好！

男：你好！腾讯网友朋友们你们好！

女：我们看到一些报道，说您小时候家里很穷，是这样吗？

男：是的，我出生在一个非常贫苦的农民家庭里，我父亲兄弟姐妹一共9个人，饿死7个。我的兄弟姐妹7个人中，也饿死了2个，我一个哥哥和姐姐都是饿死的。

女：您还记得您第一次做的慈善捐助吗？

男：小学三年级的时候，我用暑假卖水挣的钱，替邻居家孩子交学费。放学后，我就到村庄上去捡垃圾、破鞋底、破绳头，弄到集镇上去卖，两三分钱一斤，这样来积攒。

女：上学的时候，寒暑假你都做什么？

男：我三年级以后卖水，四年级卖冰棍、拉板车卖粮食，五年级租用拖拉机卖粮食，初一、初二、初三都是租用拖拉机卖粮食，这都是暑假干的。寒假我从温州小商品市场批发鞋帽和服装，然后到安徽蚌埠的鞍马路市场去卖，有时还到江苏淮阴车站附近的淮阴市场去卖，摆地摊卖。

女：在校学习期间，听说您成绩也不错，后来考上了大学。

男：对，我考上了医专，学的是中医药的针灸推拿这个专业，毕业以后就不干这个行业了。

女：陈总，听说您对员工是军事化的管理。

男：我们黄埔再生资源利用公司在全国的拆除队伍是4600人，我招聘的约60%是退伍战士，他们比较能吃苦，也比较听话。应该这么说，我们都是按照部队里面的军事化的要求严格管理的。

16. 男的家中兄弟姐妹7人，饿死了几个？

17. 男的第一次做的慈善捐助是什么？

18. 男的上学的时候，暑假都做过什么？

19. 男的曾经考上医专的什么专业？

20. 男的的公司有多少人是退伍战士？

第 21 到 25 题是根据下面一段采访：

女：大家好，今天我们把北京的演播室搬到了华西村。在这个天下第一村，我们也非常荣幸地请到了华西集团公司总经理吴协恩。吴总您好！

男：您好！

女：要谈到您，就不能不谈到您父亲吴仁宝。您最佩服父亲什么呢？

男：总结起来有这么两点。他首先是发展经济，发展经济是为了什么？实际上是为了老百姓。另外一点我最佩服的，就是他把所有事情都放到会议上让大家解决。

女：您觉得您比父亲强在什么地方呢？

男：我不认为我有比父亲强的地方，我曾经跟别人开玩笑讲，我们兄弟4个加起来去跟父亲一个人比，还差得太远。

女： 您觉得您当这个村支书，有什么优势呢？

男： 我想来想去就是两条优势。一个就是我是吴仁宝的儿子，这对我多多少少有一定的好处，看在父亲的面子上，大家会多支持我一点；第二点我是有年龄的优势，这样我学习的机会就多，有这个学习机会我就不会担心华西搞不好。

女： 听说您是全票当选的新书记，这次选举您参加投票了没有？

男： 参加了。我也是 175 名党代表之一。

女： 这意味着您选了自己一票。

男： 对，我自己也选了自己一票。我觉得为大局考虑，我应该选自己一票。

女： 华西股票上市只有您父亲"反对"，是这样吗？

男： 我们华西村股票 1999 年上市的时候，当时华西正副共 19 名书记，其中 7 名出差去了，12 名在家的书记投票决定要不要上市。投票结果是 11 名赞成，1 名反对，这一名就是老书记。

女： 为什么？

男： 我们当时就跟他讲理由，把上市的好处一条一条摆给他看，说到后来，他笑了。我们才知道，他是故意反对。他是想培养我们独立思考的能力，看看我们敢不敢说真话，敢不敢坚持正确的决定。

21. 男的最佩服父亲什么？

22. 男的家里一共兄弟几个人？

23. 下面哪项是男的提到的自己当村支书的优势？

24. 男的全票当选新书记，一共获得了多少选票？

25. 在讨论华西村股票是否上市的会议上，老书记真正的想法如何？

第 26 到 30 题是根据下面一段采访：

女： 大家好，今天我们请到了北京大学教授陆俭明老师。您好，陆老师！

男： 你好，大家好！

女： 您来这儿已经两天了，为本科生、研究生做了三场精彩的学术报告，能谈谈您对山东大学以及学生的印象吗？

男： 勤于思考！这是作为学生最基本的素质，山大学生做得很好。听报告的学生中大约有 80 个是本科一年级的学生，此外还有研究生，我提了问题之后，大家都抢着回答，非常踊跃。有的回答虽然不到位，但是这种勇气可嘉。

女： 陆先生，您是不是一直都在从事对外汉语教学研究呢？

男： 我主要的研究方向还是语言的本体。但是从上个世纪 90 年代开始，我比较关注对外汉语教学。

女： 您个人对自然科学有什么特殊的爱好和兴趣吗？

男： 我在中学的时候数理化都很好，在我们那个年代最吃香的是工程师，我也曾梦想当个工程师。但是高考的时候我中学的校长、班主任都主张我读文科，因为我在中学时担任学生会的宣传部长，全校的黑板报都是我负责的，并且我在上海的《青年报》上写过一些小文章、小诗歌。可以说，我的文科和理科都很好。

女：您是朱德熙先生的弟子，您觉得自己从老师那里继承了哪些治学方法和思想呢？除了学术上的影响之外，朱先生对您个人还有怎样的影响？

男：朱先生在学术上非常平等。他和学生年龄相差15岁，没有架子。他有什么想法，立刻和学生说，他经常会说："你来得正好，我有一个想法，你说说你的意见。"他就是这样一种相当平和的口吻。他并不因为"我是一个权威，而你还只是一个助教"而轻视别人的意见。他写了文章就给我看，听取我的意见。

女：您怎么评价目前的对外汉语教学？

男：两句话，第一句话：高速度发展，备受重视，成绩很大。第二句话：问题也不少。

26. 山东大学的学生给男的留下了什么印象？

27. 男的是从什么时候开始关注对外汉语教学的？

28. 上中学的时候，男的文科好还是理科好？

29. 男的认为朱德熙先生有什么特点？

30. 根据录音，下列哪项正确？

第三部分

第31到50题，请选出正确答案。现在开始第31到33题：

第31到33题是根据下面一段话：

小刚大学毕业后刚工作，他决心积极表现一番，以给领导和同事们留下非常好的第一印象。于是，他每天提前到单位打扫卫生，节假日主动要求加班，领导布置的有些任务他明明有很大的困难，也硬着头皮一概承揽下来。

本来，刚刚走上工作岗位的青年人积极表现一下自我是无可厚非的。但问题是小刚此时的表现与其真正的思想觉悟、为人处世的一贯态度和行为模式相差甚远，夹杂着"过分表演"的成分。因而就难以有长久的坚持性。没过多久，小刚水也不打了，地也不拖了，还经常迟到，对领导布置的任务更是挑肥拣瘦。结果，领导和同事们对他的印象由好转坏，甚至比对那些刚开始来的时候表现不佳的青年所持的印象还不好。因为大家对他已有了一个"高期待、高标准"，另外，大家认为他刚开始的积极表现是"假装"的。

31. 小刚开始是怎么积极表现的？

32. 为什么小刚后来表现得不好了？

33. 领导和同事们最后觉得小刚怎么样？

第34到36题是根据下面一段话：

世界上只有两种动物能到达金字塔顶，老鹰和蜗牛。它们是如此的不同，鹰矫健，敏捷，锐利；蜗牛弱小，迟钝，笨拙。鹰残忍、凶狠，杀害同类从不迟疑；蜗牛善良、厚道，从不伤害任何生命。鹰有一对飞翔的翅膀，蜗牛背着一个厚重的壳。

与鹰不同，蜗牛到达金字塔顶，主观上是靠它永不停息的执着精神，客观上则应归功于它厚厚的壳。蜗牛的壳，非常坚硬，它是蜗牛的保护器官。据说，有一次，一个人看见蜗牛顶着厚重的壳艰难爬行，就好心地替它把壳去掉，让它轻装上阵，结果，蜗牛很快就死了。正是这又粗又笨的壳一路上为蜗牛遮风挡雨，才使它完成"万里长征"。

可惜，生活中，大多数人只羡慕鹰的翅膀，很少有人在意蜗牛的壳。

34. 下列哪项是鹰的特点？

35. 到达塔顶，蜗牛具备什么客观条件？

36. 蜗牛没有壳会怎么样？

第37到39题是根据下面一段话：

从前，有一户农家靠近边塞居住。有一天，这家的马无缘无故地跑到胡人的住地去了。人们都来安慰他。那老人却说："这怎么就不会是一种福气呢？"过了几个月，那匹走失的马带着胡人的良马回来了。人们都前来祝贺他。那老人又说："这怎么就不能是一种灾祸呢？"老人家中有很多好马，他的儿子爱骑马，结果从马上掉下来摔断大腿。人们又都前来慰问老人。那老人又说："这怎么就不能变为一件福事呢？"过了一年，胡人大举入侵边塞，健壮男子都拿起武器去作战。边塞附近的人，死亡的占了十分之九。老人的儿子因为腿瘸免于征战，父子俩一同保全了性命。

"塞翁失马，安知非福"，比喻一时虽然受到损失，反而因此能得到好处，也指坏事在一定条件下可变为好事。

37. 马丢了以后，老人怎么样？

38. 老人的儿子为什么没有去当兵？

39. "塞翁失马，安知非福"是什么意思？

第40到42题是根据下面一段话：

从前有一个富翁，他有很多钱，但他并不快乐。富翁的一个朋友经营着一个果园，每天很辛苦但很快乐。富翁对此十分不解。

有一天，他很不甘心地请教他这位朋友说："我的钱可以买1000个果园，可是为什么我却不快乐呢？"

朋友指着旁边的窗子问："窗子外边，你看到了什么？"

富翁说："我看到很多人在逛花园。"

朋友又问："你又在镜子前看到了什么呢？"

富翁看着镜子里憔悴的自己，说："我看到了我自己。"

"哪一个风景辽阔呢？"

"窗子当然望得更远了。"

朋友微笑着说："就因为你活在镜子的世界里呀！当你试着将镜子后面那层水晶漆剥掉，你就会看到全世界。"

40. 富翁对什么事很不理解？

41. 朋友让富翁看什么？

42. 这段话告诉我们什么道理？

第43到46题是根据下面一段话：

网络求职已成为当今重要的求职手段。许多大学生、技工都喜欢用这种方式找工作，尤其是白领阶层，他们找工作，无一例外地要在网上投简历。但是，求职者常常为网络求职的盲目和可怜的反馈发愁——能给自己面试机会的企业怎么就没有？如何才能在网络时代让自己的求职更高效、更快速、更成功呢？不管是递交书面简历还是电子简历，针对性都应该是简历投递的第一要素。

针对性可充分表达你的诚意，更重要的是，针对性强的简历可以正好满足用人单位的需要——你是被充分需要的，这种情况下，想不中都难。具体而言，就是针对自己的职业定位与生涯规划选择真正适合你的岗位，针对特定的岗位设计针对性版本的简历，根据岗位性质使用针对性的语言。其中最重要的是你的准确的职业定位。很多人无法充分表达"针对性"，其根本原因就是职业定位不清，或者说是没什么职业规划，工作对他来说只是争取一碗饭吃而已。

43. 下列哪个群体最喜欢网络求职？
44. 求职者常常因为什么而发愁？
45. 有针对性的简历有什么好处？
46. 这段话主要谈什么？

第 47 到 50 题是根据下面一段话：

在民间，有你一打喷嚏就是有人在思念你的说法，这是一种很美好的解释。其实，打喷嚏是源于鼻部血管对湿度、温度和有气味的东西过敏。

所以，如果连续打喷嚏，你就应该注意躲避致使打喷嚏的过敏源，如灰尘、霉菌、头屑等。如果你有花粉过敏症，可通过在外出前做适当的预防措施来减轻不适。

专家分析发现，人在打喷嚏时，一次可以喷出 10 万个唾液飞沫，这些飞沫以每小时 145 千米的速度在空气中传播。除非打喷嚏的人用纸巾或手帕捂着嘴，否则唾液中所含的细菌和病毒可以在 2 秒之内附着到扶手、座位等地方，从而传染给他人。

一份调查结果显示：遇到周围有人打喷嚏，大多数人会选择走开或一笑了之；只有 8% 的人会直接提醒那些打喷嚏的人注意自己的举动；20% 的人表示，对在公共场合打喷嚏时不使用纸巾感到恼火；33% 的人表示，对其他人咳嗽时不捂嘴感到生气；12% 的乘客表示看到别人吸鼻涕会感到紧张。男性似乎更容易犯错，因为他们当中只有 67% 的人会随身带着纸巾，而女性随身携带纸巾的比例为 81%。

专家建议我们说："我们不可能完全避免细菌，但是我们还是可以采取很多措施防止它们传播，尤其是当你置身于一辆拥挤的公共汽车上时。"

47. 打喷嚏的原因是什么？
48. 打喷嚏时我们应该怎么做？
49. 看到别人打喷嚏，大多数人会怎么样？
50. 专家给我们什么建议？

听力考试现在结束。

HSK（六级）模拟试卷 *7*

第一部分

第 1 到 15 题，请选出与所听内容一致的一项。现在开始第 1 题：

1. 父亲问儿子："今天的报纸哪里去了？"儿子说："我拿它包垃圾扔掉啦。"父亲说："我还没有看呢，你怎么能扔掉呢？"儿子说："那有什么好看的？包的全是骨头渣和香蕉皮。"

2. 明明出去买火柴。回来以后，妈妈问明明："火柴好吗？"明明说："很好，每一根我都试过，全部划得着。"

3. 从前有一个小偷，发现人家家门口挂着一个很漂亮的铃铛，想偷，但担心偷铃铛时别人听到声音而偷不成。后来，他终于想出一个"绝妙"的主意，就是把自己的耳朵用棉花塞住，让自己听不到声音，结果偷窃时被当场逮住。

4. 一对夫妻骑自行车上街，妻子将丈夫甩在后面，等了半天，丈夫还没追上来。妻子停下来埋怨说："你的身体真是越来越差了，记得没结婚时，你用不了十秒钟就能追上我。"丈夫答道："哦，身体不是问题，问题在于现在我懒得追了。"

5. 大自然中有很多稀奇古怪的事，你听说过有会飞的草吗？南美洲就有这种草。每当天气干旱的时候，飞草就把自己的根从土里"拔"出来，卷成一个小球，在天空中随风飘荡，飘到湿润的地方就停下来，重新扎根生长。

6. 一个小偷到一户人家偷东西后一无所获，正要离开，主人说："请关好门。"小偷不屑地说："你家根本就不用关门！"

7. 小莉 8 岁了，她问妈妈："弟弟几岁了？"妈妈说："4 岁。"小莉说："噢，再过 4 年，弟弟就跟我一样大了。"妈妈说："傻丫头，你比他大一倍呢！弟弟长大了，你也一样长大呀！"小莉说："哦，那么弟弟 8 岁时我就 16 岁了。"

8. 小强和同学在聊天儿。同学问小强："为什么你的小弟弟总是整天哭个不停？"小强说："这有什么奇怪的呢？要是你也没有牙齿，没有头发，又不会走路，不会讲话，连大小便都要人家帮忙，你也会整天哭个不停的。"

9. 爸爸和儿子在聊天儿。儿子看到爸爸有很多白头发，便问："爸爸，你的头上怎么长出了白头发？"爸爸说："你不听话，让爸爸操心，爸爸的头上就长白头发了呀！"儿子说："那么爸爸，你太让爷爷操心了，爷爷已经满头白发了。"

10. 一个孕妇在路上行走。一个小女孩走过来问她："阿姨，您的肚子为什么这么大？"孕妇说："因为肚子里有孩子啊！"小女孩说："阿姨，您是怕麻烦吧？"孕妇说："啊？为什么？"小女孩说："您嫌孩子抱着不方便，就把他放进肚子里了嘛。"

11. 小明和朋友在聊天儿。小明说："我昨天把电视机拆开后又重新装好了。我想看看电视机里面的构造。"朋友说："那你太厉害了！你没弄丢电视机的零件吧？"小明说："非但没丢，还多出十几件呢！"

12. 小军和小明都说自己游泳速度快，朋友们就让他们俩去游泳池比赛。比赛后，小明的妈妈问结果怎么样。小明说："我得了第二名，小军才得了倒数第二。"

13. 我们应当避免吃太咸的食品。世界卫生组织建议，一个健康成年人每日盐的摄入量不应该超过6克，相当于一个啤酒瓶盖的容量。这包括各种途径摄入的盐量。可是实际上一般人的用盐量远远超过这个标准。

14. 古代佛经里讲到有几个盲人去摸大象。一个人摸到大象的腿，就说大象像棍子；一个人摸到大象的耳朵，就说大象像扇子；一个人摸到大象的尾巴，说像绳子。因为他们摸到的都是大象的一部分，而没有看到大象的整体形象。

15. 儿子放学回家，问爸爸："爸爸，你是不是还有一个名字叫'淘气'？"爸爸说："没啊，谁说的？"儿子说："今天上课的时候老师说的，她说我是淘气的孩子！"

第二部分

第16到30题，请选出正确答案。现在开始第16到20题：

第16到20题是根据下面一段采访：

主持人： 今天的嘉宾是"美的"品牌管理部总监董小华先生。"美的"从1981年诞生到现在，已经是一个全国知名的品牌，品牌价值达到了300多亿。我们很想知道，是什么带动了"美的"品牌的提升？

董小华： 是产品的发展。通过消费者对产品的印象、对产品使用的体验，"美的"品牌才能不断地深入人心，所以是产品的发展带动了"美的"品牌的提升。

主持人： "美的"的第一个广告"原来生活可以更美的"是什么时候出现的？

董小华： 是1998年。当时"美的"在品牌推广上，从知名度到美誉度，都在不断地尝试，从过去靠感觉做品牌，到后来靠规划、靠战略做品牌。

主持人： 刚刚您谈到了战略，那"美的"的新战略是以什么为基础的？

董小华： 我们是以一个叫作"品牌漏斗"的理论为基础的。"品牌漏斗"最大的一块叫知名度，从我们的调查来看，"美的"知名度很大，无提示的知名度和有提示的知名度都排在前三位，它在知名度上是没有问题的。漏斗往上走是美誉度，要考虑怎么提高销售的转换率。我知道一个品牌和我买这个品牌是两回事。然后还要考虑如何提高产品的忠诚度。

主持人：忠诚度就是指买了一件产品还会买更多产品，对吧？

董小华：对。这就是我们要研究的工作。过去是有产品再去找消费者。现在不是这样，要先确定你的销售群体是什么人。

16. "美的"是哪一年诞生的？

17. 什么带动了"美的"品牌的提升？

18. "美的"的第一个广告是什么时候出现的？

19. "美的"的新战略以什么为基础？

20. "忠诚度"是指什么？

第 21 到 25 题是根据下面一段采访：

记　者：撒贝宁先生，你是《今日说法》栏目的主持人。《今日说法》走到现在已经十年了，你怎样回顾这十年的历程？如果让你用一个词来概括《今日说法》这十年，你会用哪个词？是"喜悦""感慨"，还是别的词？

撒贝宁：如果用一个词来概括《今日说法》的十年，那就是"成长"。

记　者：《今日说法》是一个中午时段的节目，但是一开播就取得了 4.09 的高收视率，你自己的感受是怎么样的？你觉得原因是什么？

撒贝宁：有这么高的收视率完全是因为观众的支持。不单是我，我们栏目的很多同事都说，《今日说法》如果算取得了一些成绩或者成功的话，绝对不是因为我们做得好，而真的是因为观众。观众很包容，这十年一直在帮助我们成长。

记　者：这个节目现在进入了成熟期，在这个过程中你觉得最大的得与失是什么？

撒贝宁：最大的"得"，就是这十年让我得到了一个庞大的观众群体。可能这个世界上其他任何一个国家的电视节目主持人都难以想象和难以获得这么一个庞大的观众群体。

记　者：那这十年你又失去了什么呢？

撒贝宁：可能是错过了真正去生活的机会。

记　者：那你认为法律最大的魅力在哪里？

撒贝宁：在于它的平衡。有人在美国的法学院做过一个调查。学生们在一年级的时候有 99% 说学习法律是为了追求正义，但到了大三就只剩下不到 10%。其实并不是这些学生变得现实了，我也在慢慢感受这个变化。十年前做节目的时候，就觉得我要坚守正义，一定要非黑即白，不是好人就是坏人。但是慢慢地我发现，其实法律最大的魅力，不是一刀切地把世界分成两个极端，所以说法律最大的魅力在于它的平衡。

21. 撒贝宁用哪个词来概括《今日说法》的十年？

22.《今日说法》为什么有很高的收视率？

23. 撒贝宁这十年得到了什么？

24. 撒贝宁这十年失去了什么？

25. 撒贝宁认为法律最大的魅力在哪里？

第 26 到 30 题是根据下面一段采访：

主持人：今天我们邀请的是著名作家莫言。莫老师，您好！最近一年您挺忙的，能给大家介绍一下今年您都忙了些什么吗？

莫　言：一直忙着出国。今年前三个月去了两趟美国，一次是参加美国现代语言学会的年会，第二次是去美国俄克拉荷马大学领了纽曼文学奖，是奖给《生死疲劳》英文版的。4 月底、5 月初去了一趟意大利，给罗马市拉齐奥大区做了一个关于罗马古典名胜的纪录片，当了一次演员。上个月去了一趟法国，在巴黎接受了十几家媒体的采访，主要是为了 8 月中旬即将出版的法文版《生死疲劳》。

主持人：那最近在做什么？

莫　言：写一部新的长篇小说。不能再"生死疲劳"了。

主持人：您的新书大概什么时候出版？

莫　言：今年年底吧。不想把这件事拖到明年。

主持人：说到莫言老师，大家肯定会想到《红高粱》，您怎么评价《红高粱》这本书？

莫　言：这是 1986 年发表的小说，那时候我觉得我很年轻，书也很年轻。

主持人：您对由这部小说改编的同名电影《红高粱》又怎么看？

莫　言：我觉得这个电影是新中国电影史上一座纪念碑式的作品。它第一次完整地表现了张艺谋他们这一代导演的新的电影观念。无论是对于镜头的运用、色彩的运用还是造型的运用，都跟过去的电影有很大的区别，让人耳目一新，意识到一场电影革命已经发生了，所以我对它的评价是很高的。

　　26. 莫言今年都忙了些什么？

　　27. 莫言最近在做什么？

　　28. 莫言的新书大概什么时候出版？

　　29.《红高粱》是莫言哪一年发表的小说？

　　30. 莫言对同名电影《红高粱》怎么看？

第三部分

第 31 到 50 题，请选出正确答案。现在开始第 31 到 33 题：

第 31 到 33 题是根据下面一段话：

　　饮茶，在中国有着悠久的历史，中国的茶文化早就世界闻名了，茶又是世界上公认的六大保健饮料之首，具有提神、促进消化、利尿、清热、降火、明目等有益于身体健康的作用。茶叶对人体造血机能也有保护作用，因此日本人称茶为"原子时代的饮料"。用好水泡出来的茶清香可口，无论是一个人喝茶，还是三四个好友在一起一边聊天儿一边喝茶，都是一件有意思的事情。所以，不仅在茶的故乡——中国，而且在欧美、日本等地，喜欢喝茶的人越来越多。

　　31. 录音中提到茶有什么作用？

　　32. 哪个国家称茶为"原子时代的饮料"？

　　33. 茶的故乡在哪里？

第 34 到 37 题是根据下面一段话：

京剧是中国的传统文化，京剧中的人物形象主要分为生、旦、净、末、丑五个角色。生又分为老生、小生、武生等，为京剧中的重要角色之一。老生的形象都是口戴胡子的中年人，小生多为年轻人。旦这个角色分青衣、花旦、武旦、老旦、贴旦、闺旦等角色。旦角全为女性。其中，花旦以服装花艳为特色，多演皇后、公主、贵夫人、女将等角色；武旦多为武功厉害的女性；老旦多为中老年妇女，以演唱为主。

34. 京剧中主要有几个角色？

35. 老生是什么样子的？

36. 武旦是什么样子的？

37. 录音中说以演唱为主的是什么角色？

第 38 到 41 题是根据下面一段话：

社会发展得越来越好，人民的生活水平也越来越高。现在农村人也和城市人一样了，饭后也有很多的活动，大多数时候，很多人围在一起打扑克、下象棋。村里这几年买来了几台电脑，网络也开始走进了农村，成了农村的"新农具"，有的农民也开始在网上读书、干活、卖地瓜，网上活动越来越多。爷爷已经 70 多岁了，也抢着学习使用电脑，非要我把电脑带回家，让他学习学习。村里的人都称爷爷为"时尚老头儿"。

38. 人民的生活水平怎么样？

39. 农村的"新农具"是什么？

40. 爷爷为什么让"我"把电脑带回家？

41. 人们把爷爷称为什么？

第 42 到 44 题是根据下面一段话：

现在有很多年轻人喜欢把饮料和啤酒当成饮用水。其实，水和饮料在功能上并不能等同。饮料中含有糖，有的饮料中还含有色素，喝了以后人不容易饿。如果用饮料代替水，不仅不能起到给身体补充水分的作用，还会影响人们吃饭，影响消化和吸收。如果把啤酒当成水，对身体更不好。啤酒含有酒精，长期喝啤酒会破坏大脑，让人反应变慢。所以饮用水和啤酒、饮料有很大的区别，不能被代替。

42. 现在年轻人经常把什么当成饮用水？

43. 经常把饮料当成水喝能够补充身体需要的水分吗？

44. 长期把啤酒当成水饮用，对什么有影响？

第 45 到 47 题是根据下面一段话：

当地震发生时，如果你正在家里，就待在里面，不要往外跑了。首先要将火熄灭，远离玻璃，特别是大的窗户或镜子，然后找安全的地方躲起来。屋中的角落是好的避难处，较低的地面或地下室也能提供最好的存活机会。桌底或坚固的家具下也能保护你，还能方便呼吸。如果在装有电梯的高楼办公室内，也要待在室内，找个安全的地方躲起来。不要进电梯和楼梯，因为人多拥挤，容易受伤。

45. 发生地震时如果你在家里该怎么办？

46. 地震时哪里是安全的地方？

47. 如果地震时你在装有电梯的高楼内工作，应该怎么办？

第 48 到 50 题是根据下面一段话：

马妈妈让马宝宝去河对面外婆家送米，小马很高兴，驮起米就去了。走到一条河边，树上的松鼠看见了，连忙提醒小马："河水很深，千万别过河呀，我的朋友就是淹死在这里的。"牛伯伯走过来对小马说："小马，别怕，这条河很浅，才到我们的小腿，过去吧！"小马听了他们的话，不知道怎么办，于是跑回家问妈妈。妈妈听了小马的话，微笑着对小马说："你去试过了吗？到底是深还是浅呢？"于是小马又驮着米来到了河边，慢慢地下了河，而且很轻松地过了河，原来河水对于小马来说刚好不深也不浅！这个故事告诉我们，要听取别人的意见，但也要自己去尝试。

48. 小马为什么要过河？

49. 小马听了松鼠和牛伯伯的话后做了什么？

50. 这个故事告诉我们什么道理？

听力考试现在结束。

HSK（六级）模拟试卷 8

第一部分

第 1 到 15 题，请选出与所听内容一致的一项。现在开始第 1 题：

1. 全球变暖将给地球和人类带来许多复杂而巨大的影响，既有正面的，也有负面的。二氧化碳的增加会促进植物的生长，这是全球变暖的正面影响。但随之而来的冰川融化、农业减产、疾病传播等问题则给人类带来了更大的困扰。

2. 维生素 A 具有多种功能，它对视力、骨骼的生长、胎儿的发育等都是必需的。缺乏维生素 A 会导致视力下降、牙齿停止生长、食欲下降等问题。但是，过量的维生素 A 对人体具有毒性，可表现为皮肤干燥、头痛、失眠、呕吐、低热、容易疲倦、烦躁不安等。

3. 西红柿炒鸡蛋是许多家庭餐桌上的一道家常菜。它制作方法简单，营养搭配合理。西红柿中含有丰富的维生素 B 和 C，对心脏具有良好的保护作用，同时能够减少癌症的发生。鸡蛋中含有丰富的 DHA，能够改善记忆力。因此，这道菜深受大家喜爱。

4. 意大利人酷爱咖啡，因此在意大利，咖啡馆遍地开花。不过你也许不知道，意大利人在不同的时间喝不同的咖啡，正宗的意大利咖啡是不加牛奶的，而且要站着喝。如果你选择坐下喝咖啡，需要另外付服务费。这种风俗大概有 60 年左右的历史。

5. 英国一位 15 岁的中学生身高超过 2.3 米，而且目前他还在继续长高，以至于同学们在和他交谈时都要抬头仰视。据了解，小学毕业的时候，他的身高就已经超过了父母，他父母的身高分别为 1.82 米和 1.77 米。

6. 一项最新研究结果显示：如果 3 到 5 年持续承受高度压力，人类的记忆力就有可能衰退。研究人员相信，压力是造成记忆受损的重要因素，过多的压力会极大地损害记忆力。

7. 日前，一名来自英国的年仅 14 岁的"数学神童"成为剑桥大学 237 年历史上最年轻的大学生。他是在通过大学入学考试之后被剑桥大学录取的。远在 1773 年，剑桥大学也曾录取过一位 14 岁的天才少年。

8. 最新研究发现，小时候被父母打过的孩子，远比那些从来没挨过打的孩子生活得更快乐，而且更可能成功。小时候挨过父母打的孩子，上学后很可能成为校园里的好学生，而且冒险的欲望和考大学的欲望会比那些从来没挨过打的孩子强烈得多。

9. 日前，一种名为茶杯猪的迷你小猪风靡英国。这种迷你小猪刚出生的时候只有茶杯大小，比小猫还要娇小，体重约有半斤，十分聪明，因此得名"茶杯猪"。目前，这种微型小猪非常抢手，供不应求，一只小猪的价格高达 1100 美元。

10. 比目鱼身体不对称，这可以帮助它们幸存下来，方式就是在海底进行伪装。在这种伪装下，过路的捕食者往往对它们视而不见。此外，一些比目鱼还能够改变体色，让伪装行为如虎添翼。

11. 1997 年 12 月 25 日，在泰国首都，有一家餐厅制作了一块重 2.3 吨的蛋糕。这块长 8.4 米、宽 60 厘米的蛋糕是由 10 名厨师制作的，其准备工作花了 360 个小时。这块蛋糕被切成了 19212 份，成为世界上最大的圣诞蛋糕。

12. 妈妈对儿子说："你去厨房一下，看看电灯是否关上了。"不一会儿，儿子从厨房回来说："妈妈，厨房太黑了，什么也看不见！"

13. 妻子生气地问丈夫："你出去怎么不锁门？要是小偷进来怎么办？"丈夫说："没事，小偷来了也白来，咱家的存款我找过多少遍了，就是找不着，不知道你把它藏在什么地方了！"

14. 画家的一位朋友到他家做客。画家对他说："我打算把房间的墙壁粉刷一下，然后在墙上画些画儿。"朋友听后劝道："你最好先在墙上画画儿，然后再粉刷墙壁！"

15. 世界上公认的第一个在个人电脑上广泛流行的病毒是 1986 年年初诞生的"巴基斯坦"病毒，编写该病毒的是一对巴基斯坦兄弟。为了防止软件被任意拷贝，也为了追踪到底有多少人在非法使用他们的软件，在 1986 年年初，他们编写了这个病毒。

第二部分

第 16 到 30 题，请选出正确答案。现在开始第 16 到 20 题：

第 16 到 20 题是根据下面一段采访：

记　者：蔡老师是我国国内资深的室内设计师。蔡老师，您好！第四届中国（深圳）国际室内设计文化节的主题是"原创设计在深圳"，在原创设计方面，您觉得设计师需要注意哪些要点？

蔡老师：首先，设计师应该认识到原创设计的基础是我们对传统文化的深刻理解、对现代环境的充分认识和对当今社会相关技术的掌握。其次，设计是为大众服务的，要注意四个原则：首先要体现出实用性原则，然后是美观性原则，还有科学性原则和经济性原则。

记　者：您觉得目前深圳的原创设计有什么优势？

蔡老师：深圳是一个新城市，起初建设时就有许多国内不同地区的设计团队来到这里，他们直接参与了设计和实践。与香港设计师和香港设计公司的合作，使他们学到了很多东西，掌握了很多新的技术。城市发展过程中有大量的工程和项目也需要设计师去设计，这样的一个空间让他们锻炼的机会比较多。所以说原创设计在深圳有多方面的优势。

记　者：我们怎样才能做好有中国特色的原创呢？

蔡老师：首先一定要学习过去的历史。现在国际化了并不是说就可以把设计完全西化、完全吸取西方的东西，如果我们一味盲目地学习西方最前沿的东西，那我们只是跟在人家后边跑，让人家看起来还是属于初学的阶段。还有就是要以民族为基础。有生命力的原创就是要有民族建筑设计的符号，加上现代人生活的需求，加上现代新技术的应用，再加上新理念的组合方式。

记　者：您觉得深圳的设计师还需要在哪方面加强？

蔡老师：我觉得，原创设计要想能够真正体现中国的特色，那一定不能离开本民族的土壤。我们在民族特色这方面还要加强。

16. 蔡老师的职业是什么？

17. 设计师除了要注意实用性和美观性，还应注意哪些原则？

18. 下列哪一项不是深圳原创设计的优势？

19. 下面哪一项不是有生命力的原创需要的因素？

20. 深圳的设计师还需要在哪方面努力？

第 21 到 25 题是根据下面一段采访：

主持人：随着经济的发展和人民生活水平的提高，大家对环境问题的关注与日俱增。今天我们请来了环境保护部部长周生贤。请问周部长，过去的一年，百姓关注的突出的环境问题解决得怎么样？

周生贤：从之前的情况看，环境质量有了很大改善。2009 年上半年全国环境各项指标都有所提高，113 个环保重点城市空气优良天数增加了 1.5 个百分点，二氧化硫平均浓度继续下降。农村环境保护也有一定的成绩。

主持人：新的一年，环保部门要重点解决哪些环境问题？

周生贤：解决人民群众关心的环境问题一直是我们努力的方向。新的一年，我们工作的重点集中在空气质量的改善、饮用水安全以及重金属污染防治等方面。在空气质量方面，经过多年努力，我国的大气污染防治工作取得了很好的成绩，但是形势依然十分严峻。今年，我们将进一步加强地区防控，扩大管理范围，完善政策法规体系。在水资源方面，今年将采取有效的措施，重点加强农村的饮用水的保护，为保证人民群众喝上干净的水而努力。加大重金属污染防治力度，维护生态环境安全，保证人民群众身体健康，是今年环保部门的一项重要工作。我们将采取部门合作的形式，对重金属污染进行综合治理。

主持人：请问部长，从目前的形势看，减少大气污染、污水排放有哪些困难？怎么解决？

周生贤：2010年是完成环保任务的关键。现在有一些落后的设备和企业还存在，减少污染排放的压力还很大，因此我们要实现目标，就必须继续扩大工作范围，继续控制火电、钢铁、造纸等行业的大气污染排放量。对于污水排放，要重点建设污水处理设施，对高排放的落后产业要采用环保、技术标准等方法严格控制。

21. 2009年重点城市空气优良天数增加了多少？

22. 2010年环境保护的工作重点有哪些？

23. 饮用水安全工作重点要加强哪个方面？

24. 下面哪个行业不是大气污染严重的行业？

25. 下面哪一项是减少污水排放的措施？

第26到30题是根据下面一段采访：

主持人：最近网络上的热点话题就是出卖自己的剩余人生。今天我们请到了故事的主人公陈潇。陈潇，请问你在网络上的剩余人生店是什么时候开始营业的？

陈　潇：我在2008年12月5号在网上留言，让大家安排我的剩余人生，认真完成几次任务后，得到了网友们的信任，15号我的店就开张了。

主持人：当初为什么要开这样的店？

陈　潇：大学毕业以后我曾经营过服装，但不是很顺利，也发觉生活不像我想象的那么简单。心情低落的时候我就在网上公布了自己的手机号、QQ号等联系方式，让大家安排我的时间，这样慢慢就有了开店的想法，现在觉得这样不错。

主持人：你的第一个任务是什么？

陈　潇：我的第一个任务很简单，就是做个胜利的表情然后拍照发到网上。

主持人：你的店是怎么收费的呢？

陈　潇：我的网上店铺买卖的物品就是我的时间，分成了三个档次：8分钟卖8块钱，一个小时卖20块，一天卖100块。

主持人：开店以后生意怎么样？

陈　潇：生意还不错。元旦当天赚了两千块，这其中还要除去成本大概50%吧。网友们的任务也各种各样，去接人、送咖啡、过生日、买火车票、医院陪同输液、代网友品尝小吃等。

主持人：你从开始的免费到现在的收费，很多网友都觉得这才是你的目的，你怎么看？

陈　潇： 其实我想说的是，收费只是为了大家有一个保障，谁也不能支撑这样无偿的网络生活，吃穿住行都得花钱。所以收费帮大家办事，能坚持得更长久一点儿。如果不收费，这件事情早就结束了。如今我在感受每个人的不同的生活，这种感觉我觉得很好。

　　26. 陈潇的网店是什么时候开业的？

　　27. 她的第一个任务是什么？

　　28. 她的一个小时卖多少钱？

　　29. 下列哪一项不是网友给她的任务？

　　30. 她的网店收费的目的是什么？

第三部分

第31到50题，请选出正确答案。现在开始第31到34题：

第31到34题是根据下面一段话：

　　英国最新一项研究表明，开车的时候唱一些熟悉的歌，驾驶人员更容易集中注意力，也更加不容易困。相比之下，开车时不出声音更容易增加危险。当然，驾驶人员在开车时一边听音乐，一边跟着唱要有一个适度的问题，如果音乐过于吵闹，节奏过强，那么司机在开车时唱歌就不能起到保证安全的作用，反而会增加危险，因为吵闹和强的节奏会分散注意力。如果音乐过于缓慢，驾驶人员容易困，也是很危险的。所以在驾驶的时候，选择适当的音乐是很有必要的。

　　31. 在开车的时候唱一些熟悉的歌有什么好处？

　　32. 开车不出声音和开车唱熟悉的歌相比，哪个更容易增加危险？

　　33. 吵闹和节奏过强的音乐为什么不适合开车的时候听？

　　34. 节奏缓慢的音乐是否适合开车的时候听？

第35到38题是根据下面一段话：

　　网络是现代生活必不可少的一部分，使用广泛，在网上聊天儿的时候还出现了一些网络语言。所谓网络语言，就是指网络聊天室中流行的语言。一些网络语言已经被大家接受。例如，MM是指美女，就是长得漂亮的女孩子；GG是指帅哥，就是长得好看的男孩子；而在网络上把长得不好看的女孩子称为"恐龙"，把长得不好看的男生称为"青蛙"。现在网络上又有了一些以图画和字母相结合的形式出现的人们很难理解的语言，被称为"火星文"。火星文也是现在流行的一种网络语言形式，吸引了很多语言学家和网络爱好者。

　　35. 网络语言在哪里流行？

　　36. MM指的是什么？

　　37. 长得不好看的男生在网络语言中被称为什么？

　　38. 什么是火星文？

第 39 到 42 题是根据下面一段话：

在房屋装修结束以后应该让房屋空一段时间，然后才能住进去。为什么不能装修好了马上就住进去呢？因为刚刚装修过的房间里含有很多有毒的气体，这些气体对人体有害，会让人呼吸困难、头晕，严重的还会导致失明、死亡，所以我们要经常开窗，让新鲜的空气进到刚刚装修过的房子，把房间内有毒的空气排放出去。这些有毒的气体主要来源于室内的装饰材料，如地板、油漆、涂料及家具。所以，为了让装饰材料中的有毒气体充分地释放出来，我们既要保持室内的通风，也要使用一些吸收毒气的物质。

39. 为什么刚装修过的房子不适合马上住进去？

40. 屋内的有毒气体对人有什么影响？

41. 这些有毒气体主要来源于哪里？

42. 怎么做才能让有毒气体消失？

第 43 到 46 题是根据下面一段话：

丽江古城位于中国西南部云南省的丽江市。丽江古城又名大研镇，坐落在丽江坝中部，被称为"保存最为完好的四大古城之一"，它是中国历史文化名城中唯一没有城墙的古城。丽江古城历史悠久，景色美丽，是很多旅游者都想去的地方。在丽江居住的人包括汉族、白族、藏族等许多民族。丽江古城蕴含着丰富的民族传统文化，又有纳西族的独特的特点，对研究中国建筑史、文化史具有重要的作用。

43. 丽江古城在哪个省？

44. 丽江古城是中国保存的最为完好的几大古城之一？

45. 丽江古城有什么独特之处？

46. 丽江古城在中国具有什么样的作用？

第 47 到 50 题是根据下面一段话：

2010 年 1 月 12 号，海地发生了 7.3 级地震，这是海地自 1770 年以来发生的最强烈的地震。地震震中距离海地首都太子港 16 公里，震源深度 10 公里。目前海地国内余震不断，最强烈的余震达到 5.9 和 6.4 级，不但为救援数以千计埋在废墟之下的民众带来了极大困难，更为无数处于恐慌中的平民带来了严重威胁，而且未来海地继续发生严重灾害的可能性仍然存在。太子港街头出现极度混乱的局面，到处都是呼喊者、哭泣者、四处寻找失散亲友者和无家可归者。

47. 海地发生了什么？

48. 海地的首都在哪里？

49. 为营救带来困难的是什么？

50. 太子港街头出现了什么样的情况？

听力考试现在结束。

HSK（六级）模拟试卷 **9**

第一部分

第 1 到 15 题，请选出与所听内容一致的一项。现在开始第 1 题：

1. 幼儿园的老师怀孕了，可是幼儿园的小孩子们却不懂。一天，牙齿保健员被请来，教孩子们如何保护牙齿。她告诉孩子们说，如果贪吃甜食和巧克力，不仅对牙齿有害，而且还会使人发胖。放学以后，一个小男孩指着老师怀孕的肚子说："我知道您的肚子为什么那么胖了，老师！"

2. 丈夫和妻子在家中闲聊。妻子说："人一老，话就多。"丈夫说："照你这么说，你从来没有年轻过！"

3. 小王身体不好，朋友建议他每天坚持锻炼身体。一个月过去了，他常常借口有事不去锻炼。他这样三天打鱼，两天晒网，怎么能把身体练好呢？

4. 小张觉得自己太胖了，就去医院看医生。小张问医生："请问减肥有什么方法？"医生说："把头从右边转到左边，再从左边转到右边，如此摇头不已。"小张问："什么时候这样做呢？"医生说："有人请客的时候。"

5. 每到我们感冒的时候，就会听到医生或者朋友对我们说："多喝点儿水！"确实，多喝水对感冒很有好处。因为当人感冒发烧的时候，体温下降，这时就会出很多汗，身体就会缺水，因此我们需要补充大量的水分。多喝水不仅能促使出汗和排尿，而且有利于体温的调节。

6. 儿子不喜欢学习，常常去游戏厅。爸爸很生气，对儿子说："你不好好学习，只知道去游戏厅。我到游戏厅去，十次有九次看到你！"儿子回答说："那您还比我多去了一次呢！"

7. 五岁的小强在院子里玩儿，突然跑回家对妈妈说："妈妈，我们的新邻居一定很穷。"妈妈说："你怎么知道的？"小强说："他们家的小孩不小心吞下了一块钱，他们特别焦急。"

8. 一对夫妻结婚不久收到了许多朋友送给他们的结婚礼物。其中有一个信封，里面只装着两张电影票和一张小纸条，小纸条上面写着："猜猜我是谁。"这对夫妻想了很久，也没有想出来。丈夫对妻子说："算了吧！不要想了，既然人家是一番好意，我们今天晚上就去看电影好了。"等看完电影回到家时，他们大吃一惊，因为家里遭小偷光顾，所有东西都没有了。最后他们在饭桌上发现了一张字条，上面写着："猜出我是谁了吧！"

9. 有个酒鬼，衣服口袋里装着一瓶酒。在他回家的路上，一辆迎面驶来的汽车把他撞倒了。他一边起身一边摸了摸口袋，发现有点儿潮湿。"哎呀，"他小声说道，"但愿是血！"

10. 一个有些胖的女孩很喜欢吃甜食，但她非常讨厌蚂蚁。朋友问她为什么，她气呼呼地说："哼！那些小东西很喜欢吃甜食，可是腰却还是那么细！"

11. 世界上有很多东西，我们常常会熟视无睹。不知道你留意过没有，我们眼下使用的电脑键盘上的26个英文字母，都是以Q打头至M结束。为什么不按从A到Z的常规顺序排列呢？实际上，它的产生是当年由于技术水平落后，设计师们退而求其次的无奈之举。

12. 朋友打算买辆新车，约我这个汽车发烧友陪他去选购。朋友是个工薪族，收入有限，所以主动给自己设了一道底线：买汽车不能超出6万元。结果，我们掉进了导购小姐设计的圈套里，原本只打算花6万买车，开回家的却是12万元的车。

13. 朋友对小王说："我求你件事，你能为我保密吗？"小王说："当然可以！"朋友犹豫了片刻说道："我手头有些紧，你能借给我一些钱吗？"小王拍拍朋友的肩膀说："不必担心，我就当没有听见！"

14. 猫抓不住猎物时，会马上整理自己身上的毛。为什么？有人说，猫爱干净，捕猎时毛弄乱了，所以得整理一下。其实，根据专家研究，猫抓不住猎物会很不好意思，为了避免尴尬，便装作整理身上的毛，避免同类取笑自己。

15. 夏天，人的活动时间变长，运动量变大，出汗多，消耗能量过大，因此应该适当多吃鸡、鸭、鱼、鸡蛋等营养食品，以满足人体新陈代谢过程中的需要。

第二部分

第16到30题，请选出正确答案。现在开始第16到20题：

第16到20题是根据下面一段采访：

主持人： 各位网友好！今天我们请来了中国摄影家协会副主席、高级教授朱宪民先生。我们都知道，旅游和摄影是分不开的，对于旅游者来讲，朱教授，您觉得旅游摄影应该注意哪些方面呢？

朱宪民： 旅游者首先要了解这个地区的风土人情，包括风光的特点。比如说黄山，春节期间拍雪景是最佳的时期，在百分之八九十的情况下都可以拍到雪景。你要掌握旅游景点的季节特点，这很重要。

主持人： 第一点是了解旅游目的地的气温、条件、气候变化，第二点要注意的是什么呢？

朱宪民： 以东北为例，天气可能最低达到零下30多度，将近零下40度，这时有的相机电池可能就会受影响。数码相机的电池容易冻，一般来讲要测试一下电池。

主持人： 那南方呢？

朱宪民： 现在去南方，比如云南，是比较好的季节。如果你夏天去话，三十八九度的高温，非常炎热，冬天去，温度比较合适。

主持人： 目前咱们国家的摄影艺术逐渐民间化，这与数码相机的普及有很大关系。您能不能给我们介绍一下现在摄影创作的趋势？

朱宪民：当今是一个图像的时代。随着人民生活水平的提高，现在搞摄影的、搞图像的越来越多。而且随着社会的发展，基本上城市里每个家庭都有照相机了，已经普及到家庭了，而且你每到一处都有摄影的。

主持人：现在摄影爱好者越来越多、相机越来越多，如果要给他们提出一些建议，您认为是什么？

朱宪民：我觉得应该尊重现实。每个时期都有每个时期的特点，你要抓住它，真实地记录人们的生活。不要现在拍出来的照片像30年前的一样，没有时代气息。

16. 朱教授谈旅游摄影应该注意风土人情时，以哪个地方为例？
17. 旅游摄影第二点要注意的问题是什么？
18. 去南方旅游摄影，什么季节比较好？
19. 朱教授认为现在是一个什么时代？
20. 朱教授给摄影爱好者的建议是什么？

第21到25题是根据下面一段采访：

主 持 人：安妮宝贝当年因为网络小说而成名，现在她又有了新的作品。今天我们请她来做客，给大家介绍她的作品和生活。安妮宝贝，你的新作品讲了一个什么故事？

安妮宝贝：讲述了一个关于遗忘和记得的故事。书中的每一个人都在做出选择。但在这些选择中没有对和错，也没有幸福的标准。只是代表生命的时间不断前进。

主 持 人：你的作品常常打动读者，但你的读者有没有打动过你？

安妮宝贝：我给你讲一个故事吧。那是在一个寒冷的星期一下午，我那时还在上班，当时正在开会。一个女孩按了门铃，进来说，"我找安妮宝贝"。女孩穿着白色的大衣，看上去非常年轻，手里捧着一束白色百合花。我不太确定她是否喜欢我的文字，但是我确实被感动了。

主 持 人：你的成长经历中让自己有较大改变的事情是什么？

安妮宝贝：辞去第一份工作。那时候已在中国银行工作了两三年，辞职以后经历了很困难的生活。

主 持 人：你现在生活中常常喜欢做什么？

安妮宝贝：写作。每年出书量不会太大，因为是对自己有要求的人。还有大量的阅读，每天都会看看书。现在我也开始运动，爬山、游泳；还喜欢买来菜谱学习做菜。

主 持 人：现在还在网上写作吗？现在的网络对于你意味着什么？

安妮宝贝：还是每天上网，但已不在网上发表任何文字。我2005年就已经离开网络。我觉得自己是自由作家，所以不让自己的写作被限制在任何一个范围，也不受任何其他影响。

21. 安妮宝贝当年是因为什么成名的？
22. 来找安妮宝贝的女孩手里拿着什么？
23. 安妮宝贝的第一个工作是什么？
24. 下面哪件事不是安妮宝贝平时常做的？
25. 安妮宝贝从哪年开始不在网络上写小说了？

第26到30题是根据下面一段采访：

主持人：今天我们邀请到的嘉宾是安徽农业大学茶业系副教授丁以寿。请问您最早是在什么时候、什么地方与茶结缘的？

丁以寿：我读高中的时候，学校的旁边就有一片茶园。我早晚经常一个人在茶园里散步。那个时候就认识茶树了，这算是初步与茶结缘吧。大学我的专业也是茶叶专业。

主持人：那您觉得茶叶的学问有多深？

丁以寿：一开始我觉得茶叶怎么能学四年。进学校后才知道一切不像我原来想象的那么简单。茶学的内容非常丰富，包含了茶的自然科学、社会科学和人文科学。我毕业后就留校从事学生管理工作。直到2004年，我不想再继续从事行政工作，于是改为专心搞茶文化研究，这在当时让有些人很难理解。

主持人：是因为兴趣，还是什么其他原因？

丁以寿：是兴趣。一个人的精力毕竟是有限的，人应该学会放弃，放弃一些应该放弃的东西，这样才能得到自己想要的。

主持人：茶艺这个名词是什么时候提出来的？

丁以寿：1977年，是台湾茶人首先提出来的。茶道在中国历史上早就有了，但是用得很少，中国历史上茶书很多，但就是没有专门介绍茶道和茶艺的书。随着与台湾交流的增多，茶艺也跟着发展起来了。

主持人：您理解的中国茶道是什么样的？

丁以寿：中国茶道是以养生修心为宗旨的饮茶艺术，我在论文中对中国茶道做了比较系统的研究，也对古人饮茶方式进行过研究。古代的饮茶方式，我总结为四类：煮茶、煎茶、点茶、泡茶。最早，茶是被当作蔬菜来用的。古人吃着吃着发现茶有药用功能，于是又把茶当作中药。早期的饮茶，源于茶的食用、药用。

26. 丁以寿教授是在什么地方与茶结缘的？
27. 下面哪个茶学内容没有提到？
28. 丁教授为什么放弃原来的工作而进行茶文化研究？
29. "茶艺"这个名词是哪里人首先提出来的？
30. 最早茶是什么？

第三部分

第31到50题，请选出正确答案。现在开始第31到34题：

第31到34题是根据下面一段话：

有头瞎了一只眼睛的鹿，来到海边吃草，它用那只完好的眼睛看着陆地，防备猎人的攻击，而用瞎了的那只眼对着大海，因为它认为海面上不会发生什么危险。不料有人乘船从海上经过，看见了这头鹿，一箭就把它射倒了。它将要咽气的时候，自言自语地说："我真是不幸，我防备着陆地那面，而我所信赖的海这面却给我带来了灾难。"这个故事是说，事实常常与我们想的东西相反，以为是危险的事情却很安全，觉得是安全的却危险。

31. 鹿的眼睛怎么了？
32. 它用哪只眼睛看着海面？

33. 猎人从哪个方向射死了它？

34. 这个故事告诉我们什么？

第 35 到 38 题是根据下面一段话：

有一只乌鸦口渴了，到处找水喝，后来在一个瓶子里发现了一点点水。因为瓶子又细又长，里面的水又很少，它必须想办法才能喝到水。它想尽了办法，仍然喝不到水。于是，它使出全身的力气去推，想把瓶子推倒，倒出水来，可是瓶子太重了，它推不动。后来乌鸦就用自己的嘴巴叼着石子投到水瓶里，瓶子里的石头多了，水面逐渐地升高了。最后，乌鸦高兴地喝到了水。这个故事告诉我们，遇到问题要运用自己的大脑来想办法。

35. 乌鸦遇到了什么问题？

36. 乌鸦在哪里发现了水？

37. 乌鸦用什么办法喝到了水？

38. 这个故事告诉我们什么？

第 39 到 42 题是根据下面一段话：

秦始皇的兵马俑在陕西省西安市。兵马俑大多是用陶瓷制成的，然后再涂上颜色。当年兵马俑颜色都是鲜艳的，人们刚发现的时候也还是鲜艳的，但是出土后由于空气干燥，颜色就慢慢地脱落了。现在能看到的只是残留的颜色。兵马俑分为车兵、步兵、骑兵等多种类别。如果仔细观察，可以看出每个人的脸型、发型、体态都不相同。兵马俑体现了中国古代人民的智慧，也是全世界的奇迹。许多旅游者都会去西安看它。它让外国人赞叹，让中国人骄傲！

39. 秦始皇的兵马俑在哪里？

40. 当年的兵马俑颜色怎么样？

41. 为什么现在的兵马俑颜色不明显？

42. 兵马俑的脸型、发型和体型怎么样？

第 43 到 46 题是根据下面一段话：

《诗经》是中国第一部诗歌总集，是中华民族的瑰宝，传说是孔子的弟子编写的。《诗经》原本叫《诗》，共有诗歌305首，因此又称《诗三百》。从汉朝汉武帝时起，儒家将它奉为经典，因此称为《诗经》。《诗经》共分风、雅、颂三大部分。它们的名字都得名于音乐。"风"的意义就是声调。"风"有十五国风，是出自各地的民歌，这一部分文学成就最高，有对爱情、劳动等美好事物的赞美，也有怀念故土、反抗压迫的怨叹与愤怒。"雅"是正的意思，周代人把正声叫作雅乐，带有一种尊崇的意味。"颂"是用于宗庙祭祀的乐歌。

43. 《诗经》是中国第几部诗歌总集？

44. 《诗经》又称作什么？

45. 《诗经》中文学成就最高的是哪一部分？

46. 《诗经》中的哪一部分是用于宗庙祭祀的乐歌？

第 47 到 50 题是根据下面一段话：

"白色污染"是人们对塑料垃圾污染环境现象的称谓。由于人们随意乱丢乱扔塑料垃垃，它本身又很难分解，所以造成了城市环境严重污染的现象。白色污染存在两种危害：视觉污染和潜在危害。所谓的视觉污染指的是塑料物品等散落在环境中，给人们的视觉带来不良刺激，影响环境的美感。而潜在的危害又包括两个方面。首先它会影响我们的身体健康。当温度达到 65℃时，一次性发泡塑料餐具中的有害物质将渗入到食物中，会对人的肝脏、肾脏及中枢神经系统等造成损害。其次是使土壤环境恶化，严重影响农作物的生长。农田里的塑料产品会影响农作物对水分、养分的吸收，抑制农作物的生长发育，造成农作物减产。如果牲畜吃了塑料膜，还会引起消化道疾病，甚至死亡。

47. 白色污染指的是什么污染？

48. 白色污染对人有什么影响？

49. 白色污染对农作物有什么影响？

50. 如果牲畜吃了塑料膜会怎么样？

听力考试现在结束。

HSK（六级）模拟试卷 *10*

第一部分

第 1 到 15 题，请选出与所听内容一致的一项。现在开始第 1 题：

1. 医生为了检查精神病人的病情，在墙上画了一扇门，然后对大家说："谁能从这扇门出去，就可以回家啦！"病人们纷纷向墙上的门跑去，只有一个人无动于衷。医生以为他恢复健康了，问他："你为什么不去呢？"病人答道："嘘！钥匙在我这里。"

2. 一头驴能活多长时间，大概没有多少人知道。英国一头老驴现年约 54 岁，大概是全球现存年纪最大的驴。一般驴的正常寿命是 25 到 35 岁，像英国这头驴这样活过 50 岁的非常罕见。

3. 日本研究人员利用三年时间培育出了一种透明金鱼，身体内部清晰可见。这种金鱼今后有可能广泛应用于实验研究。这种金鱼不需解剖，可以直接观察肌肉和血液的状态。

4. 舞草外表看起来是一种普普通通的小草，但是，当有人对它说话或者唱歌时，舞草的叶子会左右舞动，就好像小草随着人的声音翩翩起舞，因此人们称它为舞草。如今许多植物园都种植着舞草，它作为会动的宠物很受欢迎。

5. 恐怖，是人们不愿面临的但又是人们需要的。当恐怖对人们构成威胁时，人们不愿意面对它；当恐怖在一定程度上满足人们的好奇心时，人们又需要它。许多年轻人特别喜欢恐怖，有关恐怖的电影、游戏等总是很流行。

6. 世界上最大的金字塔大约建造于公元前 2700 多年。塔高 146.5 米，相当于一座 40 层高的大楼，占地约 52900 平方米。大金字塔大约由 230 万块大小不等的石块砌成。最轻的石块大约 1.5 吨，平均重量约为 2.5 吨，总重量约 684.8 万吨。

7. 美国的一位数学家近日宣布，他已经发明了两个简单的数学公式，能够用来预测一对新婚夫妇能否维持幸福的生活。一个公式是为丈夫设计的，另一个则是为妻子设计的。这位数学家用 10 年的时间对 100 对夫妇进行了相关测验，结果准确率达到了 94%。

8. 蜘蛛是十分常见的动物，大的可有 10 厘米长，小的仅 1 毫米。蜘蛛种类繁多，全世界共有 22000 多种。在森林、田间、草原、水边以及室内，我们都可以发现它们的蛛丝马迹，甚至在地下和水面也有蜘蛛在生活。

9. 一位女士不小心把心爱的宠物小狗弄丢了。她的朋友劝她说："你应该在报纸上登广告呀！""没用的，"这位女士边哭边说，"我的小狗不认识字！"

10. 一天晚上，我开着丈夫的车去购物，回来后发现车身沾满灰尘，于是清洗了一遍。进屋之后我大声喊道："世界上最爱你的女人刚刚洗了你的车！"我丈夫抬头看了看，说："我妈来了？"

11. 不少人认为大象的记忆力强，但根据科学试验，大象固然有时记忆力不错，但也经常忘这忘那，如果有些命令过了一些日子没有使用，它们便需要重新学习。

12. 近日，一只上了年纪的黄色大猫经常到北京大学的教室里，跟学生们一起"听课"，同学们把这只猫称为北大"学术校猫"。这只流浪猫早在 2004 年就出现在北大校园，它最爱听的是哲学和艺术类课程。

13. 英国一家祖孙三代四口人都是"选美皇后"，这家人已经被英国媒体誉为"英国最美丽的家庭"。外孙女说，她们一家三代人都成为"选美皇后"，应该归功于她们家族血液中流淌的"美丽基因"。

14. 英国一只 15 岁的小猫赶了一回时髦，成为世界上第一只戴隐形眼镜的猫。虽然这听起来有些荒谬，但多亏了隐形眼镜，才让这只猫重新看清周围的事物。这只小猫两岁时在一次车祸中受伤，患上了近视，就连走路都分不清方向。戴上隐形眼镜后，它开始了全新的生活。

15. 现年 9 岁的一只鹦鹉随主人一起去球场观看足球比赛。但是比赛进行到一半时，这只鹦鹉突然开始模仿裁判吹哨的声音，弄得足球队员们不知该如何是好。这只鹦鹉彻底搅乱了比赛。最后，裁判终于忍无可忍，向鹦鹉出示了"红牌"——要求鹦鹉的主人带着这只淘气的鹦鹉远离球场。

第二部分

第16到30题，请选出正确答案。现在开始第16到20题：

第16到20题是根据下面一段采访：

主持人： 今天我们请到的是上海世博会事务协调局党委副书记许伟国。许书记，最近很多听众朋友反映，"世博会"好像很少能与市民接触，您怎么看这个问题呢？

许伟国： 世博会和其他部门解决民生问题不一样。它不是直接地去解决老百姓的衣食住行等问题。但它和市民又有一些关系，比如说环保、可持续发展、节能等问题。这些问题从现在来讲可能和市民没有直接的关系，但是从长远上来讲关系很大。

主持人： 市民怎么参与呢？

许伟国： 世博会主体是国家和国际组织，从这个意义上讲，市民很少能直接参加设计。市民参与的主要途径是论坛。这个论坛大概有几种。一种是高峰论坛，出席对象主要是一些政要，政要对城市的发展起着很大的决定作用。第二个是主题论坛，对象多数是专家。还有一个是市民论坛，也叫公众论坛，公众论坛的主体就是市民。

主持人： 最近上海世博会的门票价格已经定了，对残疾人是不是有票价优惠措施？请您介绍一下。

许伟国： 上海世博会的优惠票有几种对象，其中一个是残疾人，但优惠的对象不仅仅是残疾人，还有团体，特别是学生团体，最低的学生团体票 50 元一张。

主持人： 这次世博会设立了大学生见习岗位，你们对见习的大学生有什么具体要求？

许伟国： 我们现在需要的，基本上都是 2009 年的毕业生。我们对见习岗位的大学生的要求首先是精神上的，要求他们有一种职业精神，因为这样一个国际大舞台，全世界人民都在关注，我们服务得好不好，水平高不高，是大家很重视的一个内容。

主持人： 什么时间开始招募大学生志愿者？

许伟国： 招募可能在年中的时候，今年第一批在秋季能上岗，到冬季时推出第二批。

16. 世博会和普通市民有什么关系？
17. 世博会的论坛形式有哪些？
18. 世博会门票优惠的对象有哪些人？
19. 大学生申请世博会志愿者需要什么条件？
20. 世博会见习大学生今年第一批什么时间上岗？

第21到25题是根据下面一段采访：

主持人： 今天我们邀请的嘉宾是北京汇通财智国际经济文化发展有限公司总经理、英皇国际集团中国区理事、《80 后创富论坛》创办人马骏先生。马先生，您好！我听说您是创业者，而且年纪也比较轻，请问，您是哪年出生的？

马　骏： 1982 年。

主持人： 可以说是地地道道的 80 后。有很多人对 80 后提出了一些质疑，今天我们确实想通过这次访谈，听听您这个 80 后有什么样的创业经历。您现在在做什么项目？

马　骏： 目前我在做英皇国际商学院，以金融教育为主，主要是组织我们国内一些企业家到海外去学习。另外一个项目是《80 后创富论坛》。因为国家和社会目前对青年创业和就业问题比较关注，所以我们现在主要组织做这两块业务。

主持人：金融方面的培训应该是很有发展前景的。您对80后这个项目的前景如何看待？

马　骏：我感觉80后这个项目具有很好的市场前景，因为刚开始我们出发点就非常明确，我们主要解决80后青年的创业和就业问题。

主持人：您现在已经在做自己的企业，您觉得作为一个年轻的80后创业者，最欠缺的是什么？

马　骏：我觉得最欠缺的是资源和人脉，还有自己的软实力。软实力指的是个人的行为习惯、沟通能力、社交能力、为人处世的方法，也就是说做事之前一定得先做好人。

主持人：人们都说80后是比较自我、比较叛逆，是"垮掉的一代"，对80后有一些批评和质疑，您怎么认为？

马　骏：说80后是垮掉的一代也好，说是充满希望的一代也好，我觉得最重要的是我们随着社会的发展，知道自己真正需要什么，自己想要什么。这些东西也是我们这代人的一个特点，我们并不需要去顾忌别人怎么看，顾忌别人说什么，更重要的是我们自己决定做这件事情的时候，我们自己就去做。

21. 马骏目前在做什么项目？

22. 为什么说金融培训有前景？

23. 下列哪一项不是80后创业所欠缺的？

24. 软实力是指哪些？

25. 马骏认为80后是怎样的一代人？

第26到30题是根据下面一段采访：

记　者：朋友们，今天我们请到了经济频道的一位资深记者张明。针对目前的买房问题，我们来采访一下他。您好！您觉得年轻人有什么样的住房观？

张　明："有房才结婚"，我想这是一些年轻人的住房观、爱情观。年轻人结婚购房需求成为中国的住房需求，这样就推动了房价增长，使得更多的年轻人买房困难。于是有人说"如果社会上所有买不起房的人集体选择租房或拒绝买房，就能改变房价"。但我个人觉得这样的说法不能成立。

记　者：为什么呢？

张　明：因为结婚购房需求在中国的住房需求中占的比例很小。中国的住房需求主要是住房自住需求和住房投资需求。而自住需求主要包括住房改善需求和住房结婚需求，投资需求包括纯投资需求和投机需求。有关统计显示，中国住房市场的问题主要是过度投机造成的，而不是改善住房或者结婚住房需求造成的。

记　者：还有什么其他原因吗？

张　明：我觉得结婚购房需求大多是住房需要，这也是个原因。住房需求和住房需要是两个不同概念，住房需求由住房需要和支付能力组成。特别是随着房价暴涨畸高，大多数年轻人仅凭自己的支付能力很难实现结婚购房需求。父母替孩子买房结婚的家庭不多，因此社会上吹捧的结婚购房需求大多并不是住房需求，而是住房需要。

记　者：现在年轻人流行"裸婚"，您认为"裸婚"能改变目前的市场需求吗？

张　明："裸婚"其实就是不买房、不买车、不办婚礼，甚至没有戒指，直接领证结婚。虽然这在年轻人当中正在流行，但是这并不能根本改变市场需求，更多的人还是选择稳定的传统的生活方式。

记　者：那么您觉得"集体拒绝买房"能实现吗？

张　明：其实市场上的人都是利己者，市场上会有"你不买，我买"的消费者心理，因此集体拒绝买房也难以实现。

　　26. 现在年轻人有什么住房观？

　　27. 中国住房需求包括哪些？

　　28. 下列哪一项不是"裸婚"的特点？

　　29. 为什么集体拒绝买房不能实现？

　　30. 集体租房、集体拒绝买房不能改变房价的原因是什么？

第三部分

第31到50题，请选出正确答案。现在开始第31到34题：

第31到34题是根据下面一段话：

　　一个寒冷的冬天，农夫发现一条冻僵了的蛇。农夫认为这条蛇很可怜，便把它放在自己怀里，希望温暖的体温能够让冻僵的蛇醒过来。果然，蛇温暖后苏醒了过来，同时蛇也恢复了自己的本性，狠狠地咬了农夫一口。农夫很快就倒在了地上，马上就要死了。临死的时候农夫很后悔，说："我该死，我真的不应该救这条蛇。"这个故事告诉我们，要善于分辨好坏，不应该对恶人仁慈，因为他们的邪恶本性是不会轻易改变的。

　　31. 农夫发现蛇的时候，蛇怎么了？

　　32. 农夫用了什么方法让蛇醒过来？

　　33. 蛇醒过来以后对农夫做了什么？

　　34. 这个故事告诉我们什么？

第35到38题是根据下面一段话：

　　国家体育场是2008年北京奥运会主体育场，形态像鸟的"巢"，也像一个摇篮，寄托着人类对未来的希望，所以人们称它为"鸟巢"。体育场外壳采用气垫膜，能够达到防水效果，阳光可以穿透透明的屋顶满足室内草坪的生长需要。比赛时，看台可以变化，能满足不同时期不同观众量的要求，内设的两万个临时座席分布在体育场的最上端，能保证每个人都能清楚地看到整个赛场。许多建筑界专家都认为，"鸟巢"不仅成为2008年奥运会的一座独特的历史性的标志性建筑，而且在世界建筑发展史上也具有开创性的意义，将为21世纪的中国和世界建筑发展提供历史见证。

　　35. 哪个场馆是2008年北京奥运会主体育场？

　　36. 国家体育场又被称为什么？

　　37. 鸟巢内的临时座席分布在体育场的什么位置？

　　38. 鸟巢在建筑上有什么历史意义？

第39到42题是根据下面一段话：

现在很多学生迷恋网络游戏，这对他们的身体和人格都会造成影响。网络游戏大多以"攻击、战斗、竞争"为主要成分，长期玩飙车、砍杀枪战等游戏，火爆刺激的内容容易使游戏者模糊道德认知，淡化虚拟游戏与现实生活的差异，误认为这种通过伤害他人而达成目的的方式是合理的。一旦形成了这种错误观点，他们便会不择手段、欺诈、偷盗甚至对他人施暴。目前，因为玩儿电子游戏而引发的道德失范、行为不正常甚至违法犯罪的问题正逐渐增多，暴力游戏甚至被一些人称为"电子海洛因"。

39. 迷恋网络游戏对人会有什么影响？

40. 虚拟游戏对于人们对现实生活的认识有没有影响？

41. 玩电子游戏引发了什么问题？

42. 暴力游戏被一些人称为什么？

第43到46题是根据下面一段话：

万里长城是中国历代各族劳动人民血汗与智慧的结晶，从春秋战国起，就有20多个诸侯国和封建王朝修筑过长城，前后持续达两千余年，总长度超过一万里，是世界上最伟大的奇迹之一。秦始皇时期的万里长城是中国的第一道万里长城，主要是为了防止民族之间的冲突侵略而修建的。长城的主干在中国北方，有的部分在西部大开发的范围之内，这些地方的许多长城遗址都是宝贵的、潜在的旅游资源和研究对象。如何科学、合理地利用这些资源，既为西部人民造福，又使长城不致遭到破坏，正是长城学所要研究的问题。

43. 中国的第一道长城是什么时候起开始修建的？

44. 修建长城的大约有多少个诸侯国和封建王朝？

45. 修筑万里长城前后持续了多长时间？

46. 长城的主干在什么地方？

第47到50题是根据下面一段话：

清华大学是中国著名的高等学府，坐落于北京西北郊风景秀丽的清华园。其前身是1911年建立的清华学堂。建校90多年来，学校为民族复兴、国家强盛做出了杰出的贡献。清华大学拥有中国一流的师资力量和优越的教学、科研和实践环境。清华大学具有"大师之园"的美称，校园环境优美，教学设施先进，学校著名的老师也很多。目前，清华大学共有13个学院54个系，成为当代中国一所著名的拥有理、工、文、法、医、经济、管理和艺术等学科的综合性大学。在工科专业继续保持明显优势的同时，理科专业迅速发展，在物理、数学、生物等方面形成了一批具有优势的学科方向。

47. 清华大学在哪个地方？

48. 清华大学有什么样的美称？

49. 清华大学现在有多少个学院、多少个系？

50. 清华大学的传统优势专业是什么专业？

听力考试现在结束。

答案及说明

HSK（六级）模拟试卷 *1*

答案

一、听力

第一部分

1. C 2. D 3. B 4. B 5. A 6. C 7. D 8. B 9. A 10. D
11. A 12. D 13. D 14. B 15. D

第二部分

16. C 17. A 18. B 19. C 20. D 21. C 22. C 23. B 24. A 25. B
26. A 27. A 28. C 29. B 30. C

第三部分

31. D 32. B 33. C 34. C 35. C 36. B 37. C 38. A 39. C 40. C
41. B 42. D 43. A 44. B 45. C 46. B 47. C 48. A 49. A 50. C

二、阅读

第一部分

51. D 52. C 53. B 54. B 55. C 56. C 57. A 58. C 59. D 60. B

第二部分

61. B 62. B 63. D 64. A 65. C 66. D 67. A 68. C 69. D 70. B

第三部分

71. C 72. D 73. A 74. E 75. B 76. B 77. E 78. D 79. A 80. C

第四部分

81. B 82. A 83. A 84. D 85. A 86. C 87. C 88. D 89. B 90. B

三、书写

101. 缩写参考

爱情沉醉的春夜

　　三叔喜酒，酒量不大，每饮必醉。醉酒之后，说得最多的是他和三婶之间的爱情。

　　那时，他们同在一个厂上班，都住单身宿舍。他下班回来，看不到她，便会站在楼下喊三婶，然后，他们一起去散步、吃饭。一个春天的夜晚，三叔下了夜班，想起了三婶，就站在楼下喊三婶的名字，同宿舍的女孩告诉他三婶回家了。三叔决定去三婶家找她！三婶家离三叔的厂有三十多公里，路很崎岖。可三叔顾不得多想，便骑着自行车上路了。三叔蹬着自行车，不停地往前飞奔。三叔也害怕，但是想到三婶，他就什么也不怕了，终于在半夜到了三婶家的村口。那时他俩还没正式确立关系，三叔不敢贸然行事，他怕一进村，村里的狗就叫起来，人家把他当小偷打。于是，他就决定在柴火垛上过一夜。蚊子咬，小虫爬，终于熬到天明，到小河边洗了把脸后，三叔向三婶家走去。三婶清早起来见到他，听说他昨夜就来了，气得捶起他来，捶着捶着便倒在三叔的怀里。那一刻，她决定一生跟着三叔。

　　每每听三叔讲他们的爱情故事，我就很羡慕。那爱情沉醉的春夜啊，真让人无比怀念！

答案说明

1. 文中第一句便清楚地介绍了"有位老人痴迷《红楼梦》"，可知选 C。
2. 根据"整栋楼体的造型自南朝北由薄到厚"，可知楼体的"造型薄厚不同"，选 D
3. 文中明确提到"美国科学家通过实验发现了一种可清除记忆的基因"，可知选 B。
4. 文中第一句就已经给出了答案，"曾是一名机械制造加工能手"，说明他"善于机械加工"，所以选 B。
5. 文中老大爷"语重心长"地安慰小伙子，可见他把小伙子唱歌当作在哭，也说明小伙子的歌声实在不好听，所以选 A。
6. 一共有三个人的贡献相当，但"因其中一位已经去世，就只能颁给这两位贡献者了"，据此可知去世的人不受此奖，选 C。
7. 文中提到"据附近居民介绍，这是一只野猴，已在附近横行多日了"，可见它已经连续好几次"扰民闹事"了，因此是个"惯犯"，所以选 D。

8. 孩子一生下来就长了两颗门牙的缘由是医生介绍的姚女士孕期补钙过度，所以选 B。

9. 文中提到"俩人身上的钱合起来还差了两块"，可知选 A。

10. 根据小明的老师有着"800 多度"的高度近视，他把小明挂在教室墙上的"大衣"错误地看成了小明，可知选 D。

11. 小王自己的话道出了辞职的真正原因是"终于不用再受这个领导的气了"，可见他受够领导了，一心想离开他，所以选 A。

12. 文中有一句给出了关键提示："1980 年以乡土作品崛起，被归类为'寻根文学'作家。"所以选 D。

13. 针对这种新生的"一藤双生"物种，文中最后点评为"又好看又实惠"，因此说它"很有益"，选 D。

14. 文中说"这条婚纱打破了此前 2488 米裙长的吉尼斯世界纪录"，可见，它的长度是世界之最，所以选 B。

15. 文中最后一句提到"浙江潮则被誉为'世界第一大涌潮'"，而"浙江潮"就是"钱江潮"，所以选 D。

16. 文中主持人说，今天邀请到了歌手白雪。女的说："其实我们是文职军衔，享受副师级待遇，并不是副师长。"可知选 C。

17. 根据女的说的"一个是我当兵比较早，我 16 岁就当兵了，还有就是因为我立过二等功"，可知选 A。

18. 根据女的说的"我喜欢她唱歌的理解力，她唱歌很放松，很真诚"，可知选 B。

19. 根据女的说的"演出是允许的，我们要打报告，基本上还是很支持我们的"，可知选 C。

20. 根据女的说的"近期最难忘的就是在神仙岛哨所的慰问演出，我们没有乐队，就为他们清唱，很多战士都流下了眼泪"，可知选 D。

21. 根据男的说的"上小学的时候，我们学校老师倡导学雷锋做好事，我把家里仅有的一点儿糖放在开水里，做成甜糖水。当工人叔叔喝到我的甜糖水时，我可高兴了"，可知选 C。

22. 根据男的说的"是的，在我感觉自己英语可以的时候，我给别人当过翻译"，可知选 C。

23. 根据男的说的"1994 年的时候，希望工程在鞍山开始实行，……于是，就做下来了"，可知选 B。

24. 根据男的说的"我们目前有七个郭明义爱心团队，……"，可知选 A。

25. 根据男的说的"到目前为止，我和我们的爱心团队，在鞍山及全国其他地方，帮助过的贫困孩子共有 1000 多人，我个人先后资助了 180 多人"，可知选 B。

26. 根据女的说的"3 岁那年我被电击，失去了双臂，但是为了学习、生存，我学会了用双脚穿衣、做饭、吃饭、写字、缝补衣裳、骑自行车、游泳、绘画等等"，可知选 A。

27. 根据女的说的"2007 年我获得了'华表奖优秀儿童女演员奖''第十七届金鸡百花电影节最佳新人奖''四川青年五四奖章''全国自强模范''中国大学生自强之星'等奖项"，可知选 A。

28. 根据女的说的"现在我是一名大二的学生，就读于乐山师范学院"，可知选 C。

29. 女的提到"这个隐形翅膀有很多意义。第一，我们都有梦想……"，没有提到其他几项，可知选 B。

30. 文中提到女的失去了双臂后学会了用双脚穿衣、做饭、吃饭、写字、缝补衣裳、骑自行车、游泳、绘画，还获得了很多奖项，又是一名大学生，一名大学生创业者，可以说她是一个身残志不残的人，所以选 C。

31. 短文第二段提到"为什么不把你这个坏水桶修一下，这样你就不会浪费那么多的水了"，所以选 D。

32. 第二段提到"我在这一边撒下了花种……这些鲜花已经给这条路带来了许多风景"，所以选 B。

33. 最后一段提到"这个故事告诉我们，要善于利用生活中的弊端"，所以选 C。

34. 第一段提到"大人们越管，众孩童蹦得越欢"，所以选 C。

35. 短文第二段提到"蹦得最响的奖玩具手枪一支"，所以选 C。

36. 文中提到，第一次奖品是玩具手枪，孩子们很高兴，第二次是两粒奶糖，孩子们有点儿不高兴，第三次奖品是两粒花生米，孩子们觉得没意思，所以不蹦了，因为奖品太差了，所以选 B。

37. 文中提到"我们辛苦地学习、工作……不应当是超过别人多少，而应当是达成自己心中对自我实现的要求"，所以选 C。

38. 文中提到"很多时候大家怨天尤人，更多的是因为没有想明白自己想要什么（取）和不想要什么（舍）"，所以选 A。

39. 短文最后一句话提到"在这个过程中，你只要关注你自己的进度即可"，所以选 C。

40. 短文第一段第二句提到"由于天气变化，呼吸道抵抗病菌能力下降，冬季咽喉疾病的发病率会增加"，所以选 C。

41. 文中提到"要从注意保暖、忌辛辣、戒烟酒等生活小事上做到防治咽喉疾病，保护好嗓子"，所以选 B。

42. 文中提到"一般而言，噤声休息是治疗声音沙哑的最佳方法"，所以选 D。

43. 文中提到"由于当时官场腐败混乱，不正之风盛行……"，所以选 A。

44. 张瀚对丞相说："我身上的这些小毛病算不得什么，没有必要小题大做！"所以选 B。

45. 文中第三段提到"后来，……把他的鞋子弄脏了一小块。之后，……而是无所顾忌"，所以选 C。

46. 文中提到张瀚有了一点儿小毛病，丞相劝他改正；因为那个博学的人也是鞋子脏了一小块后无所顾忌，才让鞋子变得肮脏不堪的。所以，这个故事告诉我们要注意自己的小毛病，因为它可能有变成大毛病的危险。选 B。

47. 第一段第二句提到"在生活中，最令人愉快、最善待客人的表情就是面部的笑"，所以选 C。

48. 第二段提到"它对每一个人都起着引力作用、催化作用、宽慰作用、鞭策作用、鼓励作用和愉悦作用"，所以选 A。

49. 第三段第一句提到"在千万种笑的选择中，最为美好的莫过于微笑"，所以选 A。

50. 第五段第一句提到"在人生的长河中，微笑是我们欣赏到的最美的风景"，所以选 C。

51. D。"把"字句误用。最后一小句的主语"你"和另一名词性成分"球"之间需要加上介词"把"，否则句子存在语法结构错误，"把"字应加在"球"之前。

52. C。谓语缺失。后一小句中程度副词"极"后不能直接加名词，应补充谓语动词"有"。

53. B。动词误用。"吃惊"为离合词，强调程度时一般说成"大吃（了）一惊"。

54. B。关联词误用。根据句意判断后两小句之间应为并列关系，前面肯定后面否定，不能使用表示选择关系的关系词"不是……，就是……"，应改为"不是……，而是……"。

55. C。搭配不当。"生活水平"不能与"升高"搭配，应换成"提高"。

56. C。补语缺失。第二小句"流露"表示"（意思、感情）不自觉地表现出来"，因此要在后面补充出结果补语"出"。

57. A。逻辑不通。句子强调"必须推行改革"，后面小句可用双重否定加强语气，但因为句中主要动词为"动摇"，与前一小句意思相反，因此双重否定句造成前后语义矛盾，应去掉后一小句中的第二个"不"。

58. C。名词误用。"越来越"强调变化，后面要加形容词或动词，不能直接加名词，因此本句应该在"低龄"一词后加上"化"，将其变为动词性的。

59. D。量词误用。"风景线"指"供人们观赏和游览的风景优美的地带（山水、花草、建筑），泛指某种景观、景象"，不能用表示长条形东西的量词"条"，而应固定搭配量词"道"。

60. B。句式杂糅。句中"……比……严重"与"……不亚于……"两种句式同时使用造成语病，可将"更严重"去掉。

61. "暴发"指突然、迅速地发生；"严重"指程度深，不容易解决，修饰"污染"；"陷入"与"危机"常搭配使用。所以选 B。

62. "运用"多用于理论、原理、知识等，可带宾语"技术"；"精益求精"指好了还求更好。所以选 B。

63. "突破"这里指超过一定的额度；"了解"这里是调查、询问的意思；"推出"指向人们介绍某人或某事物并希望接受；"注册"这里指取得"百付宝"的资格。所以选 D。

64. "濒临"指接近，临近，常与"灭绝"搭配；"特有"指独有；"采取"常与"措施""方法"搭配；"消失"指不复存在。所以选 A。

65. "优异"指特别好，特别出色，这里修饰"表现"；"普遍"指普及、遍及各方面的，这里修饰"重视"；"优势"指能压倒对方的有利形势；"模式"这里指使人可以照着做的标准样式。所以选 B。

66. "整洁"做"保持"的宾语；"控制"带宾语"杂乱"；"便捷"指快而方便。所以选 D。

67. "改善"指使原来的状况变得好些，常搭配环境、条件等；"提供"指把生活中必需的物资、钱财、资料等给需要的人使用；"减轻"带宾语"负担"。所以选 A。

68. "反而"与关联词语"非但没""不但不"为固定搭配；"再接再厉"形容一次又一次加倍努力，符合句意；"全面"常与"胜利"搭配。所以选 C。

69. "创造"带宾语"环境"；"营造"后常搭配抽象名词，如氛围、气氛等；"提高"与"地位"搭配。所以选 D。

70. "繁忙"指事情多，没有空闲；"废寝忘食"指顾不得睡觉，忘记了吃饭。形容专心努力，与题中的"夜以继日"意义相近；"陪护、护理"的搭配对象一般是病人，"陪伴"

的搭配对象一般是家人;"平衡"这里有"处理"的意思。所以选 B。

71. 选项中"飞来飞去"照应前文的"上上下下、左左右右",所以选 C。

72. "歌声还从他的身后飘来"中的"飘"与后文的"随风飘进"相呼应,其他选项不合适,所以选 D。

73. 上文提到的"最快乐的人"与"似乎没有任何忧愁"搭配最合适,其他选项不能体现出此含义,所以选 A。

74. 后文说"只顾着哭有什么用",说明生活中是遇到了"忧"的,同时后文还说到了师傅"选择笑着工作",说明不同的人对待"忧"的态度不同,因此这与 E 选项中的"谁都有"正好呼应,所以选 E。

75. 此句除了上下文的内容可做判断的根据以外,最重要的是关联词语"不是……,而是……"的搭配。注意此题的答案易与上题混淆,但从上下文照应来看,不难做出正确选择,具体可参考上题说明。所以选 B。

76. "温暖的环境"与下文的"一旦温度降到 15℃以下"形成鲜明对比,用以说明"雪莲果的培植过程是艰难的",所以选 B。

77. 前文提到"食用后,对调理身体和平衡健康大有裨益",但没有具体说明是针对哪种疾病有益,其药用价值第四段有专门介绍,因此要排除 A 和 C,选择"很适合……食用"的 E。

78. 下文提到了"口感"一词,与选项中的"嚼起来"相照应,所以选 D。

79. "肠道疾病"与"便秘、腹泻"相呼应,所以选 A。

80. "清肝解毒"与下文的"防治面痘、暗疮"相对应,所以选 C。

81. 文章的第一句话提到"唐代隶属宣州府,宣纸因而得名",所以选 B。

82. 第三段主要讲"润墨性",第四段主要讲"耐久性",最后一段讲"变形性",所以选 A。

83. 第四段提到,"新闻纸的'寿命'更短,五六十年后……",所以选 A。

84. 文章第五段提到,"因为宣纸呈碱性,这使其能够抵抗空气中'酸性气体'的侵蚀……",所以选 D。

85. 第一段的第二行提到"他们端出来的菜分量特别足,味道也不错",所以选 A。

86. 第二段提到"刚开业的时候,分量也是很足的,但生意稍稍好一点,他们端上来的东西,就不是那么回事了",也就是说菜的分量少了,所以选 C。

87. 第四段的第四行提到"时间长了,受益的肯定还是我们",所以选 C。

88. 第四段最后一句话提到"有人从反面衬托你,那就等于是人家在拆自己的台,补你的台啊……",意思是别人减少了菜量实际上给"我们"带来了好处,所以选 D。

89. 第二段最后一句话提到,"由此可见,夜黑是宇宙膨胀的结果",所以选 B。

90. 第二段第二行提到,"宇宙像正在充气的气球似的膨胀着",所以选 B。

91. 第三段提到"在大爆炸中诞生了'我们的宇宙'。……后来又逐渐形成星系、星系团等天体",所以选 D。

92. 第四段的最后提到,"这种循环可能不断地重复进行",所以选 A。

93. 第一段提到"齐心协力",第二段提到"分工非常明确",第四段提到"抢先在公寓中间占好位置,便开始偷奸耍滑……",所以选 C。

94. 第四段提到"有些鸟为了尽快完成自己分内的工作,抢先在公寓中间占好位置,便开始偷奸耍滑……",所以选 D。

95. 第四段中提到,公寓鸟为了"抢先在公寓中间占好位置,便开始偷奸耍滑……",必然导致鸟巢的质量不好,由此可判断选 D。

96. 这篇文章主要告诉我们,公寓鸟由于自己的自私,为抢占自己的好位置,而使鸟巢掉落,使大局的利益受到损失,也就是说,没有全局的利益,就不会有局部的利益。所以选 D。

97. 第一段第三行提到,"一个知道很多事实而不知如何处理的人……",所以选 D。

98. 第二段第一句话提到,"美国学校的测试题 95% 以上是在考学生的记忆力",所以选 A。

99. 第二段最后部分提到,"比如'应用'类……",所以选 C。

100. 最后一段提到,"得侧重于分析、应用、综合、评估这些'高层次思维'。尤其是……",所以选 D。

HSK（六级）模拟试卷 *2*

答 案

一、听 力

第一部分

1. C	2. A	3. B	4. A	5. A	6. D	7. A	8. B	9. D	10. C
11. B	12. C	13. C	14. A	15. D					

第二部分

16. C	17. C	18. D	19. D	20. C	21. C	22. D	23. A	24. B	25. A
26. D	27. C	28. A	29. D	30. A					

第三部分

31. C	32. D	33. B	34. C	35. D	36. B	37. C	38. D	39. B	40. D
41. A	42. C	43. B	44. A	45. D	46. B	47. B	48. C	49. A	50. D

二、阅 读

第一部分

51. D	52. A	53. A	54. D	55. B	56. A	57. B	58. B	59. D	60. D

61. C   62. A   63. D   64. C   65. B   66. C   67. A   68. B   69. C   70. D

71. C   72. E   73. A   74. D   75. B   76. D   77. E   78. A   79. B   80. C

81. C   82. A   83. B   84. C   85. D   86. C   87. A   88. B   89. C   90. A
91. C   92. C   93. D   94. A   95. C   96. D   97. A   98. C   99. C   100. D

三、书写

101. 缩写参考

母亲的心愿

　　本来和朋友们约好了去逛街，可是妈妈让我帮她买面包，因为她明天要去春游，在妈妈有点儿生气的情况下，我不得不答应她。可是那家面包店很多人在排队。我一边焦急地等，一边在心里埋怨着妈妈："都那么大年纪了，还去什么春游？"好在再烤三炉就可以轮到我了，这时站在我后边的女人想在我前边买，因为她在我后面，还要再等一炉。她是来给孩子买的，孩子明天要去春游，买完以后她得回家做饭，送孩子去补习。她问我给谁买，我告诉她我给妈妈买，她明天也要去春游。店里的人听了我的回答都觉得很惊奇，售货员说："今天卖了好几百袋，你可是第一个买给妈妈的。"我后边的女人很不好意思地说："对不起，我真没想到，这家店人这么多，你为了你妈妈这么有耐心啊。"她还说："我也想去春游，每年都想，哪怕只在草坪上坐一坐晒晒太阳也好。可是总没时间。"她轻轻叹口气："大概，我也只有等到孩子长到你这么大的时候，才有机会吧。"此时，我才理解了母亲去春游的心理。

答案说明

1. 老师不时地看学生是在检查学生是否在认真学，学生误以为老师在看着他画老鼠，选C。
2. 儿子问"节约和小气有什么区别？"，表明儿子不知道节约和小气的区别，A对。
3. 说话人的意思是只有经历失败才会成功，因此"我"会继续努力，选B。
4. 录音中提到"女性甚至不知不觉就对吃巧克力上了瘾"，因此说吃巧克力会上瘾，A对。
5. 录音中提到"超市里的东西真是五花八门"，是说超市里的东西太多了，A对。
6. "到你心里"，说明小张想走到女孩的心里，他喜欢那个女孩，选D。
7. 小王说痛苦的日子是"结婚后的每一天"，因此可以判断出小王婚后不快乐，A对。
8. 职员说"我已经被你辞退了，用不着笑了"，说明笑话不可笑，B对。
9. 录音中说比赛还有5分钟就结束了，所以选D。

10. "大胜" 和 "大败" 意思居然一样，说明中国的语言很奇妙，选 C。

11. 朋友说 "怎么能说没劲？你没看见其余的 8 个人被我追得直跑吗？"，说明他跑了第九名，B 对。

12. 西班牙队进了一个球后比赛结束，因此西班牙队胜利，C 对。

13. 小莉尖叫着从房间里跑出来，说她看到了蟑螂，由此可以知道她害怕蟑螂，C 对。

14. 爷爷常常 "自言自语"，说明缺少他人陪伴，缺少关爱，应该选 A。

15. 录音中说 "从早上 8 点一直工作到晚上 11 点"，说明爸爸工作很忙，选 D。

16. 彭珊说 "独立电影首先在精神和创作上都是独立的，而不是说资金上的独立"，所以选 C。

17. 主持人说 "你是重庆大学美术电影学院文学系的"，所以选 C。

18. 彭珊说 "但是到了重庆以后慢慢发现自己擅长做制片方面的工作"，所以选 D。

19. A、B、C 三项都是录音中提到的，所以选 D。

20. 主持人问 "这个故事是你们自己写的，还是改编自别人的作品呢？"，彭珊回答 "这个是自己写的，但是也受到了别人作品的启发"，所以选 C。

21. 主持人在开篇介绍时说："大家应该都很熟悉文怡，她每周都会做一些很好吃的菜在博客里跟大家分享。"所以选 C。

22. 文怡回答时说 "是 2003 年还是 2004 年，我记不清了。反正肯定是我刚从法国回来的时候"，所以选 D。

23. 主持人问 "你去法国干吗？"，文怡回答 "陪我先生"，所以选 A。

24. 主持人问："你是怎么对美食发生兴趣的？"文怡回答："其实我对美食的兴趣应该是从一台烤箱开始的。"所以选 B。

25. 文怡最后说 "其实法国人把美食、爱情、生活都放在非常重要的位置上"，没有提到金钱，所以选 A。

26. 冯易进说 "我是公司的总经理，也是首席设计师、品牌创始人"，所以 D 对。

27. 冯易进说 "我非常喜欢设计，一个自己非常喜欢的事情，肯定会做好"，所以选 C。

28. 录音中提到 "易百公司选择在新加坡注册创办公司"，所以 A 对。

29. 前三项文中都有提到，只有 D 项不是回答这个问题的答案。

30. 主持人问 "现在你考虑最多的是什么？"，冯易进回答 "当然是如何把公司做大"，所以选 A。

31. 录音开头说 "一天早晨，曾子的妻子准备去集市"，所以选 C。

32. 录音中妻子对曾子说："你怎么拿我哄孩子的话当真呢？"说明她只是想哄孩子听话，所以选 D。

33. 曾子坚持要杀猪，并说出了自己的道理："在小孩面前是不能撒谎的。"所以选 B。

34. 录音最后一段提到 "说话、做事情应该言而有信"，所以选 C。

35. 录音第一句说 "人口问题……是当代许多社会问题的核心"，所以选 D。

36. 录音中说人口过多会 "给环境带来压力"，所以选 B。

37. 录音中说，"人类必须控制自己，做到有计划地生育"，所以选 C。

38. 录音中说 "人口与环境有密切的互为因果的联系"，所以选 D。

39. 阴阳五行哲学思想、儒家伦理道德观念等都是中国传统文化中的因素，录音中没有提到地理环境，所以选 B。

40. 录音中说"周秦时期是中国饮食文化的形成时期",所以选 D。

41. 录音中说,"小米,又称'谷子',长时期占主导地位,为五谷之首",所以选 A。

42. 录音中说,"豆类……是老百姓、穷人吃的",所以选 C。

43. 录音开头说"印制人民币用的钞票纸是水印纸",所以选 B。

44. "耐磨、耐折、耐酸、耐碱"只是纸的物理化性质,并不能起到防伪的作用,所以选 A。

45. 录音中提到"水印有方向问题,所以每张纸必须按照水印图案方向摆好",所以选 D。

46. 录音后面提到"因为防伪的需要,……",所以选 B。

47. 录音中提到"后代土木工匠都尊称他为祖师",所以选 B。

48. 录音中说因为他是鲁国人,所以人们尊称他为鲁班,C 对。

49. 录音中提到鲁班"手被一种野草的叶子划破了",所以选 A。

50. D。最后一句点明了主旨。

51. D。"被"字句误用。根据句意,本句要使用"被"字句,需要在谓语"列为"前补出"被"。

52. A。形容词误用。"扎实"为形容词,不能带宾语,应改为"让在校生掌握扎实的基础知识外"。

53. A。介词缺失。根据句意,"自然事物"是"做出积极解释"的对象,因此要在"自然事物"前面加上引入对象的介词"对"。

54. D。介词误用。"由于"表原因,不符合句意,应改为"人的才能的大小,完全是由后天的学习和实践决定的"。

55. B。多层定语顺序不当。"唯一"应放在"当今世界上"之后,改为"南极洲是当今世界上唯一没有土著居民和树林生长的大陆"。

56. A。连词误用。"还有"应改为"同时"。

57. B。语义矛盾。"逐渐变了很多"应改为"逐渐发生了变化"。

58. B。动词误用。动词"继续"应换成"持续"或"连续"。

59. D。搭配不当。"3 倍"不能与"提高到"搭配,应将"到"改为"了"。

60. D。句式杂糅。第一小句将"对……有帮助"与"有助于……"两个同义结构混用在一起造成句义混乱,可改为"此练习对消除神经紧张有帮助"或"此练习有助于消除紧张情绪"。

61. "发祥"意为兴起发生;"遗址"指毁坏的、年代久远的建筑物所在的地方;"将……命名为……"常搭配使用,具有书面语色彩。所以选 C。

62. "误解",这里做名词,表示理解得不正确;"特殊",指不同于一般的,与别的事物不相同,常说"特殊情况";"指挥"即以手或手持物挥动示意;"侥幸"这里指因没有被处罚而感到幸运。所以选 A。

63. "普及"指大面积地传播,本文指手机被广泛使用;"熟悉"即清楚地知道,与"了解"意义相近;"正式"指合乎一般公认标准,符合题意。所以选 D。

64. "名扬四海"指美好的名声全世界都知道;"别具一格"可以形容建筑,指具有一种独特的风格;"而且"与"不仅仅"搭配;"珍藏"指认为有价值而妥善地收藏。选 C。

65. "算得上"是被认为是的意思;"不断"指连续不间断,可修饰"提高";数量词"一股修饰"热潮"。所以选 B。

66. "途径"指路径，多用于比喻；"通过"指用某种手段而达到某种目的；"不但……而且……"相呼应；"加深"常和"理解"互相搭配使用。选 C。

67. "艰辛"是艰苦的意思；"启迪"是启发的意思；"探求"指探索追求；量词"份"可用于"财富"。所以选 A。

68. "特别"是指与别人不同；"严肃"指神情、气氛使人感到敬畏的；"风趣"与"幽默"同义。选 B。

69. "结合"是动词，这里带宾语"个人需要和工作实际"；"权益"指权利和利益；"创造"常与"条件、机会、未来"等词语搭配。所以选 C。

70. 1189 年到 1192 年是时间段，所以用"年间"；"造型"既可用来修饰人，也可修饰物；"由……组成"是固定格式。所以选 D。

71. 后文有"像水一样不可或缺"，所以选 C。

72. 后文有"我的愤怒转移到了我的身体上来"，说明前文空格中也应该是和愤怒相关的句子，所以选 E。

73. "狠狠地放下手中的空瓶""气呼呼地冲回了房间"都是"粗暴"的表现，所以选 A。

74. 后文有"这就是亲情"，所以应选择 D "这就是建立在爱上的"，可以跟后文相呼应。

75. 前文中提到"无色的水让我看到了红色的爱"，文章末尾点出中心"血永远浓于水"。选 B。

76. 后文有"否则，忧郁、悲伤、焦虑、失眠会接踵而来"，所以应接受它、适应它，选 D。

77. 文中提到冲热水澡会减轻心理的负担，所以选 E。

78. 前文提到的各种方法会使人"拥有健康的心态"，所以选 A。

79. "处理好自己的情绪"会使你"心里轻松很多"，选 B。

80. 整篇短文都在讲如何放松、如何缓解压力，这些都是在说改变生活态度，所以选 C。

81. 文章第一段提到了城市色彩研究工作的主要内容，其最后一个方面是说怎么样通过色彩给人创造出良好的生存环境，而不是居住环境。所以选 C。

82. 文章第二段提到"应该注意的是，针对不同性质的商业区，所应采取的控制策略是不同的"，所以选 A。

83. 文章第二段中间提到"因此，色彩的处理应慎重"，它的原因应该在这句话的前面，即"传统商业街所要传达的文化含量并不亚于其商业性"，所以选 B。

84. 文章第三段提到"对于确实具有一定历史文化价值的文物性建筑，外立面应以保护性清洗为主，尽量保留其原有的材质和色彩，绝不应盲目翻修粉饰，整旧如新"，所以答案应是 C 选项"保留其原有的色彩"。

85. 文章开始时提到，"从根本上治疗这种病的方法就是使患者的身体重新获得分泌这种化学物质的能力"，"这种化学物质"是指前文提到的多巴胺，所以选 D。

86. 文章没有提到帕金森有"视物模糊"的症状，所以选 C。

87. 文中第一段提到"病鼠因此恢复得和正常老鼠一样"，这表明实验成功。所以选 A。

88. 文章结尾处提到，"中国首例脑内移植手术在北京宣武医院获得成功……是继瑞典、墨西哥之后在临床上开展脑内移植手术的第三个国家"，所以瑞典是第一个，选 B。

89. 第一段提到"第一个目标是创制能让人在水下旅行和载货的船","另一个梦想是建造一种介于飞机和传统水面轮船之间的高速远洋轮船",所以选 C。

90. 文中说"消耗动力大约只有后者的一半",后者指的是水面核动力船,所以选 A。

91. 第二段段首处说"其主要原因是水的密度比空气要大上 800 倍",所以选 C。

92. 短文末尾说"'大东方'号机动船曾以 14 节的创纪录速度横越大西洋,可至今,机动船的速度增加还不到 3 倍",原来的速度是 14 节,增加不到 3 倍,所以应是 C。

93. 文中开头说"发怒的'破坏力'有多大——失去朋友、得罪亲人或者丢掉饭碗",并未提及"人人都生气",所以选 D。

94. 建议的第一条末尾提到"这样做,会为你赢得处理愤怒情绪的机会","这样做"是指向自己承认"我生气了",所以选 A。

95. 建议的第二条提到"克制冲动并不意味着积累愤怒",表明积累愤怒并不是克制自己的好方法,所以选 C。

96. 建议的第三条提到"而不是直接去找是谁让你生气的",所以选 D。

97. 第二段的第一行提到"东泥软为肉,西泥硬为骨",与 A 正好相反,所以选 A。

98. 第二段的第二行提到"最大的特点是不施釉,而采用雕刻进行装饰",所以选 C。

99. 第四段第一行提到"钦州坭兴陶纯手工制作",所以选 C。

100. 第四段的第二行提到"独有的透气而不透水的天然双重气孔结构,使得器皿内氧分子充足,有利于食物长久储存",所以选 D。

HSK（六级）模拟试卷 *3*

答案

一、听力

第一部分

1. C	2. C	3. D	4. A	5. B	6. D	7. C	8. D	9. C	10. C
11. A	12. B	13. D	14. C	15. A					

第二部分

16. A	17. B	18. A	19. C	20. D	21. D	22. A	23. B	24. C	25. A
26. C	27. D	28. B	29. A	30. C					

第三部分

31. B	32. C	33. D	34. A	35. A	36. D	37. B	38. C	39. D	40. B
41. A	42. B	43. C	44. B	45. D	46. D	47. C	48. C	49. A	50. D

二、阅读

第一部分

51. A   52. D   53. A   54. B   55. C   56. B   57. B   58. D   59. C   60. B

第二部分

61. B   62. C   63. A   64. D   65. C   66. C   67. A   68. B   69. C   70. D

第三部分

71. E   72. B   73. C   74. A   75. D   76. A   77. D   78. C   79. E   80. B

第四部分

81. B   82. C   83. A   84. D   85. D   86. B   87. C   88. A   89. C   90. D

91. D   92. B   93. C   94. D   95. A   96. C   97. D   98. B   99. D   100. A

三、书写

101. 缩写参考

免费的午餐

城市里有一家小吃店，这里的饭菜非常好吃。老板和老板娘又热情又善良，饭店虽小，生意却很好。一天中午，过了吃饭的高峰期以后，饭店里来了一位老奶奶和一个小男孩。他们两个人只要了一份牛肉汤饭，奶奶将碗推到孙子面前。小男孩问奶奶说："奶奶，您真的吃过中午饭了吗？""当然了！"奶奶含着一块免费赠送的咸萝卜慢慢咀嚼着。当老奶奶准备付账时，善良的老板说："老太太，恭喜您，您是我们今天的第一百位客人，所以今天的饭免费。"一个多月之后的某一天，老板发现那个小男孩在饭店对面用石子数着进店里吃饭的客人。可是午饭的时间就要过去了，也只有不到 50 人，于是老板打电话给老主顾，说他请他们来吃饭。当饭店的客人刚好到 100 位的时候，小男孩带着奶奶进来了。他们还是要了一份牛肉汤饭，这次是奶奶一个人吃。老板娘想再送小男孩一份饭，老板说："我们不应该破坏孩子对奶奶的回报。"小男孩学着奶奶的样子咀嚼赠送的咸萝卜，还说自己吃得很饱。

答案说明

1. 录音中提到"看谁能把身子探出窗外最远，他赢了"，证明小王的弟弟把身子探出去最远，所以受伤了。选 C。
2. "还是让孩子继续哭吧"，意思是父亲唱的催眠曲比孩子的哭声还难听。C 是正确答案。
3. 水喝少了不好，每天要保证 6 杯水；水喝多了也不好，会导致水中毒。所以，我们应该科学喝水。选 D。

4. 男子说："我这人看见女士晕倒就难受，现在好多了！"意思是酒是给自己喝的，而不是为了救那位女士。选 A。

5. 小张为了救女孩，打退了三个消防员，说明大家都想救这个漂亮的女孩。B 是正确答案。

6. 录音中最后一句提到"小的也许已经睡了，但是大的肯定没睡呢！"，说明弟弟仍然想吃苹果，反驳妈妈的话。选 D。

7. 朋友说："我看不出来，但是你忘了把商标从假发上取下来了。"表明朋友通过商标看出来是假发。C 是正确答案。

8. 书店老板不能读遍书店里所有的书。跟书店老板一样，医生也没有吃过医院里所有的药。所以选 D。

9. 女儿误会了爸爸的意思，以为要向坐在自己前面的人学习。坐在女儿前面的人才考了50 分，所以女儿觉得很委屈。选 C。

10. 录音中提到"人的烦恼是因为太会计划"，所以太会计划是自以为聪明。选 C。

11. 小丽烫发以前，商店老板以为她是学生；烫了发，她被认为是已经参加工作的人。所以，直发显得年轻。A 是正确答案。

12. 录音中说"不过它们睡觉的姿势可是各不相同的"，所以选 B。

13. 最后一句"是我"，表明掉进坑里的是小强，所以选 D。

14. "如果你走了，我就是全班倒数第一了"，表示小王成绩也很差，所以选 C。

15. "不及格的人数和全班人数一样多"，表示全班都没有及格，所以选 A。

16. 主持人问"请问一下，您是什么时候有这个梦想的？"，杜国峰回答："一直都有。"所以选 A。

17. 主持人问"很多人想问您，在空中飞行的时候冷不冷？"，杜国峰回答："当然冷！"所以选 B。

18. 主持人问"您认为飞行时最大的挑战是什么？"，杜国峰回答："恶劣的天气。"A 是正确答案。

19. 主持人问："您下一个飞翔的目标是哪里？"杜国峰回答："珠穆朗玛峰。"所以选 C。

20. 杜国峰回答主持人的最后一段话中提到"当然是发动机"，所以选 D。

21. 主持人在开篇介绍时说："今天我们请到的是《广告导报》出版人兼主编、智慧工场传播机构的 CEO、营销名人凌平先生。"凌平最近在做一部电影，但是他本身不是电影演员。所以选 D。

22. 凌平回答主持人时说："应该是属于青春爱情喜剧。"所以选 A。

23. 主持人问："您期望的票房是多少？"凌平回答："我们预想突破 3000 万。"所以选 B。

24. 主持人问："这部电影的营销您会有一些什么创新的举措？"凌平回答："主要是利用网络媒体。"选 C。

25. 主持人说："有一个规律说，经济危机的时候往往电影会火爆。"凌平回答说："对，确实是这样的。"选 A。

26. 沈宇辉提到《行酒季》的评选每两年一次，所以选 C。

27. A、B、C 三项在沈宇辉的回答中都提到了，所以选 D。

28. 主持人问："其中最主要的是哪一个？"沈宇辉回答说"当然是创新的经营模式了"，所以选 B。

29. 主持人问："沈总从事葡萄酒这个行业是因为喜欢吗？"沈宇辉回答："对。"选 A。

30. 采访结尾处，主持人问："那您是以什么角度来从事这个行业的？"沈宇辉回答："以一个爱好者的角度。"所以选 C。

31. 录音开头第一句便给出了答案"一只狐狸不小心掉到了井里"，所以选 B。

32. 录音中提到狐狸"极力赞美井水好喝"，所以选 C。

33. 录音中叙述的部位顺序是"脚—背—角"，所以选 D。

34. 最后一句说"你就不至于在没看清出口之前就盲目地跳下去了"，所以选 A。

35. 录音开头说"一起到海边散步"，所以选 A。

36. 录音中间部分的描写给出了答案，即大鱼潜游突袭小鱼的情形，所以选 D。

37. 录音中提到"同伴们就为它取了个代号——海龟"，所以选 B。

38. 开头第一句说"有些人喜欢叙述自己的亲身经历"，所以选 C。

39. 由"拥有众多的读者"这句话可以推出"受欢迎"的意思，所以选 D。

40. 录音中提到"觉得样样都很有味道，样样都讲，面面俱到"，所以选 B。

41. 录音最后说"讲故事比起写故事来更难一些"，所以选 A。

42. 这是个常识，录音中也没有提到"河北"，所以选 B。

43. 录音中说"说起东北菜，杀猪菜当然是不能少的"，所以选 C。

44. 录音中提到"酸菜是杀猪菜的又一主角"，所以选 B。

45. 录音中提到"西方人却对中国武术知之甚少，甚至一无所知"，所以选 D。

46. 录音中提到李小龙"创造了现代中国实战武术'截拳道'"，所以选 D。

47. 录音最后一句说"李小龙将 kung fu（功夫）一词写进了西方的词典"，所以选 C。

48. 录音中提到"社会问题的特征主要表现在普遍性、变异性、复合性和周期性四个方面"，所以选 C。

49. 录音中提到，复合性常常是几种社会问题并存，所以选 A。

50. 最后一句话指出"社会学家还特别强调周期性中潜伏性和反复性的特征"，所以选 D。

51. A。多层定语顺序不当。"朋友的许多问候"应改为"许多朋友的问候"。

52. D。"把"字句误用。应将"把"改为"被"。

53. A。宾语缺失。后一分句应改为"要为她而变成一个靠得住的人"。

54. B。动词误用。应改为"对气候变化有很大影响"。

55. C。连词误用。并列形容词应该用"而"或"又……又……"连接，不能用"和"，应改为"听得懂简单而短小的对话"或"又简单又短小的对话"。

56. B。趋向补语误用。"坚持过来"应为"坚持下来"。

57. B。句式杂糅。应改为"在……眼里"或"48.3% 的被调查者认为"。

58. D。滥用动态助词。"还在继续寻找"不能与表示完成的动态助词"了"搭配，应将"了"去掉。

59. C。动宾搭配不当。应改为"维持家庭生活"。

60. B。形容词误用。"热烈"强调"具有强烈感情、激情或热情的"，不能做"有"的宾语，应将"热烈"改为"热情"。

61. "满足"本句中是感到已经足够了的意思，可以与"于"连用；"充分"指足够，可以修饰"调查"；"借鉴"指跟别的人或事相对照，以便取长补短，这里与"新成果"搭配；"重新"这里指汉语水平考试变更方式或内容。选 B。

62. "乃至"即甚至；"蕴藏"指蓄积而未显露，可以与"智慧"搭配；"洞察"指观察得很清楚，这里是指佛教哲学对人生了解得很清楚；"独到"指与众不同。选C。

63. "亦步亦趋"是比喻没有自己的主张，跟着人家做事；"方法"指解决问题的步骤、程序等；"誉为"中的"誉"指称赞、赞美；"就"与"早期"相呼应，表示时间很早。选A。

64. "独一无二"指没有可以相比的；"深厚久远"与"独特的艺术个性"应该是递进关系更为贴切，故用"不仅……更……"；最后一个分句与"艺术个性"应为并列关系，所以选"以及"。D是正确答案。

65. "确定"即明确肯定，与"目标"搭配；"污浊"这里指卑劣鄙陋，可以形容官场、社会环境等；"杰出"指突出，知识才能出众，如"杰出人物"，还可形容著作、作品等。所以选C。

66. "适合"文中指食物符合人类生存的要求；"七种食物"与"生存"是条件关系；"生存下去"指从现在延续到将来；"导致"一般指引起不好的结果。选C。

67. "叮嘱"指再三嘱咐，符合语境；"免得"即"以免"，句中指不让父母挂念；"担心"指放心不下。所以选A。

68. "传递"，指把事物由一方传给另一方，这里做"完成"的宾语；"荣幸"，指荣耀而幸运，一般是表现自己谦虚的意思；"侥幸"指意外获得成功或免除灾害，不符合题意；"激动"指感情受到刺激而冲动。故选B。

69. "致力于"指把力量用在某个方面；"获得"多用于抽象事物，是取得、得到的意思；"一干二净"指所有的都没有，常做补语；"以来"指从过去一直到现在的一段时间。选C。

70. "增加"与"收入"搭配；"加快"与"步伐"搭配；"没有农民的小康"与"就不会有中国人民的小康"为假设关系；"也"表示进一步说明。选D。

71. E照应前文"我把200元购物卡的故事讲给学生听，组织大家讨论"。

72. B"各执一词"照应后文"一方说""另一方则反驳说"。

73. C"人都有趋利性"照应后文"本能"。

74. A"文如其人"照应后面的句子，后句是对其含义的解释。

75. D照应前文"写作文"和"只有"引导的句子。

76. A"日子一去不复返"与后文各句呼应。

77. D句中的"旋转"照应前文的"太阳"。

78. 根据上下文，只有C句适合此处，并照应下文"伸出手遮挽"。

79. F"和太阳再见"照应下句"又溜走了一日"。

80. B照应上文"我赤裸裸来到这世界，转眼间也将赤裸裸地回去罢？"。

81. 文中第一句话提到"人们喜欢用'左耳进，右耳出'来形容不听话的人"，这表明"左耳进，右耳出"是指不认真听话的人，所以选B。

82. 第二段说"这种现象被科学家称为'右耳优势'"，"这"指的是前文"如果希望别人更容易接受你所传达的信息或是下达的指令，最好对着他的右耳说话"，所以选C。

83. 第二段提到"右耳由左脑掌管，而左脑主要负责语言和逻辑思维，因此通过右耳传达的语言信息更容易被人接受"，所以选A。

84. 文中最后一段提到"人类的左耳在接收诸如'我爱你'等甜言蜜语时比右耳来得敏锐"，因此要想求婚，应对着爱人的左耳朵说，所以选D。

85. 文中第二段提到"在通常的水里，水分子是杂乱无章地排列的"，并不是电场中的水分子，所以选D。

86. 第三段提到 "如果电场在不停地转，那么水分子就会跟着转……摩擦生热，水的温度就升高了"，所以选 B。

87. 文章第四段提到 "电磁波就相当于这样一种旋转的电场。用在微波炉上的电磁波每秒钟要转 20 几亿圈，水分子们以这样的速度跟着转，自然也就'浑身发热'，温度在短时间内就急剧升高了"，所以选 C。

88. 文章最后一段提到 "而非极性的分子，比如空气以及某些容器，就不会被加热"，所以选 A。

89. "病从口入" 是指疾病很容易通过口腔传染，C 对。

90. 第三段提到 "如果浴室潮湿，牙刷要放在浴室外的干燥处；如果浴室干燥，就把牙刷放在柜子里"，可见牙刷应该放在既不干燥也不潮湿的地方，所以选 D。

91. 第四段提到 "倘若患上感冒和其他传染性疾病，等病好后，就应该换个新牙刷"，所以选 D。

92. 文章最后一句话是 "每隔15天，要用对人体无害的消毒液给牙刷消一次毒"，所以选 B。

93. 根据漆器的概念，可知没有涂漆的器具不能称为 "漆器"，所以选 C。

94. 第二段第二行提到 "唐代扬州漆器生产已颇兴盛"，所以选 D。

95. 第二段第三行提到 "到了元代，扬州已逐渐成为全国漆器的制作中心"，所以选 A。

96. 第三段第四行提到，"螺钿镶嵌" 有两种：一种是 "挖嵌" 或 "坎螺"；一种是 "平磨螺钿"。20 世纪 70 年代制作的大型地屏《南京长江大桥》就是其中的代表作。故选 C。

97. 短文第一句话是："豚草是一种世界性的杂草。"因此 D 项错误。

98. 第二段第二句提到："据国外有关资料介绍，1 立方米空气中如果存在 30 — 50 粒豚草花粉，就能诱发花粉病。"由此可见，1 立方米空气中最少存在 30 粒豚草花粉，就能诱发花粉病。因此选 B。

99. 第三段第二句说的是："一株豚草能结籽数千粒，并借助风、人、畜、鸟和水流到处传播；折断的豚草，其根茬会长出更多的新枝。"因此，折断的豚草虽然能长出更多的新枝，但是不能传播豚草籽。因此选 D。

100. 第五段提到："首先，每年的 5 月底到 6 月中旬，在豚草未开花前，将它连根拔掉，然后晒干烧掉。此法简单易行，最彻底有效。"因此选 A。

HSK（六级）模拟试卷 4

答 案

一、听力

第一部分

1. C　　2. A　　3. D　　4. C　　5. A　　6. D　　7. B　　8. A　　9. A　　10. D
11. C　　12. B　　13. C　　14. D　　15. C

16. C   17. B   18. D   19. B   20. B   21. D   22. A   23. C   24. B   25. D
26. B   27. C   28. D   29. C   30. A

第三部分

31. B   32. C   33. D   34. C   35. B   36. D   37. C   38. C   39. B   40. B
41. B   42. B   43. C   44. B   45. B   46. C   47. C   48. D   49. C   50. C

二、阅读

第一部分

51. C   52. B   53. C   54. D   55. A   56. D   57. A   58. D   59. B   60. C

第二部分

61. A   62. D   63. B   64. C   65. A   66. A   67. C   68. D   69. B   70. B

第三部分

71. B   72. A   73. D   74. E   75. C   76. E   77. D   78. C   79. A   80. B

第四部分

81. B   82. D   83. C   84. A   85. D   86. C   87. D   88. D   89. A   90. D
91. B   92. C   93. B   94. C   95. D   96. B   97. C   98. C   99. D   100. B

三、书写

101. 缩写参考

秘密

妈妈发生了车祸，因为怕女儿害怕，并没有让女儿来医院。当年女儿才一岁，爸爸没有告诉女儿妈妈死了，而告诉她妈妈出差了，去了很远的地方，很长时间都不会回来。

从此，爸爸充当了爸爸妈妈两个角色来照顾女儿，可是女儿有时还是会问妈妈什么时候回来。有人给爸爸介绍女朋友，爸爸只匆匆见上一面，就不再联系了。但是爸爸刚刚30岁就有了白头发，妈妈的姐姐劝说爸爸再娶一位妻子。后来爸爸遇到了一位善良的女人，但是怕告诉女儿会伤害她，打算等女儿大一些再跟她说。他们又等了两年才告诉女儿说妈妈要回来了，只是妈妈比以前瘦了。

女儿和善良的女人见面了，开始女儿的反应并不自然，在爸爸的帮助下，才跟妈妈亲近起来。但是当她和这个后来的"妈妈"单独相处的时候，却告诉她，听爷爷奶奶说，她的妈妈已经死了，她希望后来的妈妈能对爸爸好，那样她就同意接受这个妈妈，她觉得只有爸爸不知道妈妈已经死了，希望后来的妈妈不要告诉爸爸，她怕爸爸知道了会伤心。

答案说明

1. 录音第一句说"一位出租车司机开车很快，经常闯红灯"，而这位司机自己说"我哥哥也是这么开车的"，可见他哥哥也经常闯红灯，所以选 C。

2. 由录音中最后一句话"如果他们再忘记关门的话"得出，袋鼠之所以跑出来是因为管理员没有关门，也就是说笼子的门开着，所以选 A。

3. 丈夫问妻子猫有没有回家，妻子回答猫 5 分钟前就回来了。但此时，丈夫找不到家了，可见猫比丈夫先回家。所以选 D。

4. 录音开始时提到山羊脚上扎了一枚钉子，于是向其他动物求救，最后提到白鹤用嘴拔出了钉子，所以选 C。

5. 最后一句是"经过这种病毒复制的 DNA 可能会导致精神方面的疾病"，所以选 A。

6. "这件事很快家喻户晓"，"这件事"指的是农民进献南瓜获得赏赐的事，而"家喻户晓"说明大家都听说了，因此选 D。

7. 录音中这个人说自己再过 4 年就 40 岁了，因此现在是 36 岁，所以选 B。

8. 录音中提到这两位猎人遇到的是"一头饥饿的熊"，因此熊不肯离去是想要吃掉猎人，所以选 A。

9. 病人对医生称赞"5 秒钟就赚了 100 元"，说明医生拔牙只需要 5 秒钟，因此可以得出医生拔牙非常快，所以选 A。

10. 录音中最后一句说"成年之后，由于不再需要大脑和神经系统，它们就会将自己的大脑吃掉"，因此选 D。

11. 录音中提到"这一数字甚至小于当前濒临灭绝物种的群体大小，如黑猩猩"，由此可见，黑猩猩就是当前濒临灭绝的例子之一，所以选 C。

12. 录音第一句说土拨鼠是最"健谈"的生物之一，表明它们善于交谈，所以选 B。

13. 录音最后一句提到"它们还具有学习能力"，因此选 C。

14. "它看上去就像是一个大个草莓，因此被命名为'草莓螃蟹'"，说明了草莓螃蟹的名字是来自它草莓一样的长相，所以选 D。

15. 联系上下文"又有一位客人进入餐馆""女子向那位客人看了一眼""我的丈夫刚从门外进来"可以得出，妻子看见的那位客人正是自己的丈夫，所以选 C。

16. 回答记者第一个问题时，刘良海指出网络是上个世纪 90 年代进入中国的，现在进入 21 世纪获得了快速普及和发展，所以答案是 C。

17. 回答记者第二个问题时，刘良海提到了网络文化的特点有三个方面，即开放性、自由性、共享性，选 B。

18. 回答记者关于网络文化和整个社会文化的关系问题时，刘良海明确说明了网络文化不能代替社会文化，不能与社会文化等同，网络文化是社会文化的一部分，选 D。

19. 刘良海回答最后一个问题时提到"18 到 24 岁年龄段占全部网民的 35.2%"，所以选 B。

20. 刘良海指出，青少年的人生观、价值观正处在形成时期，上网青少年又很多，所以网络对他们影响巨大，选 B。

21. 张教练回答主持人第一个问题时说明了引起肥胖的原因有两个，是精神状态不好和习惯不好，所以选 D。

22. 教练回答主持人第二个问题时说到"瑜伽在国内应该是刚刚起步"，所以选 A。

23. 张教练说"我的第一个老师是马来西亚的"，所以选 C。

24. 张教练说"我练习瑜伽到现在已经 11 年了，从没有间断过"，所以选 B。

25. 张教练最后说"练瑜伽有三个条件，一个是姿势，一个是意识，还有一个是呼吸"，所以选 D。

26. 张坤回答主持人第一个问题时讲了他是 5 岁开始学习武术的，所以选 B。

27. 回答主持人第二个问题时，张坤说"那个时候想通过学武术来强身健体"，所以选 C。

28. 主持人问张坤在哪方面见长，他回答说"到少林寺专门学了一些拳法，主要是少林的鹰拳"，所以选 D。

29. 主持人问第五个问题"是在学校里面开武术班吗？"，张坤回答"是，是学校里的一个社团"，所以选 C。

30. 张坤没有提到在练习武术的过程中他在学习方面有进步，所以选 A。

31. 那个人的主意是"谁先画好了，这壶酒就归谁喝"，所以选 B。

32. 那个人先画好后"十分得意地又给蛇添了几只脚"，所以选 C。

33. 录音末尾提到"做事情要知道什么时候停止，不要做没有必要的事情"，所以选 D。

34. 录音开头提到"很多野生动物正面临着从地球上消失的危险"，所以选 C。

35. 录音中提到"现在只有 50 只"，所以选 B。

36. 录音中提到"最主要的原因是野生动物生存的环境被破坏了"，所以选 D。

37. 录音结尾提到"我们要保护自然环境，不要随便捕杀野生动物"，所以选 C。

38. 录音开头提到"老人喝的是桂花茶"，所以选 C。

39. 录音中说"谈恋爱的人喝玫瑰茶"，所以选 B。

40. 录音中说"金桂是等级最高的，只能年纪大的人喝"，所以选 B。

41. 录音末尾提到"青年男女第一次约会的地方一定要有玫瑰茶"，所以选 B。

42. 录音第一句话说"人类为了躲避雷电而发明了避雷针"，所以选 B。

43. 录音提到"所以在大楼上安装避雷针，就可以使大楼免受雷击而倒塌"，所以选 C。

44. 录音末尾提到，"一个人站在一片很大的空地上，那么这个人就可能成为雷雨云的放电对象"，那么人就会遭到雷击，所以不安全，所以选 B。

45. 录音提到"周杰伦是中国台湾著名的流行音乐歌手"，所以选 B。

46. 录音提到"大家尊称他为'周董'"，所以选 C。

47. 录音中提到"他自导自演的电影《不能说的秘密》……"，所以选 C。

48. 录音中说南郭先生不会音乐，不会表演，所以选 D。

49. 录音中提到"于是在大家做准备的时候他逃跑了"，所以选 C。

50. 录音末尾提到，"这个故事告诉我们，做人要诚实，要有真本领"，所以选 C。

51. C。谓语动词误用。"出自于"用来表示出处，不能与"感情"搭配，应换成表示"原因"或"目的"的"出于"。

52. B。语序不当。副词"却"位置不当，应改为"另一个却自甘贫贱"。

53. C。"比"字句误用。"比"字句中不能使用程度副词"很、非常"等,应去掉"很",改成"大学时就更比别人差了"。

54. D。成分缺失。后一分句应改为"都是顺着历史潮流发展的"。

55. A。句式杂糅。句中将介词结构"与……有密切的关系"和"与……密切相关"混用,造成句意混乱,选用其中一种结构即可。

56. D。双宾语误用。"灌输"不能带双宾语,应改为"他向我们灌输了传统的儒家思想"。

57. A。搭配不当。动词"克制"常与"感情、情绪"之类的词语搭配,"行为"可与"停止"搭配。

58. D。逻辑不通。"动不动"表示容易发生某种行为,但多含厌烦意味,后面不能加表示常规动作的"吃饭",可改为"动不动就吃零食"。

59. B。介词结构误用。"为……而……"表示因果关系时,"而"后的动词应为心理动词,应改为"是因(为)堵车而迟到的"。

60. C。动词误用。"加以"这个动词一般要带动词性宾语,但是做了宾语的动词,如此句中的"控制",后面就不能再带宾语了,此时应将宾语"人口"提前,并补充引入对象的介词"对",改为"如果不对人口加以控制"。

61. "酷爱",指喜爱的程度极深;"熏陶",是指人的思想或性格受其他方面的感染而不知不觉地起了变化,可放在动词"受"后边做宾语;"大志"指大志向,"大志"常与动词"立"搭配使用;"耗资"指耗费资财,与后边的"百万"搭配,"耗资"所接数字都很大。故选 A。

62. "必须",副词,放在动词前;"摒弃"指舍弃、不要;"半途而废"指事情没完成而终止;"摆"和"花架子"常常搭配使用。选 D。

63. "鲜嫩"形容竹笋又鲜又嫩;"津津有味"形容有滋味、有趣味;"活泼"形容熊猫宝宝自然、好动、不呆板。所以选 B。

64. "恰到好处"是补充说明动词"运用"的,所以用"得"连接;"从……中"是"从……里边"的意思;"潜移默化"指人的思想或性格受其他方面的感染而不知不觉起了变化。选 C。

65. "占"常和"多数、少数"及具体数字搭配;"精打细算"指仔细地计算;"管理"常和"严格"搭配。A 是正确答案。

66. "干燥",多用来形容气候、季节等;"滋润"与前句的"干燥季节"照应,做动词,使湿润的意思;"不妨",副词,表示可以这样做,没有什么妨碍。所以选 A。

67. "疼爱"指关切喜爱;"以身作则"意思是用自己的行动做榜样;"吝惜"指过分爱惜。选 C。

68. 发表自己的观点用"认为";上文的"不应是……"和"而要……"搭配;"循序渐进"指学习或工作按一定的步骤逐渐深入或提高。选 D。

69. "导致",指引起,造成,常用于不好的结果;"控制",指掌握住,不使任意活动越出范围;"瘫痪"这里指严重的疾病;"照顾"即照料。所以选 B。

70. "塑像"的量词用"尊";"坐落"指土地或建筑物的位置;"着",动词zhuó,指穿。选B。

71. B。根据上文"算盘子"和"飞天"的例子及下文"庖丁解牛"的故事所说明的道理可知,此处需要表达"对事物特别熟悉才有可能达到一定的境界"的含义,只有答案 B 中"对征服对象透彻了解"与上下文意义相近,故选 B。

72. A。五个选项之中，只有 A 含有否定之意，与上文的"没有金刚钻"相照应，故选 A。

73. D。此题位于段首，通读全段可知，本段谈的是"淡定"与"境界"的关系，这一点也可从空格的下一句中得到验证，故选 D。

74. E。下文中"是指"一般用于定义某个概念，这与选项 E 中的"……所说的……"可构成固定句式，所以选 E。

75. C。"我们的淡定"与下文的"被我们……"相互照应，所以选 C。

76. E 照应上句"海水剧烈的起伏"及下句"向前推进"，所以选 E。

77. "阻止"应为人类行为，故应放在此处，所以选 D。

78. "并"连接上文"波高可达数十米"，说明什么是"水墙"，所以选 C。

79. 根据上下文，"陨石造成的海啸"发生几率不高，因此也较为强烈，A 句最为合适。

80. B 照应上句的"在任何水域都有可能发生"，并稍加转折，所以选 B。

81. 第二段写到"但事实上，南极考察人员的最大挑战并不是这些，而是那里的极昼"，所以选 B。

82. 第三段中说"极昼……，一般只会出现在夏季和冬季"，D 说出现在春秋季节，所以不对，所以选 D。

83. 第四段写到"在南极，遭受雪崩和意外伤害的人数，远没有遭受极昼所带来的伤害的人数多"，所以选 C。

84. 第五段写到"为了度过极昼期，考察人员做过很多尝试，包括加厚帐篷，增强帐篷内的阴暗度，甚至实验过在冰川和积雪下穴居等"，没有提到 A 这种做法，所以选 A。

85. 文中提到黄河"经青海、四川、甘肃、宁夏、内蒙古、陕西，山西、河南、山东九个省区，流入大海"，其中没有提到辽宁，所以选 D。

86. 文中提到，"商代以后，黄河流域成为中国最早被开发的地区，经济发达，人口增长较快，政治、文化也比较先进。因此，黄河流域成为中华民族成长的摇篮"，这里没有提到自然环境好的问题，所以选 C。

87. 黄帝的后代自称"华"（或"夏"），生活在中原地区，人们认为"中原"位于四个方向的中间，所以后世称中国为"中华"，所以选 D。

88. 文中提到，"那时，这里的气候温暖湿润，土地肥沃，到处是青山绿野，植物种类繁多，为原始人类的生存提供了有利的条件"，所以选 D。

89. 义中提到"穿上高跟鞋，女性看起来又高又苗条，而且很时尚，整个人看起来也比较有精神"，并没有包括"穿高跟鞋看起来很健康"的说法，所以选 A。

90. 文中提到"穿着高跟鞋走路会使身体重心向前倾斜，为了适应这一变化，人会自然地弯腰来平衡，这样长时间地持续下去，就会使脊柱的位置发生改变，使腰部神经受到压迫，穿高跟鞋的人会因此而感觉腰疼"，没包括 D 项。

91. 文中提到"穿高跟鞋走路一般下半身肌肉长时间处于一种过度紧张状态"，这里是说肌肉紧张，而不是精神紧张，所以选 B。

92. 文中提到"专家建议：高跟鞋不宜每天穿"，因此 C 项不对。

93. "而在 1983 年 7 月 21 日，在东方站又记录到了 −89.6℃的低温；同年 7 月，新西兰人在他们的万达站也记录到了同样的温度。这还不是最低温度。"虽然文中提到了这不是最低温度，但是问题里有限定的时间，为 1980 年以来，所以答案选 B。

94. 文中虽然提到了"在这样的气温之中，一杯热水泼到空中落下来就变成了冰雹"，但是这只是说明温度低的假设，而不是南极气候的特点，选 C。

95. 文中提到"结果，巨大的 C-130 运输机被狂风吹得飘飘摇摇，失去了控制"，因此选 D。

96. 文中提到了前苏联、新西兰、挪威、美国，因此是 4 个国家，所以选 B。

97. 第二段的第二句话是"正所谓'蜂争粉蕊蝶分香'，就是说花香能引来蜜蜂和蝴蝶竞相采蜜"，因此选 C。

98. 第三段的第一句话是："花朵带有香味是因为它们的内部都有一个专门制造香味的'工厂'——油细胞。"说明花朵带有香味是因为它有油细胞，这种油细胞就像一个专门制造香味的工厂。A 和 B 都是说花香的作用，因此 C 项正确。

99. 第四段第一句话说"花香除了有益于其自身的生长繁殖，对人类也有很多的益处"，因此，花香有益于生长繁殖，对植物自身有益处，因此选 D。

100. 第五段的最后一句说"古代民间把金银花放入枕内，用来祛头痛、降血压，同时还能起到消炎止咳的作用"，因此选 B。

HSK（六级）模拟试卷 *5*

答案

一、听力

第一部分

| 1. B | 2. A | 3. D | 4. C | 5. D | 6. B | 7. C | 8. A | 9. D | 10. B |
| 11. C | 12. D | 13. D | 14. A | 15. C |

第二部分

| 16. C | 17. A | 18. A | 19. B | 20. B | 21. C | 22. D | 23. A | 24. C | 25. A |
| 26. A | 27. B | 28. C | 29. D | 30. A |

第三部分

| 31. C | 32. B | 33. D | 34. A | 35. B | 36. B | 37. D | 38. B | 39. C | 40. B |
| 41. D | 42. C | 43. A | 44. B | 45. B | 46. D | 47. C | 48. A | 49. D | 50. B |

二、阅读

第一部分

| 51. B | 52. A | 53. D | 54. A | 55. C | 56. B | 57. C | 58. D | 59. D | 60. A |

61. A　62. C　63. B　64. D　65. A　66. A　67. B　68. C　69. D　70. A

第三部分

71. E　72. D　73. A　74. C　75. B　76. D　77. E　78. C　79. A　80. B

第四部分

81. D　82. D　83. C　84. D　85. C　86. C　87. C　88. D　89. B　90. D

91. D　92. B　93. D　94. D　95. C　96. D　97. D　98. A　99. C　100. C

三、书写

101. 缩写参考

感谢自卑

我曾经是个很自卑的人，即使现在，我还觉得自己很多地方不如别人。

10岁回到城里上学时，因为衣服、鞋子和口音都被城里的孩子笑话，我开始自卑。我不再和别人说话，成绩不断地下降，只盼望快点儿离开。

后来我勉强考上一个三流中学。直到有一天，我的日记和插图被老师发现，并受到了表扬，我才意识到，我原来是一个重要的角色。

从那以后，我开始努力学习，并且考入了重点高中。在考中的五个人中，我是分数最高的一个。

上高中后，第一次摸底考试我考得很差。后来我起早贪黑地努力学习。到期末的时候，我的成绩已经是班里最好的了。

我高中的大部分时间都用在了读书上。高二下半年，我写了一篇小说，发表在了《河北文学》上。当时学校还没有人发表过文章。

大学毕业时，我已经出了自己的第一本书。

但我仍然自卑，觉得自己很多地方不如别人。

直到有一天在电视上我看到了对邓亚萍的采访，才有所感悟。

感谢我的自卑，它让我越挫越勇，让我永远觉得自己不如别人，让我不敢停步，让我在人生的路上一路坚强！

答案说明

1. 老板抱怨道："你这两天干什么去了？"职员回答："我不小心从三楼窗口掉下去了。"B与职员的回答相符。

2. 录音开始提到"英国最近公布了一张奇特的海底鱼类照片"，说明水滴鱼生活在海底，选A。

3. 录音中提到戴上帽子"就可以使人的大脑与网络相连接"，因此选D。

4. 录音中提到"研究这种青蛙特殊的耳朵结构，有助于发明一种新的技术"，所以选 C。

5. 录音中说，冰虫的"个头非常小，在雪地里就像一丝细细的小黑线，而且可以在冰块中自由行走"，所以选 D。

6. 录音开头提到"韩国动物园有一只 15 岁的大象最近很有人气"，说明大家很喜欢这只大象，所以选 B。

7. 录音中说这只小狗"竟然自己搭上了一辆开往家乡的火车回到了家。最不可思议的是，这只聪明的小狗不但搭对了火车，还在正确的车站下了车"，说明它自己乘车回到了家。正确答案是 C。

8. 录音中提到"当它生气的时候看起来是鲜艳的黄色"，所以选 A。

9. 录音中说杜鹃鸟"会偷偷地把自己的蛋生在其他鸟的鸟巢中，经过伪装以后由其他的鸟代替它把儿女喂养大"，因此可以知道杜鹃鸟不抚养儿女，所以选 D。

10. 录音中提到"它们会努力节食，把自己饿得瘦瘦的，以此避免被其他虾虎鱼赶出家门"，所以选 B。

11. 录音中提到"原来它们是靠消化自己的身体提供能量，有时甚至会消化自己的一部分心脏"，所以选 C。

12. 录音中说："兽医为这只小猫进行全面检查后发现，那四只多余的耳朵只是徒有其表。""徒有其表"意思是空有外表，没有实际作用，所以选 D。

13. 录音中说"它一生中学会了 100 多个英文单词，会用简单的句子进行对话"，所以选 D。

14. 录音中说"黄色星稍微高一些，是 5000℃—6000℃；白色星的温度更高，大约有 7700℃—11500℃"，所以选 A。

15. 其他人问道："先生，能谈谈您的事迹吗？"他生气地说："我自己的声音为什么要让你们听见？"他吝啬到声音都不想让别人听见，结果他得了冠军。我们从另两个人对他的称呼"先生"中看出，冠军是男的。所以选 C。

16. 主持人一开始时问"是什么促使你继续跳舞的呢？乐观开朗的性格还是顽强的毅力？"，廖智回答："都不是，是对舞蹈的热爱。"所以选 C。

17. 主持人问："听说你现在最大的梦想是创立一个正规的残疾人表演团队，是吗？"廖智回答："是的。"所以选 A。

18. 主持人问："你是怎么创作出这种残疾人舞蹈的？"廖智回答："其实是很偶然想到的。"所以选 A。

19. 主持人问廖智："现在有多少残疾人参加你这个团队？"她回答："二十五六个吧。"所以选 D。

20. 采访最后，主持人问廖智："到目前为止，你遇到的最大的困难是什么？"廖智回答说是"对残疾人这个群体的陌生"，所以选 B。

21. 张梓琳说"我当选世界小姐是 2007 年 12 月，正式的任期是从 2008 年的 1 月开始的"，所以选 C。

22. A、B、C 三项都是文中提到的，所以选 D。

23. 张梓琳说"做世界小姐是很辛苦的。因为工作时间很紧，强度也很大"，所以选 A。

24. 主持人问："这一年你最大的收获是什么？"张梓琳回答："那当然是做世界小姐的经历了。"选 C。

25. 采访最后张梓琳回答主持人的问题时说，写书会写的内容"主要是我的成长经历"，所以选 A。

26. 主持人问："人人都有一个钻石梦想，这是为什么呢？"刘燕生回答："因为钻石代表婚姻。"所以选 A。

27. 主持人问："为什么会把钻石和婚姻联系到一起呢？"刘燕生回答："因为钻石是最不容易被破坏的。"所以选 B。

28. 刘燕生说"真正把钻石用在饰品方面的是印度"，所以选 C。

29. 主持人问："那么用什么来切割钻石呢？"刘燕生回答"用钻石粉"，所以选 D。

30. 采访最后，刘燕生说"这'八心八箭'实际上就是一种理想的切割模式"，所以选 A。

31. 录音开头第一句便给出了答案"有个放羊娃老是喜欢说谎、开玩笑"，所以选 C。

32. 录音中提到"村里人都认为他又像往常一样在说谎、开玩笑"，所以选 B。

33. 最后一句告诫人们，做人要诚实，不要说谎，所以选 D。

34. 录音开头说"……唯一的目的就是赚钱"，所以选 A。

35. 录音中提到"流行称他们为'参观者'"，所以选 B。

36. 录音中提到"可从他们的装束辨认出他们"，所以选 B。

37. 录音中提到一个关键词"一无所获"，所以选 D。

38. 录音中提到"许攸前来报信"，所以选 B。

39. 录音中提到"他们打着袁军的旗号，穿上袁军的衣服"，所以选 C。

40. 录音中提到"张郃、高览带兵投降"，所以选 B。

41. 录音开头说金刚石"自古以来就是财富的重要象征"，所以选 D。

42. 录音中提到"它是自然界中最硬的一种矿石"，所以选 C。

43. 录音中多处出现"稀有、极少、稀缺"等关键词，所以选 A。

44. 录音最后说"金刚石的主要成分是碳"，所以选 B。

45. 录音开头说"晶体管电子计算机诞生了，这是第二代电子计算机"，所以选 B。

46. 录音中提到"其特点是：小型化、微型化、低功耗、智能化、系统化"，所以选 D。

47. 录音后半部分说"20 世纪 90 年代，电脑向'智能'方向发展"，所以选 C。

48. 录音中提到 2008 年北京奥运会吉祥物"强调了以人为本，人与动物、自然界和谐相处的天人合一的理念"，所以选 A。

49. 录音中提到"其一大特点就是五个吉祥物的头饰部分"，所以选 D。

50. 录音最后一句已经给出答案"达到五个"，所以选 B。

51. B。语义重复。因"身强力壮"本身已含有程度意义，前面不能再加表示程度意义的副词"很"，应将"很"去掉。

52. A。滥用语气助词。应去掉"了"。

53. D。补语冗余。"一下"用在动词后，一般表示"尝试"或"时间短"，句中谓语动词为"原谅"，是结束性动词，不能与"一下"搭配。

54. A。固定格式误用。应改为"在那个俱乐部里"。

55. C。动词误用。"了解"应改为"理解"。

56. B。量词重叠形式误用。"一个一个"应改为"每一个"。

57. C。语义矛盾。"未见得"表示不确定性，一般用于将来，这与句首"此前已经"不符，应将"未见得"改为"未见"。

58. D。搭配不当。"空气"不能与"爽快"搭配，应去掉"爽快"。

59. D。关联词误用。"固然"应放在主语"危机处理"后。

60. A。必要成分缺失。"意味"做动词用时后面应加动态助词"着"。

61. "挥发"，属于物理变化，指有害气体向四周扩散；"保持"，指维持某种状态使不消失或减弱，这里指通风状态不改变。所以选 A。

62. "所有"，形容词，修饰名词时后面可以加"的"；"表率"是"好榜样"的意思；上文的"必须关心学生，热爱学生"是条件，"才能……"是结果。选 C。

63. "就……来看"是固定搭配；"快过"是"比……快"的意思；"不及"是"赶不上"。选 B。

64. "不但没 / 不……反而……"是固定结构，这里用"没"是因为已经发生；"莫名其妙"，表示事情很奇怪，使人不明白。选 D。

65. "神圣"，形容大自然的造化特别崇高、庄严；"独特"，强调与众不同，修饰"地理优势"；"得天独厚"，形容环境具有的条件特别好，与前文的句意照应。故选 A。

66. "宽松"和"环境"搭配；"把……当成……"是固定结构；"能力"的量词是"种"；"如果……就……"是固定搭配。选 A。

67. "一……也……"表示强调；形容烟雾多，多用"弥漫"。选 B。

68. "农村文化对农村社会成员……影响""使得……意义"，这两个句子中后一个句子意义更进一层，所以用"不仅……而且……"来连接；"发挥"能和"作用"搭配，"发扬"不能。选 C。

69. 对"知识"和"教育"的关系，是从两方面来谈的，所以用关联词语"一方面……，另一方面……"来连接；"也"表示同样。选 D。

70. "南辕北辙"比喻行动和目的相反，根据下文的"方向错了"可知；"交界"指相连的地区，有共同的边界；"固定"，这里是不移动、稳固的意思；"指示"这里指指引、显示。所以选 A。

71. E。前文说"我原本怕冷场，……是不必要的"，意思是说"跟少言者在一起不需要故意找话题打破这种沉默"，与答案 E 意思相符，所以选 E。

72. D。第三段开头即提到了"健谈者"，这与答案 D 中的"热闹"一词相关，故选 D。

73. A。空格前面的主要内容是说"健谈者在公共场合常常把大家逗得前仰后合"，而后文却表达的是"健谈者在家里根本不爱说话"，根据前后情况的反差，可判断选择"事实却非如此"合适，所以选 A。

74. C。根据上下文相近的内容与句式，可判断"是否也可以说"放在此处能够更好地起到衔接作用，所以选 C。

75. B。这句话是想说明"说得少的人"的特点，明确这与"心里没有话"无关，前后两句用"并非""只是"构成转折关系，所以答案 B 是最符合文意的。

76. D。此题与 80 题的上文相同，容易混淆，因此我们可以从下文当中得到答案，本题后文的"只是一个躯壳而已"表达的是"内里没有货真价实的东西（知识）"的意思，只有 D 项意思最接近。

77. E。通读全文，只有第二段多次提到书籍，强调书籍的价值，主要体现在下文中紧接着介绍了乞丐、拾荒者和农工对书籍的热爱，因此选择选项中与"书籍"相关的 E 项比较合适。

78. C。此处的空格中所填的句子应起到承上启下的作用，因上文谈到了"书籍的影响"，下文强调"知识的作用"，而知识来源于书籍，因此应选择与"知识"相关的 C 选项。

79. A。此题关键词在于上文的"暂时"，可以对应选项 A 中的"不会每时每刻"，所以选 A。

80. B。根据选项 B 中的"那颗"可以判断，此句不能用于 76 题，故选 B。

81. 根据他努力找寻父亲的尸骨的行为可知，他并非被父母亲遗弃，又根据第二段第二行，"他连父亲的面都不曾一见"，可知选 D。

82. 第五段的第一行提到"到了第十天，他终于找到这样一具枯骨"，而不是十多天，所以选 D。

83. 第三段最后一行提到"他戳破自己的肌肤，试着用鲜血去——染红荒野的白骨"，所以选 C。

84. 文章最后一段写到"使这故事动人的是在方法正误之外的那少年真诚寻根的一颗心"，所以选 D。

85. 短文开头说"太空垃圾，主要由滞留在太空的废弃卫星和火箭残体（又称空间碎片）构成，还包括天然流星体"，没有提到"在太空中飞行的航天器"，所以选 C。

86. 短文中说"激光扫帚"主要针对直径 1—10 厘米的太空垃圾，没有说可以清理所有的太空垃圾，所以 C 项错误。

87. 短文中说，"激光扫帚""利用气体的反作用力推动太空垃圾朝地球的方向运动"，所以选 C。

88. 短文说"它一旦侦察到太空垃圾，便依附在垃圾上，使其速度降低"，说明降低的是太空垃圾的速度，不是自身的速度，所以选 D。

89. 文章第一段就指出"可以用它搓澡、擦地板，特别耐用"，所以选 B。

90. 文中提到："这是因为泡沫塑料内的无数气孔能容纳大量的空气，而空气是不易导热的。织物纤维中的空气越多，导热性就越差。空气是热胀冷缩的，用泡沫塑料做衣服的里层，只要人体有一点儿热量，泡沫塑料内的空气就会膨胀；空气的压力使泡沫塑料伸展开来，挤住了透气孔，空气对流量减少，增强了衣服的保暖能力。"可见 A、B、C 都提到了，选 D。

91. 文中最后一段提到"泡沫塑料最大的特点就是保暖"，"成本低廉，又好洗又好干"，所以选 D。

92. 开头第一段就说泡沫塑料"比海绵结实多了"，所以选 B。

93. "不吸收外来的或新出现的事物"不是城市的特点，文中提到"城市兼收并蓄、包罗万象、不断更新的特性，促进了人类社会秩序的完善"，所以选 D。

94. 文中提到"到了 2010 年，全世界的城市人口已占总人口的 55%"，所以选 D。

95. 文中有"引发空间冲突、文化摩擦、资源短缺和环境污染"的内容，而儿童的入学不是今天城市人生活面临的挑战，所以选 C。

96. 文中提到"不论是拥挤、污染、犯罪还是冲突，根源都在于城市化进程中人与自然、人与人、精神与物质之间各种关系的失谐。长期的失谐，必然导致城市生活质量的倒退乃至文明的倒退"，所以选 D。

97. 第一段最后一句是："所以，请不要挑食，因为每种食物中都有人体不可缺少的营养。"因此选 D。

98. 第二段中间提到"例如缺乏维生素 A，会引起儿童发育不良、夜盲症、皮肤粗糙等"，因此选 A。

99. 第三段的最后一句话是"蛋白质主要来源于鱼类、牛奶、肉类、干果仁、豆类等"，因此选 C。

100. 第二段第一句说："人体所需的营养大致可分为五类：维生素、蛋白质、脂肪、碳水化合物和矿物质。"第二段第三句提到"维生素的种类很多，已知的有 20 余种，包括维生素 A、B、C、D、K 等"，所以维生素 A 是维生素的一种；第六段提到"矿物质在人体内的含量不多，但也很重要，常见的如钙、锌、铁、镁、磷等"，可见 A、B、D 都是人体所需营养，因此不是人体所需营养的是 C 尼古丁。

HSK（六级）模拟试卷 **6**

答案

一、听力

第一部分

1. C	2. B	3. D	4. B	5. C	6. A	7. D	8. C	9. A	10. D
11. C	12. B	13. A	14. D	15. C					

第二部分

16. C	17. A	18. C	19. B	20. C	21. D	22. A	23. A	24. C	25. C
26. A	27. C	28. B	29. B	30. D					

第三部分

31. D	32. B	33. B	34. D	35. A	36. B	37. C	38. B	39. A	40. B
41. A	42. D	43. C	44. A	45. B	46. D	47. B	48. D	49. A	50. B

二、阅读

第一部分

51. C	52. B	53. D	54. C	55. D	56. A	57. B	58. D	59. C	60. A

第二部分

61. A	62. C	63. D	64. D	65. A	66. B	67. D	68. D	69. B	70. D

71. D　72. C　73. E　74. A　75. B　76. E　77. A　78. C　79. B　80. D

第四部分

81. B　82. B　83. A　84. D　85. A　86. D　87. D　88. C　89. B　90. D
91. D　92. C　93. A　94. B　95. C　96. B　97. D　98. D　99. A　100. B

三、书写

101. 缩写参考

送给父亲的手套

那年我在县城读初中。六月的一天晚上，听见几个女生在议论着"父亲节"的话题。这样的洋节日，我还是头一次听说。想到父亲养育我不容易，想给他买一件礼物，向他表达一下我的心意。

我来到夜市给父亲买礼物。家里供我读书已很拮据，没有多余的钱，我花一元钱买了副帆布手套。父亲长年累月地操劳，手粗糙变形，有副手套护着，会好一些吧。

第二天是星期天，我回家了。舍不得花钱坐车，徒步走了二十多里。父亲看到我回来，很生气，批评我快中考了，不好好复习，浪费时间。受到父亲的训斥，我很沮丧。后来，父亲看见了我包里的手套，唠叨我糟蹋钱。我很生气，没吃饭就去了母亲干活的坡地。一会儿，父亲来了，给我带来了吃的，并拿出那副帆布手套让我戴。我把手套扔给父亲说："我不戴，你不戴就扔了。"父亲明白了手套是给他买的，说："等你有出息了，给我买也不迟呀！"

后来，我出息了，父亲却离我们而去了！那副一元钱的帆布手套，成了我送给父亲的唯一礼物。如今想起，感到庆幸。庆幸在我年少的时候，偷偷地为父亲过过一次"父亲节"。

答案说明

1. 文中提到"为预防感冒，要勤洗手"，可见，洗手可以去除藏在指甲中的病原细菌，所以选 C。

2. 文中提到"研究人员认为冬眠是一种延长寿命的途径"，可知选 B。

3. 当听到男人说"你再踩一下试试，我让你好看！"时，女人马上喜出望外地"又踩了一脚"，并高兴地说"太好了，这下就不用花钱整容了"，可见她希望自己变得更加漂亮，所以选 D。

4. 文中提到"我姐那是一个心疼啊！"，然后又"一把把他扶了起来"，又问"怎么不小心点儿呢？疼不疼啊？"，可见侄子摔倒时她十分着急，所以选 B。

5. 文中提到"字音拖长""感叹词、语气词"等都是用来"提醒乐队拍板伴奏"的，所以选 C。

6. 文中提到为了洗干净头发，应该"抹洗发水前，要先用温水冲洗头发和头皮 1 分钟以上"，这样才能"去除七八成的污垢"，所以选 A。

7. 炒菜后会在锅表面"附着油脂和食物残渣，当再次高温加热时，会产生一些致癌物"，况且，也会"影响下一道菜的口感"，所以选 D。

8. 艺术大师用食物的外壳打造出了一系列"迷你版"的摩托车模型，意味着车模"很小"，所以选 C。

9. 文中提到了动物可以带给人类多种好处，特别是最后一句"人类离不开动物"，所以选 A。

10. 当妻子提醒他公路上有"逆行"驾驶现象后，他仍坚持说"我看有好几百辆车都在逆行呢"，可见，他仍然认为是别人在"逆行"，实际是自己在逆行，所以选 D。

11. 文中提到 5 层楼高的"巨型月亮"是"人造"的，况且从常识来看，天上也不可能有"两个月亮"，所以选 C。

12. 当医生在学生手臂上"反复地擦了三四次"后，原本就生病的学生更加紧张了，他误以为自己的病情很"严重"，因此他想错了，所以选 B。

13. 文中先提到"全球变暖出现放缓的迹象"，然后又补充说"只是在热带太平洋的暂时冷却"，可见变暖的现象是还会继续的，所以选 A。

14. 文中用了"喷涌激烈，水流激荡，水声隆隆"先形容趵突泉的"活跃"与"水量大"，最后谈到"泉眼水流直径"时，先给了一个数据"超过 1 米"，又给出了一个十分形象的形容词"水涌若轮"，有车轮一般大小，说明水流直径很大，所以选 D。

15. 文中提到该节目是"百姓自娱自乐"和"大众展现才艺"的舞台，可见，老百姓均可参与，所以选 C。

16. 男的说："我父亲兄弟姐妹一共 9 个人，饿死 7 个。我的兄弟姐妹 7 个人中，也饿死了 2 个。"所以选 C。

17. 男的说："小学三年级的时候，我用暑假卖水挣的钱，替邻居家孩子交学费。"所以选 A。

18. 男的说："我三年级以后卖水，四年级卖冰棍、拉板车卖粮食，五年级租用拖拉机卖粮食，初一、初二、初三都是租用拖拉机卖粮食，这都是暑假干的。"所以选 C。

19. 男的说："对，我考上了医专，学的是中医药的针灸推拿这个专业。"所以选 B。

20. 男的说"我们黄埔再生资源利用公司在全国的拆除队伍是 4600 人，我招聘的约 60% 是退伍战士"，60% 是一半以上，所以选 C。

21. 谈到佩服父亲时，男的说："总结起来有这么两点。他首先是发展经济，发展经济是为了什么？实际上是为了老百姓。另外一点我最佩服的，就是他把所有事情都放到会议上让大家解决。"这就是关心百姓，作风民主，所以选 D。

22. 男的说："我们兄弟 4 个加起来去跟父亲一个人比，还差得太远。"所以选 A。

23. 男的说："我想来想去就是两条优势。一个就是我是吴仁宝的儿子……看在父亲的面子上，大家会多支持我一点；第二点我是有年龄的优势……"所以选 A。

24. 男的说："我也是 175 名党代表之一。"所以选 C。

25. 男的说："……我们才知道，他是故意反对。他是想培养我们独立思考的能力，看看我们敢不敢说真话，敢不敢坚持正确的决定。"可见，老书记是赞成上市的，所以选 C。

26. 男的说："勤于思考！这是作为学生最基本的素质，山大学生做得很好。""勤于思考"即"爱思考"，所以选 A。

27. 男的说："从上个世纪90年代开始，我比较关注对外汉语教学。"所以选C。

28. 男的说："我在中学的时候数理化都很好，……可以说，我的文科和理科都很好。"所以选B。

29. 男的说："朱先生在学术上非常平等。他和学生年龄相差15岁，没有架子。他有什么想法，立刻和学生说，他经常会说，'你来得正好，我有一个想法，你说说你的意见'。"所以选B。

30. 男的说，"从上个世纪90年代开始，我比较关注对外汉语教学"，结尾两句话对目前的对外汉语教学进行评价，也说明了男的关注对外汉语教学。A、B、C选项与录音不符，所以选D。

31. 短文第一段提到"于是，他每天提前到单位打扫卫生，节假日主动要求加班，领导布置的有些任务他明明有很大的困难，也硬着头皮一概承揽下来"，所以选D。

32. 第二段提到"但问题是小刚此时的表现与其真正的思想觉悟、为人处世的一贯态度和行为模式相差甚远"，所以选B。

33. 短文最后一句提到"另外，大家认为他刚开始的积极表现是'假装'的"，所以选B。

34. 第一段提到"鹰残忍、凶狠，杀害同类从不迟疑"，所以选D。

35. 短文第二段提到"蜗牛到达金字塔顶，主观上是靠它永不停息的执着精神，客观上则应归功于它厚厚的壳"，所以选A。

36. 文中提到"好心地替它把壳去掉……，结果，蜗牛很快就死了"，所以选B。

37. 文中提到，有一天，这家的马无缘无故地跑到胡人的住地去了，人们都来安慰他。那老人却说："这怎么就不会是一种福气呢？"所以选C。

38. 文中提到"老人的儿子因为腿瘸免于征战，父子俩一同保全了性命"，所以选B。

39. "塞翁失马，安知非福"，比喻虽然一时受到损失，反而因此能得到好处，也指坏事在一定条件下可变为好事，所以选A。

40. 短文第一段提到，"富翁的一个朋友经营着一个果园，每天辛苦但很快乐。富翁对此十分不解"，所以选B。

41. 短文提到，朋友指着旁边的窗子问"窗子外边，你看到了什么？"，朋友又问"你又在镜子前看到了什么呢？"，所以选A。

42. 在文中，朋友让富翁看更辽阔的风景，不要活在镜子的世界里，意思是要走出自己的世界，所以选D。

43. 文中提到"尤其是白领阶层，他们找工作，无一例外地要在网上投简历"，所以选C。

44. 文中提到"求职者常常为网络求职的盲目和可怜的反馈发愁"，所以选A。

45. 第二段第一句提到"针对性可充分表达你的诚意，更重要的是，针对性强的简历可以正好满足用人单位的需要"，所以选B。

46. 文中第一段主要说很多人喜欢网络求职，但是反馈很少，原因是简历没有针对性。第二段具体论述了简历针对性的问题。所以选D。

47. 文中第一段第二句提到"其实，打喷嚏是源于鼻部血管对湿度、温度和有气味的东西过敏"，所以选B。

48. 文中第三段提到"除非打喷嚏的人用纸巾或手帕捂着嘴，否则唾液中所含的细菌和病毒可以在2秒之内附着到扶手、座位等地方，从而传染给他人"，所以我们应该捂住嘴，避免细菌传播，所以选 D。

49. 文中第四段提到"遇到周围有人打喷嚏，大多数人会选择走开或一笑了之"，所以选 A。

50. 文中最后一段提到专家建议我们说，"我们不可能完全避免细菌，但是我们还是可以采取很多措施防止它们传播"，所以选 B。

51. C。动词误用。"到达"后面一般接表示地点的名词，而本句中强调的是数字"1535 万平方千米"，所以应将"到"去掉，所以选 C。

52. B。补语误用。动词"保留"指（过去的事物）仍然存在或保持原样不变，强调动作从过去到现在的一种持续，因此后面的补语应用"下来"，而不能使用"出来"，所以选 B。

53. D。搭配不当。"意志"应与形容词"坚定"搭配，"坚决"一般用来强调"态度"，因此应将"坚决"换成"坚定"，所以选 D。

54. C。被字句误用。句意是要表达"刘小光"做了一家文化公司的总监，因此应使用被动句，将"把"字换成"被"字，所以选 C。

55. D。句式杂糅。句式"……是由……造成的"与"……是造成……的原因"混用，可将"原因"一词去掉，所以选 D。

56. A。逻辑不通。"不能触到金属触头"的目的是"不发生事故"，句中多用了一个"少"字，使句意变为"为了多发生触电事故"，不符合逻辑，可将"少"去掉，所以选 A。

57. B。介词误用。介词"对"为第一小句的多余成分，应去掉，所以选 B。

58. D。关联词误用。"万一"表示可能性极小的假定，一般用于不希望发生的事情，此句中强调的假设对象是"信念"，含褒义，所以应将"万一"换成"一旦"，所以选 D。

59. C。"越来越"表示程度随着时间的推移加深，该结构已经含有程度义，所以，其后的词语不能再受程度副词的修饰。因此，应去掉程度副词"极"，选 C。

60. A。补语缺失。动词"变化"后不能直接加宾语"人"，而要在中间补出结果补语"成"，选 A。

61. "新鲜"指刚刚发生的；"充满"指完全占满，这里搭配"好奇"；"充足"常与"时间""经费""理由"等词语搭配。所以选 A。

62. "展示"表示展现，显示；"倡导"指率先提议，这里搭配"精神"。所以选 C。

63. "授予"指郑重地给予，一般说"授予……称号"；"表彰"指表扬并嘉奖，宾语带人；"该"指前面说过的"粒子"。所以选 D。

64. "一直"常搭配"以来"，"到底"表示进一步追究，"发表"这里带宾语"公报"，"由……决定"构成固定搭配。所以选 D。

65. "工作效率"与"提高"搭配；"引发"常带不好的结果宾语，这里带宾语"问题"；"泄露"指让人知道了不该知道的事。所以选 A。

66. "坚守"搭配宾语"岗位"；"舒心"指惬意，舒坦；"继续"指连续下去，不中断。所以选 B。

67. "庄严"指庄重而严肃，这里修饰"国歌声"；"表示"指用言行表现出；"昌盛"尤其指（国家、民族等）兴旺，强盛；"伟大"这里修饰"中国梦"，指崇高、卓越的。所以选 D。

68. "残酷"这里修饰"现实"；"维持"指使继续存在；"寥寥无几"与"屈指可数"都表示数量少，符合本题的意思。所以选 D。

69. "争奇斗艳"形容百花竞放，十分艳丽，与"百花齐放"构成并列关系；"掀起"带"狂潮"做宾语；"据"和"统计"构成固定搭配。所以选 B。

70. "决定"这里指政府做出主张，"增添"是增加、添加的意思，"保护"在这里搭配宾语"遗产"。所以选 D。

71. "容易变得浮躁"与上文的"喧嚣的都市"相照应，因此人们才愿意选择"宁静的远方"。所以选 D。

72. 根据推断，"经历了……心灵之旅"这句话是"一位刚从青海风尘仆仆归来的朋友"说的，前后照应。所以选 C。

73. 上文中"虔诚跪拜""信徒"与选项中"圣洁而纯净"相呼应。所以选 E。

74. 因为上文曾提到"行走在……天地之间"，这正好与选项中的"渺小"相对应。所以选 A。

75. 通过前文内容可知，"放不下的世俗名利"是常让人"纠结"的东西，如果行走于天地之间，就可以改变这种心态，从而变得"明朗"起来。所以选 B。

76. 上文提到了"少数民族"，选项中只有 E 项提到了民族，因此选项 E 为正确答案，选 E。

77. 根据上文对于"胡"的解释，可以得出结论，"源于域外的饼"即为"胡饼"。所以选 A。

78. 上文"无边际"照应选项中的"饼之大"。所以选 C。

79. 上一句说"据史书考证"，可见后面的内容应当与历史有关，所以选择"汉代……"最合适。选 B。

80. 根据上文可知，历史上"北方人就以面类食物为主"，所以胡饼作为一种域外传进来的面食很快就变得很受欢迎。选 D。

81. 第二段中分别提到了"电风扇转动的声音、下雨的声音、老教授讲课的声音"，没有提到"汽车喇叭声"，所以选 B。

82. 第三段提到，"气压降低，空气的含氧量减少，……人就会出现在雨天犯困的情况"，所以选 B。

83. 第四段提到，"光线明亮则褪黑素分泌减少"，所以选 A。

84. 第六段提到，"而在下雨天，野兽一般不会出现"，所以选 D。

85. 第一段提到，"它的分泌物能提炼出天然的白蜡"，而不是"身体"，所以选 A。

86. 第二段提到，"它们将面临夭折的厄运"，夭折即指死亡，所以选 D。

87. 第二段最后一句话提到，"那些剩下的白蜡虫幼虫就能顺着这个洞爬出外壳，获得生存的机会"，所以选 D。

88. 根据文章最后一段的内容，可知主要讲了白蜡虫的生存之道，所以选 C。

89. 第二段第二句话提到，"是因为它能战胜比自己身体大数倍的鱼"，所以选 B。

90. 第二段倒数第二句话提到，"然后从大鱼肚子里面旋出来"，所以选 D。

91. 第三段第一句话提到，"旋子鱼味美，属当地渔民最喜欢捕捉的鱼类"，所以选 D。

92. 最后一段提到，"即使你是一个强者，但也绝不是一个无敌者，别太高估自己的实力"，所以选 C。

93. 第一段的第三行提到，"我们对一个事件的记忆仅限于高峰和结尾"，所以选 A。

94. 第三段的最后一句话提到，"与第一次的聚会相比，第二次的聚会留给我的印象会更为美好"，所以选 B。

95. 第四段提到，"开始的 1 个小时虽然剧情平平常常，如果最后半个小时能使我们感动……"，所以选 C。

96. 文章开篇点题，用祖母的话"人们应该在最美好的时候离开"来说明文章的写作意图，即"峰终定律"，所以选 B。

97. 第二段最后一句话提到，"头发中的空隙全为空气所充满，头发也就变白了"，所以选 D。

98. 根据文章内容，"基因变异造成头发灰白"并没有提到，所以选 D。

99. 第三段第三行提到，"其遗传基因使子女的头发十有八九也会早白"，所以选 A。

100. 最后一段提到，"造成内分泌严重失调，在很短时间内出现白发"，所以选 B。

HSK（六级）模拟试卷 *7*

答 案

一、听力

第一部分

1. B   2. A   3. C   4. D   5. B   6. A   7. B   8. C   9. D   10. B
11. A   12. C   13. D   14. A   15. C

第二部分

16. A   17. B   18. C   19. D   20. A   21. C   22. A   23. D   24. C   25. B
26. B   27. A   28. C   29. B   30. C

第三部分

31. B   32. C   33. B   34. C   35. B   36. A   37. B   38. B   39. C   40. B
41. D   42. B   43. C   44. B   45. B   46. C   47. C   48. D   49. C   50. B

二、阅读

第一部分

51. C   52. B   53. A   54. B   55. D   56. C   57. D   58. C   59. A   60. B

第二部分

61. B   62. B   63. D   64. C   65. A   66. D   67. B   68. C   69. A   70. C

71. E   72. C   73. A   74. B   75. D   76. D   77. A   78. E   79. B   80. C

第四部分

81. B   82. D   83. C   84. D   85. B   86. B   87. D   88. A   89. A   90. C

91. C   92. D   93. C   94. D   95. A   96. A   97. C   98. D   99. D   100. A

三、书写

101. 缩写参考

亲爱的于木匠

亲爱的于木匠：

　　夜深了，给你打过电话之后我又有点睡不着。妈妈说你这个月工资发了八千多，我却怎么也高兴不起来，因为我知道这每一分钱都是怎么挣来的。冬天路滑，你上班的那条路总是出事儿，我几乎每天都担心你。可能是 2009 年那次车祸给我留下太大的阴影了吧。那年的一个晚上，天黑了你还没回来，我接到了"你爸出事了"的电话，我和妈、弟弟急忙赶去把受伤的你送到医院。在医院里不停地给你敷冰块，擦耳朵和眼睛上流的血。可我还是没有哭。直到你做完手术拆线之后，我终于不可抑制地流泪了。我很害怕，我怕失去你！

　　爸爸，无论是快乐的童年还是叛逆的青春期，我一直都把你当成"知己"。要五毛钱你会给我一块钱，你会吃我搅得不成样子的剩饭，给我买我爱看的课外书，冬天你会把我搂进被窝，把我冰凉的小手放在你的肚皮上。

　　可前段时间，我去杭州看男朋友，你跟我生气了。过后想来，被自己疼爱的女儿跟另一个男人好了，你心里肯定不是滋味儿。其实我心里知道，不管那个小伙儿多么温和善良，这个世界上最爱我的男人依然是你，这一点比任何真理都要坚固。

　　爸爸，我很爱你！

答案说明

1. 父亲说"我还没有看呢"，意思是父亲还没有看今天的报纸，所以选 B。

2. "每一根……全部划得着"说明他把每根火柴都划着试过了，选 A。

3. 捂着自己的耳朵去偷铃铛，就是成语"掩耳盗铃"，选 C。

4. 丈夫说"现在我懒得追了"，意思是当年追求过妻子，选 D。

5. 录音中说天旱的时候有一种草能飞，所以选 B。

6. 小偷一无所获，最后对主人说"你家根本就不用关门"，意思是没什么可偷的，说明这个人家里很穷，所以选 A。

7. 从小莉 8 岁、弟弟 4 岁可以推算小莉比弟弟大 4 岁，B 对。

8. 小强的弟弟很小，所以很爱哭，C 对。

9. 儿子听了爸爸的话，认为爷爷更操心，已是满头白发，所以很聪明，选 D。

10. 小女孩认为孕妇是怕麻烦才把孩子放进肚子里的，所以选 B。

11. 无论零件多了还是少了，都说明电视机坏了，所以选 A。

12. 两个人比赛，小明得了第二名，说明小军赢了比赛，所以选 C。

13. 录音中说应当定量吃盐，最好不要超过 6 克盐，所以选 D。

14. 每个盲人只摸到大象的一部分，所以不知道大象是什么样，所以选 A。

15. 老师说他是"淘气的孩子"，意思是他很淘气，并不是说他的爸爸名字叫"淘气"，所以选 C。

16. 主持人说"'美的'从 1981 年诞生到现在，已经是一个全国知名的品牌"，所以 A 对。

17. 主持人问："我们很想知道，是什么带动了'美的'品牌的提升？"董小华回答："是产品的发展。"所以选 B。

18. 主持人问："'美的'的第一个广告'原来生活可以更美的'是什么时候出现的？"董小华回答："是 1998 年。"所以选 C。

19. 主持人问："'美的'的新战略是以什么为基础的？"董小华回答："我们是以一个叫作'品牌漏斗'的理论为基础的。"所以选 D。

20. 主持人说："忠诚度就是指买了一件产品还会买更多产品，对吧？"董小华回答："对。"选 A。

21. 回答记者第一个问题时，撒贝宁说："如果用一个词来概括《今日说法》的十年，那就是'成长'。"所以选 C。

22. 撒贝宁说："有这么高的收视率完全是因为观众的支持。"所以选 A。

23. 撒贝宁说："最大的'得'，就是这十年让我得到了一个庞大的观众群体。"D 是正确答案。

24. 记者问："那这十年你又失去了什么呢？"撒贝宁回答："可能是错过了真正去生活的机会。"所以选 C。

25. 记者问："那你认为法律最大的魅力在哪里？"撒贝宁回答："在于它的平衡。"选 B。

26. 回答主持人第一个问题时，莫言说："一直忙着出国。"所以 B 对。

27. 主持人问："那最近在做什么？"莫言回答："写一部新的长篇小说。"A 对。

28. 主持人问："您的新书大概什么时候出版？"莫言回答："今年年底吧。"C 对。

29. 对于《红高粱》，莫言提到"这是 1986 年发表的小说"，所以 B 对。

30. 最后，主持人问："您对由这部小说改编的同名电影《红高粱》又怎么看？"莫言回答："我觉得这个电影是新中国电影史上一座纪念碑式的作品。"所以选 C。

31. 录音中提到茶"具有提神、促进消化、利尿、清热、降火、明目等有益于身体健康的作用"，所以选 B。

32. 录音中说"日本人称茶为'原子时代的饮料'"，所以选 C。

33. 录音末尾提到"不仅在茶的故乡——中国……"，所以选 B。

34. 录音开头提到"京剧中的人物形象主要分为生、旦、净、末、丑五个角色"，所以选 C。

35. 录音中提到"老生的形象都是口戴胡子的中年人"，所以选 B。

36. 录音中提到"武旦多为武功厉害的女性"，所以选 A。

37. 录音中结尾提到"老旦多为中老年妇女，以演唱为主"，所以选 B。

38. 录音一开始提到"人民的生活水平也越来越高"，所以选 B。

39. 录音中提到"村里这几年买来了几台电脑，网络也开始走进了农村，成了农村的'新农具'"，所以选 C。

40. 录音中提到"非要我把电脑带回家，让他学习学习"，所以选 B。

41. 录音末尾提到"村里的人都称爷爷为'时尚老头儿'"，所以选 D。

42. 录音中提到"现在有很多年轻人喜欢把饮料和啤酒当成饮用水"，所以选 B。

43. 录音中提到"如果用饮料代替水，不仅不能起到给身体补充水分的作用，还会……"，所以选 C。

44. 录音末尾提到"长期喝啤酒会破坏大脑，让人反应变慢"，所以选 B。

45. 录音中提到"如果你正在家里，就待在里面，不要往外跑了"，所以选 B。

46. 录音中说"远离玻璃，特别是大的窗户或镜子……屋中的角落是好的避难处"，所以选 C。

47. 录音末尾提到"如果在装有电梯的高楼办公室内，也要待在室内……不要进电梯和楼梯"，所以选 C。

48. 录音开头提到马妈妈让马宝宝"去河对面外婆家送米"，所以选 D。

49. 录音中提到"小马听了他们的话，不知道怎么办，于是跑回家问妈妈"，所以选 C。

50. 录音末尾提到"这个故事告诉我们，要听取别人的意见，但也要自己去尝试"，所以选 B。

51. C。必要成分缺失。"处在尖锐的民族矛盾"后应补充出介词结构的必要成分"之中"。

52. B。连词误用。"并且"一般用在两个动词或动词性的词组之间，表示两个动作同时或先后进行，或用在复合句后一小句中，表示更进一层的意思，此处是将程度更高的事例作为衬托，应该使用连词"尚且"。

53. A。语义矛盾。"避免"强调设法不使某种情形发生，后面应加表消极意义的成分，因此，应将"不"去掉。

54. B。动宾搭配不当。"失业率"应与动词"降低"搭配，也可将"率"去掉。

55. D。介词缺失。"致力"后应补充出介词"于"，强调把力量用在某个方面。

56. C。结构助词缺失。主语中心语"东西"前应补出结构助词"的"。

57. D。趋向补语误用。根据后一分句"隐隐约约"可判断"小木屋"在远处，所以前一分句中谓语动词"看"后的趋向动词应用"去"，而不能用"来"。

58. C。"把"字句误用。本句要表达的意思是"欧儒成父子俩当场抓获了再次对航标下手的罪犯"，而非"罪犯抓获了欧儒成父子俩"，根据施受关系，应将句中"把"字换成"被"字。

59. A。语序不当。"不断"强调连续不间断，应放在谓语动词"有"之前。

60. B。副词误用，"才"表示条件关系，不符合句意，应改为"也"。

61. "引起"指某种事物使另一事物出现，这里"引起"与"回音"相搭配；"淹没"是动词，指水漫过了某处所，也指某声音"盖过"了另一声音；"沉醉"比喻深深地迷恋某种事物，沉浸在某种境界里，符合题意。所以选 B。

62. "仰视"常用来表达对某人或某事的敬慕、敬仰和向往之情；"相貌"指人的面部长的样子；"心甘情愿"多指自愿做出某种牺牲，符合题意。所以选 B。

63. "装饰"指对生活用品或生活环境进行艺术加工的手法；"到位"指使事物达到预定的目标；"隐患"指潜藏或不易发现的危险或祸患，这里与"埋下"搭配使用。所以选 D。

64. "风险"，指可能发生的危险；"避免"指设法不使某种情形发生，有防止的意思；"服从"，这里搭配宾语"命令"；"突破"，这里指超过、打破。所以选 C。

65. "妥协"指为了避免冲突或争执而让步，这里指舒淇不服输的精神；"深刻"常与"印象"搭配使用；"津津乐道"指很感兴趣地谈论。所以选 A。

66. "促销"，即营销者说服顾客购买产品的活动；"朴实"，即质朴，符合前句的"更加亲民"的句意；"本意"即原来的意图。所以选 D。

67. "获得"，这里搭配宾语"青睐"；"优势"，指压倒对方的有利形势；"体验"指通过实践来认识事物；"从容"，指不慌不忙、镇静、沉着。故选 B。

68. "考验"，即通过具体事件、行动或困难环境去检验人们是否坚定、忠诚等，这里与"受"搭配，构成"受……考验"；"配备"，这里指根据需要分配；"索取"，指要求得到、讨取。所以选 C。

69. "解决"，指处理问题使有结果，这里搭配宾语"吃饭问题"；"突出"，是明显、出众的意思，这里修饰"贡献"；"尖锐"即对立激烈，这里指矛盾明显；"迫切"，即要求立即行动，修饰"需要"。所以选 A。

70. "面对"着重于方位，指正对着面前的人，可指抽象事物，如面对困难、现实等；"严明"指严肃而公正，多做"纪律"的谓语；"激发"，指刺激使发奋，常形容抽象事物，如激发热情、创造性等。所以选 C。

71. 这篇短文主要是介绍清蒸鱼的做法。第一段第一句话旨在突出这道菜的特点，根据上句"肉质软嫩"可知强调的是其口感，因此后面接强调味道的"鲜香味美"是最合适的选择。所以选 E。

72. 根据段前提示，本段内容是"去腥"，因此选择 C 项"其去腥效果要比凉水好"，而且句中"凉水"也可以和上句中的"温水"相照应，所以选 C。

73. 本段主要内容与"入味"相关，所以选 A。

74. 选项 B 中的"如果"引导的分句一般常用作前一分句，从句子结构角度分析，只有 74 题缺少前一分句，将选项 B 代入题中，上下文内容也符合，故选 B。

75. 此题容易与 71 题相混淆，但上文提到了"摆在鱼盘中"，所以衔接的内容应强调这道菜的外观，故选 D。

76. 此题上一句说的是那个"疯疯癫癫的人"的衣着打扮，下文跟描写外貌的语句比较合适，故选 D。

77. 通读全文后可知文中 77 题、78 题两处是疯子说的话，根据上下文可确定选项 A、E 应放在说话的语句前表示说话者的心情或态度，然后根据说话的内容判断，77 题后提到了"老先生……"，而且是疯子有求于学者，可用"小心翼翼"来表达疯子对学者的敬畏之情，因此 77 题应选 A，而 78 题后疯子说到了"谢谢……"，主要是想表达感激之情，因此 78 题应选 E。

78. 同 77 题。故选 E。

79. 剩下的两个选项 B、C 应分属 79 题与 80 题，但这两个句子内容相似，都与"尊重自己"有关，这时我们可以根据前文的句式来判断，79 题的前文"尊重别人"与选项 B 的"尊重自己"相照应，故 79 题应选 B，80 题的前文"给人尊重"和选项 C 的"得到……尊重"相照应，因此 80 题应选 C。

80. 同 79 题。故选 C。

81. 文章第一段写到，大儿子受到齐王赞赏，"赏赐给他大笔的钱，还请他做了太师"，幼子"游说楚王，同样赢得了赏识，被楚王封为军官"，故选 B。

82. 第三段写到，孟家儿子来到秦国，……秦王下令阉割了他，把他驱逐出境。第四段写到，孟家另一儿子来到卫国，……卫王下令砍断他的脚，再遣返回国。故选 D。

83. 最后一段说，施家听说了孟家的不幸遭遇，忍不住感叹，"再好的方法，如果脱离了环境，也将招致灾祸"，导致意想不到的后果，所以选 C。

84. 文章第四段写到，胆小怕事的卫王说："我国弱小不堪，……你要我们出兵打仗，不等于拿鸡蛋砸石头吗？……这将给我们带来灭顶之灾！"正是"不自量力，自取灭亡"之意，因此选 D。

85. 文章第一段第二行提到"不能因此停下前进的步伐，我们必须找到新的能源来……"，所以选 B。

86. 第二段最后一句话提到"没有足够的耕地能够满足……需求"，可见选 B。

87. 第三段中提到了"草本植物、木本植物，木材废料"等，并没有提到"受过污染的土壤"，所以选 D。

88. 文章第三段的第四行提到"这些原料作物耕作成本低，量大……"，可见选 A。

89. 文章第一段的最后一句话提到"绝大多数都是细菌惹的祸"，故选 A。

90. 文章第二段的中间部分提到"细菌量也不会长到对人有害的地步"，从这句话可知 C 符合文意，所以选 C。

91. 第三段的第二行提到"最经济实惠、广泛使用的还是加热"，可见选 C。

92. 最后一个自然段分别提到了"厨房通风，经常清洁冰箱，减少食品囤积"三项，所以选 D。

93. "捣鬼"指存心跟人找麻烦，扰乱别人，"作怪"最贴切，所以选 C。

94. 第三段的开头部分提到"由于地心引力的关系……"，所以选 D。

95. 第四段的第二行提到"贴近海面的空气密度大……"，所以 A 的表述错误，选 A。

96. 整篇文章围绕几个生活中的现象展开，主要是为了说明"光的折射原理"，所以选 A。

97. "捏造"即凭空编造，与"伪造"的意思最相近，故选 C。

98. 并非是哲人预料，而是因为这个人自己没有分辨信息，所以选 D。

99. 第三段的开头部分提到"多地民众均选择坚决抵制，被谣言所惑是重要原因之一"，故选 D。

100. 本文说明在谣言面前，我们应该像智者那样，以淡定的心态理智应对，阻止谣言的传播，因此选 A 最合适。

HSK（六级）模拟试卷 **8**

答 案

一、听 力

第一部分

1. B   2. D   3. D   4. C   5. B   6. C   7. A   8. D   9. A   10. C
11. C   12. B   13. B   14. D   15. A

第二部分

16. B   17. C   18. B   19. A   20. D   21. B   22. C   23. A   24. D   25. B
26. B   27. C   28. B   29. A   30. C

第三部分

31. C   32. A   33. C   34. C   35. D   36. B   37. C   38. B   39. C   40. D
41. B   42. B   43. C   44. B   45. A   46. A   47. C   48. B   49. A   50. B

二、阅 读

第一部分

51. D   52. B   53. C   54. C   55. B   56. A   57. A   58. D   59. A   60. D

第二部分

61. D   62. A   63. D   64. A   65. B   66. C   67. A   68. C   69. B   70. D

第三部分

71. A   72. D   73. C   74. E   75. B   76. E   77. B   78. A   79. D   80. C

第四部分

81. D   82. A   83. D   84. C   85. B   86. B   87. D   88. B   89. D   90. C
91. A   92. C   93. D   94. C   95. A   96. D   97. A   98. D   99. C   100. C

三、书写

101. 缩写参考

一碗面感动一座城

2016 年 1 月，"李记卤肉刀削面馆"的店主李刚在网上发了一则求助帖，说他最近被查出患了骨肉瘤，现在要用钱，他恳请居住在西郊附近的朋友，如果想外出吃饭的话，能选择去他家餐馆吃面。餐馆的位置在郑密路沁河路口西 50 米。李刚今年 42 岁，有个 3 岁多的女儿。这家店是他和朋友合伙开的。2015 年 7 月 31 日，面馆开业，两个月后，李刚被查出患了骨肉瘤，住进了医院。妻子井小敏带着不满三岁的女儿，白天在店里忙，晚上照顾女儿，很是辛苦。实在看不过妻子日夜操劳，李刚便发了求助帖。求助帖发出以后，来李刚店里吃面的人骤然增多。店内的 8 张桌子和门外的 9 张临时桌子都挤满了顾客，后来的顾客只得在门外排队。有的人，端着自家的锅来买面，没地方坐就打包带走。很多人从很远的地方过来，各种团体组织也来了。有人只吃了一碗面，却悄悄在碗底压了 500 元钱，连名字都不留。一些年轻人主动帮着打扫卫生，端盘子。从 23 日至 27 日晚上 7 点，面馆卖出了近 1000 碗面，几天的营业额加上收到的捐款一共有 51070 元。这些聚来的爱心给了小敏很大的力量，也让她感受到了一座城市的温暖。

答案说明

1. 录音中提到影响"既有正面的，也有负面的"，所以选 B。
2. 录音中提到缺乏维生素 A 会导致视力下降、牙齿停止生长、食欲下降等问题，所以选 D。
3. 录音中第一句提到"西红柿炒鸡蛋是许多家庭餐桌上的一道家常菜"，所以选 D。
4. 录音中间部分说"正宗的意大利咖啡是不加牛奶的"，因此选 C。
5. 录音最后提到小学毕业的时候"他的身高就已经超过了父母"，所以选 B。
6. 由"压力是造成记忆受损的重要因素"可知压力对记忆力不好，因此选 C。
7. 由录音中的关键词"数学神童"可知这个少年非常聪明，所以选 A。
8. 录音中提到"小时候被父母打过的孩子……更可能成功"，所以选 D。
9. 录音第一句出现了关键词"风靡英国"，表明茶杯猪很有人气，很受欢迎，所以选 A。
10. 录音中分别提到"在海底进行伪装""让伪装行为如虎添翼"，都显示了比目鱼善于伪装，因此选 C。
11. 录音中提到"其准备工作花了 360 个小时"，360 个小时也就是 15 天，所以选 C。
12. 由儿子的回答"厨房太黑了，什么也看不见"可以得知厨房没有开灯，所以选 B。
13. 丈夫说"不知道你把它藏在什么地方了"，所以选 B。
14. 朋友建议先画画儿再粉刷，画儿就会被覆盖住看不见了，言外之意就是朋友觉得画家的画儿并不好看，所以选 D。
15. 录音中提到编写该病毒的是"一对巴基斯坦兄弟"，所以选 A。
16. 记者介绍蔡老师时说他是国内资深室内设计师，所以选 B。
17. 蔡老师回答第一个问题时指出："设计是为大众服务的，要注意四个原则：首先要体现出实用性原则，然后是美观性原则，还有科学性原则和经济性原则。"所以选 C。

18. 回答记者的第二个问题时，蔡老师没有提到资金问题，所以选 B。

19. 在采访的后半部分，蔡老师列举了有生命力的原创需要的因素，包括民族建筑设计的符号、现代人生活的需求、现代新技术的应用、新理念的组合方式，没有提到设计师的灵感，所以选 A。

20. 最后一段蔡老师指出设计师在民族特色方面还需要加强，所以选 D。

21. 第二段中提到 "113 个环保重点城市空气优良天数增加了 1.5 个百分点"，所以选 B。

22. 周部长回答主持人第二个问题时说 "新的一年，我们工作的重点集中在空气质量的改善、饮用水安全以及重金属污染防治等方面"，所以选 C。

23. 周部长提出，在新的一年，在水资源方面，应加强农村饮用水的保护，所以选 A。

24. 最后一段周部长说要继续控制火电、钢铁、造纸等行业大气污染排放量，没有提到建筑，所以选 D。

25. 最后一段提到了污水排放的问题，说要重点建设污水处理设施，所以选 B。

26. 回答主持人第一个问题时，陈潇说明了开店时间是 2008 年 12 月 15 号，所以选 B。

27. 回答主持人第三个问题时，陈潇说她的第一个任务就是做个胜利的表情，然后拍照发到网上，所以选 C。

28. 在回答主持人第四个问题时，她说明了价格，一个小时 20 块钱，所以选 B。

29. 她列举了网友给她的任务，没包括买衣服，所以选 A。

30. 陈潇解释了为什么开始收费，她说 "收费帮大家办事，能坚持得更长久一点儿。如果不收费，这件事情早就结束了"，所以选 C。

31. 录音一开始提到 "开车的时候唱一些熟悉的歌，驾驶人员更容易集中注意力"，所以选 C。

32. 录音中提到 "相比之下，开车时不出声音更容易增加危险"，所以选 A。

33. 录音中说 "因为吵闹和强的节奏会分散注意力"，所以选 C。

34. 录音中说 "如果音乐过于缓慢，驾驶人员容易困，也是很危险的"，所以选 C。

35. 录音中说 "所谓网络语言就是指网络聊天室中流行的语言"，所以选 D。

36. 录音中说 "MM 是指美女，就是长得漂亮的女孩子"，所以选 B。

37. 录音中说 "把长得不好看的男生称为'青蛙'"，所以选 C。

38. 录音末尾提到 "现在网络上又有了……人们很难理解的语言，被称为'火星文'"，所以选 B。

39. 录音中提到 "刚刚装修过的房间里含有很多有毒的气体"，所以选 C。

40. 录音中提到 "会让人呼吸困难、头晕，严重的还会导致失明、死亡"，所以选 D。

41. 录音中提到 "这些有毒的气体主要来源于室内的装饰材料，如地板、油漆、涂料及家具"，所以选 B。

42. 录音末尾提到 "我们既要保持室内的通风，也要使用一些吸收毒气的物质"，所以选 B。

43. 录音开始时说 "丽江古城位于中国西南部云南省的丽江市"，所以选 C。

44. 录音提到丽江 "被称为保存最为完好的四大古城之一"，所以选 B。

45. 录音中说 "它是中国历史文化名城中唯一没有城墙的古城"，所以选 A。

46. 录音最后说丽江古城 "对研究中国建筑史、文化史具有重要的作用"，所以选 A。

47. 录音开始时说 "2010 年 1 月 12 号，海地发生了 7.3 级地震"，所以选 C。

48. 录音中提到"海地首都太子港"，所以选 B。

49. 录音中说强烈的余震为营救带来极大的困难，所以选 A。

50. 录音末尾提到"太子港街头出现极度混乱的局面"，所以选 B。

51. D。动词重叠误用。应改为"我猜他也就 20 来岁"。

52. B。介词缺失。后一分句应改为"无奈向该公司辞职了"。

53. C。逻辑不通。后一分句应改为"我专门从事日本与亚洲其他国家之间的贸易工作"。

54. C。兼语句误用。"幽默风趣的话语"与"愉快"不能构成主谓关系，此处应使用兼语句，需要在"愉快"前补出兼语动词"令"及兼语"人"，原句则改为"幽默风趣的话语不仅令人愉快"。

55. B。滥用动态助词。第一小句中强调了"盼望着"，说明"看照片"为未发生的动作，不能搭配动态助词"了"，应将句中"看了一看"中的"了"去掉。

56. A。语序不当。应改为"去爸爸单位看广告设计师是怎么（样）工作的"。

57. A。状中搭配不当。"猛烈"应改为"拼命"。

58. D。结构助词缺失。应在"预计"后加"的"。

59. A。副词误用。"亲身"应改为"亲自"。

60. D。宾语中心语缺失。应改为"他一边卖花一边收集关于陶器的资料"。

61. "侃侃而谈"，形容理直气壮地谈论或演讲，具有褒义；"分享"与"经验"搭配。故选 D。

62. "技术高明"与"积极肯干"是递进关系，所以前句用"不仅"；"只要……就……"是条件关系；"即使……也……"为假设句；"推辞"多指对任命、邀请、馈赠等表示拒绝。所以选 A。

63. "积淀"比喻凝聚，积累；"始终"表示从头到尾持续不变；"支配"指对人或事物起引导和控制的作用，经常和"行动"搭配；"礼仪"属于一种文明，所以说是"人类文明进步"。选 D。

64. "名扬四海"，指名声传扬到天下，形容名声很大；"震撼"指心理受到强烈冲击；"纷纷"指众多、接二连三地，用在这里符合文意。所以选 A。

65. "巨大"多用来形容规模、数量，也可形容"作用"；"快捷"强调速度快，行动敏捷；"促进"指推动某物或某事，使向前发展；"伟大"这里指超乎寻常，用来修饰"发明"。选 B。

66. "丰富"指物质财富、学识经验种类多、数量大；"况且"表示更进一层，多用来补充说明理由；"留心"即注意；"联系"指彼此接上关系，常说"与……相联系"。所以选 C。

67. 常说"生命在于运动"，"在于"表示"由……决定"的意思；"表明"即表示清楚；"保持"指维持某种状态，使不消失或减弱；"保持"常与"平衡"搭配；"保证"本句中指作为担保的事物。所以选 A。

68. "顺从"，指不违抗；"发达"，指事物已有充分发展；"保障"，指起保护防卫作用的事物；"汲取"带宾语"营养"。选 C。

69. "面临"指面前遇到问题和形势等；"无论……还是……"表示选择，用来补充说明前面一个句子的范围；"难免"指难以避免，免不了。所以选 B。

70. "反映"比喻把客观事物的实质表现出来；"承受"指经受重量或压力；"把握"这里指思想上掌握；"证明"指用可靠的材料来表明。选 D。

71. 第一段提出要相信自己。第二段用"然而"表示转折，A 句照应第二段后面两个句子，所以选 A。

72. D 句中"不如"与前文"与其"构成选择关系复句，而且句中"爱护自己"照应后文"'新我'的成长"，所以选 D。

73. C "相信自己"照应后句，后句说的是什么是相信自己，所以选 C。

74. E 照应前文"信心"一词，说明作者对这个词的理解，所以选 E。

75. B 句作用在于总结全文，所以选 B。

76. E "不见丝毫效果"照应下句的"无奈之下"，所以选 E。

77. 第二段的主要内容就是描述男孩见到心理咨询师的样子，B "刀枪不入"是表现他最初满不在乎的样子。填 B。

78. 男孩告诉老师，他以后不能再来了，下文说的是他回去要做的事情，接下来说的是后来的结果，按照事情发展的先后顺序，他"回学校去抓紧复习"，后来"考上了一所理想的重点大学"，因此大家都"倍感惊奇"。填 A。

79. 同上。填 D。

80. C 照应上文"多用一下耳朵，少用一下嘴巴"，所以选 C。

81. 第一段的第二行提到"母亲这时就悄悄地躲出去，在'我'看不见的地方偷偷地听着'我'的动静"，所以选 D。

82. 从第二段"母亲常常肝疼得整宿整宿翻来覆去睡不了觉"，可知母亲得了很重的肝病，所以选 A。

83. 第三段中，母亲在"我"同意去看北海的菊花时，虽然高兴，但是"手舞足蹈"并不是她的表现，所以选 D。

84. 根据最后一段"我懂得母亲没有说完的话。妹妹也懂。我俩在一块儿，要好好儿活……"，可知选 C。

85. 文中第二段明确提到 47 小时零 15 分钟，所以选 B。

86. 文章第二段末尾提到"但是，自己酒后就会忍不住想说一些别人不知道的秘密"，所以选 B。

87. 文章第四段提到"将朋友的秘密泄露给不认识他们的人可以接受"，所以选 D。

88. 文中最后一段提到"大约 27% 的受访者说……她们大多在第二天就会忘记头一天听说了什么"，所以选 B。

89. 文中并未提到和 D 选项相关的内容。

90. 文中第二段提到了中西医的不同治疗方法，选 C。

91. 文章第一句话"中国传统医学界由汉、藏、蒙等多个民族的传统医药学共同组成"，所以选 A。

92. 见文中第二段，选 C。

93. 文章第一段第二句和最后一段第一句都解释了什么是太空行走，把二者结合起来即为正确选项，选 D。

94. 文中并没有提到外太空的光线问题，所以选 C。

95. 第二段最后一句话提到"为了防止减压病，必须在出舱前吸纯氧"，所以选 A。

96. 第三段阐述了在月球上的行走问题，最后一句说明了怎样更舒适，选 D。

97. 第二段的最后一句话是"现在，只有美洲虎和东北虎还常出现在森林中"，因此选 A。

98. 第三段的最后一句提到"东北虎走起路来像猫一样，无声无息，敏捷而富有弹性"，因此选 D。

99. 第四段的第二句说："虎的一扑很厉害，能远扑七米之外，跃高两米，一掌可以击倒一只鹿。"因此选 C。

100. 第五段的第一句说："除母虎带仔外，绝大多数的虎都是单独栖居，并有明显的巢域。"因此选 C。

HSK（六级）模拟试卷 *9*

答案

一、听力

第一部分

1. A	2. B	3. D	4. C	5. A	6. B	7. B	8. C	9. D	10. D
11. A	12. C	13. D	14. A	15. C					

第二部分

16. C	17. B	18. D	19. B	20. A	21. B	22. A	23. D	24. C	25. B
26. B	27. C	28. B	29. A	30. C					

第三部分

31. C	32. B	33. D	34. B	35. C	36. B	37. D	38. A	39. D	40. A
41. A	42. C	43. A	44. B	45. C	46. D	47. B	48. C	49. A	50. D

二、阅读

第一部分

51. C	52. D	53. D	54. A	55. B	56. B	57. A	58. D	59. C	60. B

第二部分

61. C	62. D	63. B	64. C	65. A	66. A	67. C	68. D	69. A	70. B

第三部分

71. C	72. B	73. D	74. A	75. E	76. C	77. D	78. A	79. E	80. B

81. D　　82. B　　83. C　　84. B　　85. B　　86. C　　87. D　　88. A　　89. C　　90. D
91. C　　92. A　　93. C　　94. D　　95. B　　96. B　　97. B　　98. A　　99. C　　100. D

三、书写

101. 缩写参考

抓住细节

在生活中，有很多人埋怨自己缺少机会。但是如果你能留意周围的细节，就能找到成功的机会。

一个穷人到城市以后只能靠捡工厂的脚布做成拖把卖钱。后来他想到可以直接去工厂收购，这样他越赚越多，最后开了家公司，生意非常好。这个故事告诉我们，可以从小事中找到机会。

一家公司因为经济危机受到了打击，存放了很多卖不出去的大型机器。公司的领导们都没有解决办法。一天，总经理听见机器工作的声音，因为好奇，观看了机器工作的过程，看完以后很感兴趣。他在学习使用方法的过程中找到了乐趣。他觉得找一块空地教年轻人使用这些机器可以让他们放松心情。结果如他所愿，最后这块空地变成了游乐园，这家公司也发展成了著名的大公司。

这两个故事中的人物都能抓住身边的细节，最后获得了成功。在现实生活中，有很多成功的人士与他们有相似的经历。我们的生活中并不缺少机遇，而是缺少发现机遇的眼睛，只要我们平时多注意周围的事情，就能发现机会，把握机会，打开成功的大门。

答案说明

1. 录音中说"老师怀孕了"，但是小男孩误以为老师是甜食和巧克力吃多了，选 A。
2. "你从来没有年轻过"，意思是说妻子一直话很多，所以选 B。
3. "三天打鱼，两天晒网"的意思是没有恒心，不能长期坚持，所以选 D。
4. 医生让小张在别人请客的时候摇头，意思是少出去吃饭，所以选 C。
5. 录音中说当人感冒发烧的时候，就会出很多汗，所以选 A。
6. "十次有九次看到你"说明儿子常常去游戏厅，爸爸也常去那里，所以选 B。
7. 新邻居的孩子不小心吞下一块钱，很危险，所以他的父母特别焦急，选 B。
8. 夫妻看完电影以后，家里来了小偷，小偷还留了条"猜猜我是谁"，所以票是小偷给的，好让他们去看电影时家中无人，可以偷窃。选 C。
9. 录音中提到"一辆迎面驶来的汽车把他撞倒了"，录音中没有提到酒瓶碎了或人受伤了，因此选 D。
10. 录音中女孩说"那些小东西很喜欢吃甜食，可是腰却还是那么细！"，表现了女孩嫉妒蚂蚁吃甜食却很苗条的心情，所以选 D。

11. 录音中最后一句说这是"设计师们退而求其次的无奈之举","无奈"一词说明了设计师没有其他办法,所以选 A。

12. 录音中第一句提到朋友"约我这个汽车发烧友陪他去选购","汽车发烧友"专指非常喜欢汽车的人,所以选 C。

13. 小王说"我就当没有听见",目的不是表达他会为朋友保守秘密,而是暗指"我没听见你要向我借钱",也就是不想借钱的意思。所以选 D。

14. 由录音中最后一句"避免同类取笑自己"可知,猫抓不住猎物时害怕被其他猫笑话,因此选 A。

15. 录音中提到夏天"运动量变大",说明夏天运动量更大,所以选 C。

16. 回答主持人第一个问题时朱教授说"比如说黄山,春节期间拍雪景是最佳的时期",可见他是以黄山为例的,选 C。

17. 回答主持人的第二个问题时,朱教授以东北为例,谈到了气温对相机电池的影响,一般要先测试一下电池,所以选 B。

18. 回答主持人第三个问题时,朱教授说南方"冬天去,温度比较合适",所以选 D。

19. 在回答主持人第四个问题——关于现在摄影创作的趋势时,朱教授说"当今是一个图像的时代",所以选 B。

20. 回答主持人最后一个问题时,朱教授的第一句话是"我觉得应该尊重现实",所以选 A。

21. 主持人第一句话说"安妮宝贝当年因为网络小说而成名",所以选 B。

22. 回答主持人第二个问题时,安妮宝贝说了来找她的女孩是什么样子的——"穿着白色的大衣,看上去非常年轻,手里捧着一束白色百合花",所以选 A。

23. 回答主持人第三个问题时,安妮宝贝说"辞去第一份工作,那时候已在中国银行工作了两三年",所以选 D。

24. 回答主持人第四个问题时,安妮宝贝没提到"逛街",所以选 C。

25. 安妮宝贝回答主持人最后一个问题时说"我 2005 年就已经离开网络",主持人在采访开始说"今年"是 2009 年,所以选 B。

26. 回答主持人的第一个问题时,丁教授说到"我读高中的时候,学校的旁边就有一片茶园",所以丁教授是在学校旁边的茶园对茶产生兴趣的,选 B。

27. 回答主持人第二个问题时,丁教授介绍了茶学的内容,包括茶的自然科学、社会科学、人文科学,没有提到"茶的文化科学",所以选 C。

28. 回答主持人第三个问题时,丁教授说是因为兴趣,所以选 B。

29. 回答主持人的第四个问题时,丁教授的第一句话就是答案——"1977 年,是台湾茶人首先提出来的",所以选 A。

30. 丁教授最后说"最早,茶是被当作蔬菜来用的",所以选 C。

31. 录音开头提到"有头瞎了一只眼睛的鹿",可见鹿的一只眼睛是瞎的,所以选 C。

32. 录音中提到"用瞎了的那只眼对着大海",所以选 B。

33. 录音中说"有人乘船从海上经过,看见了这头鹿,一箭就把它射倒了",所以选 D。

34. 录音最后提到"事实常常与我们想的东西相反",所以选 B。

35. 录音开头提到"有一只乌鸦口渴了",所以选 C。

36. 录音中提到"后来在一个瓶子里发现了一点点水",所以选 B。

37. 录音中提到"后来乌鸦就用自己的嘴巴叼着石子投到水瓶里"，所以选 D。

38. 录音末尾提到"这个故事告诉我们，遇到问题要运用自己的大脑来想办法"，所以选 A。

39. 录音一开始就提到"秦始皇的兵马俑在陕西省西安市"，所以选 D。

40. 录音中提到"当年的兵马俑颜色都是鲜艳的"，所以选 A。

41. 录音中提到"出土后由于空气干燥，颜色就慢慢地脱落了"，所以选 A。

42. 录音末尾提到兵马俑的"每个人的脸型、发型、体态都不相同"，所以选 C。

43. 录音开头说《诗经》是中国第一部诗歌总集"，所以选 A。

44. 录音中提到"因此又称《诗三百》"，所以选 B。

45. 录音中提到"'风'有十五国风，是出自各地的民歌，这一部分文学成就最高"，所以选 C。

46. 录音中说"'颂'是用于宗庙祭祀的乐歌"，所以选 D。

47. 录音开头说"'白色污染'是人们对塑料垃圾污染环境现象的称谓"，所以选 B。

48. 录音中提到白色污染"会对人的肝脏、肾脏及中枢神经系统等造成损害"，所以选 C。

49. 录音中说白色污染会"抑制农作物的生长发育，造成农作物的减产"，所以选 A。

50. 录音末尾提到"如果牲畜吃了塑料膜，还会引起消化道疾病，甚至死亡"，所以选 D。

51. C。介词缺失。"刻铸"后应补出介词"在"，改成"刻铸在各种青铜器上"。

52. D。定语误用。"做中国朋友"应改为"做中国人的朋友"。

53. D。成分冗余。句中方位名词"里"多余，应去掉。

54. A。语义重复。句中"不超过"与"以下"表达的语义相同，可去掉"不超过"或"以下"。

55. B。副词误用。"不免了"改为"不免"或"免不了"。

56. B。兼语句误用。句中兼语动词"允许"后缺少兼语"我"，应改为"请允许我做一下自我介绍"。

57. A。语序不当。"则"一般用于主语后，不能用于主语前，应将原句改为"气体则很不明显"。

58. D。被字句误用。应去掉"被"。

59. C。动宾搭配不当。应将"遵守"改为"遵循"。

60. B。连词误用。句中"咖啡""棉花""热带产品"应为并列关系，而不是所属关系，故应将"及其"改为"及"。

61. "泥琢火烧"的瓷器可以看作是一种"艺术"；"智慧"与"结晶"常搭配使用；"宝贵"是价值大、珍贵的意思。选 C。

62. 动词"留"带宾语"情面"，即留面子，留情面；动词"失"带宾语"风范"，即风度；"豁达"指心胸开阔，性格开朗；"敬重"，指恭敬尊重，多表示下级对上级的态度。选 D。

63. "节制"，指限制、控制；"缓和"指局势、气氛等变和缓，这里带宾语"冲突"；"保护"指照顾使不受损害，常带"动物、环境、文物"等词语。选 B。

64. "公认"指公众承认；"经久不衰"这里指经典的著作流传很长时间；"普遍"指存在的面很广，这里修饰"接受"；"算得上"指认作、当作。选 C。

65. "随着……的普及"常搭配使用；"单纯"这里是单一、只顾的意思；"层出不穷"指连续不断地出现，比喻事物变化之快；"绞尽脑汁"形容费尽心思，想尽一切办法。选 A。

66. "运用"，即使用、利用；"细致"指精细周密；"激发"，动词，搭配"动机"做宾语；"枯萎"，本意是因干枯而萎缩，这里使用引申义，指学生的思维没有活力、创造性。选A。

67. "落成"指建筑工程完工；"建筑面积"属于地产名词，可看作固定搭配；"达"即达到；"居"多用于书面语，指处在某个位置、名次。选C。

68. "据……报道"经常搭配使用；"接待"这里搭配宾语"游客"；"秩序"这里受"良好"修饰；"采访"是媒体的行为，照应"传媒"。选D。

69. "列为"这里指"中秋节"被排列到节假日当中；这里"保护"的对象为"遗产"；"批准"指上级对下级的意见表示同意；"批"是表示多数的量词，这里指被列入非物质文化遗产的并非只有"中秋节"一个，它属于其中之一。选A。

70. "导致"指引起，一般指不好的结果，是"压力"导致皇帝"早逝"；"卓著"常与"功勋"搭配使用，即"功勋卓著"；"据……记载"常搭配使用；"充满"常带"活力""信心"等词做宾语。选B。

71. 从后文国王看到仆人快乐时感到很奇怪，可以看出国王不快乐，所以填C。

72. 从下一段中仆人说的"我很知足，所以很快乐"一句中可以得出结论B。

73. 从上下文对话中可以看出，D是丞相在回答国王时说的话，所以句中出现了"您"。

74. A照应下文"跟以前不一样了，他不再快乐地唱歌了"，所以选A。

75. E句作为上文故事的总结，解释出"99族"一词的含义，所以选E。

76. 此题上文强调的是"集体感"，只有选项C符合这一文意，故选C。

77. 本文第一段说明了群雁的飞行能力要比一只野雁的飞行能力强很多，所以可以推断"当一只野雁脱队时"，它的飞行速度和能力都要下降，故选D。

78. 前文所说的内容是"领队的野雁疲倦了"的情况，根据上下文推测，它应该临时将领队的任务交给其他野雁，以使自己得到喘息的机会，因此选A。

79. 选项E的"保护"一词与本题前文中的"一只野雁生病了"相呼应，故选E。

80. 整个最后一段的主要内容是说明"个人"与"集体"的关系，与选项B的内容相照应，所以选B。

81. 文中第一句话说明了可再生资源是取之不尽的资源，也就是用不完的资源。四个选项中只有石油资源不是可再生资源，所以选D。

82. 文章第二段列举了三个有利条件，不包括B，所以选B。

83. 文中第三段第一句话说"北京在全国太阳能热水器市场份额中只占5%"，"这是让北京的太阳能热水器行业不满意的地方"，所以选C。

84. 文中最后一段提到了原因，包括B，没提到其他三个选项，所以选B。

85. 文章第一段说"特等西红柿'长相'必须绝对优秀，颜色成熟，'脸上'没有明显瑕疵，大小一致"，不包括B，所以选B。

86. 文章第一段最后一句说，"一等西红柿，在'长相'方面可以有点儿缺陷，比如颜色差一点儿，表面有轻微擦痕等"，"自然成熟"是西红柿质量的基本原则，所以选C。

87. 文章第二段有这样一句话，"还要新鲜，即无多余水分，无残留农药，无异味"，所以选D。

88. 文章最后一段说"想靠吃西红柿补充维生素C，那就尽量生吃"，所以选A。

89. 文章第一段有这样一句话，"狗用嗅觉，靠闻气味来判断自己的伙伴"，所以选C。

90. 文章第二段中说"雄虫在低空飞舞，每隔 5.8 秒发光一次，雌虫在雄虫发光两秒之后发光"，所以雌虫的发光间隔时间是 5.8 秒加上 2 秒，所以选 D。

91. 文章第四段第二句"北美北部和西部的鸟，叫声就有差异，北部的鸟的叫声更大一些"，西部的鸟声音较小，所以选 C。

92. 文章三、四段介绍了鸟的交流方式，不包括 A，所以选 A。

93. 第一段的首句话指出："打车软件拥有开放的定位系统，……在一定程度上使乘客打车和出租车运营都变得更为便捷和高效。"所以选 C。

94. 第二段主要列举了打车软件带来的问题，主要是三个方面，不包括 D 项，所以选 D。

95. 第四段写到"据媒体报道，纽约交通管理部门为了避免司机挑客，规定手机打车软件不能显示客人的目的地"，所以选 B。

96. 第五段主要说明了"一禁了之"的不妥，"看似满足了一部分人的要求，其实是剥夺了更多人的福利"，可见作者对禁止使用打车软件持反对意见，所以选 B。

97. 第二段第一句说"龙的形象起源于中国原始社会的新石器时代"，因此选 B。

98. 第二段第二句说"内蒙古、河南、山西、辽宁、陕西、甘肃等地原始社会晚期遗址中都曾出土过一些与龙有关的文物"，提到了 A 项"内蒙古"，其他三项在文中没有提及，因此选 A。

99. 第三段第一句说："通过龙的形象的变化，可以看出龙的起源与农业生产有关。"因此选 C。

100. 第三段的最后说道："进入真龙时期，人们干脆给龙在水中'安了家'。"因此选 D。

HSK（六级）模拟试卷 10

一、听力

第一部分

1. D   2. D   3. A   4. C   5. B   6. D   7. C   8. B   9. A   10. C

11. A   12. B   13. C   14. D   15. B

第二部分

16. C   17. B   18. A   19. D   20. A   21. B   22. C   23. A   24. C   25. D

26. B   27. D   28. C   29. B   30. D

第三部分

31. C   32. B   33. D   34. C   35. C   36. B   37. D   38. A   39. D   40. A

| 41. B | 42. C | 43. A | 44. B | 45. C | 46. B | 47. B | 48. B | 49. C | 50. B |

二、阅读

第一部分

| 51. D | 52. B | 53. D | 54. C | 55. B | 56. B | 57. C | 58. D | 59. C | 60. A |

第二部分

| 61. B | 62. A | 63. D | 64. A | 65. D | 66. A | 67. C | 68. C | 69. A | 70. B |

第三部分

| 71. E | 72. D | 73. B | 74. A | 75. C | 76. D | 77. C | 78. E | 79. A | 80. B |

第四部分

| 81. C | 82. D | 83. D | 84. C | 85. D | 86. A | 87. A | 88. C | 89. C | 90. A |
| 91. C | 92. B | 93. D | 94. C | 95. B | 96. A | 97. A | 98. C | 99. B | 100. D |

三、书写

101. 缩写参考

衬托

　　几年前，我和朋友到一家小餐馆吃饭。餐馆很简陋，但里面卫生却特别好。更重要的是他们的菜分量特别足，味道也不错。后来我们又去了几次，发现那里的生意更好了，而附近的那些餐馆，人却少得可怜。五年之后，附近很多家餐馆都垮了，这家餐馆反而规模越来越大，名声越来越好，办成了一个有着三层楼房的中型酒店。餐馆饭菜的味道还是那么好，分量还是那么足。我问老板怎么能做到让菜的分量一直这么足，老板说："在这个问题上，开始我们家里的意见也不统一，说同样的钱，别人的分量少，我们的分量多，我们就要吃亏，我说，他们那样做，实际上是在衬托我们，衬托我们做生意实在，为人老实，时间长了，受益的肯定还是我们。不管干什么事，你只要路子走得正，做人做得好，就总会有人来从反面衬托你。有人从反面衬托你，那就等于是别人在拆自己的台，补你的台啊。"一番话说得我和朋友们连声叫好。衬托，是一种修辞手法，也是一种表演手法，而在这位老板这里，却成了一种做人和经商的法宝。

答案说明

1. 门是画在墙上的，所以门是假的，自然也不会有钥匙，所以 A、B 都不对。想从门走出去的病人很显然并没有康复，说有钥匙的那个病人也没有康复。D 对。

2. 最后一句话"像英国这头驴这样活过 50 岁的非常罕见"说明 D 对。

3. 录音中说研究人员用三年时间研究出了透明鱼，所以 C 不对；这种鱼可能应用于实验研究，不是一定，所以 D 不对；因为鱼是透明的，所以 B 不对。因此 A 对。

4. 第一句话说"舞草外表看起来是一种普普通通的小草"，所以 C 对。

5. 第一句话说"恐怖，是人们不愿面临的但又是人们需要的"，所以 B 对。A、C、D 都不是这段话的主要内容。

6. 录音中说最大的金字塔"由 230 万块大小不等的石块砌成"，所以选 D。

7. 录音中提到"这位数学家用 10 年的时间对 100 对夫妇进行了相关测验，结果准确率达到了 94%"，可见这位数学家的公式非常准确，所以 C 对。

8. "在森林、田间、草原、水边以及室内，我们都可以发现它们的蛛丝马迹，甚至在地下和水面也有蜘蛛在生活"，可见蜘蛛到处可见，所以 B 对。

9. 她不登广告，她认为是小狗不认识字，所以 B、C、D 都不对。录音中说她"不小心把心爱的宠物小狗弄丢了"，所以 A 对。

10. 丈夫没有去购物，B 不对；妻子说"世界上最爱你的女人刚刚洗了你的车！"，丈夫回答说"我妈来了？"，丈夫觉得世界上最爱他的人是他妈妈，事实却是妻子帮他洗了车，所以 C 对。

11. "大象固然有时记忆力不错，但也经常忘这忘那"，所以 A 对。

12. 录音中说这是"一只上了年纪的黄色大猫"，说明不是年幼的猫，所以 B 对。

13. 录音中说"英国一家祖孙三代四口人都是'选美皇后'"，所以选 C。

14. 录音中说"英国一只 15 岁的小猫赶了回时髦，成为世界上第一只戴隐形眼镜的猫"，所以 D 对。

15. 录音中说"比赛进行到一半时，这只鹦鹉突然开始模仿裁判吹哨的声音，弄得足球队员们不知该如何是好"，说明鹦鹉很淘气，所以 B 对。

16. 回答主持人第一个问题时，许伟国说"这些问题从现在来讲可能和市民没有直接的关系，但是从长远上来讲关系很大"，所以 C 对。

17. 回答主持人第二个问题时，许伟国列举了三个论坛形式：高峰论坛、主题论坛、市民论坛。所以 B 对。

18. 回答主持人第三个问题时许伟国说明了优惠票的对象有残疾人和团体，特别是学生团体，学生团体包括在"团体"中，所以选 A。

19. 在回答对大学生的具体要求的问题时，许伟国说道：是 2009 年的毕业生，要有职业精神。所以选 D。

20. 许伟国在最后一段话中说，第一批秋季上岗，第二批冬季上岗。所以选 A。

21. 回答主持人第二个问题时，马骏说了正在做英皇国际商学院和《80 后创富论坛》两个项目，所以 B 对。

22. 回答主持人第三个问题时，马骏说"刚开始我们出发点就非常明确，我们主要解决 80 后青年的创业和就业问题"，所以 80 后这个项目很有市场前景。选 C。

23. 录音中马骏说"我觉得最欠缺的是资源和人脉，还有自己的软实力"，可见不包括 A。

24. 马骏说"软实力指的是个人的行为习惯、沟通能力、社交能力、为人处世的方法"，所以 C 对。

25. 马骏最后说"最重要的是我们随着社会的发展，知道自己真正需要什么，自己想要什么"，"更重要的是我们自己决定做这件事情的时候，我们自己就去做"，所以选 D。

26. 回答记者第一个问题时，张明说："'有房才结婚'，我想这是一些年轻人的住房观、爱情观。"所以选 B。

27. 回答第二个问题时，张明说："中国的住房需求主要是住房自住需求和住房投资需求。"所以选 D。

28. 张明解释说"'裸婚'其实就是不买房、不买车、不办婚礼，甚至没有戒指，直接领证结婚"，所以选 C。

29. 录音最后提到了集体买房不能实现的原因是"你不买，我买"的消费心理，所以选 B。

30. 张明在回答记者的第二个和第三个问题时说出了两点原因，即结婚购房需求在中国的住房需求中占的比例很小，结婚购房需求大多是住房需要。所以选 D。

31. 录音中提到"农夫发现一条冻僵了的蛇"，所以选 C。

32. 录音中提到农夫"把它放在自己怀里"，所以选 B。

33. 录音中提到蛇"狠狠地咬了农夫一口"，所以选 D。

34. 录音最后说"这个故事告诉我们，要善于分辨好坏，不应该对恶人仁慈"，所以选 C。

35. 录音开始时提到"国家体育场是 2008 年北京奥运会主体育场"，所以选 C。

36. 录音中说"所以人们称它为'鸟巢'"，B 对。

37. 录音中提到"内设的两万个临时座席分布在体育场的最上端"，所以选 D。

38. 录音末尾提到鸟巢成为"2008 年奥运会的一座独特的历史性的标志性建筑"，所以选 A。

39. 录音中说"这对他们的身体和人格都会造成影响"，所以选 D。

40. 录音中说网络游戏会"淡化虚拟游戏与现实生活的差异"，所以选 A。

41. 录音中说"因为玩儿电子游戏而引发的道德失范、行为不正常甚至违法犯罪的问题正逐渐增多"，所以选 B。

42. 录音末尾提到"暴力游戏甚至被一些人称为电子海洛因"，所以选 C。

43. 录音中提到"从春秋战国起，就有 20 多个诸侯国和封建王朝修筑过长城"，所以选 A。

44. 录音中提到"从春秋战国起，就有 20 多个诸侯国和封建王朝修筑过长城"，所以选 B。

45. 录音中提到万里长城"前后持续达两千余年"，所以选 C。

46. 录音中说"长城的主干在中国北方"，所以选 B。

47. 录音中提到清华大学"坐落于北京西北郊风景秀丽的清华园"，所以选 B。

48. 录音中说"清华大学具有'大师之园'的美称"，所以选 B。

49. 录音中说"清华大学共有 13 个学院 54 个系"，所以选 C。

50. 录音末尾提到"在工科专业继续保持明显优势的同时……"，可见清华大学一贯的优势是工科专业，所以选 B。

51. D。介词冗余。应去掉介词"在"。

52. B。搭配不当。名词"脾气"不能与"乐观"搭配，应把"脾气"换成"人"，或者将原句改为"脾气好多了"。

53. D。必要成分缺失。表示学习某一方面的知识，可用"有关……的知识"结构，故需要在"残疾"前补出"有关"一词。

54. C。关联词误用。"不仅"应与"而且"搭配，不能用"况且"。

55. B。动宾搭配不当。"选举权"应与动词"享有"搭配，应将动词"享受"换成"享有"。

56. B。固定格式误用。"从小时候"应改为"从小"或"从小时候起"。

57. C。介词误用。介词"据"应改为"按照"。

58. D。副词误用。"就"应改为"才"，表示在一定条件下出现的结果。

59. C。语序不当。应改为"当过一阵会计师"。

60. A。名词误用。"经验"是名词，不能作为动词使用，根据句意，此处应使用动词"经历"。

61. "相当"在这里是动词，是差不多、相抵的意思；"抓住"应与"机遇"搭配；"进程"指事物发展变化或进行的过程；"考验"指通过具体的事件来检验。选 B。

62. "程度"指要达到的状况；"肮脏"即脏；与"产蛋率"搭配的应该是"降低"；"导致"即引起，一般指不好的结果。选 A。

63. "对……有益"是常用搭配；"鉴定"是指辨别并确定事物的好坏，常说"经……鉴定"；"符合……标准"常搭配使用；"层出不穷"指接连不断地出现，没有穷尽，这里指竹笋不停地长出来。D 对。

64. "尽管"表转折之意，与"虽然"的意思很相近；"屹立"指像山峰一样高耸而稳固地立着；"遭受"指受到不幸和损害；"坚固"即牢固、结实。选 A。

65. 造纸的技术应该是被"改进"，即改变原来的情况，有所进步；这里应选择褒义的"传说"；受到"启发"，即指有所领悟；"试验"是指为了了解性能及结果进行操作。选 D。

66. "诚心诚意"指真实的心意；"助人为乐"属于一种美德；"发扬光大"是使日益壮大的意思，这里指将美德继续传承下去；"逐步"是一步一步地。选 A。

67. "热衷"可与"于"搭配，表示十分爱好某种活动；"充沛"即充足而旺盛，常与"精力"搭配；"坚持"指坚决进行；"坚实"即坚固结实，常与"基础"搭配。选 C。

68. "精湛"指精深；"显赫"指成绩很突出的、盛大的；前一分句与后一分句是转折关系，用"然而"；"磨炼"指在艰难困苦的环境下锻炼。选 C。

69. "顿时"，指立刻，多用于叙述已过去的事情；"容纳"即能装下，后面多加数量词；"鸦雀无声"，形容非常安静；"沉重"指沉静庄重，描写队员们对遇难同胞的哀思。故选 A。

70. "意味"常与"着"一起用，表示含有某种意义；"摆设"指无实际用处的东西；"比拟"即比较；"消耗"指因使用或受损失而逐渐减少。选 B。

71. E "眼睛一眨不眨地望着外面"照应上句"临窗"一词。

72. D "可他却不能体会我的心情"照应上文"我还是很照顾他的自尊心"。

73. B "他的脸涨得通红"与上文"刺中了他的要害"相呼应。

74. A "他依然不敢看我"与上文提到的苏朋送"我"卡片时的动作神态相照应。

75. C "可从来没作过弊"照应上文的"也有尊严，不能抄别人的东西"。

76. 本文提到了"夕"兽吞食牲畜，伤害人命，因此人们都很怕它，都想躲避"夕"兽的伤害。因此此处填 D。

77. C "乡亲们一片匆忙恐慌"跟下文的"只有村东头一位老婆婆……"一句做对比。

78. E "屋内烛火通明"和上文"门上贴着大红纸"结构相似，意义紧密相连。

79. A "院内突然传来'砰砰啪啪'的炸响声"和下一句的"听到这声音"相照应。

80. 前文提到了"'夕'大惊失色"，吓跑了，所以这里选 B "狼狈地逃走了"正合逻辑。

81. 文中没有提到生态旅游需要重视经济效益，因此选 C。

82. A、B、C 三项提出的内容文中都已提到，因此 D 项正确。

83. 文中提到"它既不会破坏自然，还会使当地从保护自然资源中得到经济收益"，所以选 D。

84. 文中提到"见到野生动物不要去打扰，更不可去捕捉"，捉野兔拍照虽然最后会放掉，但还是会打扰到野生动物，所以不是生态旅游包含的行为。本题选 C。

85. 文中提到"对人而言，可以没有骄傲的学习业绩、浪漫的恋爱婚姻、辉煌的事业，却万万不能没有睡眠"，因此选 D。

86. 文中提到"对于生命和健康来说，睡眠比饮食、医疗以及运动等更为重要"，所以选 A。

87. 文中的原句是："因为人在卧睡时，脑和肝的血流量是站立时的 7 倍。"是"卧睡"而不是"坐睡"，因此选 A。

88. 文中的原话是"青年人约需 8 小时；成年人固定在其特有的睡眠习惯上"，因此选 C。

89. 文中提到"刀削面全靠用刀削，因此得名"，因此选 C。

90. 文中说刀削面与北京的打卤面、山东的伊府面、河南的鱼焙面、四川的担担面同称为五大面食名品，因此选 A。

91. 文中的原句是"揉面也很重要，一定要揉匀、揉软、揉光。如果揉面功夫不到家，削时容易粘刀、断条"，因此选 C。

92. 文中说"用湿布蒙住，半小时后再揉"，不是"干布"，因此选 B。

93. 文中提到"每个人在人生的某一阶段、某一时刻都会经历抑郁的折磨，但有时自己又感觉不出来"，因此选 D。

94. 文章第一段后半部分列举了抑郁的表现，只有 C 是文中提到的，因此选 C。

95. 第二段说明了三种类型的严重持久性抑郁病表现，除 B 外，其他三项都是文中提到的，因此选 B。

96. 文中提到，"对于女性来说，有一个有利于心理健康的法宝，即'唠叨'"，因此选 A。

97. 第二段第二句是："除了不含脂肪，西瓜的汁液几乎包括了人体所需的各种营养成分，如维生素 A、B、C，蛋白质和葡萄糖等。"由此可以看出西瓜汁不含脂肪，因此选 A。

98. 第三段第一句中提到："在《日用本草》《本草纲目》等中医典籍中均有记载。如西瓜能消烦、止渴、解暑热……"因此选 C。

99. 第四段第二句是："有的西瓜品种起的名字还很新颖，如'十八天炒'，因为它生长 18 天就成熟了。"因此选 B。

100. 本文最后一句提到西瓜"因其性寒，又名'寒瓜'"，因此选 D。

HSK（六级）答题卡

1. [A] [B] [C] [D]   6. [A] [B] [C] [D]   11. [A] [B] [C] [D]   16. [A] [B] [C] [D]   21. [A] [B] [C] [D]
2. [A] [B] [C] [D]   7. [A] [B] [C] [D]   12. [A] [B] [C] [D]   17. [A] [B] [C] [D]   22. [A] [B] [C] [D]
3. [A] [B] [C] [D]   8. [A] [B] [C] [D]   13. [A] [B] [C] [D]   18. [A] [B] [C] [D]   23. [A] [B] [C] [D]
4. [A] [B] [C] [D]   9. [A] [B] [C] [D]   14. [A] [B] [C] [D]   19. [A] [B] [C] [D]   24. [A] [B] [C] [D]
5. [A] [B] [C] [D]   10. [A] [B] [C] [D]   15. [A] [B] [C] [D]   20. [A] [B] [C] [D]   25. [A] [B] [C] [D]

26. [A] [B] [C] [D]   31. [A] [B] [C] [D]   36. [A] [B] [C] [D]   41. [A] [B] [C] [D]   46. [A] [B] [C] [D]
27. [A] [B] [C] [D]   32. [A] [B] [C] [D]   37. [A] [B] [C] [D]   42. [A] [B] [C] [D]   47. [A] [B] [C] [D]
28. [A] [B] [C] [D]   33. [A] [B] [C] [D]   38. [A] [B] [C] [D]   43. [A] [B] [C] [D]   48. [A] [B] [C] [D]
29. [A] [B] [C] [D]   34. [A] [B] [C] [D]   39. [A] [B] [C] [D]   44. [A] [B] [C] [D]   49. [A] [B] [C] [D]
30. [A] [B] [C] [D]   35. [A] [B] [C] [D]   40. [A] [B] [C] [D]   45. [A] [B] [C] [D]   50. [A] [B] [C] [D]

二、阅读

51. [A] [B] [C] [D]   56. [A] [B] [C] [D]   61. [A] [B] [C] [D]   66. [A] [B] [C] [D]   71. [A] [B] [C] [D] [E]
52. [A] [B] [C] [D]   57. [A] [B] [C] [D]   62. [A] [B] [C] [D]   67. [A] [B] [C] [D]   72. [A] [B] [C] [D] [E]
53. [A] [B] [C] [D]   58. [A] [B] [C] [D]   63. [A] [B] [C] [D]   68. [A] [B] [C] [D]   73. [A] [B] [C] [D] [E]
54. [A] [B] [C] [D]   59. [A] [B] [C] [D]   64. [A] [B] [C] [D]   69. [A] [B] [C] [D]   74. [A] [B] [C] [D] [E]
55. [A] [B] [C] [D]   60. [A] [B] [C] [D]   65. [A] [B] [C] [D]   70. [A] [B] [C] [D]   75. [A] [B] [C] [D] [E]

76. [A] [B] [C] [D] [E]   81. [A] [B] [C] [D]   86. [A] [B] [C] [D]   91. [A] [B] [C] [D]   96. [A] [B] [C] [D]
77. [A] [B] [C] [D] [E]   82. [A] [B] [C] [D]   87. [A] [B] [C] [D]   92. [A] [B] [C] [D]   97. [A] [B] [C] [D]
78. [A] [B] [C] [D] [E]   83. [A] [B] [C] [D]   88. [A] [B] [C] [D]   93. [A] [B] [C] [D]   98. [A] [B] [C] [D]
79. [A] [B] [C] [D] [E]   84. [A] [B] [C] [D]   89. [A] [B] [C] [D]   94. [A] [B] [C] [D]   99. [A] [B] [C] [D]
80. [A] [B] [C] [D] [E]   85. [A] [B] [C] [D]   90. [A] [B] [C] [D]   95. [A] [B] [C] [D]   100. [A] [B] [C] [D]

三、书写

101.

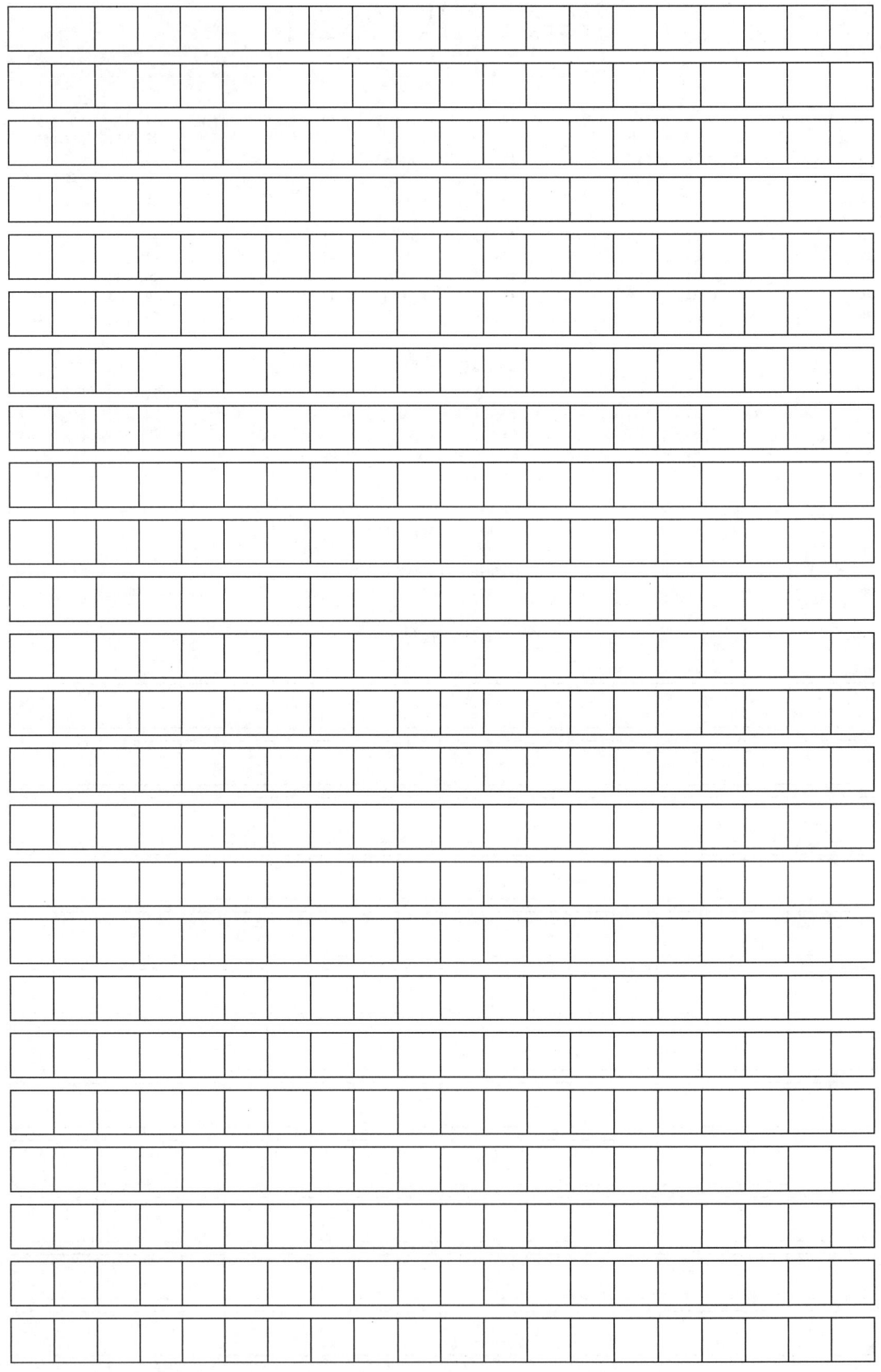

HSK（六级）答题卡

1. [A] [B] [C] [D]　　6. [A] [B] [C] [D]　　11. [A] [B] [C] [D]　　16. [A] [B] [C] [D]　　21. [A] [B] [C] [D]
2. [A] [B] [C] [D]　　7. [A] [B] [C] [D]　　12. [A] [B] [C] [D]　　17. [A] [B] [C] [D]　　22. [A] [B] [C] [D]
3. [A] [B] [C] [D]　　8. [A] [B] [C] [D]　　13. [A] [B] [C] [D]　　18. [A] [B] [C] [D]　　23. [A] [B] [C] [D]
4. [A] [B] [C] [D]　　9. [A] [B] [C] [D]　　14. [A] [B] [C] [D]　　19. [A] [B] [C] [D]　　24. [A] [B] [C] [D]
5. [A] [B] [C] [D]　　10. [A] [B] [C] [D]　　15. [A] [B] [C] [D]　　20. [A] [B] [C] [D]　　25. [A] [B] [C] [D]

26. [A] [B] [C] [D]　　31. [A] [B] [C] [D]　　36. [A] [B] [C] [D]　　41. [A] [B] [C] [D]　　46. [A] [B] [C] [D]
27. [A] [B] [C] [D]　　32. [A] [B] [C] [D]　　37. [A] [B] [C] [D]　　42. [A] [B] [C] [D]　　47. [A] [B] [C] [D]
28. [A] [B] [C] [D]　　33. [A] [B] [C] [D]　　38. [A] [B] [C] [D]　　43. [A] [B] [C] [D]　　48. [A] [B] [C] [D]
29. [A] [B] [C] [D]　　34. [A] [B] [C] [D]　　39. [A] [B] [C] [D]　　44. [A] [B] [C] [D]　　49. [A] [B] [C] [D]
30. [A] [B] [C] [D]　　35. [A] [B] [C] [D]　　40. [A] [B] [C] [D]　　45. [A] [B] [C] [D]　　50. [A] [B] [C] [D]

二、阅读

51. [A] [B] [C] [D]　　56. [A] [B] [C] [D]　　61. [A] [B] [C] [D]　　66. [A] [B] [C] [D]　　71. [A] [B] [C] [D] [E]
52. [A] [B] [C] [D]　　57. [A] [B] [C] [D]　　62. [A] [B] [C] [D]　　67. [A] [B] [C] [D]　　72. [A] [B] [C] [D] [E]
53. [A] [B] [C] [D]　　58. [A] [B] [C] [D]　　63. [A] [B] [C] [D]　　68. [A] [B] [C] [D]　　73. [A] [B] [C] [D] [E]
54. [A] [B] [C] [D]　　59. [A] [B] [C] [D]　　64. [A] [B] [C] [D]　　69. [A] [B] [C] [D]　　74. [A] [B] [C] [D] [E]
55. [A] [B] [C] [D]　　60. [A] [B] [C] [D]　　65. [A] [B] [C] [D]　　70. [A] [B] [C] [D]　　75. [A] [B] [C] [D] [E]

76. [A] [B] [C] [D] [E]　　81. [A] [B] [C] [D]　　86. [A] [B] [C] [D]　　91. [A] [B] [C] [D]　　96. [A] [B] [C] [D]
77. [A] [B] [C] [D] [E]　　82. [A] [B] [C] [D]　　87. [A] [B] [C] [D]　　92. [A] [B] [C] [D]　　97. [A] [B] [C] [D]
78. [A] [B] [C] [D] [E]　　83. [A] [B] [C] [D]　　88. [A] [B] [C] [D]　　93. [A] [B] [C] [D]　　98. [A] [B] [C] [D]
79. [A] [B] [C] [D] [E]　　84. [A] [B] [C] [D]　　89. [A] [B] [C] [D]　　94. [A] [B] [C] [D]　　99. [A] [B] [C] [D]
80. [A] [B] [C] [D] [E]　　85. [A] [B] [C] [D]　　90. [A] [B] [C] [D]　　95. [A] [B] [C] [D]　　100. [A] [B] [C] [D]

三、书写

101.

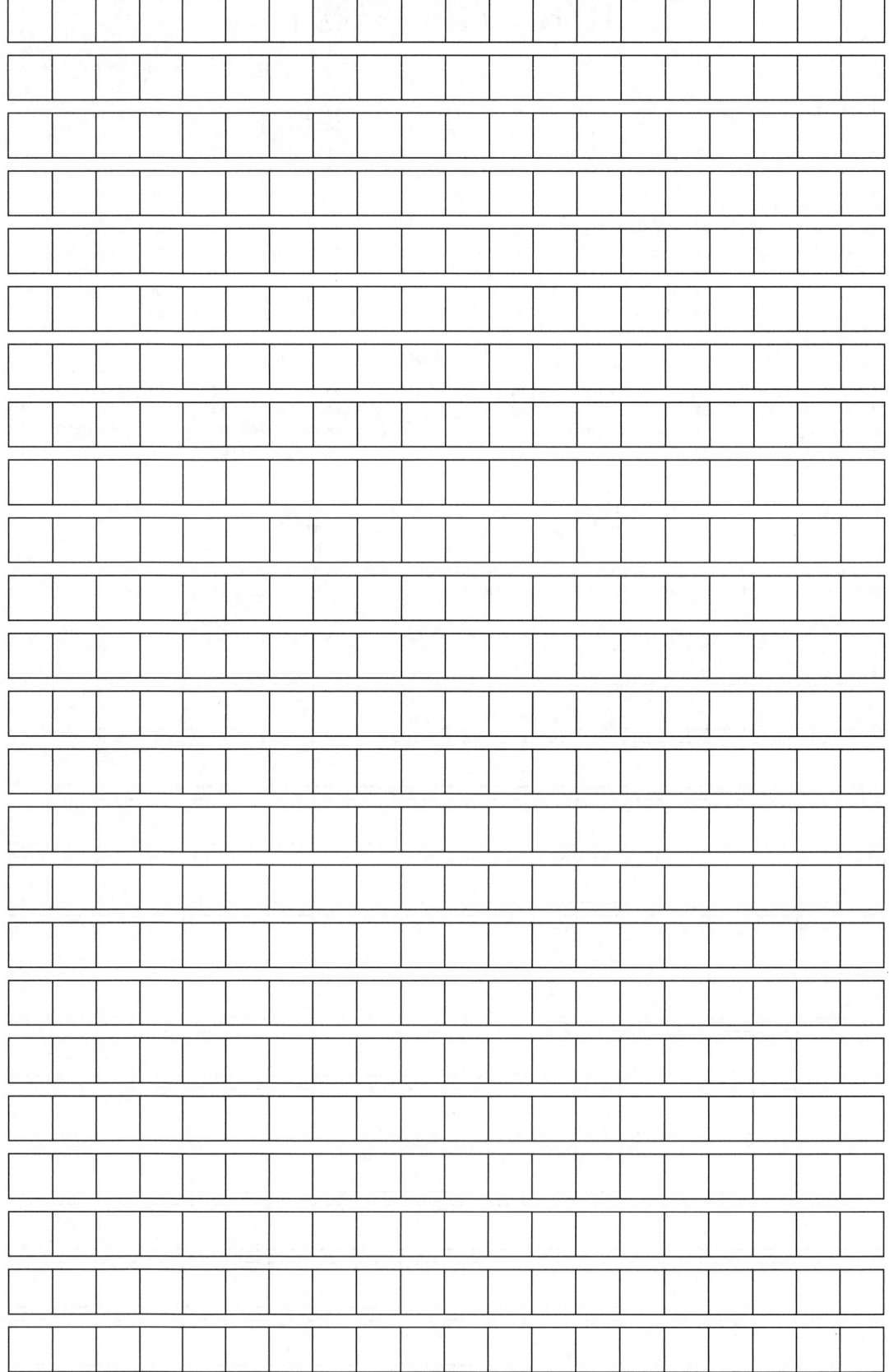

HSK（六级）答题卡

一、听力

1. [A] [B] [C] [D]   6. [A] [B] [C] [D]   11. [A] [B] [C] [D]   16. [A] [B] [C] [D]   21. [A] [B] [C] [D]
2. [A] [B] [C] [D]   7. [A] [B] [C] [D]   12. [A] [B] [C] [D]   17. [A] [B] [C] [D]   22. [A] [B] [C] [D]
3. [A] [B] [C] [D]   8. [A] [B] [C] [D]   13. [A] [B] [C] [D]   18. [A] [B] [C] [D]   23. [A] [B] [C] [D]
4. [A] [B] [C] [D]   9. [A] [B] [C] [D]   14. [A] [B] [C] [D]   19. [A] [B] [C] [D]   24. [A] [B] [C] [D]
5. [A] [B] [C] [D]   10. [A] [B] [C] [D]   15. [A] [B] [C] [D]   20. [A] [B] [C] [D]   25. [A] [B] [C] [D]

26. [A] [B] [C] [D]   31. [A] [B] [C] [D]   36. [A] [B] [C] [D]   41. [A] [B] [C] [D]   46. [A] [B] [C] [D]
27. [A] [B] [C] [D]   32. [A] [B] [C] [D]   37. [A] [B] [C] [D]   42. [A] [B] [C] [D]   47. [A] [B] [C] [D]
28. [A] [B] [C] [D]   33. [A] [B] [C] [D]   38. [A] [B] [C] [D]   43. [A] [B] [C] [D]   48. [A] [B] [C] [D]
29. [A] [B] [C] [D]   34. [A] [B] [C] [D]   39. [A] [B] [C] [D]   44. [A] [B] [C] [D]   49. [A] [B] [C] [D]
30. [A] [B] [C] [D]   35. [A] [B] [C] [D]   40. [A] [B] [C] [D]   45. [A] [B] [C] [D]   50. [A] [B] [C] [D]

二、阅读

51. [A] [B] [C] [D]   56. [A] [B] [C] [D]   61. [A] [B] [C] [D]   66. [A] [B] [C] [D]   71. [A] [B] [C] [D] [E]
52. [A] [B] [C] [D]   57. [A] [B] [C] [D]   62. [A] [B] [C] [D]   67. [A] [B] [C] [D]   72. [A] [B] [C] [D] [E]
53. [A] [B] [C] [D]   58. [A] [B] [C] [D]   63. [A] [B] [C] [D]   68. [A] [B] [C] [D]   73. [A] [B] [C] [D] [E]
54. [A] [B] [C] [D]   59. [A] [B] [C] [D]   64. [A] [B] [C] [D]   69. [A] [B] [C] [D]   74. [A] [B] [C] [D] [E]
55. [A] [B] [C] [D]   60. [A] [B] [C] [D]   65. [A] [B] [C] [D]   70. [A] [B] [C] [D]   75. [A] [B] [C] [D] [E]

76. [A] [B] [C] [D] [E]   81. [A] [B] [C] [D]   86. [A] [B] [C] [D]   91. [A] [B] [C] [D]   96. [A] [B] [C] [D]
77. [A] [B] [C] [D] [E]   82. [A] [B] [C] [D]   87. [A] [B] [C] [D]   92. [A] [B] [C] [D]   97. [A] [B] [C] [D]
78. [A] [B] [C] [D] [E]   83. [A] [B] [C] [D]   88. [A] [B] [C] [D]   93. [A] [B] [C] [D]   98. [A] [B] [C] [D]
79. [A] [B] [C] [D] [E]   84. [A] [B] [C] [D]   89. [A] [B] [C] [D]   94. [A] [B] [C] [D]   99. [A] [B] [C] [D]
80. [A] [B] [C] [D] [E]   85. [A] [B] [C] [D]   90. [A] [B] [C] [D]   95. [A] [B] [C] [D]   100. [A] [B] [C] [D]

三、书写

101.

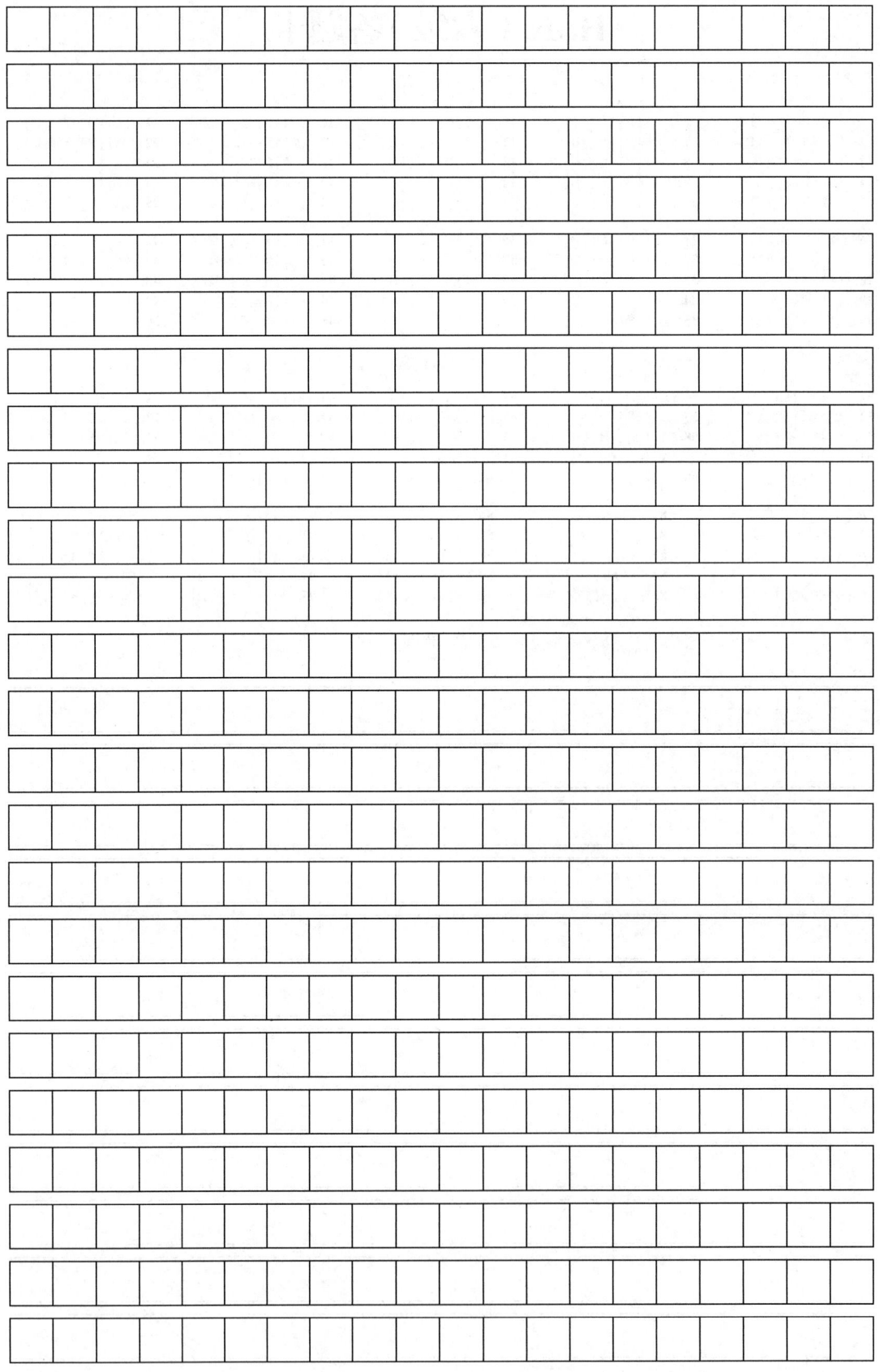

HSK（六级）答题卡

一、听力

1. [A] [B] [C] [D]　　6. [A] [B] [C] [D]　　11. [A] [B] [C] [D]　　16. [A] [B] [C] [D]　　21. [A] [B] [C] [D]
2. [A] [B] [C] [D]　　7. [A] [B] [C] [D]　　12. [A] [B] [C] [D]　　17. [A] [B] [C] [D]　　22. [A] [B] [C] [D]
3. [A] [B] [C] [D]　　8. [A] [B] [C] [D]　　13. [A] [B] [C] [D]　　18. [A] [B] [C] [D]　　23. [A] [B] [C] [D]
4. [A] [B] [C] [D]　　9. [A] [B] [C] [D]　　14. [A] [B] [C] [D]　　19. [A] [B] [C] [D]　　24. [A] [B] [C] [D]
5. [A] [B] [C] [D]　　10. [A] [B] [C] [D]　　15. [A] [B] [C] [D]　　20. [A] [B] [C] [D]　　25. [A] [B] [C] [D]

26. [A] [B] [C] [D]　31. [A] [B] [C] [D]　36. [A] [B] [C] [D]　41. [A] [B] [C] [D]　46. [A] [B] [C] [D]
27. [A] [B] [C] [D]　32. [A] [B] [C] [D]　37. [A] [B] [C] [D]　42. [A] [B] [C] [D]　47. [A] [B] [C] [D]
28. [A] [B] [C] [D]　33. [A] [B] [C] [D]　38. [A] [B] [C] [D]　43. [A] [B] [C] [D]　48. [A] [B] [C] [D]
29. [A] [B] [C] [D]　34. [A] [B] [C] [D]　39. [A] [B] [C] [D]　44. [A] [B] [C] [D]　49. [A] [B] [C] [D]
30. [A] [B] [C] [D]　35. [A] [B] [C] [D]　40. [A] [B] [C] [D]　45. [A] [B] [C] [D]　50. [A] [B] [C] [D]

二、阅读

51. [A] [B] [C] [D]　56. [A] [B] [C] [D]　61. [A] [B] [C] [D]　66. [A] [B] [C] [D]　71. [A] [B] [C] [D] [E]
52. [A] [B] [C] [D]　57. [A] [B] [C] [D]　62. [A] [B] [C] [D]　67. [A] [B] [C] [D]　72. [A] [B] [C] [D] [E]
53. [A] [B] [C] [D]　58. [A] [B] [C] [D]　63. [A] [B] [C] [D]　68. [A] [B] [C] [D]　73. [A] [B] [C] [D] [E]
54. [A] [B] [C] [D]　59. [A] [B] [C] [D]　64. [A] [B] [C] [D]　69. [A] [B] [C] [D]　74. [A] [B] [C] [D] [E]
55. [A] [B] [C] [D]　60. [A] [B] [C] [D]　65. [A] [B] [C] [D]　70. [A] [B] [C] [D]　75. [A] [B] [C] [D] [E]

76. [A] [B] [C] [D] [E]　81. [A] [B] [C] [D]　86. [A] [B] [C] [D]　91. [A] [B] [C] [D]　96. [A] [B] [C] [D]
77. [A] [B] [C] [D] [E]　82. [A] [B] [C] [D]　87. [A] [B] [C] [D]　92. [A] [B] [C] [D]　97. [A] [B] [C] [D]
78. [A] [B] [C] [D] [E]　83. [A] [B] [C] [D]　88. [A] [B] [C] [D]　93. [A] [B] [C] [D]　98. [A] [B] [C] [D]
79. [A] [B] [C] [D] [E]　84. [A] [B] [C] [D]　89. [A] [B] [C] [D]　94. [A] [B] [C] [D]　99. [A] [B] [C] [D]
80. [A] [B] [C] [D] [E]　85. [A] [B] [C] [D]　90. [A] [B] [C] [D]　95. [A] [B] [C] [D]　100. [A] [B] [C] [D]

三、书写

101.

HSK（六级）答题卡

1. [A] [B] [C] [D]　　6. [A] [B] [C] [D]　　11. [A] [B] [C] [D]　　16. [A] [B] [C] [D]　　21. [A] [B] [C] [D]
2. [A] [B] [C] [D]　　7. [A] [B] [C] [D]　　12. [A] [B] [C] [D]　　17. [A] [B] [C] [D]　　22. [A] [B] [C] [D]
3. [A] [B] [C] [D]　　8. [A] [B] [C] [D]　　13. [A] [B] [C] [D]　　18. [A] [B] [C] [D]　　23. [A] [B] [C] [D]
4. [A] [B] [C] [D]　　9. [A] [B] [C] [D]　　14. [A] [B] [C] [D]　　19. [A] [B] [C] [D]　　24. [A] [B] [C] [D]
5. [A] [B] [C] [D]　　10. [A] [B] [C] [D]　　15. [A] [B] [C] [D]　　20. [A] [B] [C] [D]　　25. [A] [B] [C] [D]

26. [A] [B] [C] [D]　　31. [A] [B] [C] [D]　　36. [A] [B] [C] [D]　　41. [A] [B] [C] [D]　　46. [A] [B] [C] [D]
27. [A] [B] [C] [D]　　32. [A] [B] [C] [D]　　37. [A] [B] [C] [D]　　42. [A] [B] [C] [D]　　47. [A] [B] [C] [D]
28. [A] [B] [C] [D]　　33. [A] [B] [C] [D]　　38. [A] [B] [C] [D]　　43. [A] [B] [C] [D]　　48. [A] [B] [C] [D]
29. [A] [B] [C] [D]　　34. [A] [B] [C] [D]　　39. [A] [B] [C] [D]　　44. [A] [B] [C] [D]　　49. [A] [B] [C] [D]
30. [A] [B] [C] [D]　　35. [A] [B] [C] [D]　　40. [A] [B] [C] [D]　　45. [A] [B] [C] [D]　　50. [A] [B] [C] [D]

二、阅读

51. [A] [B] [C] [D]　　56. [A] [B] [C] [D]　　61. [A] [B] [C] [D]　　66. [A] [B] [C] [D]　　71. [A] [B] [C] [D] [E]
52. [A] [B] [C] [D]　　57. [A] [B] [C] [D]　　62. [A] [B] [C] [D]　　67. [A] [B] [C] [D]　　72. [A] [B] [C] [D] [E]
53. [A] [B] [C] [D]　　58. [A] [B] [C] [D]　　63. [A] [B] [C] [D]　　68. [A] [B] [C] [D]　　73. [A] [B] [C] [D] [E]
54. [A] [B] [C] [D]　　59. [A] [B] [C] [D]　　64. [A] [B] [C] [D]　　69. [A] [B] [C] [D]　　74. [A] [B] [C] [D] [E]
55. [A] [B] [C] [D]　　60. [A] [B] [C] [D]　　65. [A] [B] [C] [D]　　70. [A] [B] [C] [D]　　75. [A] [B] [C] [D] [E]

76. [A] [B] [C] [D] [E]　　81. [A] [B] [C] [D]　　86. [A] [B] [C] [D]　　91. [A] [B] [C] [D]　　96. [A] [B] [C] [D]
77. [A] [B] [C] [D] [E]　　82. [A] [B] [C] [D]　　87. [A] [B] [C] [D]　　92. [A] [B] [C] [D]　　97. [A] [B] [C] [D]
78. [A] [B] [C] [D] [E]　　83. [A] [B] [C] [D]　　88. [A] [B] [C] [D]　　93. [A] [B] [C] [D]　　98. [A] [B] [C] [D]
79. [A] [B] [C] [D] [E]　　84. [A] [B] [C] [D]　　89. [A] [B] [C] [D]　　94. [A] [B] [C] [D]　　99. [A] [B] [C] [D]
80. [A] [B] [C] [D] [E]　　85. [A] [B] [C] [D]　　90. [A] [B] [C] [D]　　95. [A] [B] [C] [D]　　100. [A] [B] [C] [D]

三、书写

101.

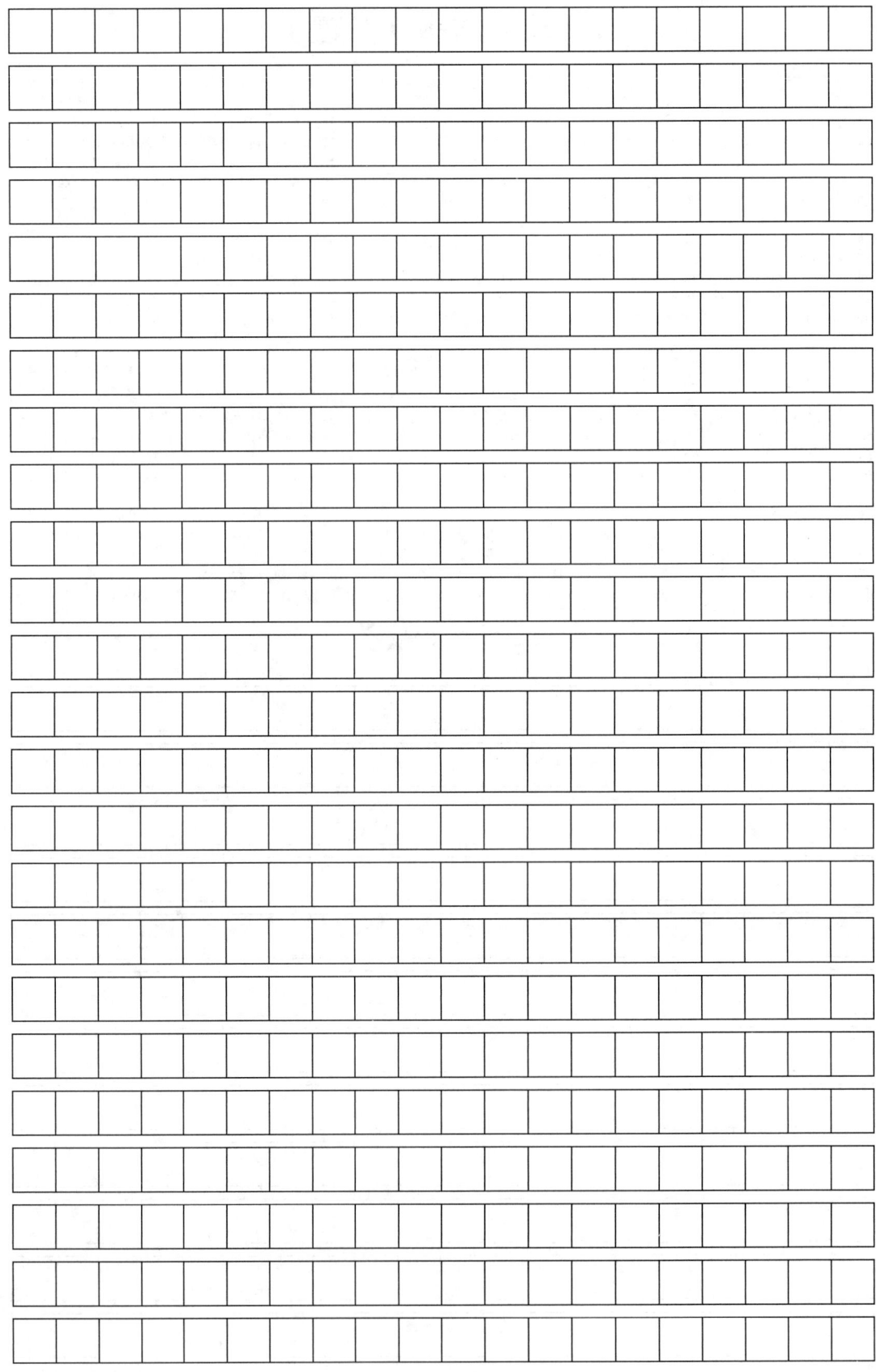

HSK（六级）答题卡

1. [A] [B] [C] [D]　　6. [A] [B] [C] [D]　　11. [A] [B] [C] [D]　　16. [A] [B] [C] [D]　　21. [A] [B] [C] [D]
2. [A] [B] [C] [D]　　7. [A] [B] [C] [D]　　12. [A] [B] [C] [D]　　17. [A] [B] [C] [D]　　22. [A] [B] [C] [D]
3. [A] [B] [C] [D]　　8. [A] [B] [C] [D]　　13. [A] [B] [C] [D]　　18. [A] [B] [C] [D]　　23. [A] [B] [C] [D]
4. [A] [B] [C] [D]　　9. [A] [B] [C] [D]　　14. [A] [B] [C] [D]　　19. [A] [B] [C] [D]　　24. [A] [B] [C] [D]
5. [A] [B] [C] [D]　　10. [A] [B] [C] [D]　　15. [A] [B] [C] [D]　　20. [A] [B] [C] [D]　　25. [A] [B] [C] [D]

26. [A] [B] [C] [D]　　31. [A] [B] [C] [D]　　36. [A] [B] [C] [D]　　41. [A] [B] [C] [D]　　46. [A] [B] [C] [D]
27. [A] [B] [C] [D]　　32. [A] [B] [C] [D]　　37. [A] [B] [C] [D]　　42. [A] [B] [C] [D]　　47. [A] [B] [C] [D]
28. [A] [B] [C] [D]　　33. [A] [B] [C] [D]　　38. [A] [B] [C] [D]　　43. [A] [B] [C] [D]　　48. [A] [B] [C] [D]
29. [A] [B] [C] [D]　　34. [A] [B] [C] [D]　　39. [A] [B] [C] [D]　　44. [A] [B] [C] [D]　　49. [A] [B] [C] [D]
30. [A] [B] [C] [D]　　35. [A] [B] [C] [D]　　40. [A] [B] [C] [D]　　45. [A] [B] [C] [D]　　50. [A] [B] [C] [D]

二、阅读

51. [A] [B] [C] [D]　　56. [A] [B] [C] [D]　　61. [A] [B] [C] [D]　　66. [A] [B] [C] [D]　　71. [A] [B] [C] [D] [E]
52. [A] [B] [C] [D]　　57. [A] [B] [C] [D]　　62. [A] [B] [C] [D]　　67. [A] [B] [C] [D]　　72. [A] [B] [C] [D] [E]
53. [A] [B] [C] [D]　　58. [A] [B] [C] [D]　　63. [A] [B] [C] [D]　　68. [A] [B] [C] [D]　　73. [A] [B] [C] [D] [E]
54. [A] [B] [C] [D]　　59. [A] [B] [C] [D]　　64. [A] [B] [C] [D]　　69. [A] [B] [C] [D]　　74. [A] [B] [C] [D] [E]
55. [A] [B] [C] [D]　　60. [A] [B] [C] [D]　　65. [A] [B] [C] [D]　　70. [A] [B] [C] [D]　　75. [A] [B] [C] [D] [E]

76. [A] [B] [C] [D] [E]　　81. [A] [B] [C] [D]　　86. [A] [B] [C] [D]　　91. [A] [B] [C] [D]　　96. [A] [B] [C] [D]
77. [A] [B] [C] [D] [E]　　82. [A] [B] [C] [D]　　87. [A] [B] [C] [D]　　92. [A] [B] [C] [D]　　97. [A] [B] [C] [D]
78. [A] [B] [C] [D] [E]　　83. [A] [B] [C] [D]　　88. [A] [B] [C] [D]　　93. [A] [B] [C] [D]　　98. [A] [B] [C] [D]
79. [A] [B] [C] [D] [E]　　84. [A] [B] [C] [D]　　89. [A] [B] [C] [D]　　94. [A] [B] [C] [D]　　99. [A] [B] [C] [D]
80. [A] [B] [C] [D] [E]　　85. [A] [B] [C] [D]　　90. [A] [B] [C] [D]　　95. [A] [B] [C] [D]　　100. [A] [B] [C] [D]

三、书写

101.

HSK（六级）答题卡

1. [A] [B] [C] [D]　　6. [A] [B] [C] [D]　　11. [A] [B] [C] [D]　　16. [A] [B] [C] [D]　　21. [A] [B] [C] [D]
2. [A] [B] [C] [D]　　7. [A] [B] [C] [D]　　12. [A] [B] [C] [D]　　17. [A] [B] [C] [D]　　22. [A] [B] [C] [D]
3. [A] [B] [C] [D]　　8. [A] [B] [C] [D]　　13. [A] [B] [C] [D]　　18. [A] [B] [C] [D]　　23. [A] [B] [C] [D]
4. [A] [B] [C] [D]　　9. [A] [B] [C] [D]　　14. [A] [B] [C] [D]　　19. [A] [B] [C] [D]　　24. [A] [B] [C] [D]
5. [A] [B] [C] [D]　　10. [A] [B] [C] [D]　　15. [A] [B] [C] [D]　　20. [A] [B] [C] [D]　　25. [A] [B] [C] [D]

26. [A] [B] [C] [D]　　31. [A] [B] [C] [D]　　36. [A] [B] [C] [D]　　41. [A] [B] [C] [D]　　46. [A] [B] [C] [D]
27. [A] [B] [C] [D]　　32. [A] [B] [C] [D]　　37. [A] [B] [C] [D]　　42. [A] [B] [C] [D]　　47. [A] [B] [C] [D]
28. [A] [B] [C] [D]　　33. [A] [B] [C] [D]　　38. [A] [B] [C] [D]　　43. [A] [B] [C] [D]　　48. [A] [B] [C] [D]
29. [A] [B] [C] [D]　　34. [A] [B] [C] [D]　　39. [A] [B] [C] [D]　　44. [A] [B] [C] [D]　　49. [A] [B] [C] [D]
30. [A] [B] [C] [D]　　35. [A] [B] [C] [D]　　40. [A] [B] [C] [D]　　45. [A] [B] [C] [D]　　50. [A] [B] [C] [D]

二、阅读

51. [A] [B] [C] [D]　　56. [A] [B] [C] [D]　　61. [A] [B] [C] [D]　　66. [A] [B] [C] [D]　　71. [A] [B] [C] [D] [E]
52. [A] [B] [C] [D]　　57. [A] [B] [C] [D]　　62. [A] [B] [C] [D]　　67. [A] [B] [C] [D]　　72. [A] [B] [C] [D] [E]
53. [A] [B] [C] [D]　　58. [A] [B] [C] [D]　　63. [A] [B] [C] [D]　　68. [A] [B] [C] [D]　　73. [A] [B] [C] [D] [E]
54. [A] [B] [C] [D]　　59. [A] [B] [C] [D]　　64. [A] [B] [C] [D]　　69. [A] [B] [C] [D]　　74. [A] [B] [C] [D] [E]
55. [A] [B] [C] [D]　　60. [A] [B] [C] [D]　　65. [A] [B] [C] [D]　　70. [A] [B] [C] [D]　　75. [A] [B] [C] [D] [E]

76. [A] [B] [C] [D] [E]　　81. [A] [B] [C] [D]　　86. [A] [B] [C] [D]　　91. [A] [B] [C] [D]　　96. [A] [B] [C] [D]
77. [A] [B] [C] [D] [E]　　82. [A] [B] [C] [D]　　87. [A] [B] [C] [D]　　92. [A] [B] [C] [D]　　97. [A] [B] [C] [D]
78. [A] [B] [C] [D] [E]　　83. [A] [B] [C] [D]　　88. [A] [B] [C] [D]　　93. [A] [B] [C] [D]　　98. [A] [B] [C] [D]
79. [A] [B] [C] [D] [E]　　84. [A] [B] [C] [D]　　89. [A] [B] [C] [D]　　94. [A] [B] [C] [D]　　99. [A] [B] [C] [D]
80. [A] [B] [C] [D] [E]　　85. [A] [B] [C] [D]　　90. [A] [B] [C] [D]　　95. [A] [B] [C] [D]　　100. [A] [B] [C] [D]

三、书写

101.

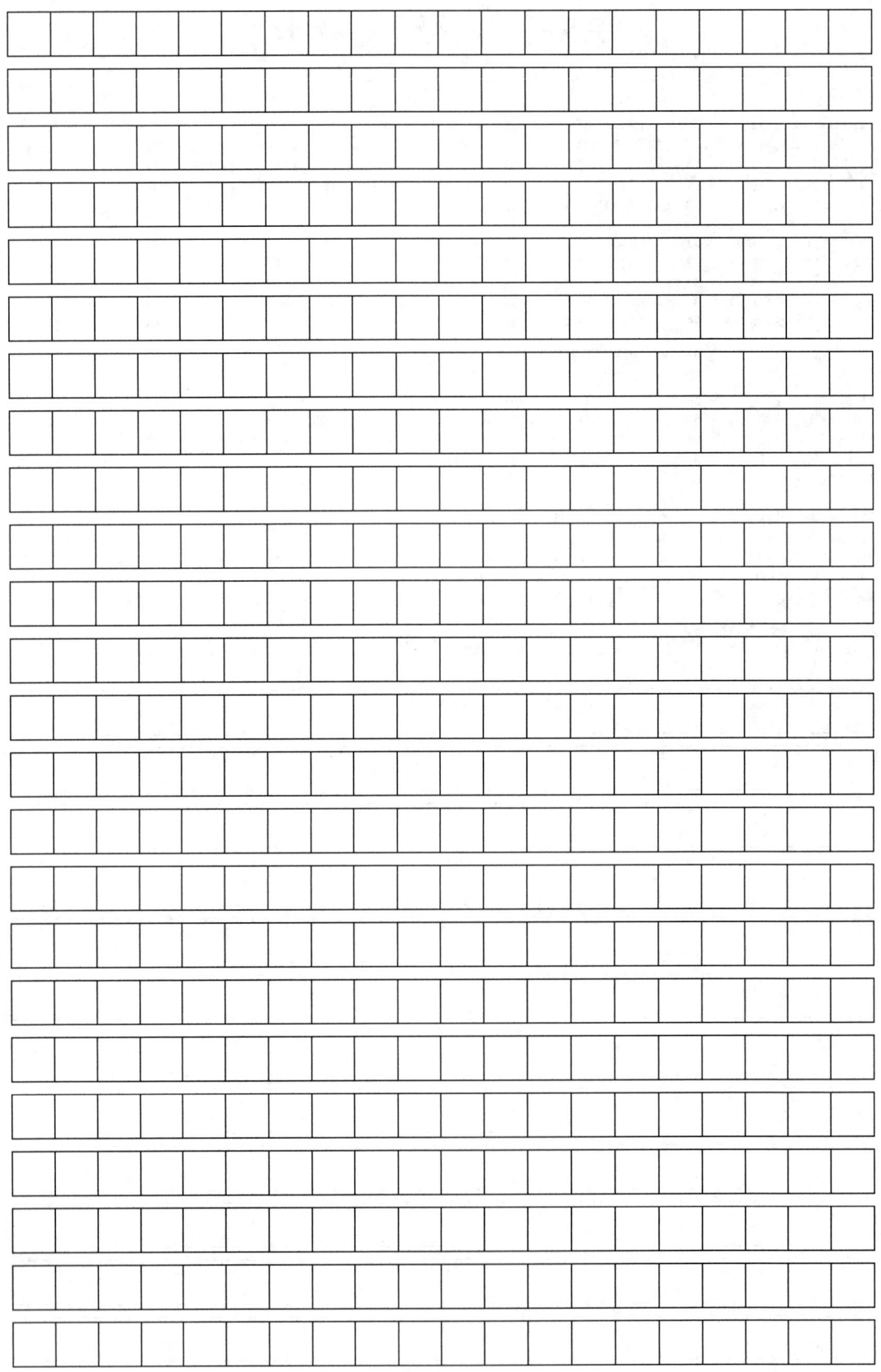

HSK（六级）答题卡

一、听力

一、听力

1. [A] [B] [C] [D]	6. [A] [B] [C] [D]	11. [A] [B] [C] [D]	16. [A] [B] [C] [D]	21. [A] [B] [C] [D]
2. [A] [B] [C] [D]	7. [A] [B] [C] [D]	12. [A] [B] [C] [D]	17. [A] [B] [C] [D]	22. [A] [B] [C] [D]
3. [A] [B] [C] [D]	8. [A] [B] [C] [D]	13. [A] [B] [C] [D]	18. [A] [B] [C] [D]	23. [A] [B] [C] [D]
4. [A] [B] [C] [D]	9. [A] [B] [C] [D]	14. [A] [B] [C] [D]	19. [A] [B] [C] [D]	24. [A] [B] [C] [D]
5. [A] [B] [C] [D]	10. [A] [B] [C] [D]	15. [A] [B] [C] [D]	20. [A] [B] [C] [D]	25. [A] [B] [C] [D]

26. [A] [B] [C] [D]	31. [A] [B] [C] [D]	36. [A] [B] [C] [D]	41. [A] [B] [C] [D]	46. [A] [B] [C] [D]
27. [A] [B] [C] [D]	32. [A] [B] [C] [D]	37. [A] [B] [C] [D]	42. [A] [B] [C] [D]	47. [A] [B] [C] [D]
28. [A] [B] [C] [D]	33. [A] [B] [C] [D]	38. [A] [B] [C] [D]	43. [A] [B] [C] [D]	48. [A] [B] [C] [D]
29. [A] [B] [C] [D]	34. [A] [B] [C] [D]	39. [A] [B] [C] [D]	44. [A] [B] [C] [D]	49. [A] [B] [C] [D]
30. [A] [B] [C] [D]	35. [A] [B] [C] [D]	40. [A] [B] [C] [D]	45. [A] [B] [C] [D]	50. [A] [B] [C] [D]

二、阅读

51. [A] [B] [C] [D]	56. [A] [B] [C] [D]	61. [A] [B] [C] [D]	66. [A] [B] [C] [D]	71. [A] [B] [C] [D] [E]
52. [A] [B] [C] [D]	57. [A] [B] [C] [D]	62. [A] [B] [C] [D]	67. [A] [B] [C] [D]	72. [A] [B] [C] [D] [E]
53. [A] [B] [C] [D]	58. [A] [B] [C] [D]	63. [A] [B] [C] [D]	68. [A] [B] [C] [D]	73. [A] [B] [C] [D] [E]
54. [A] [B] [C] [D]	59. [A] [B] [C] [D]	64. [A] [B] [C] [D]	69. [A] [B] [C] [D]	74. [A] [B] [C] [D] [E]
55. [A] [B] [C] [D]	60. [A] [B] [C] [D]	65. [A] [B] [C] [D]	70. [A] [B] [C] [D]	75. [A] [B] [C] [D] [E]

76. [A] [B] [C] [D] [E]	81. [A] [B] [C] [D]	86. [A] [B] [C] [D]	91. [A] [B] [C] [D]	96. [A] [B] [C] [D]
77. [A] [B] [C] [D] [E]	82. [A] [B] [C] [D]	87. [A] [B] [C] [D]	92. [A] [B] [C] [D]	97. [A] [B] [C] [D]
78. [A] [B] [C] [D] [E]	83. [A] [B] [C] [D]	88. [A] [B] [C] [D]	93. [A] [B] [C] [D]	98. [A] [B] [C] [D]
79. [A] [B] [C] [D] [E]	84. [A] [B] [C] [D]	89. [A] [B] [C] [D]	94. [A] [B] [C] [D]	99. [A] [B] [C] [D]
80. [A] [B] [C] [D] [E]	85. [A] [B] [C] [D]	90. [A] [B] [C] [D]	95. [A] [B] [C] [D]	100. [A] [B] [C] [D]

三、书写

101.

HSK（六级）答题卡

1. [A] [B] [C] [D]　　6. [A] [B] [C] [D]　　11. [A] [B] [C] [D]　　16. [A] [B] [C] [D]　　21. [A] [B] [C] [D]
2. [A] [B] [C] [D]　　7. [A] [B] [C] [D]　　12. [A] [B] [C] [D]　　17. [A] [B] [C] [D]　　22. [A] [B] [C] [D]
3. [A] [B] [C] [D]　　8. [A] [B] [C] [D]　　13. [A] [B] [C] [D]　　18. [A] [B] [C] [D]　　23. [A] [B] [C] [D]
4. [A] [B] [C] [D]　　9. [A] [B] [C] [D]　　14. [A] [B] [C] [D]　　19. [A] [B] [C] [D]　　24. [A] [B] [C] [D]
5. [A] [B] [C] [D]　　10. [A] [B] [C] [D]　　15. [A] [B] [C] [D]　　20. [A] [B] [C] [D]　　25. [A] [B] [C] [D]

26. [A] [B] [C] [D]　　31. [A] [B] [C] [D]　　36. [A] [B] [C] [D]　　41. [A] [B] [C] [D]　　46. [A] [B] [C] [D]
27. [A] [B] [C] [D]　　32. [A] [B] [C] [D]　　37. [A] [B] [C] [D]　　42. [A] [B] [C] [D]　　47. [A] [B] [C] [D]
28. [A] [B] [C] [D]　　33. [A] [B] [C] [D]　　38. [A] [B] [C] [D]　　43. [A] [B] [C] [D]　　48. [A] [B] [C] [D]
29. [A] [B] [C] [D]　　34. [A] [B] [C] [D]　　39. [A] [B] [C] [D]　　44. [A] [B] [C] [D]　　49. [A] [B] [C] [D]
30. [A] [B] [C] [D]　　35. [A] [B] [C] [D]　　40. [A] [B] [C] [D]　　45. [A] [B] [C] [D]　　50. [A] [B] [C] [D]

二、阅读

51. [A] [B] [C] [D]　　56. [A] [B] [C] [D]　　61. [A] [B] [C] [D]　　66. [A] [B] [C] [D]　　71. [A] [B] [C] [D] [E]
52. [A] [B] [C] [D]　　57. [A] [B] [C] [D]　　62. [A] [B] [C] [D]　　67. [A] [B] [C] [D]　　72. [A] [B] [C] [D] [E]
53. [A] [B] [C] [D]　　58. [A] [B] [C] [D]　　63. [A] [B] [C] [D]　　68. [A] [B] [C] [D]　　73. [A] [B] [C] [D] [E]
54. [A] [B] [C] [D]　　59. [A] [B] [C] [D]　　64. [A] [B] [C] [D]　　69. [A] [B] [C] [D]　　74. [A] [B] [C] [D] [E]
55. [A] [B] [C] [D]　　60. [A] [B] [C] [D]　　65. [A] [B] [C] [D]　　70. [A] [B] [C] [D]　　75. [A] [B] [C] [D] [E]

76. [A] [B] [C] [D] [E]　　81. [A] [B] [C] [D]　　86. [A] [B] [C] [D]　　91. [A] [B] [C] [D]　　96. [A] [B] [C] [D]
77. [A] [B] [C] [D] [E]　　82. [A] [B] [C] [D]　　87. [A] [B] [C] [D]　　92. [A] [B] [C] [D]　　97. [A] [B] [C] [D]
78. [A] [B] [C] [D] [E]　　83. [A] [B] [C] [D]　　88. [A] [B] [C] [D]　　93. [A] [B] [C] [D]　　98. [A] [B] [C] [D]
79. [A] [B] [C] [D] [E]　　84. [A] [B] [C] [D]　　89. [A] [B] [C] [D]　　94. [A] [B] [C] [D]　　99. [A] [B] [C] [D]
80. [A] [B] [C] [D] [E]　　85. [A] [B] [C] [D]　　90. [A] [B] [C] [D]　　95. [A] [B] [C] [D]　　100. [A] [B] [C] [D]

三、书写

101.

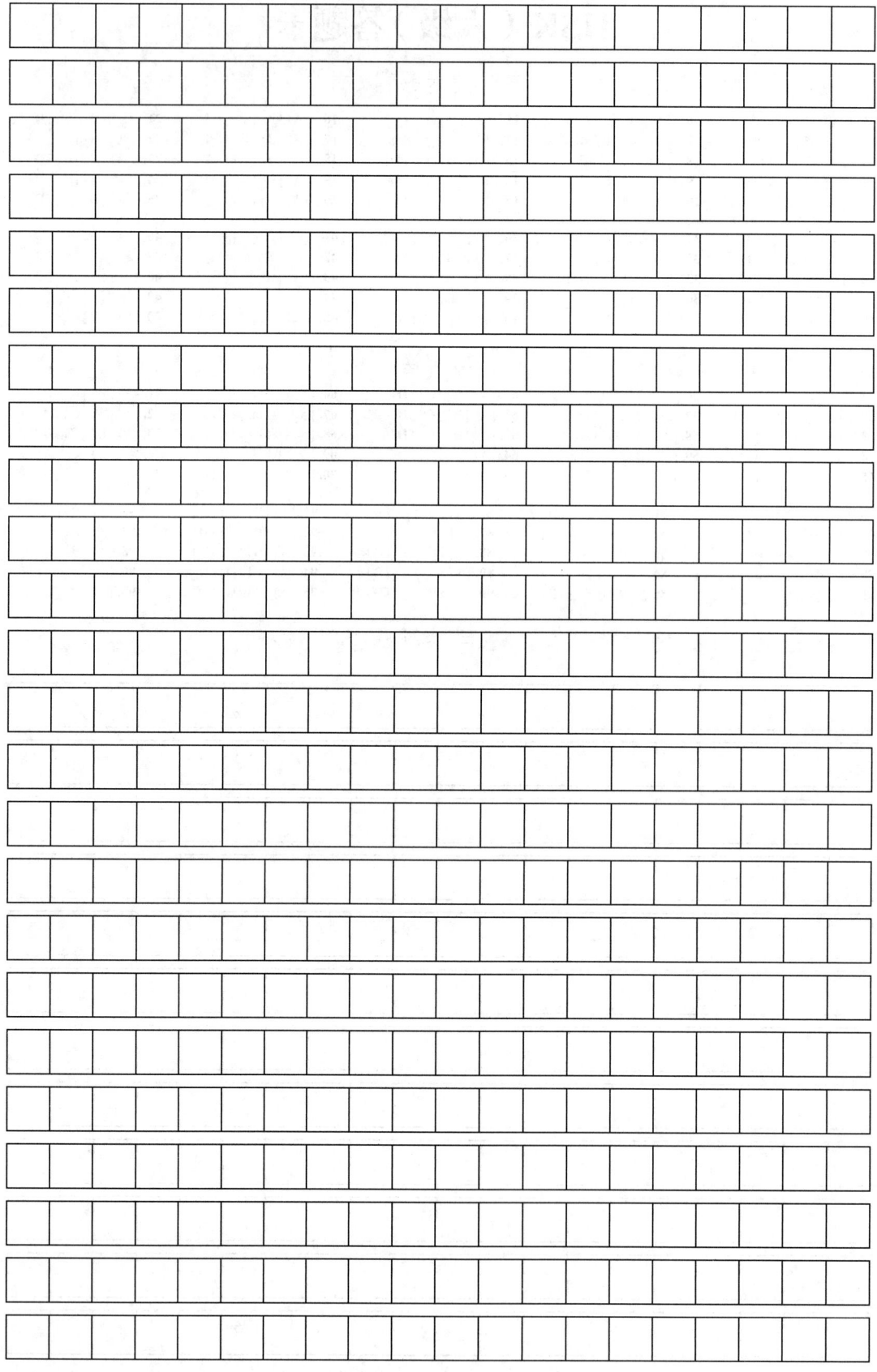

HSK（六级）答题卡

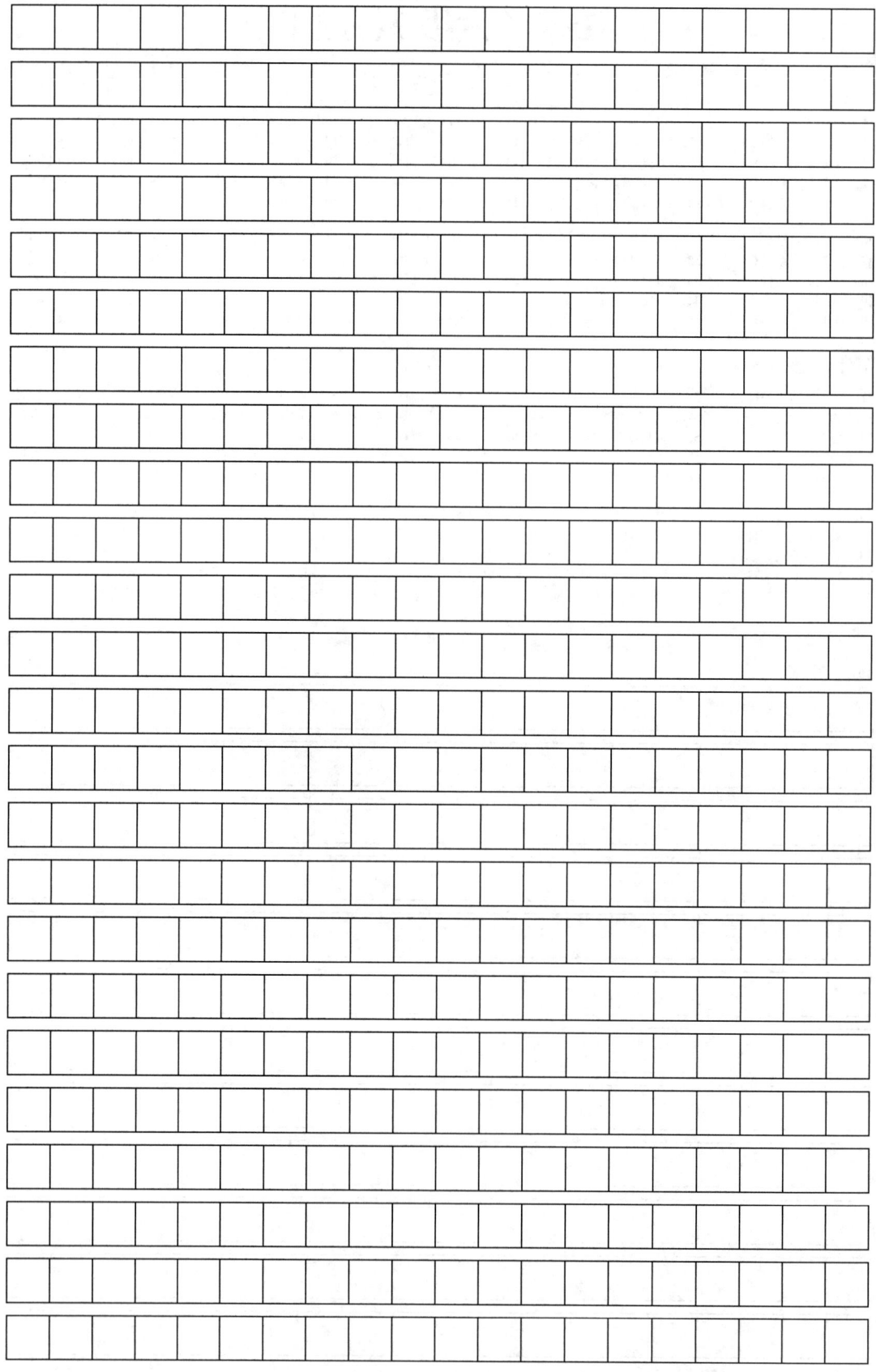

© 2017 北京语言大学出版社，社图号 16348

图书在版编目（CIP）数据

汉语水平考试模拟试题集．HSK 六级 ／ 王素梅主编
．-- 2 版．-- 北京 ：北京语言大学出版社，2017.1
（2017.7 重印）
ISBN 978-7-5619-4784-5

Ⅰ．①汉…　Ⅱ．①王…　Ⅲ．①汉语－对外汉语教学－
水平考试－习题集　Ⅳ．① H195.6

中国版本图书馆 CIP 数据核字 (2016) 第 301775 号

汉语水平考试模拟试题集（第 2 版）HSK 六级
HANYU SHUIPING KAOSHI MONI SHITIJI (DI 2 BAN) HSK LIUJI

排版制作：北京创艺涵文化发展有限公司
责任印制：周　燚

出版发行：北京语言大学出版社
社　　址：北京市海淀区学院路 15 号，100083
网　　址：www.blcup.com
电子信箱：service@blcup.com
电　　话：编辑部　　8610-82303647/3592/3395
　　　　　国内发行　8610-82303650/3591/3648
　　　　　海外发行　8610-82303365/3080/3668
　　　　　北语书店　8610-82303653
　　　　　网购咨询　8610-82303908
印　　刷：北京中科印刷有限公司

版　　次：2010 年 9 月第 1 版　　　印　　次：2017 年 7 月第 2 次印刷
　　　　　2017 年 1 月第 2 版
开　　本：787 毫米 × 1092 毫米　1/16　印　　张：22.5
字　　数：449 千字
定　　价：65.00 元

PRINTED IN CHINA